GTB
Gütersloher Taschenbücher
520

Ökumenischer Taschenbuchkommentar
zum Neuen Testament
Band 20/1
Herausgegeben von
Rudolf Hoppe und Michael Wolter

Martin Karrer

Der Brief an die Hebräer

Kapitel 1,1-5,10

Gütersloher Verlagshaus

Echter Verlag

Originalausgabe

Die Deutsche Bibliothek – CIP-Einheitsaufnahme

Karrer, Martin:
Der Brief an die Hebräer / Martin Karrer. – Orig.-Ausg. – Gütersloh :
Gütersloher Verl.-Haus GmbH; Würzburg : Echter-Verl.
   (Ökumenischer Taschenbuchkommentar zum Neuen Testament ; Bd. 20)

   Kapitel 1,1-5,10 – 2002
   (Gütersloher Taschenbücher ; 520)
   ISBN 3-579-00520-0

Dieses Werk folgt der reformierten Rechtschreibung und Zeichensetzung.
Ausnahmen bilden Texte, bei denen künstlerische, philologische oder li-
zenzrechtliche Gründe einer Änderung entgegenstehen.

ISBN 3-579-00520-0
© Gütersloher Verlagshaus GmbH, Gütersloh 2002,
und Echter Verlag, Würzburg 2002

Umschlag: Dieter Rehder, Aachen
Satz: SatzWeise, Föhren
Druck und Bindung: Těšínská Tiskárna AG, Český Těšín
Printed in Czech Republic

www.gtvh.de (Gütersloher Verlagshaus)
www.echter-verlag.de (Echter Verlag)

Inhalt

Kommentar

Vorwort

Der Hebr bildet eine der faszinierendsten, aber auch schwierigsten Schriften des Neuen Testaments. Hochreflektiert und rhetorisch ausgefeilt entwirft er seine Darlegung. Sein literarischer Anspruch hat im frühen Christentum nicht seinesgleichen und nötigt uns, uns eine – vielleicht schmale – Schicht gebildeter, erstaunlich schriftkundiger Leser und Leserinnen vorzustellen. Vor ihnen entfaltet er angelehnt an Israels Schriften die Überzeugung, Gott zeichne Jesus singulär in den Höhen aus und Jesus wirke dort, einen Glanzpunkt neutestamentlicher Christologie (ab Kap. 1). Seine große Würdigung der Menschen als Geschwister Jesu (2,11) sticht nicht minder unter der neutestamentlichen Anthropologie hervor. Durch seine kultische Skizze des Christusgeschehens hilft er herausragend, die Entstehung des Christentums als selbständige Religion in der Antike (die Religion stets kultisch definiert) zu begreifen. Fast alle Bereiche der ntl. Theologie bereichert er.

Allerdings sind bis heute viele Züge des Hebr, seiner rhetorischen Anlage, seines religionsgeschichtlichen Ortes und seiner Theologie umstritten. Jede Auslegung muss Entscheidungen wagen und Akzente setzen; keine kann beanspruchen, ihn abschließend zu klären. Die vorliegende Auslegung verfolgt besonders seine Wort- und Schrifttheologie sowie seine Orientierung der Gemeinde auf die Höhen Gottes und des Sohnes hin. Ich nenne letzteren Aspekt, angeregt durch kulturanthropologisch-neutestamentliche Studien der letzten Jahre, »liminale« Theologie. Denn der Hebr errichtet implizit eine Schwelle (ein *limen*) zwischen Gemeinde und Umwelt. Er regt seine Leserinnen und Leser an, diese Schwelle strikt zu überschreiten, und warnt sie scharf davor, zu ihrer früheren Existenz im Strom der Welt zurückzukehren. Ohne dass wir die Spannungen im Bild der Geschichte Israels und im Schriftgebrauch übersehen müssten, fällt die Schwelle dabei gegenüber den Fremdreligionen der Völker weit höher aus als zum Judentum. Der Hebr lässt sich gegen einen Antijudaismus-Verdacht schützen.

Stets sind die heutigen Leserinnen und Leser bei einem so schwierigen Text gefordert, die Akzente des Auslegers zu prüfen und sich auf dem letztlich unendlichen Weg der Auslegung ihr eigenes Bild zu erstellen. Die Einleitung in den Kommentar behandelt darauf nicht nur die klassischen Einleitungsfragen, sondern entwirft eine

theologische Gesamtsicht des Hebr, soweit es erforderlich ist, um
den Forschungsstand und den Zugang des Kommentars zum Text
zu dokumentieren. Sie gerät dadurch relativ umfangreich.

Die fortlaufende Exegese erhält ein für die Kommentarreihe in
manchem ungewohntes Gesicht. Denn sie bemüht sich um thematische Konzentrationen. Sie beginnt in gewohnter Weise mit der
Übersetzung der einzelnen Abschnitte. Neu für die Reihe sind
Fußnoten zur Übersetzung, die unabdingbare Entscheidungen in
ihr und ausgewählte textkritische Probleme erläutern. Dann folgen
Einführungen in den Text und inhaltliche Schwerpunkte. Sie integrieren die herkömmliche Einzelexegese. Exkurse werden vermieden. Ein Schlussabschnitt fasst je kurz zusammen und blickt gegebenenfalls auf die Wirkungsgeschichte.

Eilige Leserinnen und Leser können die Linie der Auslegung am
normal gedruckten Haupttext erkennen und die Behandlung einzelner Verse durch Randmarginalien finden. Die engzeilig gedruckten Abschnitte enthalten Begründungen, Hintergründe und
Kontexte. Sie sind oft diffizil, jedoch gerade deswegen auch span-
nend. Die Verweise auf Literatur im Text waren zu verknappen.
Die Angaben in den vorangestellten Bibliographien ermuntern um
so mehr zur Lektüre, durchaus auch in kritischem Gespräch mit
dem vorliegenden Kommentar.

Vielfach ist zu danken, vor allem Erich Gräßer dafür, dass er mich
mit der Aufgabe der Kommentierung betraute, den derzeitigen
Herausgebern, Michael Wolter und Rudolf Hoppe, für die Beglei-
tung sowie dem Verlag und seinem Lektor, Herrn Diedrich Steen,
der mich zu den Neuerungen in der Gestaltung ermutigte. Reiche
Anregungen verdanke ich den Gesprächen und der Zuarbeit durch
meine Assistenten Dr. Martin Vahrenhorst, Georg Gäbel und Hans
Joachim Stein. Herr Gäbel, der über den Hebr promoviert, wurde
mein wichtigster Gesprächspartner. Viele weiterführende Hinweise und Fragen verdanke ich Knut Backhaus, Hermut Löhr sowie
Ulrich Rüsen Weinhold, der über die Psalmzitate aus der Septuaginta arbeitet. Unermüdlich halfen Studierende durch kritisches
Lesen und Korrektur; ich nenne Andreas Tibbe, Thomas Weckel-
mann, Vera Nosek, Oliver Cremer, Gregor Weichsel, Johannes
Müller und Dennis Schipporeit. Die Bibliothekar/innen und Sekre-
tärinnen der Kirchlichen Hochschule erfüllten stets freundlich
manch ungewöhnlichen Wunsch. Last not least aber gilt mein
Dank meiner Frau und meinen Kindern.

Wuppertal, im Frühjahr 2002   *Martin Karrer*

Literatur, Abkürzungen und Transkriptionen

Untertitel gebe ich nur wieder, wo sie zur Charakterisierung eines Werkes unabdingbar sind. Die Abkürzungen richten sich nach *Schwertner, S.:* Theologische Realenzyklopädie. Abkürzungsverzeichnis, Berlin/New York ²1994 (FS meint Festschrift) und darüber hinausgehend RGG⁴.

Die Kommentare zitiere ich im fortlaufenden Text mit Autor*, die weitere aufgeführte Literatur mit Autor** (und nötigenfalls Jahr). In den Literaturverzeichnissen bei den einzelnen Abschnitten des Kommentars nenne ich ausgewählte Literatur aus der allgemeinen Bibliographie und ergänze weitere Beiträge. Auf die dort genannten Titel verweise ich im fortlaufenden Text mit einfacher Namensangabe (ohne Stern auch, wenn die vollen Bibliographien sich über den Querverweis aus der allgemeinen Bibliographie ergeben).

1. Quellen

Im Text des Hebr folge ich, wo ich keine textkritischen Abweichungen angebe, der Ausgabe von *Nestle-Aland* (Novum Testamentum Graece, post E. Nestle … ed. B. et K. Aland e. a., Stuttgart ²⁷1995), für das hebräische AT der *BHS*, für das griechische AT, die Septuaginta (LXX), soweit vorhanden, der Göttinger Ausgabe *(LXX Gott.)*, ansonsten der Ausgabe durch *Rahlfs, A.* (Stuttgart 1935/Nachdruck 1979) und für die sog. lukianische Rezension der Geschichtsbücher *Marcos, N. F. e. a. ed.:* El Texto Antiquo de la Biblia Griega, Bd. 1/2 (Madrid 1989/1992).

Die jüdischen Schriften der hellenistischen und römischen Zeit zitiere ich, soweit möglich, nach der Ausgabe der JSHRZ. Für rabbinische, griechische und römische Quellen folge ich den Standardausgaben.

Die biblischen und außerbiblischen Texte kürze ich gemäß den Richtlinien des ÖTBK und ansonsten den Abkürzungsverzeichnissen der TRE sowie (bevorzugt) RGG⁴ ab (z. B.

1 Hen für	äthHen
2 Hen für	slHen und
ShirShabb für	ŠirŠabb

der TRE). Bei den Qumrantexten bedeutet das: Angabe von Fragmenten in arabischen, von Kolumnen in römischen, von Zeilen in arabischen Ziffern. Bei den Texten aus Nag Hammadi (NHC) stehen römische und erste arabische Zahl für die Angabe von Codex und Schrift, die arabischen Zahlen danach für Kolumne und Zeile. Wo die genannten Verzeichnisse enden, übernehme ich interdisziplinär geläufige Abkürzungen (in der Regel nach *Liddell-Scott* [bibl. unter 4]), z. B.

CH	= Corpus Hermeticum

Bei den biblischen Abkürzungen ist aufgrund der Richtlinien des ÖTBK zu beachten:

Ri = Richter
1/2 Kön = Königsbücher (in der LXX sind sie 3/4 Kön, 1/2 Kön die Samuel-Bücher)
Hi = Hiob (Ijob)
Spr = Sprüche
Hhld = Hoheslied
Pred = Prediger (Kohelet)
Klgl = Klagelieder (Threni)
Apg = Apostelgeschichte
Offb = Offenbarung

Entsprechend ergibt sich für die nur durch die Septuaginta überkommenen Schriften

1-4 Makk = 1. bis 4. Makkabäerbuch
Od = Oden
Weish = Weisheit

2. Ausgewählte Kommentare

Chrysostomos, J.: Homil. 34 in ep. ad Hebr., PG 63,9-236, Paris 1862 (weitere altkirchliche Beispiele ↗ Einleitung 2.3)

Thomas v. Aquin: In omnes Pauli epistolas commentarius II 281-452, Turin 1902

Erasmus' Annotations on the New Testament, ed. by *A. Reeve*, SHCT 52, 1993

Luther, M.: Divi Pauli apostoli ad Hebreos epistola, WA 57 (Übersetzung durch *Günther, H.* in: *ders. u. a.:* D. Martin Luthers Epistel-Auslegung 5, Göttingen 1983; dort zudem Predigten)

Calvin, I.: Commentarius in Epistolam ad Hebraeos, ed. T. H. L. Parker, Opera Omnia II 19, Genf 1996 (Übersetzung durch M. und G. Lauterburg in Johannes Calvins Auslegung der Heiligen Schrift in deutscher Übersetzung 14, Neukirchen o. J.)

Attridge, H. W.: The Epistle to the Hebrews, Hermeneia, 1989
Bleek, F. (Windrath, K. A., Hg.): Der Hebräerbrief, Elberfeld 1868
Braun, H.: An die Hebräer, HNT 14, 1984
Bruce, F. F.: The Epistle to the Hebrews, NIC, rev. ed. 1990 (nach 1964)
Buchanan, G. W.: To the Hebrews, AncB 36, 1972
Delitzsch, F.: Der Hebräerbrief, Gießen 1989 (= Leipzig 1857)
deSilva, D. A.: Perseverance in Gratitude, Grand Rapids 2000
Ellingworth, P.: The Epistle to the Hebrews, NIGTC, 1993
Gräßer, E.: An die Hebräer I-III, EKK 17/1-3, 1990/93/97
Hegermann, H.: Der Brief an die Hebräer, ThHK 16, 1988

Jewett, R.: Letter to Pilgrims: A Commentary on the Epistle to the Hebrews, New York 1981

Koester, C.: Hebrews, AncB, 2001

Kuß, O.: Der Brief an die Hebräer, RNT 8/1, [2]1966

Lane, W. L.: Hebrews I-II, World Biblical Commentary 47, Dallas 1991

Laub, F.: Hebräerbrief, SKK.NT 14, 1988

Long, T. G.: Hebrews, Interpretation, 1997

März, C. P.: Hebräerbrief, NEB.NT 16, [2]1990 ([1]1989)

Michel, O.: Der Brief an die Hebräer, KEK 13, [10]1957 (nach 1936)

Montefiore, H. W.: A Commentary on the Epistle to the Hebrews, New York 1964

Moffat, J.: Epistle to the Hebrews, ICC, Edinburgh [3]1952 (= [1]1924)

Pfitzner, V. C.: Hebrews, Abingdon New Testament Commentaries, 1997

Riggenbach, E.: Der Brief an die Hebräer, KNT 14, [2.3]1922 (Nachdruck Wuppertal 1987)

Spicq, C.: L'Épître aux Hébreux I-II, EtB, [3]1952/53

Strobel, A.: Der Brief an die Hebräer, NTD 9/2, [4]1991

Vanhoye, A.: Hébreux, in: *Cothenet,* E. e.a. ed.: Les dernières épîtres, Paris 1997, 7-108

Weiß, H. F.: Der Brief an die Hebräer, KEK 13, 1991

Westcott, B. F.: The Epistle to the Hebrews, London [3]1903 (repr. Grand Rapids 1970)

3. Ausgewählte Monographien und Aufsätze

Anderson, Ch. P.: Who are the Heirs of the New Age in the Epistle to the Hebrews, in: Apocalyptic and the New Testament, ed. by *J. Marcus* e.a. (FS J. L. Martyn), JSNT.S 24, 1989, 255-277

Anderson, H.: The Jewish Antecedents of the Christology in Hebrews, in: *Charlesworth, J. H.* e.a. ed.: The Messiah, Minneapolis 1992, 512-535

Aschim, A.: Melchizedek and Jesus, in: *Newman, C. C.* e.a. ed., The Jewish Roots of Christological Monotheism, JSJ.Supplements 63, 1999, 129-147

Attridge, H. W.: Paraenesis in a Homily (»logos paraklêseôs«), Semeia 50 (1990) 211-226

Backhaus, K.: Der Hebräerbrief und die Paulus-Schule, BZ NF 37 (1993) 183-208 (zit.: Paulus-Schule)

Ders.: Der neue Bund und das Werden der Kirche, NTA NF 29, 1996 (= 1996a)

Ders.: Per Christum in Deum., in: Der lebendige Gott, hg. v. *Th. Söding* (FS W. Thüsing), NTA NF 31, 1996, 258-284 (= 1996b)

Ders.: »Licht vom Licht«, in: *Laufen, R.* Hg.: Gottes ewiger Sohn, Paderborn usw. 1997, 95-114

Ders.: »nun steht aber diese Sache im Evangelium ...« in: *Kampling, R.* Hg.: Zur Frage nach den Anfängen des christlichen Antijudaismus, Paderborn 1999, 301-320

Ders./Fischer, G.: Sühne und Versöhnung, NEB. Themen 7, 2000
Ders.: Das Land der Verheißung, NTS 47 (2001) 171-188
Barrett, C. K.: The Eschatology of the Epistle to the Hebrews, in: The Background of the New Testament and its Eschatology, ed. by *W. D. Davies* e. a. (FS C. H. Dodd), Cambridge 1956, 363-393
BauerAland: s. bei Abkürzungen
Berger, K./Colpe, C.: Religionsgeschichtliches Textbuch zum Neuen Testament, TNT 1, 1987
Bornkamm, G.: Das Bekenntnis im Hebräerbrief, in: *ders.:* Gesammelte Aufsätze II, BEvTh 28, 1959, 188-203
Braun, H.: Das himmlische Vaterland bei Philo und im Hebräerbrief, in: Verborum veritas, hg. v. *O. Böcher* (FS G. Stählin), Wuppertal 1970, 319-327
Ders.: Die Gewinnung der Gewißheit in dem Hebräerbrief, ThLZ 96 (1971) 321-330
Büchsel, F.: Die Christologie des Hebräerbriefs, BFChTh 27/2, 1922
Carlston, Ch.: The Vocabulary of Perfection in Philo and Hebrews, in: Unity and diversity in New Testament theology, ed. by *R. A. Guelich* (FS G. E. Ladd), Grand Rapids 1978, 133-160
d'Angelo, M. R.: Moses in the Letter to the Hebrews, SBL.DS 42, 1979
Dautzenberg, G.: Der Glaube im Hebräerbrief, BZ NF 17 (1973) 161-177
Davidson, R. M.: Typology in Scripture, Andrews University Seminary Doctoral Dissertation Series 2, 1981
Delville, J.-P.: L'Épître aux Hébreux à la lumière du prosélytisme juif, RCatT 10 (1985) 323-368
deSilva, D. A.: Despising Shame, JBL 113 (1994) 439-461 (= 1994a)
Ders.: The Epistle to Hebrews in Social-Scientific Perspective, RestQ 36 (1994) 1-21 (= 1994b)
Ders.: Despising Shame, SBL.DS 152, 1995
Ders.: Exchanging Favor for Wrath, JBL 115 (1996) 91-116
Dibelius, M.: Der himmlische Kultus nach dem Hebräerbrief (1942), in: *ders.:* Botschaft und Geschichte II, Tübingen 1956, 160-176
Downing, F. G.: Honour among Exegetes, CBQ 61 (1999) 53-77.
Dunnill, J.: Covenant and Sacrifice in the Letter to the Hebrews, MSSNTS 75, 1992
Dussaut, L.: Histoire et structure de l'Épître aux Hébreux, LV(B) 217 (1994) 5-13
Ders.: Synopse structurelle de l'Épître aux Hébreux, Paris 1981
Ellingworth, P.: Jesus and the Universe in Hebrews, EvQ 58 (1988) 337-350
Erlemann, K.: Alt und neu bei Paulus und im Hebräerbrief, ThZ 54 (1998) 345-367
Evans, C. F.: The Theology of Rhetoric, Friends of Dr. William's Library 42 (1988) 3-20
Faßbeck, G.: Der Tempel der Christen, TANZ 33, Tübingen 2000
Feld, H.: Der Hebräerbrief, EdF 228, 1985
Ders.: Der Hebräerbrief, ANRW II 25.4 (1987) 3522-3601
Fenton, J. C.: The Argument in Hebrews, StEv 7 (= TU 126; 1982) 175-181

Feuillet, A.: Le dialogue avec le monde non-chrétien dans les Épîtres Pastorales et l'Épître aux Hébreux II, EeV 98 (1988) 152-159

Filson, F. V.: »Yesterday«, SBT II 4, 1967

Fiorenza, E.: Der Anführer und Vollender unseres Glaubens., in: *Schreiner, J./Dautzenberg, G.* Hg.: Gestalt und Anspruch des Neuen Testaments, Würzburg 1969 (²1980), 262-281

Fischer/Backhaus 2000: s. bei *Backhaus*

France, R. T.: The Writer of Hebrews as a Biblical Expositor, TynB 47 (1996) 245-276

Greer, R. A.: The Captain of Our Salvation. A Study in the Patristic Exegesis of Hebrews, BGBE 15, 1973

Goldhahn-Müller, I.: Die Grenze der Gemeinde, GTA 39, 1989

Gourgues, M.: A la Droite de Dieu. [...] Psaume 110:1 dans le Nouveau Testament, EtB, 1978

Gräßer, E.: Der Glaube im Hebräerbrief, MThSt 2, 1965

Ders.: Der Alte Bund im Neuen, WUNT 35, 1985

Ders.: Aufbruch und Verheißung. Gesammelte Aufsätze zum Hebräerbrief, BZNW 65, 1992 [dort auch Forschungsberichte: 1-99, 265-294]

Ders.: »Viele Male und auf vielerlei Weise ...« Kommentare zum Hebräerbrief 1968 bis 1991, BiKi 48 (1993) 206-215

Grogan, G. W.: The Old Testament Concept of Solidarity in Hebrews, TynB 49 (1998) 159-173

Hahn, F.: Das Verständnis des Opfers im Neuen Testament (1983), in: *ders.:* Exegetische Beiträge zum ökumenischen Gespräch I, Göttingen 1986, 262-302

Hay, D. M.: Glory at the Right Hand. Psalm 110 in Early Christianity, SBL.MS 18, 1973

Hegermann, H.: Das Wort Gottes als aufdeckende Macht, in: Das lebendige Wort, hg. v. *H. Seidel* u.a. (FS G. Voigt), 1982, 83-98

Ders.: Christologie im Hebräerbrief, in: Anfänge der Christologie, hg. v. *C. Breytenbach* u.a. (FS F. Hahn), Göttingen 1991, 337-351

Hofius, O.: Katapausis, WUNT 11, 1970

Ders.: Der Vorhang vor dem Thron Gottes, WUNT 14, 1972

Ders.: Die Unabänderlichkeit des göttlichen Heilsratschlusses (1973), in: *ders.:* Neutestamentliche Studien, WUNT 132, 2000, 191-202

Ders.: Gemeinschaft mit den Engeln im Gottesdienst der Kirche, ZThK 89 (1992) 172-196

Ders.: Biblische Theologie im Lichte des Hebräerbriefes, in: *Pedersen, S.:* New Directions in Biblical Theology, NT.S 76, 1994, 108-125

Holbrook, F. B. ed.: Issues in the Book of Hebrews, DRCS 4, 1989

Holtz, T.: Einführung in Probleme des Hebräerbriefes (1969), in: *ders.:* Geschichte und Theologie des Urchristentums, WUNT 57, 1991, 378-387

Horbury, W.: The Aaronic Priesthood in the Epistle to the Hebrews, JSNT 19 (1983) 43-71

Horton, F. L.: The Melchizedek Tradition, MSSNTS 30, 1976

Hughes, G.: The Christology of Hebrews, SWJT 28 (1985) 19-27

Ders.: Hebrews and Hermeneutics, MSSNTS 36, 1979

Hübner, H.: Biblische Theologie des Neuen Testaments III, Göttingen 1995, 15-63

Hurst, L. D.: The Epistle to the Hebrews, MSSNTS 65, 1990

Isaacs, M. E.: Sacred Space. An Approach to the Theology of the Epistle to the Hebrews, JSNT.S 73, 1992

Käsemann, E.: Das wandernde Gottesvolk, FRLANT 55, ⁴1961 (¹1939)

Kereszty, M.: The Eucharist in the Letter to the Hebrews, Com (US) 26 (1999) 154-167

Kieffer, R.: Une relecture de l'Ancien Testament, LV(L) 43 (1994) 87-98

Kistemaker, S.: The Psalm Citations in the Epistle to the Hebrews, Amsterdam 1961

Klappert, B.: Die Eschatologie des Hebräerbriefs, TEH 156, 1969

Knoch, O.: Hält der Verfasser des Hebräerbriefs die Feier eucharistischer Gottesdienste für theologisch unangemessen?, LJ 42 (1992) 166-187

Knöppler, Th.: Sühne im Neuen Testament, WMANT 88, 2001

Koester, C. R.: The Epistle to the Hebrews in Recent Study, Currents in Research: Biblical Studies 2 (1994) 123-145

Kraus, W.: Der Tod Jesu als Heiligtumsweihe, WMANT 66, 1991

Kuß, O.: Der theologische Grundgedanke des Hebräerbriefes (1956), in: *ders.:* Auslegung und Verkündigung I, Regensburg 1963, 281-328

Laansma, J.: »I Will Give You Rest«, WUNT II 98, 1997

Laub, F.: Bekenntnis und Auslegung, BU 15, 1980

Ders.: »Schaut auf Jesus« (Hebr 3,1). Die Bedeutung des irdischen Jesus […], in: Vom Urchristentum zu Jesus, hg. v. *H. Frankemölle* u. a. (FS J. Gnilka), Freiburg 1989, 417-432

Ders.: »Ein für allemal hineingegangen in das Allerheiligste« (Hebr 9,12), BZ 35 (1991) 65-85

Ders.: Glaubenskrise und neu auszulegendes Bekenntnis, in: *Hainz, J.:* Theologie im Werden, Paderborn 1992, 377-396

Leschert, D. F.: Hermeneutical Foundations of Hebrews, NABPR.DS 10, 1995

Liddell-Scott: s. bei Abkürzungen

Lindars, B.: Hebrews and the Second Temple, in: Templum Amicitiae., ed. by *W. Horbury* (FS E. Bammel), JSNT.S 48, 1991, 410-433

Ders.: The Theology of the Letter to the Hebrews, New Testament Theology, Cambridge 1995 (= 1991)

Loader, W. R. G.: Christ at the Right Hand, NTS 24 (1978) 199-217

Ders.: Sohn und Hoherpriester, WMANT 53, 1981

Löhr, H.: Thronversammlung und preisender Tempel, in: *Hengel, M./ Schwemer, A. M.:* Königsherrschaft Gottes und himmlischer Kult im Judentum, Urchristentum und in der hellenistischen Welt, WUNT 55, 1991, 185-205

Ders.: »Heute, wenn ihr seine Stimme hört …«, in: *Hengel, M./ders.* Hg.: Schriftauslegung im antiken Judentum und im Urchristentum, WUNT 73, 1994, 226-248 (= 1994a)

Ders.: Umkehr und Sünde im Hebräerbrief, BZNW 73, 1994 (= 1994b)

Ders.: Anthropologie und Eschatologie im Hebräerbrief, in: Eschatologie und Schöpfung, hg. v. *M. Evang* u. a. (FS E. Gräßer), BZNW 89, 1997, 169-199

Lohmann, Th.: Zur Heilsgeschichte des Hebräerbriefes, OLZ 79 (1984) 117-125

Luck, U.: Himmlisches und irdisches Geschehen im Hebräerbrief, NT 6 (1963) 192-215

MacLeod, D. J.: The Present Work of Christ in Hebrews, BS 148 (1991) 184-200

Manson, W.: The Epistle to the Hebrews, London 1951 (^{2}1953)

März, C.-P.: Vom Trost der Theologie, in: *Ernst, W./Feiereis, K.:* Denkender Glaube in Geschichte und Gegenwart, EThSt 63, 1992, 260-276 (= 1992a)

Ders.: Zur Aktualität des Hebräerbriefes, ThPQ 140 (1992) 160-168 (= 1992b)

Ders.: Ein »Außenseiter« im Neuen Testament, BiKi 48 (1993) 173-179

Ders.: »Der neue lebendige Weg durch den Vorhang hindurch ...«, in: *Bsteh, A.* Hg.: Christlicher Glaube in der Begegnung mit dem Hinduismus, Studien zur Religionstheologie 4, 1998, 141-160 (= 1998a)

Ders.: Melchisedek, in: »Geglaubt habe ich, deshalb habe ich geredet«, hg. v. *A. T. Khoury/G. Vanoni* (FS A. Bsteh), Würzburg 1998, 229-250 (= 1998b)

Matera, F. J.: Moral Exhortation, TJT 10 (1994) 169-182

McCullough, J. C.: Hebrews in Recent Scholarship, IBSt 16 (1994) 66-86, 108-120

McKnight, S.: The Warning Passages of Hebrews, Trinity Journal 13 (1992) 21-59

Mees, M.: Die Hohepriester-Theologie des Hebräerbriefes im Vergleich mit dem Ersten Clemensbrief, BZ 22 (1978) 115-124

Metzger, B. M.: A Textual Commentary on the Greek New Testament 2nd ed., Stuttgart ^{4}2000

Milgrom, J.: Studies in Cultic Theology and Terminology, SJLA 36, 1983

Morgen, M.: Christ venu une fois pour toutes, LV(B) 217 (1994) 33-46

Müller, P.-G.: Die Funktion der Psalmzitate im Hebräerbrief, in: Freude an der Weisung des Herrn, hg. v. *F.-L. Hossfeld* (FS H. Groß), SBS 13, 1986, 223-242

Mußner, F.: Zur theologischen Grundlage des Hebräerbriefs, TThZ 65 (1956) 55-57

Ders.: Das innovierende Handeln Gottes nach dem Hebräerbrief, in: Weisheit Gottes, Weisheit der Welt, hg. v. *Schmuttermeyer, G.* (FS J. Ratzinger), Regensburg 1997, 13-24

Nash, R. H.: The Notion of Mediator in Alexandrian Judaism and the Epistle to the Hebrews, WThJ 40 (1977) 89-115

Nelson, R. D.: Raising Up a Faithful Priest, Louisville 1993

Nissilä, K.: Das Hohepriestermotiv im Hebräerbrief, SESJ 33, 1979

Parsons, M. C.: Son and High Priest, EvQ 60 (1988) 195-216

Peterson, D.: Hebrews and Perfection, MSSNTS 47, 1982

Philonenko, M. ed.: Le Trône de Dieu, WUNT 69, 1993, 108-194

Pilhofer, P.: »Kreittonos diathêkês eggyos«, ThLZ 121 (1996) 319-328

Popkes, W.: Paränese und Neues Testament, SBS 168, 1996

Punt, J.: Hebrews, Thought-Patterns and Context, Neotest. 31 (1997) 119-158

Rissi, M.: Die Theologie des Hebräerbriefs, WUNT 41, 1987

Roloff, J.: Kommunikation und Rezeption als Probleme eines urchristlichen Lehrers (1972), in: *ders.:* Exegetische Verantwortung in der Kirche, Göttingen 1990, 44-61

Ders.: Der mitleidende Hohepriester (1975), *a. a. O.* 144-167

Rose, Chr.: Verheißung und Erfüllung, BZ 33 (1989) 60-80.178-191

Ders.: Die Wolke der Zeugen, WUNT II 60, 1994

Ruck-Schröder, A.: Der Name Gottes und der Name Jesu, WMANT 80, 1999

Sahlin, H.: Emendationsvorschläge zum griechischen Text des Neuen Testaments III, NT 25 (1983) 73-88

Schäfer, K. T.: Kratein tēs homologias (Hebr. 4,14), in: Die Kirche im Wandel der Zeit, hg. v. *F. Groner* (FS J. Kardinal Höffner), Köln 1971, 59-70

Schenk, W.: Die Paränese Hebr 13,16 im Kontext des Hebräerbriefes, StTh 39 (1985) 73-106

Schenker, A.: Sacrifices anciens, sacrifice nouveau dans l'Épître aux Hébreux, LV(B) 217 (1994) 71-76

Schierse, F. J.: Verheißung und Heilsvollendung, MThS.H 9, 1955

Schille, G.: Erwägungen zur Hohepriesterlehre des Hebräerbriefes, ZNW 46 (1955) 81-109

Schmidt, T. E.: Moral Lethargy and the Epistle to the Hebrews, WTJ 54 (1992) 167-173

Schmithals, W.: Über Empfänger und Anlass des Hebräerbriefes, in: Eschatologie und Schöpfung, hg. v. *M. Evang* u. a. (FS E. Gräßer), Berlin 1997

Scholer, J. M.: Proleptic Priests, JSNT.S 49, 1991

Schröger, F.: Der Gottesdienst der Hebräerbriefgemeinde, MThZ 19 (1968) 161-181 (= 1968a)

Ders.: Der Verfasser des Hebräerbriefes als Schriftausleger, BU 4, 1968 (= 1968b)

Ders.: Das hermeneutische Instrumentarium des Hebräerbriefes (1970), in: *Ernst, J.* Hg.: Schriftauslegung, München 1972, 313-329

Ders.: Der Hebräerbrief – paulinisch?, in: Kontinuität und Einheit, hg. v. *P.-G. Müller* (FS F. Mußner), Freiburg 1981, 211-222

Sharp, J. R.: Philonism and the Eschatology of Hebrews, EAJT 2 (1984) 289-298

Silva, M.: Perfection and Eschatology in Hebrews, WThJ 39 (1976/77) 61-71

Söding, Th.: Zuversicht und Geduld im Schauen auf Jesus, ZNW 82 (1991) 214-241

Ders.: Gemeinde auf dem Weg, BiKi 48 (1993) 180-187

Sowers, S. G.: The Hermeneutics of Philo and Hebrews, BST 1, 1965

Spicq, C.: Theological Lexicon of the New Testament I-III, Peabody, Mass. 1994 (frz. 1978/82)

Stadelmann, A.: Zur Christologie des Hebräerbriefes in der neueren Diskussion, ThBer 2 (1973) 135-221

Stanley, S.: A New Covenant Hermeneutic, TynB 46 (1995) 204-206

Swetnam, J.: Sacrifice and Revelation in the Epistle to the Hebrews, CBQ 30 (1968) 227-234

Ders.: Jesus and Isaac, AnBib 94, 1981

Ders.: Christology and the Eucharist in the Epistle to the Hebrews, Bib. 70 (1989) 74-95

Ders.: A Possible Structure of Hebrews 3,7-10,39, MTh 45 (1994) 127-141

Theißen, G.: Untersuchungen zum Hebräerbrief, StNT 2, 1969

Theobald, M.: Vom Text zum »lebendigen Wort« (Hebr 4,12), in: Jesus Christus als die Mitte der Schrift, hg. v. C. *Landmesser* (FS O. Hofius), BZNW 86, 1997, 751-790

Thompson, J. W.: The Beginnings of Christian Philosophy, CBQ.MS 13, 1982

Ders.: The Hermeneutics of the Epistle to the Hebrews, RestQ 38 (1996) 229-237

Thüsing, W.: »Laßt uns hinzutreten ...« (Hebr 10,22) (1965), in: *ders.:* Studien zur neutestamentlichen Theologie, WUNT 82, 1995, 184-200

Trummer, P.: Ein barmherziger Hoherpriester, in: *ders.:* Aufsätze zum Neuen Testament, GrTS 12, 1987, 137-174

Übelacker, W. G.: Der Hebräerbrief als Appell, CB.NT 21, 1989

Vanhoye, A.: Situation du Christ. Hébreux 1-2, LeDiv 58, 1969

Ders.: La structure littéraire de l'Épître aux Hébreux, SN 1, ²1976

Ders.: Our Priest is Christ, Rom 1977

Ders.: Prêtres anciens – prêtre nouveau selon le Nouveau Testament, Parole de Dieu 20, 1980

Ders.: Homilie für haltbedürftige Christen, Regensburg 1981

Ders.: Hebräerbrief, TRE 14 (1985) 494-505

Ders.: Structure and Message of the Epistle to the Hebrews, SusBi 12, 1989

Ders.: Anamnèse historique et créativité théologique dans l'Épître aux Hebreux, in: La mémoire et le temps, ed. par *Marguerat, D.* (FS P. Bonnard), MoBi 23, 1991, 219-231

Ders.: La »teleiôsis« du Christ, NTS 42 (1996) 321-338

Via, D. O.: The Letter to Hebrews. Word of God and Hermeneutics, PRSt 26 (1999) 221-234

Vielhauer, Ph.: »Anapausis«, in: ders.: Aufsätze zum Neuen Testament, ThB 31, 1965, 215-235

Wagener, U.: Der Brief an die HebräerInnen, in: *Schottroff, K./Wacker, M. T.:* Kompendium Feministische Bibelauslegung, Gütersloh 1998, 683-693

Walter, N.: Praeparatio Evangelica, WUNT 98, 1997 (bes. Christologie und irdischer Jesus im Hebräerbrief [1982], 151-168)

Wettstein = Strecker, G./Schnelle, U. Hg.: Neuer Wettstein II, Berlin 1996

Wider, D.: Theozentrik und Bekenntnis, BZNW 87, 1997
Williamson, R.: Philo and the Epistle to the Hebrews, ALGHJ 4, 1970
Ders.: The Background of the Epistle to the Hebrews, ET 87 (1976) 232-237
Wrede, W.: Das literarische Rätsel des Hebräerbriefs, FRLANT 8, 1906
Zimmermann, H.: Die Hohepriester-Christologie des Hebräerbriefes, Paderborn 1964
Ders.: Das Bekenntnis der Hoffnung, BBB 47, 1977

4. Abkürzungen

Der Text verwendet die geläufigen Abkürzungen der Reihe. Auf folgende weise ich besonders hin:

Anm.	= Anmerkung
atl.	= alttestamentlich
bes.	= besonders
bibl./Bibl.	= bibliographiert /Bibliographie
diff.	= im Unterschied (zu)
dt.	= deutsch
e. a.	= et alius/alii (und andere[r]; verwendet bei fremdsprachiger Literatur)
ed.	= edidit/ediderunt (hat/haben herausgegeben)
Frg.	= Fragment (bei Stellenangaben)
hg./Hg.	= herausgegeben/Herausgeber
HT	= der hebräische Text des Alten Testaments (unpunktierte Grundlage)
inkl.	= inklusive
Kap.	= Kapitel
lat.	= lateinisch
Lit.	= Literatur
log.	= Logion
LXX	= Septuaginta (Ausgaben LXX Gott. bzw. Rahlfs; s. o. unter 1)
m. E.	= meines Ermessens
MT	= der masoretische Text des Alten Testaments (HT punktiert)
ntl.	= neutestamentlich
par.	= und Parallele(n)
scl.	= scilicet (nämlich)
s. o./s. u.	= siehe oben/unten
s. v.	= sub verbo (unter dem Wort)
u. a.	= und andere(r)
u. ö.	= und öfter
usw.	= und so weiter
V	= Vers/Verse

vs.   = versus, gegen
wörtl.   = wörtlich
z. St.   = zur Stelle
z. Z.   = zur Zeit

Über die Abkürzungsverzeichnisse *Schwertner*s und der RGG (s. o.) hinaus verwende ich für Literatur noch:

BauerAland   = *Bauer, W./Aland, K.* (Bearb.): Griechisch-deutsches Wörterbuch zu den Schriften des Neuen Testaments und der frühchristlichen Literatur, Berlin [6]1988

BDR   = *Blaß, F./Debrunner, A./Rehkopf, F.* (Bearb.): Grammatik des neutestamentlichen Griechisch, Göttingen [15]1979

DDD   = *van der Toorn, A.* e. a. ed.: Dictionary of Deities and Demons in the Bible, Leiden [2]1999

EG   = Evangelisches Gesangbuch, 1996

EÜ   = Die Bibel. Einheitsübersetzung, Freiburg 2001 (nach Stuttgart 1980)

Liddell-Scott   = *Liddell, H. G./Scott, R.:* A Greek-English Lexicon, Oxford 1951; *Barber, E. A.* (Hg.): Supplement 3,1, Oxford 1968; *Glare, P. G. W.* (Hg.): Supplement 3,2, Oxford 1996.

5. Transkriptionen und Querverweise

Griechische und hebräische Worte gebe ich in Transkription gemäß den Tabellen der RGG[4], gegebenenfalls in leicht vereinfachter Gestalt, wieder. ↗ verweist auf andere Stellen und (in Verbindung mit §) Abschnitte im Kommentar.

Einleitung

Literatur: ↗ allg. Bibliographie, außerdem: *Ahlborn, E.:* Die Septuaginta-Vorlage des Hebräerbriefes (1966), Diss. Göttingen 1967. – *Attridge, H. W.:* Hebrews, Encyclopedia of the Dead Sea Scrolls I, 2000, 345 f. – *Beare, F. W.:* The Text of the Epistle to the Hebrews in p[46], JBL 63 (1944) 379-396. – *Berger, J.:* Der Brief an die Hebräer, eine Homilie, GBNTL 3 (1797) 449-459. – *Bickerman, E. J.:* Le titre de l'Épître aux Hébreux, RB 88 (1981) 28-41. – *Black, D. A.:* Literary Artistry in the Epistle to the Hebrews, Filologia Neotestamentaria 7 (1994) 43-51. – *Ders.:* On the Pauline Authorship of Hebrews 1/2, Faith & Mission 16 (1999) 32-51, 78-86. – *Bruce, F. F.:* »To the Hebrews«: A Document of Roman Christianity?, ANRW II 25.4 (1987) 3496-3521. – *Brown, R. E.:* Not Jewish Christianity and Gentile Christianity but Types of Jewish/Gentile Christianity, CBQ 45 (1983) 74-79. – *Cahill, M.:* A Home for the Homily, IThQ 60 (1994) 141-148. – *Büchner, D.:* Inspiration and the Texts of the Bible, HTS 53 (1997) 393-406. – *Cadwallader, A. H.:* The Correction of the Text of Hebrews Towards the LXX, NT 34 (1992) 257-292. – *Chazon, E. G./Stone, M. E.* Hg.: Pseudepigraphic Perspectives, StTDJ 31, 1999. – *Cockerill, G. L.:* Heb 1,1-4, 1 Clem 36,1-6 and the High Priest Title, JBL 97 (1978) 437-440. – *Dibelius, M.:* Der Verfasser des Hebräerbriefes, Straßburg 1910. – *Dillmann, R.:* Ermutigung zum Glauben, in: *Frankemölle, H.* Hg.: Die Bibel, Paderborn 1994, 201-215. – *Downing, F. G.:* »Honor« among Exegeten, CBQ 61 (1999) 53-73. – *Dussaut**. – *Eicher, Th./Wiemann, V.* Hg.: Arbeitsbuch: Literaturwissenschaft, UTB 8124, [2]1997. – *Ellingworth, P.:* Hebrews and I Clement, BZ 23 (1979) 262-269. – *Evans, C. A./Webb, R. L./Wiebe, R. A.:* Nag Hammadi Texts and the Bible, NTTS 18, 1993. – *Evans, C. F.:* The Theology of Rhetoric: The Epistle to the Hebrews, Friends of Dr. William's Library 42, 1988. – *Frede, H. J.* Hg.: Epistulae ad Thessalonicenses, Timotheum, Titum, Philemonem, Hebraeos II, VL 25/2, 1991. – *Garuti, P.:* Alle origini dell'omiletica cristiana, ASBF 38, 1995. – *Guthrie, G. H.:* The Structure of Hebrews, NT.S 73, 1994. – *Haacker, K.:* Die Stellung des Stephanus in der Geschichte des Urchristentums, ANRW II 26.2 (1995) 1515-1553. – *Hagen, K.:* Hebrews Commenting from Erasmus to Bèze, BGBE 23, 1981. – *Hagner, D. A.:* The Use of the Old and New Testaments in Clement of Rome, NT.S 34, 1973. – *Harvey, G.:* The True Israel. Uses of the Names Jew, Hebrew […], AGJU 35, 1996. – *Hahneman, G. M.:* The Muratorian Fragment and the Development of the Canon, OTM, 1992. – *Harnack, A.:* Probabilia über die Adresse und den Verfasser des Hebräerbriefs, ZNW 1 (1900) 16-41. – *Hoppin, R.:* Priscilla's Letter, San Francisco 1997. – *Jones, D. L.:* The Sermon as »Art« of Resistance, Semeia 79 (1997) 11-26 (und Antworten a. a. O. 93-105). – *Jung, V.:* Das Ganze der Heiligen Schrift. Hermeneutik und Schriftauslegung bei Abraham Calov, Stuttgart 1999. – *Katz, P.:* The Quotations from Deuteronomy in Hebrews, ZNW 49 (1958) 213-223. – *Klauck, H.-J.:* Die antike Briefliteratur und das NT, UTB.W 2022, 1998. – *Koch, D.-A.:* Die Schrift als Zeuge des Evangeliums, BhTh 69, 1986. – *Köster, H.:* Einführung in das Neue Testament, GLB, 1980 (engl. Introduction to the New Testament, New York usw. [2]1995). – *Kraus, W.:* Zwischen Jerusalem und Antiochia, SBS 179, 1999. – *Lane, W. L.:*

Social Perspectives on Roman Christianity, in: *Donfried, K. P./Richardson, P.:* Judaism and Christianity in First-Century Rome, Grand Rapids 1998, 196-244. – *Leonhardt, J.:* Jewish Worship in Philo of Alexandria, Texts and Studies in Ancient Judaism 84, 2001, 142-174. – *Lindars, B.:* The Rhetorical Structure of Hebrews, NTS 35 (1989) 382-406. – *Lindemann, A.:* Paulus im ältesten Christentum, BHTh 58, 1979, 233-240. – *Link, H.:* Rezeptionsforschung, UB 215, 1976. – *Lona, H. E.:* Der erste Clemensbrief, KAV 2, 1998. – *Mack, B. L.:* Wer schrieb das Neue Testament?, München 2000 (amerik. 1995). – *McCullough, J. C.:* The Old Testament Quotations in Hebrews, NTS 26 (1980) 363-379. – *Nauck, W.:* Zum Aufbau des Hebräerbriefes, in: Judentum. Urchristentum. Kirche, hg. v. *W. Eltester* (FS J. Jeremias), BZNW 26, ²1964, 199-206. – *Olbricht, Th. H.:* Hebrews as Amplification, in: *Porter, S. E./ders.* Hg.: Rhetoric and the New Testament, JSNT.S 90, 1993, 375-387. – *Overbeck, F.:* Zur Geschichte des Kanons (1880), Libelli 154, 1965, 1-70. – *Papathomas, A.:* A New Testimony to the Letter to the Hebrews, Journal of Greco-Roman Christianity and Judaism 1 (2000) 18-24 (http://www.jgrchj.com). – *Porter, S. E.:* The Date of the Composition of Hebrews and Use of the Present Tense-Form, in: Crossing the Boundaries, ed. by *ders.* (FS M. D. Goulder), Biblical Interpretation Series 8, 1994, 295-313. – *Ders.* ed.: Handbook of Classical Rhetoric in the Hellenistic Period, Leiden 1997. – *Renner, F.:* »An die Hebräer« – ein pseudepigraphischer Brief, MüSt 14, 1970. – *Rüsen-Weinhold, U.:* Der Septuaginta-Psalter im Neuen Testament, Diss. masch. Wuppertal 2002, bes. 175-214. – *Runia, D. A.:* Philo in Early Christian Literature, CRI III 1, 1993, 74-78. – *Sahlin**.* – *Schenke, H.-M.:* Erwägungen zum Rätsel des Hebräerbriefes, in: Neues Testament und christliche Existenz, hg. v. *H. D. Betz* u. a. (FS H. Braun), Tübingen 1973, 421-43. – *Schlossnikel, R. F.:* Der Brief an die Hebräer und das Corpus Paulinum, VL.AGLB 20, 1991. – *Schmithals, W.:* Der Hebräerbrief als Paulusbrief, in: Die Weltlichkeit des Glaubens in der Alten Kirche, hg. v. *D. Wyrwa* (FS U. Wickert), BZNW 85, 1997, 319-337 (= 1997a). – *Ders.:* Über Empfänger und Anlaß des Hebräerbriefes, in: Eschatologie und Schöpfung, hg. v. *M. Evang* u. a. (FS E. Gräßer), BZNW 89, 1997, 321-342 (= 1997b). – *Seeberg, A.:* Der Katechismus der Urchristenheit (1903), TB 26, 1966. – *Siegert, F.:* Die Makrosyntax des Hebräerbriefes, in: Texts and Contexts, ed. by *T. Fornberg/D. Hellholm* (FS L. Hartman), Oslo 1995, 305-316. – *Ders.:* Homily and Panegyrical Sermon, in: *Porter* 1997 (s.d.), 421-443. – *Stanley, S.:* The Structure of Hebrews from Three Perspectives, TynB 45 (1994) 245-271. – *Steyn, G. J.:* A Quest for the Vorlage of the »Song of Moses« (Dt 32) Quotations in Hebrews, erscheint in Neotest. 2001/2002. – *Strecker, Ch.:* Die liminale Theologie des Paulus, FRLANT 185, 1999. – *Swetnam, J.:* The Structure of Hebrews, MTh 41 (1990) 25-46, fortgeführt MTh 43 (1992) 58-66; 45 (1994) 127-141 (vgl. bei 3,7-4,11). – *Thurén, L.:* The General New Testament Writings, in: Porter 1997 (s. bei Siegert), 587-607 (vgl. auch ders. bei Hebr 13). – *Thurston, R. W.:* Philo and the Epistle to the Hebrews, EvQ 58 (1986) 133-143. – *Thyen, H.:* Der Stil der Jüdisch-Hellenistischen Homilie, FRLANT 65, 1955, v. a. 16-18. – *Trobisch, D.:* Die Entstehung der Paulusbriefsammlung, NTOA

10, 1989. – *Übelacker***. – *Vaganay, L.:* Le plan de l'Épître aux Hébreux, in: Memorial Lagrange, ed. L.-H. Vincent, Paris 1940, 269-277. – *Walker, P.:* Jerusalem in Hebrews 13:9-14 and the Dating of the Epistle, TynB 45 (1994) 39-71. – *Wills, L.:* The Form of the Sermon in Hellenistic Judaism and Early Christianity, HThR 77 (1984) 277-299. – *Witherington, B.:* The Influence of Galatians on Hebrews NTS 37 (1991) 146-152. – *Wolter, M.:* Die anonymen Schriften des Neuen Testaments, ZNW 79 (1988) 1-16. – *Yadin, Y.:* The Dead Sea Scrolls and the Epistle to the Hebrews, ScrHie 4 (1958) 36-55.

1. Zum Interpretationsansatz

1.1 Der iiterarische Anspruch des Hebr

Der Hebr ist das eleganteste Schreiben des NT. Sein rhetorisch qualitätvoller Stil, sein ungewöhnlicher Wortschatz und seine Liebe zu Metaphern heben ihn von der Alltagskommunikation und Gebrauchsliteratur seiner Zeit ab.

Rhetorisch durchformt ist nicht allein der Gesamtaufbau des Hebr mit seiner kapriziösen Kombination diskursiven Denkens und ethischer, mahnender Anrede (↗ dazu unter §6). Durchgängig finden wir rhetorische Einzelfiguren (beginnend bei der Alliteration in 1,1), Übergangswendungen (wie 5,11; 11,32) und Schemata (namentlich liebt der Hebr den zusammenstellenden Vergleich, die *synkrisis;* 3,1-6 usw.) bis hin zur Anlehnung an briefliche Rhetorik in 13,23 ff. (Lit. bei *Black* 1994, *Evans, Garuti, Thurén* 588-592, *deSilva** u. a.).
Der ungewöhnliche Wortschatz kulminiert in gut 150 ntl. Hapaxlegomena, mehr als in jeder anderen ntl. Schrift. 10 Ausdrücke könnte der Hebr überhaupt neu geschaffen haben (*agenealogētos, haimatekchysia, euperistatos, eupoia, theatrizomai, metriopatheō, misthapodosia* und *misthapodotēs, proschysis, sygkakoucheomai, teleiōtēs;* vgl. *Spicq** I 157).
Wichtige Metaphernfelder stellen Bildung und Erziehung (5,12-14; 12,7-11), Landwirtschaft (6,7 f.; 12,11), Architektur (6,1; 11,10), Seefahrt (6,19) und Sport (12,1).

Ein weiterer Zug unterstreicht die Besonderheit. Bereits in den Eingangsversen tritt der Hebr in ein Wechselspiel zu anderen Schriften ein (mit dem Einbezug von Ps 110,1 in 1,3 und anschließend der Zitatenkette ab 1,5) und setzt das umfangreich fort (↗ §5.3). Konkrete Hinweise auf eine Adressatensituation (ab 2,1-4) stellt er dem nach und lässt sie nur langsam bis Kap. 12 f. wachsen.

Zu anderen Schriften webt der Hebr damit ein deutlicheres Netz als zum Alltag seiner Zeit. Zitate aus den Propheten, dem Gesetz und den Psalmen Israels kann jede Textausgabe leicht abheben, und Nestle-Aland[27] (wie EÜ etc.) tun das. Auf das Alltagsleben zur Zeit des Hebr mit Tages- und Jahresgliederung, Arbeit, Mahlzeiten, Aufgaben, gesellschaftlichen Gruppen etc. dagegen können wir nur rudimentäre Schlüsse ziehen. Selbst auf so einfache Fragen wie die, ob in der Gemeinde des Hebr Beschneidung und Sabbat noch eine Rolle spielten, vermissen wir Hinweise (letzteres trotz 4,9).

So erhält in der Textgestaltung literarische Intertextualität den Vorrang vor praktischer Zweckhaftigkeit (Pragmatik), obwohl letztere im Fortgang des Schreibens auch hervortritt. Wie der Sprachstil ist das ein Kennzeichen für ein selbständiges literarisches Werk. Der Hebr bildet ein Stück Literatur im Neuen Testament.

1.2 Die Zurückhaltung in Selbstangaben

Zugleich hält der Hebr sich in Angaben zu seiner Entstehung merkwürdig zurück. Er nennt weder Autor noch Datum, weder Abfassungsort noch Adressaten. Schon unser geläufiger Titel »Hebräerbrief« ist eine nachträgliche Bezeichnung. Das erschwert die in langen Epochen der Theologiegeschichte dominierende autorenorientierte Interpretation außerordentlich. Denn es fehlt der dafür unabdingbare Rahmen, jedes Bruchstück einer Kenntnis des Autors, seines Lebens, seines Schaffens, weiterer Werke etc.

Umfassende Bemühungen der Forschung seit Jahrhunderten vermochten diese Lücke nicht zu schließen. Im Gegenteil, sie zerbrachen mit der Zuweisung zu Paulus, die früher gepflegt wurde (↗ §2.2), eine wesentliche Stütze einer etwaigen Autoreninterpretation.

Nicht zuletzt diese Unsicherheit führte dazu, dass der Hebr im Auf und Ab der Lektüregeschichte ein wenig an den Rand des christlichen Bewusstseins rückte. Das »Rätsel des Hebräerbriefs«, seit W. Wrede** ein gern zitiertes Schlagwort, faszinierte und fasziniert die Forschung. Seine Ausstrahlungskraft in die Gemeinden scheint es in jüngerer Zeit zu beeinträchtigen. In der Fachliteratur erlebt der Hebr so derzeit eine Renaissance, in der Predigt und dem Leben der Gemeinden versiegt diese.
Unklar ist, ob es der Fülle der gegenwärtig erscheinenden Kommentare und Einzelstudien gelingt, dem Hebr verlorenes Terrain

wiederzugewinnen. Aufgrund seines theologischen Ranges würde er das verdienen.

1.3 Folgerungen für die Interpretation

Ein Wandel in der neueren Literaturwissenschaft hilft, der Eigenart des Hebr zu begegnen. Die meisten Modelle literarischer Kommunikation im 20. Jh. wandten sich nämlich von der für uns beschwerlichen Autorfixierung ab. Der Autor (inklusiv für Autor und Autorin) wurde einer für uns bes. wichtigen Theorielinie zufolge eine Art Brennspiegel, der Diskurse seiner Zeit bündelt und in sich verwebt, um dem entstehenden Gewebe darauf den Freiraum autonomer Wirkung zu eröffnen. Sobald der Autor das Werk aus der Hand gibt, wird es selbständig (vgl. *Eicher/Wiemann* 36 ff.). Der Autor bereitet nicht seine Selbsterkenntnis, sondern das Spiel zwischen Werk und Leserinnen/Lesern durch sein explizites und implizites Bild der Leserinnen/Leser im Werk vor und gibt das Werk zugleich frei.

Für die Interpretation entscheidend wird damit die im Text erzählte Welt mit ihren Lektüreimpulsen. Literarisch ist diese dargestellte Welt gegenüber der externen Wirklichkeit autark, so sehr sie sich auf jene beziehen mag. Analog geht die entworfene Leserin/der entworfene Leser allen realen Leserinnen/Lesern voran. Welt im Text und externe Welt, implizite und externe Leserinnen/Leser sind zu unterscheiden. Die Textanalyse hat sich auf die im Text vorhandenen Angaben zu konzentrieren und aus ihnen in ihrer Eigenständigkeit Schlussfolgerungen zu ziehen. Die Aufmerksamkeit für die Gestaltung des Werks auf seine Rezeption hin bahnt den Weg zur Rezeptionsästhetik, das autarke Werk den zu neuen Perspektiven der Werkästhetik (Diskursanalyse, literarischer Kritizismus u. ä.).

Die Rezeptionsästhetik widmete sich dabei in ihrer klassischen Gestalt (die nicht mit einer Untersuchung der externen Rezeptionsgeschichte und Aufwertung der externen, realen Leser für die Textkonstitution verwechselt werden darf) der Konstitution des Textsinns durch Leserin und Leser, wie der Text sie durch seine Vorgaben (Leerstellen etc.) auslöst (*Iser, W.:* Der Akt des Lesens, UTB 636, 1976 u. a.). Für die historische Exegese bietet das wegen der Konzentration auf den Text mit seiner Leseführung, dem in ihm implizierten Leser etc. nach wie vor die beste Hilfe (Weiterentwicklung bei *Link* u. a.; erste Anwendung auf den Hebr *Dillmann* 206 ff.).

Die meisten weitergehenden Konzepte drängten die historischen Komponenten zurück. Die »reader's response«-Theorie verlagerte die Sinn-

konstitution in die freiere Antwort der Leserin/des Lesers (vgl. *Fish, S. E.:*
Is there a Text in this Class?, 1980 u. a.). Dekonstruktivismus und Kon-
struktivismus bezogen ausdrücklich die Zerschlagung alter Sinnkonzepte
ein.
Gegenläufig wollte der »audience criticism« historisch grundierter verfahren und vertrat eine Erschließung des Textes aus dem Blickwinkel seiner historisch eruierbaren Hörerinnen/Hörer. Doch veranlasst das, wo
wir die historischen Hörerinnen/Hörer wie beim Hebr nicht kennen, deren Konstruktion durch den Exegeten; *Jewett's** entsprechender Versuch
scheiterte notwendig (um den von ihm gewählten Blickwinkel von Höre-
rinnen/Hörern des Lykostals zu begründen, musste er 2-13 Querlinien
zum Kol und die dortige Erwähnung eines Briefs nach Laodizea überzeichnen; 2-13). Mithin ergibt sich:

Die Kommentierung des Hebr gewinnt am meisten, wenn sie die
jüngeren Entwicklungen mit einer gewissen Priorität der klassischen Rezeptionsästhetik beachtet, ohne die Gewinne historischer
Betrachtung aufzugeben. Was bisher problematisch war, das
Schweigen des Hebr über seinen Autor, seinen Ort, seine Zeit und
seine externen Adressaten, erweist sich dann nicht als schmerzliche
Lücke, sondern als überlegter Impuls: Der Autor des Hebr – aufgrund des Maskulinums in der Selbstreferenz 11,32 dürfen wir in
der Beschreibung beim »Er« bleiben – gibt sein Werk über seine
Person, seine eigene Situation und seine ersten (realen) Leserin-
nen/Leser hinaus frei. Ja, er zielt diese Freigabe, wenn wir die beschriebenen Leerstellen in ihrer Absicht werten, selbst an. Schwerpunkt der Interpretation hat darum das Werk mit seinem impliziten
Leser-/Leserinnen-Entwurf und seiner Leseführung zu werden.
Die Kenntnis des Autors dürfen wir dahinter zurückstellen.
Ich entscheide mich im Kommentar deshalb für eine dem Werk
verpflichtete, gemäßigt rezeptionsästhetische Lektüre. Die Angaben des Werkes bleiben strikter Ausgangspunkt. In ihre Erschließung geht die klassische historische Analyse ein. Der Autor jedoch
tritt als konkrete Person hinter den Diskursen, die sich in seinem
Text bündeln und nach Wirkung verlangen, und die externe Verortung hinter die Hinweise und Implikationen im Text zurück.

2. Rezeption und Textüberlieferung

Die Rezeptionsgeschichte hilft uns nicht unmittelbar, die Absich-
ten des Hebr zu bestimmen und den gerade gewählten Interpreta-

tionsansatz zu vertiefen. Nicht einmal die ersten Leserinnen und Leser, denen der Text zugänglich wurde, vermögen wir mit Sicherheit zu erschließen. Insofern gehört der folgende Abschnitt nur als Ausblick hierher. Als solcher freilich ist er wichtig, da er von hinten an die Zeitlage des Schreibens anknüpft und langfristige Einflüsse auf die Interpretation signalisiert.

2.1 Unklare Anfänge

Dank der Papyri können wir die Überlieferung des Hebr bis in die Zeit um 200 zurückverfolgen (p[46], etwas jünger p[12] und p[13]; viel später sind die weiteren Papyri einschließlich des gerade edierten P. Vindob. G 42417 zu 2,9-11; 3,3-6; *Papathomas*). Etwa um diese Zeit ist er auch in der kirchlichen Diskussion eindeutig nachzuweisen, und sie setzt einige Zeit der Rezeption voraus (so Clemens Alex. und Origenes bei Euseb, h.e. VI 14,1-4; 25,11-14).
Es gibt also einen gewichtigen Strang alter kirchlicher Lektüre des Hebr. Aber er führt nicht unmittelbar zur Entstehungssituation zurück. Denn die frühere und in einem Teil der Einleitungsliteratur bis heute vorherrschende Auffassung, wir fänden bereits um ca. 100 im 1 Clem ein klares Rezeptionsbeispiel, ist nicht eindeutig zu verifizieren (vgl. *Lona* 52-55, *Albl* [bibl. bei 1,4-14] u.a. gegen zuletzt *Ellingworth; ders.*[*] 13,34 u.a.; viel Material bei *Hagner* 179-195).

Sie beruft sich ausschlaggebend auf die Parallelen zwischen 1 Clem 36 und Hebr 1,1-13 in Verbindung mit dem Hohepriester-Prädikat: Beide Texte sprechen von Christus als einem Hohepriester, der erhabener ist als die Engel, die feuerflammenden Diener Gottes (nach Ps 104,4), und blicken durch ihn in die Höhe des Himmels. Jedoch zwingt das nicht unbedingt zu einer literarischen Abhängigkeit des 1 Clem vom Hebr (oder des Hebr vom 1 Clem). Eine Berührung in Traditionen und Schriftvorlage vermag den Befund gleichfalls zu erklären:
Der Blick in die Höhe eint größere Teile des frühen Christentums, und das Spezifikum von Hebr und 1 Clem, die Hohepriestervorstellung, ist von gravierenden Differenzen durchdrungen. Der »Hohepriester unserer Opfergaben« des 1 Clem (Zitat 36,1) tritt anders als der Hohepriester des Hebr nicht in Konflikt zum Priestertum Israels (s. 1 Clem 32,2; 40,5 usw.). Die Bestimmung seines Opfers durch unsere Opfergaben widerstreitet Hebr 10,5-18 (und nur dort findet sich überhaupt der Begriff *prosphora*, Opfer, von 1 Clem 36,1), und allein der 1 Clem erweitert sein Prädikat um das des »Vorstehers unserer Leben« (*prostatēs tōn psychōn*

hēmōn 61,3; vgl. 64). Diese Unterschiede erklären sich am besten, wenn eine vor beiden Schriften begonnene Betrachtung Christi als Hohepriesters unterschiedlich fortgeführt wird (vgl. als weiteren Zeugen IgnPhld 9,1; zur Diskussion auch *Mees*** vs. *Cockerill*).

Es bleibt die auffällige Übereinstimmung mit Hebr 1 in LXX-Zitaten und dabei die Zitation von Ps 104,4 unter der gleichen kleinen Abweichung vom uns überkommenen LXX-Text (*pyros phloga* [Feuersflamme] in 1 Clem 36,3 und Hebr 1,7 statt *pyr phlegon* [brennendes Feuer] in LXX Ps 103,4). Das verweist uns allerdings, für sich genommen, zunächst auf eine verwandte Schrift- oder Quellenvorlage, die sowohl der Hebr als auch der 1 Clem benützten. Ein Schlaglicht fällt vorrangig auf die Geschichte des LXX-Textes (vielleicht vermittelt durch ein urchristliches Testimonium; ↗ 1,5-14). Verweilen wir einen Augenblick dort: Das *pyr phlegon* unserer großen Bibelhandschriften imitiert die hebräische Syntax aus Ps 104 präziser als *pyros phloga* von Hebr und 1 Clem. Die Textfassung der großen Bibelhandschriften nähert sich also dem Sprachduktus des hebräischen Textes, ein Vorgang, wie wir ihn in Redaktionen der LXX ab dem 1. Jh. v. Chr. häufiger beobachten, während Hebr 1 und 1 Clem 36 einen älteren Textstand zu wahren scheinen. Wir treten somit an eine Nahtstelle der Schriftüberlieferung. Teile des frühen Christentums (und Judentums) und unter ihnen 1 Clem und Hebr bzw. ihre Quelle benützten bis zum Ende des 1. Jh. n. Chr. noch teilrevidierte Psalmversionen mit textgeschichtlich älteren Bestandteilen.

Die Querlinien zwischen Hebr und 1 Clem sind trotzdem von großer Bedeutung, weil sie die Zeitlage unseres Schreibens zu bestimmen helfen. Wir dürfen ihretwegen für Zeit und Ort der Texte nicht zu weit auseinander gehen.

Neben den genannten Indizien stützt das signifikant die Zitateinleitung »der heilige Geist spricht« in Hebr 3,7 und 1 Clem 13,1 (vgl. 16,2). Sie ist zwar in der Sache breiter vorbereitet (vgl. bes. Apg 4,25, wieder einen Text spätntl. Zeit), aber in der Dichte dieser Formulierung vor Hebr und 1 Clem nicht belegt. Die Geschichte der Schriftzitation favorisiert mithin eine Datierung beider Schriften gegen Ende des 1. Jh.

Außerdem verdichten Hebr 11,37 und 1 Clem 17,1 ohne Drittparallelen, doch untereinander analog die Prophetenbekleidung aus LXX 3 Kön (MT 1 Kön) 19,13.19; 4 Kön (MT 2 Kön) 2,8.13 f. und Sach 13,4 zu Schaffellen und Ziegenhäuten. Die uns erhaltenen jüdischen Texte sprechen bloß von einer Bekleidung mit Schaffell (die griechische Elija- und Elischa-Überlieferung in 3/4 Kön und VitProph Elija 12; Elischa 5) und härenem Gewand (Sach 13,4 MT und LXX) bzw. Fellkleid (*sakkos* MartJes 2,9 f.). Die Ergänzung der Ziegenhaut könnte durch den Hautgürtel des Elija (LXX 4 Kön 1.8) angeregt sein; weiter ist ein Einfluss der Textentwicklung von Ex 35,23 zwischen LXX, A und Theod nicht auszuschließen, wo wir atl. alleine Ziegen-Häuten begegnen. Das Ergebnis in der

Übereinstimmung von Hebr und 1 Clem bleibt dennoch überraschend und erzwingt eine Berührung in der aufgenommenen Tradition.
Überschauen wir diese Eigentümlichkeiten, fragt sich, ob sie über die zeitliche hinaus nicht auch eine örtliche Nähe voraussetzen. Schließlich gehören überdies immerhin 22 der ntl. Hapaxlegomena des Hebr gleichfalls zur Begrifflichkeit des 1 Clem (unter ihnen *apaugasma* und *charaktēr* von Hebr 1,3; vgl. 1 Clem 36,2 und 33,4; vollständige Übersicht bei *Lona* 54).

Generationenlang folgt dem 1 Clem kein klares Zitat. Die bisweilen berufenen Anspielungen bei Polykarp (2 Phil 6,3; 12,2) und Herm (vis. 2,3.2; 3,7.2; sim. 9,13.7) sind nicht sicher. Die Anklänge bestätigen lediglich verbreitete Traditionen (vgl. außerdem 2 Clem 1,6; 11,6; 12,1; Justin, dial. 13,1; 34; 67; BiPa I 519-524; II 435-438). Allerdings muss der Hebr zumindest begrenzt umgelaufen sein; sonst wäre seine Erhaltung für die nachfolgende Diskussion nicht zu erklären.
Diese Erhaltung aber setzte eine eigene Dynamik in Gang:

2.2 Die Rezeption als Paulusbrief und ihre Kritik

Die Anonymität des Hebr bereitet nicht erst heute Beschwer. Bereits im Fortgang des 2. Jh. suchten die Leserinnen und Leser eine Identifikation des Autors, um den Gebrauch zu erleichtern. Im Wirkungskreis Tertullians lief er so als ein weithin anerkannter Brief des Barnabas um (pud. 20 mit einer kanongeschichtlich interessanten Formulierung). Weit gewichtiger indes wurde, wohl durch Hebr 13,23-25 angeregt, eine Zuschreibung an Paulus.

13,23-25 gemahnt an Paulustradition und Paulusbriefe, ohne Paulus zu erwähnen und unsere Unterscheidung von Paulinen und Deuteropaulinen zu kennen: Der Timotheus in 23 erinnert an den Timotheus von Röm 16,21 usw. und 1/2 Tim (vgl. auch Apg 16,1 etc.; die Erwähnung eines anderen, uns aus der urchristlichen Literatur unbekannten Timotheus ist wenig glaubhaft). Der Gruß von 24 hat Parallelen in den Aufforderungen zum Grüßen in Röm 16; 1 Kor 16,19f. Der Gnadenwunsch in 25 klingt wie Tit 3,15.

Wir dürfen die Zuschreibung an Paulus nicht zu früh universalisieren. Irenäus braucht Paulus nicht als Autor des Hebr (Euseb, h.e. V 26; vgl. Irenäus, haer. II 30,9; III 6,5; IV 17,1; V 32,2). Die Kirche

in Rom kommt lange mit einem paulinischen Briefcorpus ohne den
Hebr aus (s. Euseb, h.e. III 3,5; VI 20,3 [Kritik des Presbyters Gai-
us]). Die Paulussammlung des Texttyps von D umfasst den Hebr in
einem Frühstadium nicht (*Schlossnikel* 164 und passim). Der Canon Muratori (nach manchen um 200, nach manchen 4. Jh.) übergeht ihn (allerdings könnte sich das durch Textverderbnis erklären;
vgl. *Hahneman* 25 f. u. ö.). Der Hebr gehörte demnach vielerorts
zunächst nicht zum festen Bibeltext. Ohne ihn gewann die Zahl
der Paulusbriefe eine Analogie zur berühmtesten nichtchristlichen
Briefkollektion, der von 13 Platobriefen.
Andererseits sind die Zeugen für eine frühe Zuschreibung an Paulus gewichtig. Nicht nur geht Clemens Alex. schon so sehr von ihr
aus, dass er selbst die Differenzen zum paulinischen Stil unter ihrer
Vorgabe erklärt (Euseb, h.e. VI 14,2-4: Paulus habe hier hebräisch
geschrieben und Lukas das übersetzt), und wagt Origenes darauf
lediglich eine vorsichtige Kritik der Herkunft (die Gedanken
stammten von Paulus, die Formulierung von einem anderen; Euseb, h.e. VI 25,11-14). Vor allem ordnet unser ältester Textzeuge,
der p[46], den Hebr den Paulinen zu. Er stellt ihn unter der für die
Benennung bis heute maßgeblich gewordenen Überschrift »an Hebräer« sogar unmittelbar hinter den Röm (vor 1/2 Kor, Eph, Gal
usw.).

Wie weit die Adresse »an Hebräer« zuvor zurück reicht, können wir nicht
mehr feststellen. Doch bietet sie auch etwa Tertullian a. a. O. trotz seiner
anderen Identifikation des Autors und finden sich Alternativen allenfalls
in äußerst geringfügigen Spuren (Nachweise *Gräßer** I 41). So ist sie den
Indizien nach aus einer Deutung der starken Schriftbenützung und Theologie des Hebr unabhängig von der Zuschreibung an Paulus und wahrscheinlich noch vor ihr entstanden (*Bickerman* 35 schätzt ca. 140).
Die Anordnung des p[46] überrascht. Denn sie kann nicht nach dem Umfang der Schriften gebildet sein, weil der 1 Kor länger als der Hebr ist.
Damit bietet sich eine Sequenz nach Adressaten an: Der Papyrus schlägt
vor, letztere für den Hebr unter den Judenchristen (»Hebräern«) in Rom
zu suchen (vgl. *Backhaus* 1993**, 198). Römische Querlinien des Textes
drängen sich demnach früh auf. Ob das über die Textbetrachtung hinaus
aus historischen Erinnerungen geschieht, muss jedoch offen bleiben. Es
verbietet sich, den ursprünglichen Adressatenort des Hebr über den Papyrus zu entscheiden. Desgleichen unverifizierbar ist die Annahme, in
Rom habe als Vorgänger unseres Papyrus bereits um 100 eine Teilsamm-
lung des Corpus Paulinum vorgelegen, die Kontakte zum griechischen
Osten spiegelte und den Hebr auszeichnete (*Trobisch* 60 f. in Verbindung
mit einer angenommenen Rezeption durch 1 Clem). Vollends inakzeptabel ist der Vorschlag, der Hebr sei im Ursprung ein pseudepigrapher Pau-

line, dessen Präskript mit der Nennung Pauli in der Überlieferung bis zum p⁴⁶ verloren gegangen sei *(Renner).*

Der Text des Hebr zwischen 1,1 und 13,22 rät nicht zur paulinischen (oder deuteropaulinischen) Herkunft. Der Sprachstil unterscheidet sich grundlegend vom situativen, teils impulsiven Reden des Paulus (entscheidendes Kriterium der Analyse seit Origenes: Euseb, h.e. VI 25,11 ff.) und in anderer Weise von den Deuteropaulinen. Divergent zu allen Paulinen nennt der Autor sich nicht (sei es real, sei es fiktiv). 2,3 entfernt ihn von den ersten Hörern des Herrn etc. Darum setzte sich die paulinische Verfasserschaft nur von der späten Alten Kirche bis zum Ende des Mittelalters allgemein durch. Im 16. Jh. brach die Kritik an ihr wieder auf (ab *Erasmus;* z.B.* 736) und herrscht heute trotz gelegentlicher Widersprüche (zuletzt *Black* 1999 mit einer an Clemens Alex. erinnernden »amanuensis«-Variante) im Wesentlichen unangefochten.

In der Folge solcher Kritik bildete sich allmählich die These, 13,22-25 mit seiner Brücke zum Paulinismus sei bei der Redaktion für die Paulusbriefsammlung sekundär in den Hebr eingefügt worden (gewichtig zuletzt *Gräßer** I 17 f.,22; III 409 f.).

Overbeck 12-17 postulierte noch, die Redaktion habe gleichzeitig ein nichtpaulinisches Briefpräskript vor 1,1 abgebrochen. Das erwies sich wie alle Annahmen um ein Präskript des Hebr rasch als zu spekulativ. Die jüngere Debatte beschränkt sich zu Recht auf das Textende.

Freilich können wir ein Wachstum am Textende angesichts der Handschriftenlage nicht bestätigen. 13,22-25 sind in der Textüberlieferung von p⁴⁶ an fest verankert (was *Gräßer* a.a.O. I 17 anerkennt). Dito ist der Nachweis, der Hebr habe zu seiner Kanonisierung einer sekundären Paulinisierung bedurft, nicht zu erbringen; man denke an das eingangs genannte Gewicht auch als Barnabas-Brief. Gleich plausibel wie die Schlussfolgerung »paulinisch, also kanonisch« ist ihre Umkehrung, dass 13,22-25 einen alten Textbestandteil bilden, doch erst die Kanonisierung des Hebr die weit über die Indizien dieser Verse hinausgehende paulinische Verfasserschaft allgemein durchsetzte (*Backhaus* 1993**, 192-194,196 [Zitat]).

Wir sind bei der Kanonisierung des Hebr angelangt:

2.3 Zur Kanonisierung und kirchlichen Geltung

Überblicken wir die skizzierten Linien, schleppen die Zeugnisse
lange die Unsicherheit über die Herkunft des Hebr und einen gewissen Dissens über seine kirchliche Geltung mit. Es dauert, bis er
sich überall durchsetzt und kanonisch heißen darf. Bei aller Vorsicht gilt das herkömmliche Schema, das sei im Westen zögerlicher
als im Osten erfolgt (falls der 1 Clem anders als oben vorgeschlagen
den Hebr zitierte, gäbe es in Rom einen Bruch der Rezeption im
2. Jh.). Andererseits reichen die Zuordnung des Schreibens zu Paulus und die Dynamik, das ntl. Briefcorpus auf dreimal sieben Briefe
(14 paulinische inkl. Hebr und 7 weitere) zu runden, ins 2. Jh. zurück (vgl. *Schmithals* 1997a, 322 f.).
Im 4. bis 5. Jh. kommt es zum Ausgleich der Rezeptionsstränge.
Kritische Stellungnahmen verlieren sich allmählich. Alle großen
Codices (B, ℵ, A, C, D etc.) nehmen den Hebr auf (teilweise nicht
vollständig, B so nur bis zum Anfang von 9,14). Parallel setzt sich
die Geltung als Paulusbrief durch. Auch der Texttyp von D integriert den Hebr spätestens bis 356 unter die Paulinen (*Schlossnikel*
165), und als Paulusbrief gelangt der Hebr 382 erstmals in ein Ka-
nonverzeichnis (»Decretum Damasi«, DH 180).
Darauf hält sich die Zuschreibung an Paulus bis zum Ende des Mittelalters, ohne dass die Anerkennung zwingend an ihr hinge. Entscheidend ist vielmehr, wie Hieronymus, ep. 129,3 herausstellt,
dass täglich in den Kirchen aus dem Hebr gelesen wird; ob als Paulusbrief, wie die griechischsprachigen Schriftsteller meinen, oder
Text eines anderen Autors – Hieronymus nennt noch Barnabas
und Clemens (Romanus) –, sei demgegenüber sekundär.

Einer Lösung bedurfte es, sobald die paulinische Zuschreibung dominier-
te, für den Sonderort bei Paulus. Am einfachsten war der Vorschlag: Der
Apostel zu den nichtjüdischen Völkern habe zwar einmal an Hebräer geschrieben. Da er damit eine Ausnahme in seinem Sendungsauftrag machte
(Gal 2,9 zuwider handelte), schrieb er jedoch anonym und unter Zurück-
stellung seiner Apostolizität (erstmals Clemens Alex. nach dem Referat
bei Euseb, h.e. VI 14,4). Die Formel auf der dritten Synode von Karthago
(397), es seien »Briefe Pauli, des Apostels, dreizehn, von demselben an die
Hebräer einer« zu zählen, müssen wir deshalb nicht nur als eine Verunsi-
cherung über die paulinische Herkunft des Hebr lesen (was die meiste
Literatur bevorzugt). Sie mag auch ein Nachdenken über Unterschiede
bei Paulus in die kirchliche Beschlussfassung transponieren (DH 186).
Die Hervorhebung der 13 hält am Rande außerdem die angedeutete Parallele zu den Platobriefen aufrecht. Gegen den Siegeszug der Zahl 14 ist

sie nicht auszuspielen (s. die Korrektur zur 14-Zahl der Paulusbriefe auf der Synode zu Karthago 419, PL 67, 181-230: 191).
In der späten Alten Kirche entstehen einflussreiche Kommentare und Homilien (u.a. *Chrysostomos**, PG 63,9-236; *Theodoret von Kyros*, PG 82,673-786; *Cassiodor*, PL 70,1357-1362). Sie überstehen zu einem beträchtlichen Teil die Bibliotheksverluste durch die Völkerwanderung, während wir von den Homilien des Origenes, dem ältesten großen Dokument der Auslegungsgeschichte, lediglich mehr Fragmente haben (bei Euseb, h.e. VI 25,11-14. – Weiteres zur Alten Kirche *Greer***; *Spicq** I 169-196; *Weiß** 115-126 u.a.). Die Lektüre im kirchlichen Osten verselbständigt sich infolge der Kirchenspaltung des 11. Jh. Im westlichen Mittelalter gibt es gelegentliche Zeugen einer abgestuften Achtung des Hebr (u.a. *Thomas v. Aquin**).

Im 16. Jh. bricht die Frage nach der Herkunft des Hebr und seiner Bewertung, wie bereits angesprochen, neu auf. Die Reformation kennt den Hebr darauf als Paulusbrief (durch *Luther*s Vorlesung von 1517/18; WA 57/3, p.5,10) wie die Ablehnung seiner paulinischen Herkunft (in Luthers Vorreden WA.DB 7,344f. und durch *Calvin*, CR 83,5). Die römische Kirche festigt den paulinischen Anspruch (DH 1503, Tridentinum), obwohl sich die vielleicht eindringlichste Analyse der dem entgegen stehenden Probleme *Cajetan* verdankt (*Hagen* 18-24). Doch beharrt sie nicht zwingend darauf, was die freiere Diskussion der jüngeren katholischen Exegese ermöglicht (vgl. *Vanhoye* 1985**, 495).
Die Debatte des 16. Jh. berührte die Orthodoxie (und den Einfluss von 12,22-24 auf ihr gottesdienstliches Denken) wenig. Im Westen verlief sie quer durch die Konfessionen und Humanistenkreise *(Hagen)*. Daher wurde der Hebr ungeachtet dessen, dass er *Luther*s kritische Kreuzestheologie mit initiierte (WA 57/3, p.79,20f.), kein Zentrum konfessioneller Auseinandersetzungen. 11,1 spielt für das Glaubensverständnis *Calvin*s (bes. Institutio 1559, III 2,41), später aber auch des römischen Katholizismus eine beträchtliche Rolle (DH 3008; 1. Vaticanum).

Die schroffe Haltung zur Buße in 6,6 polarisierte nicht grundsätzlich; über weite Epochen galt ein radikales Verständnis der Stelle durch die einstige Verwerfung der Novatianer als ausgeschlossen (s. z.B. *Jung* zu A. *Calov*); jüngere Literatur übt zudem Sachkritik. Zum Messopfer wurde der Hebr katholisch immer wieder, aber nicht kirchenamtlich verbindlich beigezogen (Lit. bei *Backhaus* 1996a**, 228). Weitere Hinweise zur Auslegungsgeschichte bietet *Gräßer** I 19-21.30-38.

Angesichts der vielschichtigen und teils disparaten Rezeption ist erfreulich, dass das Anliegen, den Hebr sachgemäß kirchlich zu würdigen und zu schätzen, die Konfessionen seit längerem eint. Wir dürfen daran anknüpfen.

2.4 Der Textbestand

Die vorhandenen Handschriften spiegeln den Rezeptionsprozess (weshalb wir sie in §§2.1 bis 2.3 einbezogen). Um 200 gewinnen wir – zeigt sich – mit p[46] einen zentralen Ausgangspunkt, ohne dass wir diesen Papyrus überschätzen dürften (er enthält Sonderlesarten und Fehler; *Beare* und die Lit. bei *Weiß** 128). Jüngere Papyri (bes. p[12] zu 1,1 und p[13] zu 2,14-5,5; 10,8-22; 10,29-11,13; 11,28-12,17) und die Haupthandschriften des 4.-5. Jh. (B, ℵ, A) haben kein minderes Gewicht, leicht abgestuft auch Codex D, der wiederholt mit p[46] gegen die großen sog. alexandrinischen Handschriften übereingeht (ausschlaggebend für die Rekonstruktion von *Sarra steira* in 11,11 und mitentscheidend für *labousa* in 11,13 bei Nestle-Aland[27]). Übersetzungen, Zitate bei den Kirchenvätern und einzelne bedeutende Minuskeln (bes. 33 und 1739) kommen hinzu (Übersicht über die Handschriften bei *Ellingworth** 81-85; der zu ergänzende P.Vindob. G 42417 hat sekundären Rang, s. *Papathomas*).

Im Ganzen erhalten wir eine gute Grundlage für die Textherstellung des Hebr. Die Rekonstruktion des ältest erreichbaren Textes bei Nestle-Aland[27] verdient im weitgehenden Konsens der gegenwärtigen Forschung Anerkennung und ist lediglich im Ausnahmefall zu verlassen. Reserve ist gegenüber Konjekturen und Emendationen angesagt, die vor allem früher an wichtigen Stellen erwogen wurden (bekannt etwa in 5,7 [Harnack] und 10,20 [Holsten]; weitere Vorschläge *Sahlin* 84-86).

Gleichwohl können wir die Lücke des 2. Jh. nicht unbesehen füllen. Die Eigenwilligkeiten des p[46] erweisen, dass der Text des Hebr bis zum Ende dieses Jh. einen gewissen Entfaltungsspielraum bot. Zudem setzen alle Hauptzeugen ab dem p[46] eine Entscheidung voraus, die wir nicht mehr teilen: die der Zuordnung des Hebr zum Corpus Paulinum. Wir dürfen nicht grundsätzlich ausschließen, dass die früheste Überlieferung und die Redaktion zum Corpus Paulinum in den Text eingriffen, so gewiss ich mich in §2.2 für die Integrität des uns überkommenen Textes inkl. 13,22-25 entschied. Die Textkritik des Hebr ist nicht abgeschlossen.

Textkritisch-literarkritische Operationen über 13,22-25 (oder 13,18/20-25) hinaus sind allerdings äußerst hypothetisch. Ich nenne Buchanan's Vorschlag, das paränetische Kap. 13, das größere Nähe zu den Paulinen aufweist als 1-12 (vgl. bes. 1 Thess 4 f. und Eph 5 f., zu 13,20 f. außerdem Röm 15,13.33; 16,27), sei als ganzes angefügt (*Buchanan* 243-245.267 f.). Er bildet das Gegenstück zur angesprochenen Erweiterung des Hebr durch einen postulierten Texteingang (vor 1,1), mit dem er zu einem ursprünglichen Deuteropaulinen würde *(Renner)*. Die Positionen bestätigen bis in ihre Divergenz die Probleme, in die wir gelangen, sobald wir den Primat des überkommenen Textes verlassen.

Am Ende zwingt die Überlieferungslage zum Hinweis: Keine Exegese des Hebr kennt die Hand des Autors. Vielmehr folgen alle neueren Ausleger einem postulierten möglichst ursprünglichen Text. In die Rekonstruktion geht die Entscheidung mit ein, den Mischtext von Nestle-Aland[27] (bzw. des parallelen Greek New Testament) unbeschadet fortdauernder Diskussionen um Einzelstellen (s. noch 1,8; 2,9; 4,2; 9,2-3; 10,1.2; 11,4.37; 12,7.11) als im Wesentlichen plausibel anzuerkennen.
Der Ausleger wird also nicht erst in der Interpretation tätig. Er wählt sich bereits den Text für die Interpretation. Mag er das noch so verantwortet tun, die Kluft zum Autor und dessen Hand kann er nicht überspringen. Für uns ist das ein zusätzlicher Impuls zum unter 1 gewählten Weg, den Text aus seiner Bewegung auf die Leserinnen und Leser hin wahrzunehmen. Unter letztere gehört auch der Ausleger, der sich bei der Exegese – soweit möglich – aus seiner Zeit ins frühe Christentum zurück bewegt.

Die Frage steht an, ob es nicht noch konsequenter wäre, statt des rekonstruierten Mischtextes eine vorhandene Handschrift der Auslegung zugrunde zu legen. Manch textkritische Grundsatzdebatte der letzten Jahre würde eine solche Entscheidung favorisieren. Indes löste sich kein Problem wirklich. Bei unserem Hebr kämen nur p[46] (in dem freilich 9,17; 10,21.31 fehlen) oder die vollständigen Hauptzeugen ℵ und A in Frage. Nach der Konsequenz des Ansatzes müssten wir sie aber mit dem Verständnis ihrer Zeit (p[46] um 200, ℵ 4., A 5. Jh.) auslegen, mithin unter der paulinischen Verfasserschaft. Ich nenne kleine Beispiele dafür, wie sich das in den Handschriften auswirkt: Der rekonstruierbare älteste Text von 10,34 liest »ihr littet mit den Gefesselten«; doch ist dies unter den genannten Leithandschriften nur noch von A bezeugt. Auf die anderen nehmen die Fesseln des Paulus aus Phil 1,7.14; Kol 4,18 Einfluss; die Diktierer/Schreiber assoziieren die Gefangenschaft des Paulus und lesen »ihr littet mit den Fesseln« (p[46]) bzw. »mit meinen Fesseln« (ℵ). A, die in diesem Fall beste Handschrift, erliegt darauf in 13,21 einem paulinischen Pa-

ralleleinfluss und ergänzt den vorgefundenen Text durch *ergō kai logō*
(»Wort und Tat«) aus 2 Thess 2,17. Welcher Handschrift immer wir folgten, die textkritische Klarheit, die wir gewönnen, wäre die eines Paulus-
briefes (eines Deuteropaulinen mit Paulusanamnese und paulinischer
Ethik), während wir eine Realisierung unserer Erkenntnisse über den
Textstand und das Textverständnis vor der Zuschreibung an Paulus ver-
lören.

3. Anonymität und Mitteilung

Wir kehren zur Anfangsbeobachtung zurück: Der Hebr ist anonym und will sich doch Adressaten mitteilen. Der Autor muss darum die Distanz, die seine Anonymität schafft, kommunikativ brechen. Die Anonymität tritt darauf in den Dienst einer Konzeption
über das Reden Gottes. Die Suche nach Gehör veranlasst eine Mitteilung zwischen Getrennten und in der Konsequenz einige briefliche Züge.

3.1 Anonymität zugunsten des Redens Gottes

Eine ganze Reihe frühchristlicher Schriften (die Evangelien, die
Apg und der 1 Joh) ist wie der Hebr anonym. Dahinter steht eine
theologische Option. Das literarische Dreieck aus Autor, dargeleg-
ter Sache und mit im Blick befindlichen Leserinnen/Lesern erhält
einen eigentümlichen Ton:
Natürlich wissen die Rezipientinnen/Rezipienten, dass die Texte
menschliche Verfasser haben. Aber dem Impuls der Texte nach sollen sie es sich nicht zur Aufgabe machen, über die realen Autoren
(oder – im frühen Christentum unwahrscheinlicher – Autorinnen)
nachzudenken. Die dargelegte Sache soll soviel Raum auch aus
dem Autorfeld wie möglich besetzen. Sie, Gottes Handeln durch
Christus, wird mehr als Gegenstand. Sie wird indirekt Subjekt,
und die literarische Manier bekundet die Überwältigung des
menschlichen Autors durch sie. Rezeptionsästhetisch erwächst daraus das Signal an die Adressaten, sich ebenso durch Gottes Handeln und Gottes Rede im Christusgeschehen überwältigen zu lassen. Anonymität verzichtet nicht auf Autorität, sondern lenkt auf
die größere Verbindlichkeit Gottes und Christi hin.

Wolter, der die Grundzüge dieser Beobachtungen entwickelte, betonte zugleich eine inhaltliche Diskontinuität zum Judentum. Denn unsere ntl. Schriften verzichteten auf die Suche nach Antiquität, die eine große Zahl jüdischer Texte um die Zeitenwende, die sog. Pseudepigraphen ([fälschlich] einer alten Gestalt Israels zugeschriebenen Schriften), prägt. Wir dürfen diesen Unterschied freilich nicht überzeichnen. Der Verzicht auf Pseudonymität kennzeichnet schon die großen Qumranschriften (vgl. mehrere Beiträge in *Chazon/Stone*), und unser Hebr bezieht die Suche nach Antiquität in seine Eröffnung ein. Gott sprach zu den (nach wichtigen Handschriften: unseren) Vätern, beginnt 1,1. Der Hebr versteht Anonymität demnach nicht als Gegensatz zu Antiquität, sondern als sachgemäßen Umbruch von der Vätergeschichte Israels her zur Gegenwart.

Der Hebr bietet ein bes. ausgeprägtes Paradigma der Anonymität und stellt dafür in 1,1 f. die Weiche. Subjekt des Satzes und ausdrücklich Subjekt der Rede ist dort Gott. Er redet (durch Wiederholung eingeschärft), während der menschliche Autor sich in den Kreis der Zuhörerinnen und Zuhörer, das Wir intendierter Adressaten begibt (s. »er sprach zu uns« 2). Unwillkürlich ergänzen Leserinnen und Leser: Was so gesagt ist, gilt nach dem Maßstab Gottes.
Der Hebr pflegt diese Entscheidung darauf bis 13,17 extensiv durch eine Sondergestalt unpersönlichen, diskursiven Schreibens: Der Autor schließt sich im ganzen Duktus dominant mit den Adressaten im Wir von 1,2 zusammen (s. den Nominativ des Pronomens »wir« 2,3; 3,6; 10,39; 12,1.25, dessen Nebenkasus in 3,1 usw., die Verbformen bis 13,15).

Oft und oft leitet er seine Anrede daneben in den Imperativ über (oder in Aussagen mit »muss«: 2,1 usw.). Aber auch die Imperative sind keine persönliche Mahnung, sondern allgemeine Aufforderung. Nur gelegentlich bringt er sich persönlich ein, bis 13,18 im stilisierten Plural (so das »wir« 2,5; 5,11; 6,9.11; in 13,18 lässt sich zudem diskutieren, ob er sich in eine Wir-Gruppe einbettet). Er bedient sich also eines fiktiv bescheidenen griechischen Stils im Dienst der Sache. Allein die diatribenhafte Floskel in 11,32a »was zähle ich noch auf« durchbricht das einmal zu einer Verbform der ersten Person Singular.

Das betonte Ich *(egō)* wird dadurch für das Ich Gottes und Christi frei. Der Hebr findet über die Zitation der Schrift eine Möglichkeit, es häufig und gezielt in dieser Gestalt einzusetzen (*egō* 1,5; 2,13; 5,5; 10,30; 12,26; die obliquen Kasus des Pronomens 10,7 usw.; 1. Person Singular des Verbs von 1,5 bis 13,5). So entfaltet er die Chance, in der Anonymität Gott und Christus zu Gehör zu bringen, mit besonderem Geschick. Leserinnen und Leser hören Gott und Christus reden. Alle Darlegungen und Mahnungen schreiben

aus, was Gottes und Christi Rede für ihr Leben bedeutet. Der
Schriftgebrauch des Hebr ist nicht zuletzt vor diesem Hintergrund
zu sehen.

3.2 Mitteilung zwischen Getrennten

13,18-25 überraschen nach dem Gesagten. Der bis dahin so zurückhaltende Autor vermeidet zwar weiterhin das Pronomen *egō*
(ich) zugunsten des Wirs einer Gemeinsamkeit mit den Adressaten
(20.21.23a). Doch in den Verbformen verwendet er allein V 18
noch das stilisierte Wir zur Umschreibung des Ich. In 19 geht er
zur ersten Person Singular über. 22a.c und 23b setzen das fort. Er
tritt den Adressaten gegenüber und gewinnt scheinbar an Identität.
Allerdings tut er das nur scheinbar. Denn die besprochene Annäherung an die paulinisch-deuteropaulinischen Briefe wahrt eine
signifikante Grenze: Der Autor verrät weiterhin seine Person nicht
(während Paulus und Deuteropaulinen den Namen Paulus an vergleichbaren Stellen nennen: 1 Kor 16,21; 2 Kor 10,1; Gal 5,2; Eph
3,1 usw.). Wir erfahren nichts über ihn und seine Lebensumstände.
Stattdessen vernehmen wir etwas über eine Gestalt des paulinisch-
deuteropaulinischen Kreises, Timotheus, obschon leicht unklar
(23a; »weggekommen« dort kann ebenso »aus dem Gefängnis ent-
lassen« wie »vorab an die Adressaten abgeschickt« bedeuten). Außerdem hören wir, wiederum unbestimmt, etwas über Menschen
um den Autor, Personen »aus Italien« (ohne Hinweis auf seine Beziehung zu ihnen, ihren Aufenthalts- und damit den Entstehungsort des Hebr). Beachten wir die Knappheit, dienen beide Angaben
dazu, den Gruß, der ein Stereotyp der durch Paulus eingeführten
urchristlichen Briefform ist, so sparsam wie möglich zu konkreti-
sieren (während Paulus zu anschaulichen Grußlisten gelangt; vgl.
bes. Röm 16).

Dazu fügt sich die Schwebe der Schlussmahnungen – wieder eines Erbes
der paulinischen Briefform – zwischen Allgemeinheit und konkretem
ethischen Bereich, die der Duktus des Hebr vorbereitete (bis 13,7).

Die Beobachtungen sind ambivalent. Kehren wir die Differenz zu
Hebr 1,1-13,17 hervor, gelangen wir neuerlich zur Frage, ob unser
Abschnitt nicht nachträglich ergänzt sei, nun freilich etwas um-
fangreicher als oben, nämlich ab V 18 (und womöglich mit der
Überleitung dorthin, 13,15-17: *Schmithals* 1997a). Ein Redaktor,

der paulinische Gepflogenheiten kannte, aber allzu enge Identifikationen vermeiden wollte, hätte ihn – wenn wir das mit den bisherigen Beobachtungen kombinieren – eingefügt, um die Integration des Hebr ins paulinische Briefcorpus zu sichern.

Dieser Redaktor wahrte dann die Anonymität des Hebr halb und ergänzte keinen paulinischen Briefanfang. Er scheute die gesteigerten Pauluserinnerungen, die die Autoren der Deuteropaulinen im engeren Sinn pflegen (Eph 3,1 ff.; 1 Tim 1,12-16; 2 Tim 4,6 ff.), und bevorzugte Unbestimmtheitsrelationen. Er beschränkte sich also auf das Minimum an Eingriff, das er für seinen Zweck benötigte, und suchte die Freiheit der Rezipientinnen/Rezipienten möglichst wenig zu beeinträchtigen.

Belassen wir den Abschnitt – wie oben entschieden – im ursprünglichen Hebr, verschiebt sich der Akzent. Die Nähe zur paulinischen Brieftradition bleibt. Sie gilt jedoch abgeschwächt gleichfalls für das Corpus des Hebr. Immerhin finden wir zahlreiche Berührungen zu Paulusbriefen weit über Kap. 13 hinaus (vgl. Hebr 2,4 mit 1 Kor 12,4.11 und 2 Kor 12,12; Hebr 5,12-14 mit 1 Kor 3,1-3; Hebr 7,25 mit Röm 8,34; die Zitation von Hab 2,4 LXX in Hebr 10,38 mit Röm 1,17; Gal 3,11 etc.; Weiteres *Hurst*** 108 f., *Backhaus* 1993**, *Witherington*), ohne dass dies die theologischen Unterschiede minderte (etwa besagt die gemeinsame Zitation von Hab 2,4 kein gemeinsames Verständnis dieses Textes). Unser Befund erweist deswegen keinen halb deuteropaulinischen Anspruch, sondern Kontakte zum Wirkungsbereich paulinischer Theologie.

Eine Kenntnis der paulinischen Briefform und Briefrhetorik ist im späten 1. Jh. keineswegs ungewöhnlich, ohne theologische Übereinstimmung bedeuten zu müssen. Zu vergleichen ist der 1 Petr, der bei aller Nähe zu den Deuteropaulinen zugleich auf seiner Selbständigkeit beharrt (interessant in ihm außerdem die zum Schluss des Hebr verwandte Motivkombination in 5,10 f.12-14). Noch deutlicher ist die theologische Autarkie der Offb, obwohl sie das paulinische Briefformular in 1,4 f. und 2,21 adaptiert.

Der Hebr gelangt mithin in den Kreis der frühchristlichen Literatur, der sich dem paulinisch-deuteropaulinischen Einfluss nicht ganz entziehen kann und will, ohne sich ihm zu fügen. Ist dem so, haben wir 13,18-25 nicht als Aufhebung der Anonymität zu lesen, sondern als eine notwendige Ergänzung und Vertiefung. Die Verse sind in einer Weise Captatio Benevolentiae: Adressaten, die den Einfluss paulinischer Theologie kennen, dürfen den Hebr mit ihr in Beziehung bringen. Gleichzeitig bremst der Autor. Er stellt die

Suche nach Wohlwollen und Kontakt nicht an den Anfang seines Schreibens, wo wir sie rhetorisch erwarten würden. Seine theologisch selbständige Entfaltung geht vielmehr dem Brückenschlag voraus, und noch am Ende soll den Adressaten der indirekte Bogen zum Paulinismus über das Bindeglied des Timotheus genügen. Die Kargheit der Paulusanamnese ist kein Zufall und kein Zeugnis mangelnder Kenntnis. Sie vermeidet gezielt eine zu enge paulinische Identifikation.

Der Autor des Hebr nützt die Chancen der anklingenden Brieftradition darüber hinaus: Als Medium vermittelt ein Brief den Austausch zwischen Getrennten, die der gleichen Sache verpflichtet sind. Er gleicht aus, dass diese Personen einander nicht sehen. Darum eignet er sich vorzüglich für Mitteilungen eines Absenders in die Weite vieler von ihm getrennter Adressaten. Solche Weite aber eignet dem Sprechen Gottes, das bei den Vätern anhob und den ganzen Kosmos ausschreitet (vgl. 1,1 ff.). Die Mitteilung des Hebr drängt darum auf die Briefform zu, und Kap. 13 mit seinen Briefmotiven wird zum notwendigen Schluss. Nicht minder notwendig bleibt gleichzeitig der Verzicht auf ein Briefformular in Hebr 1,1. Denn der Autor des Hebr tritt auf diese Weise den Adressaten gültig bis zum Schluss lediglich im gemeinsamen Hören des Zuspruches Gottes gegenüber. Sein Ich dient noch in den Schlussversen der Einschärfung, auf dieses Wort zu achten (s. bes. 13,22), nicht der Hervorhebung seiner Absenderschaft. Die Fluchtlinie dient der impliziten Leserführung, entscheidet nicht über eine tatsächliche externe Textmitteilung als Brief.

Fruchtbar fügen sich die Kommensankündigungen in 13,21 und 23 zur Tendenz. Die Antike pflegt den Brief nämlich als Medium schriftlichen Dialogs (vgl. die große Nähe von Brief und *dialogos* bei Demetrios, de eloc. 223 f., ed. P. Chiron, Paris 1993; dt. bei *Klauck* 149) unter der steten Einschränkung, dass eine persönliche Begegnung noch sinnvoller wäre. Paulus entwickelte darauf die briefliche Ankündigung seiner unmittelbaren Anwesenheit (nach dem griechische Wort für »Dasein«, *parousia*, die »apostolische Parusie«; Phil 1,26; 2,19.24 usw.). Der Hebr-Autor variiert das Motiv: Wenn er den Adressaten begegnen wird, was er sich baldigst wünscht, wird sich das Wir der Geschwisterschaft im Schauen von Angesicht unter dem Wort der Mahnung bekunden (22 f.). Die Grüße weiterhin Getrennter werden es stützen und umgeben (vgl. 24).

Die Verschränkung des Ich, des Wir, des Kommens des Timotheus und der Grüße in 13,18-24 wird zur kunstvollen Komposition, die sich rezeptionsästhetisch entschlüsselt: Die Mitteilung zwischen

Getrennten – dem Hebr-Autor, den Menschen um ihn und den Le-
serinnen/Lesern seines Textes – verweist auf das gemeinsam notwendige Hören Gottes und Christi und auf die wünschenswerte
Begegnung in diesem Hören. Das Hören Gottes und Christi lenkt
nicht vom anderen Menschen ab, sondern auf die gegenseitige
Wahrnehmung im Hören hin.

4. Die Leseführung

Bleiben wir in der beschriebenen Linie, bauen die Leserhinweise
im Text eine dem Anliegen des Hebr gemäße Lesehaltung auf. Sie
sind ein Entwurf auf die Wirklichkeit zu, keine direkte Abbildung
der externen Faktizität zur Zeit des Schreibens. Die Anlage des
Hebr bestätigt das. Sie errichtet näherhin eine eigentümliche
Schwelle zur Umwelt und macht den Hebr dadurch zu einem Zeugen liminaler Theologie.

4.1 Die Konstituierung der Lesehaltung

Die Leserinnen/Leser finden sich am Anfang nicht in ihrer Alltags-
wirklichkeit beschrieben, sondern ausschließlich in der Anrede von
Gott durch den Sohn vor (1,1-4). Diese Anrede abstrahiert sogar
umgehend nochmals; in 1,5-13 hören sie Äußerungen Gottes an
den Sohn. Nur von dort, der Höhe Gottes her, bewegt sich der Text
auf ihr Leben zu. 1,14 führt sie über die Engel, die dienenden Geister, zu dem Kreis, der Rettung erben soll. Das ist eine indirekte
Bestimmung ihrer selbst (vgl. 6,9.17). Wer den Hebr vernimmt,
sieht sich mithin auf einen Weg der Rettung gestellt, in dem sich
der Himmel für die Ohren öffnet (nicht gleichermaßen übrigens
zum Sehen; das Verb *horān* fehlt in Hebr 1).
Erst nachdem das geklärt ist, wendet sich die Perspektive dem irdischen Lebensfluss zu (2,1). Sie tut das notwendig, weil das Rettungshandeln Gottes in Christus nach den Menschen in ihrem irdischen Leben greift, und doch mit einer gewissen Spannung. Die
Metapher des Fließens in 2,1, von der ich das Bild des Lebensflus-
ses ableitete, enthüllt das. Denn der Fluss des Lebens ist nicht sta-
tisch. Er hat seinen eigenen gefährdenden – nicht, wie heute für
viele plausibler, einen schönen – Sog. Seine Strömung kann jeman-
den am Wort Gottes vorbei treiben (s. *para-rrein*, »im Fließen vor-

bei treiben« 2,1 vor »Wort« ab 2,2; EÜ verschiebt die Metapher).
Bleiben wir bei der Fluss- und Seefahrtmetaphorik, bedürfen die
Menschen eines Ankers als Halt, damit die Rettungsbewegung aus
der Höhe und zur Höhe nicht in der Drift des Lebens versinkt.
Folgerichtig geleitet uns der Hebr bis 6,19 zur Metapher des Ankers und gibt dem Anker dort seinen Halt nicht am Grund des Le-
bensflusses, sondern im Raum Gottes.
Der Fortgang des Hebr veranschaulicht vielfach die Gefahr. Er verweist darauf, manch potentielle Leserin/potentieller Leser müsse
fast wieder von Anfang an unterwiesen werden (5,12), Schuld und
Abfall drohten (6,4-8), einige blieben den Gemeindeversammlun-
gen fern (10,25) usw. Kurz, einem Aufschwung der Gründung
folgte äußerer Druck (nach 10,32-34 schon zurückliegend) und innere Beirrung (vgl. 12,4-13).
Dieser Spannungsbogen veranlasste die in Forschung und Allgemeinbewusstsein geläufige Annahme, der Hebr sehe die Gemeinde in einer schweren Krise. Die Leseführung zwingt uns, das
zu präzisieren:
Nicht bei der Krise setzt der Hebr ein, sondern bei der Fähigkeit
seiner Adressaten, Gottes Rede – wohlgemerkt in Kap. 1 selbst
Gottes himmlische Rede – zu hören. Alle Kritik erwächst im Angesicht der Größe dieser Rede und wird durch Zuwendungen ab-
gefedert (s. 6,9-12 nach 6,4-8, den Verzicht auf eine Anfangsunter-
weisung in 6,1 f. trotz 5,12 usw. bis 12,22-24 nach 12,4-13). Das
Textcorpus setzt entsprechend noch vorrangig vor den Krisenerscheinungen eine hohe Hör- und Reflexionsfähigkeit und Interesse an schwieriger Theologie samt Bereitschaft, enthüllten Ge-
fahren entgegen zu treten, voraus. So ist die Kritik mindestens
ebenso rhetorisches Mittel wie konkrete Beschreibung. Sie verweist auf die Strömung, die vom Anker reißt, um eine Gefahr zu
bändigen, die sich nach dem Bild des Autors neben den Stärken der
Gemeinde abzeichnet. Werten wir mithin die Krise der Gemeinde
im Hebr als einen Leseimpuls, der mit der Auszeichnung durch
Gottes Wort zusammengehört.

4.2 Liminale Theologie

Nach der klassischen Religionssoziologie geleitet uns eine solche
Leseführung in die Phase der Institutionalisierung des Christentums, die auf den charismatischen, überschwänglichen Anfang
folgt (vgl. *deSilva* 1994b** u. a. nach E. Durkheim und M. Weber).

Freilich stellt sich der Vorgang komplex dar: Der Hebr setzt zwar voraus, dass sich Momente des christlichen Bekenntnisses institutionalisiert haben (3,1). Aber er fördert weder einen Ausgleich zwischen der christlichen Gemeinde und der sie umgebenden Gesellschaft noch die innere Institutionalisierung durch eine Differenzierung von Ämtern. Vielmehr bescheidet er die Leserinnen und Leser, der angesprochenen Tendenz unter ihnen, Besonderheiten aufzugeben, nicht nachzukommen und keine Integration in die Umwelt, sondern die Ehre zu suchen, die sich an der Schmach Christi bestimmt.

Nach 10,32-34; 13,3 heißt das, Beschimpfungen und Bedrängnisse durch die Umwelt gering zu achten und sich mit Gefangenen und Leidenden zu solidarisieren. Heute fallen solche Werte kaum auf. In der Antike wurden sie außerhalb von Juden- und Christentum nur von kleineren – allerdings für die Rezeption des Christentums wichtigen – Gruppen vertreten, namentlich unter Stoikern und Kynikern. Der Hebr missachtet diese Vermittlungsmöglichkeiten, um die neue Wertbildung um so schärfer herauszustellen:
Im Kreuz Christi sammelte sich, was die Umwelt für Schmach hält. Christus aber nahm dieses Schmachkreuz auf sich. Er bekundete eine Änderung des Denkens und nahm mit dieser den Weg ganz in Gottes Ehre *(timē)* und Herrlichkeit (12,2 nach 2,7.9). Ausschlaggebend wird dadurch für die Gemeinde allein, dass sich Gott und Christus nicht schämen, sich Menschen zuzuwenden (2,11; 11,16). Aus dieser Zuwendung und nicht am Maßstab der Umwelt bestimmt sich ihr Wert und ihre Ethik (bis ins Detail, was sexualethisch »ehrbar«, *timios*, sei, 13,4).
Luther las darauf den Hebr, wie angesprochen (↗ § 2.3), als zentrales Zeugnis seiner Kreuzestheologie. Forschung der letzten Zeit setzt gern einen sozialgeschichtlichen Akzent, der zu unserem Paragraphen zurückführt: Der Hebr breche wie andere frühchristliche Literatur mit dem Ehre-Scham-Schema, das die Kultur des Mittelmeerraums beherrschte. Die Antike bemaß – so der Hintergrund – den Einzelnen/die Einzelne in höchstem Maße an seiner/ihrer Achtung durch andere (*honos*, griechisch *timē*). Das Christentum konnte das wegen des Todes Christi wie eigener Erfahrungen von Entehrung nicht aufrecht erhalten, mochte jedoch das Schema wegen seiner antiken Kraft ebensowenig aufgeben. Die einfachste Lösung war, die Kategorie der Ehre statt an der Achtung durch andere Menschen allein an derjenigen durch Gott und Christus auszuloten. Wir erhalten interessante Aufschlüsse zum Hebr (vgl. bes. *deSilva* 1994a**/1995**), auch wenn Vereinfachungen der Theorie zu bemängeln sind (kritisch *Downing*).

Zugleich begnügt sich Hebr 13,7.17.24 damit, allgemein von *hēgoumenoi,* »Führenden«/»Leitenden« (13,7 D* synonym *pro-*

hēgoumenoi), in den Gemeinden zu sprechen, statt die konkreten Ausformungen des Amtes zu nennen, die sich spätestens ab der Mitte des 1. Jh. bildeten.

Mehr noch, die geschichtsträchtigen Amtsbegriffe *episkopos* (die Basis unseres Lehnworts Bischof; vgl. Phil 1,1 usw.), und *diakonos* (die urchristliche Bestimmung des Amts vom Dienst her; Röm 16,1; Phil 1,1 usw.) fehlen nicht bloß. Der Hebr setzt die zugehörigen Verben *episkopein*, »darauf sehen«, und *diakonein*, »dienen«, in Hinweisen für die ganze Gemeinde (6,10; 12,15). *Presbyteroi* (Ältere; vgl. Apg 15,2; 20,17; 21,18 usw.) heißen in ihm ausschließlich die alten Glaubenszeugen (11,2). Demnach hält der Hebr eine sich auffächernde Institution irdischer Kirche außen vor und verwehrt, dass die Gemeinde ihre Aufsichts- *(episkopein)* und Dienstaufgaben *(diakonein)* im Sog gesellschaftlicher Institutionalisierungsprozesse an Amtsträger delegiert.

Manche Ausleger ziehen eine Linie nach Rom (*Backhaus* 1993**, 198 u. a.; vgl. o. unter 2.1), da die dortige Gemeinde unseren allgemeinen Leitungsbegriff nach Ausweis des 1 Clem hochhielt (*hēgoumenoi* 1 Clem 1,3; *prohēgoumenoi* 21,6; vgl. etwas jünger Herm, vis II 2,6; III 9,7, zum breiteren christlichen Kontext Lk 22,26; Apg 15,22). Zugleich birgt sich unter der begrifflichen Gemeinsamkeit eine sachliche Differenz: Der 1 Clem stützt über die *hēgoumenoi* christliche *presbyteroi* (»Älteste«; 1,3 und 21,6). Er bezieht zugunsten der in der zweiten Hälfte des 1. Jh. entstandenen Amtsausfächerung Position, an der der Hebr nicht interessiert ist (dessen früher geläufige »frühkatholische« Schematisierung – *T. Schramm* s. v., EWNT II, 280 u. a. – versagt darum notwendig; *Gräßer* 1992**, 226 [1982]).

Eine jüngere Theorie hilft, den komplexen Befund näher einzuordnen. Einige Forscher zunächst in den Vereinigten Staaten, inzwischen auch in Deutschland übertragen das kulturanthropologische Leitmotiv des Überschritts über eine Schwelle in die Untersuchung des frühen Christentums. Letzteres wird nach dem lateinischen Wort für Schwelle, »limen«, zu einer »liminalen« Bewegung (Theorie, Forschungsübersicht und differenzierte Anwendung auf Paulus bei *Strecker*). Der Hebr findet in dieser Bewegung seinen spezifischen Ort.

Bekannter als die exegetische ist die praktisch-theologische Anwendung des Modells (auf Konfirmation etc.). Sie erleichtert den Zugang zur Theorie: Ein Ritus (also z. B. die Konfirmation) trennt von Bisherigem (bei der Konfirmation nicht nur von einer frühen religiösen Phase, sondern auch der Kindheit) und geleitet über eine Schwelle zu neuer Eingliederung. An der Schwelle (in der liminalen Phase) herrscht Ambiguität und Unbestimmtheit. Die bis dahin gültigen Regeln brechen. Ein Ritualleiter erhält hohen Rang.

Nach der Schwelle erfolgt nicht zwingend eine neue Integration in schon
bestehende Gesellschaft, wie sie der funktional orientierte Strukturalis-
mus betonte. Der Übergang enthält vielmehr erhebliches Differenzpoten-
tial. Ein Gegenmodell gegen die vorhandenen Strukturen konstituiert sich
und erhält in einzelnen Gruppen die Tendenz zu Dauer. In diesen Gruppen entsteht permanente Liminalität. Über sie hinaus bildet sich ein teils
konfliktreicher, teils ausgleichender Prozess zwischen der aufgebroche-
nen Anti- und der allgemeinen Gesellschafts-Struktur.

Die Applikation auf das frühe Christentum muss sich von der Konzentration des Grundmodells auf Riten etwas lösen. Denn die Umbrucher-
fahrung geht der rituellen Fixierung voraus. So gewiss letztere umgehend
einsetzt (Taufe und Herrenmahl sind sehr alt), dauert es bis zur Verfestigung einige Zeit. Der Hebr bietet dafür ein schönes Beispiel. Er nennt in
seinem Rückblick auf die Anfangsgründe des Christentums 6,1 f. Tauchriten und Handauflegung eingebettet in eine größere Reihe von Schwel-
lenmotiven (von der Umkehr bis zum ewigen Gericht und allen voran das
Wort). Die Tauchriten beschreibt er zudem nicht im Singular (*baptisma/
baptismos*, »Taufe«), sondern im Plural (*baptismoi* 6,2). Die eine Taufe
verdrängt, obwohl der Autor sie sicher kennt (10,22), eine Mehrzahl von
Reinigungsvorgängen noch nicht (ungeachtet der Kritik an solchen 9,10).
Was den zweiten zentralen Ritus im frühen Christentum, das Herrenmahl, angeht, vermeidet der Hebr jede Nennung. Er scheint das Herrenmahl zu kennen (vgl. *dōrea*, Geschenk, 6,4, mit der eucharistischen Anspielung bei Ignatius, Sm 7,1 und jünger Irenäus, haer. V 2.3) und in einem
zentralen Motiv, dem des Bundes und Bundesblutes, vorauszusetzen (vgl.
9,20; 10,29; 13,20). Indes forciert er dessen Praxis nicht sichtbar und thematisiert allemal die Darreichung der Elemente nicht (*Schröger* 1968a**).
Welche Gründe immer ihn dazu veranlassen, es fügt sich zu seiner Ferne
gegenüber institutionellen Verfestigungen (neuere Diskussion bei
*Knoch***; *Backhaus* 1996a**, 228-232). Nur mit großer Vorsicht ist an
den Hebr heranzutragen, er ziele auf eine Vertiefung des Glaubens am
Ritus (gegen *Cahill*, der auch 12,22 eucharistisch erschließt) oder bereite
die östliche Abendmahlstheologie vor (*Kereszty*** u. a.) unter Auslegung
von 13,9 als Ablehnung jüdischer Kultmähler; vgl. dagegen die antisakra-
mentale Deutung von 13,9 durch *Theißen*** 76 f. und *Braun** 461 f.).
Wer das Problem vermeidet, indem er den Hebr insgesamt als symboli-
sche Aktion und Liturgie liest (etwa nach *Dunnill*** in der Linie eines
Bundeserneuerungsritus), wechselt von der gespiegelten zur entworfenen
Wirklichkeit. Die liminale Theorie ist deshalb in jedem Fall zu modifizie-
ren und ihrer Überschätzung zu wehren. Mit dieser Grenze erlaubt sie
allerdings, den Hebr genauer zu verorten:

Der Umbruch, der die Gemeinde begründet, liegt der Skizze des
Hebr nach zurück, so dass wir uns im Prozess nach der Schwelle
mit den unausweichlichen Krisenerscheinungen einer postliminal-
len Situation befinden (6,1 f. u. ö.). Die umgebende Gesellschaft ist

schon länger nicht mehr bereit, eine Anti-Struktur zu dulden
(10,32-34; vgl. 12,4), und selbst in der Gemeinde ist die Versuchung
groß, ihre Anfänge auszuhöhlen, sei es durch eine Minderung des
Anspruchs, sei es durch ein Ausscheren aus der Gemeindeversammlung, die den allgemeinen Lebensfluss durchbricht.
Dem entgegen optiert der Hebr für eine radikale Fortsetzung liminalen Denkens und Lebens. Jeder Kompromiss verrät – wie er vermittelt – den Schritt über die Schwelle. Wer die Kräfte von Gottes
Wort geschmeckt und sich durch sie über die Schwelle hat führen
lassen, darf nicht mehr daneben treten, will er/sie nicht alles verlieren. Die Abwehr einer nochmaligen Umkehr in 6,6 ist die notwendige Folge und bekannteste Spitze unnachgiebig liminaler Theologie.
Ihr notwendiges Pendant bildet die angesprochene Gesellschaftskritik. Denn die Ehre, die vor der Schwelle und neben ihr gilt, ist
dauerhaft durch die Anti-Struktur, die Ehre der neuen Wirklichkeit
Gottes und Christi, abzulösen.

Das Gefälle spiegelt sich bis in den Begriff für die Gemeindeversammlung
im Schlüsselvers 10,25. Der Hebr wählt statt eines geläufigen Ausdrucks
für Versammlung aus der gemeingriechischen Umwelt das seltene Kompositum *episynagōgē*, das nichtjüdisch bis zum 1. Jh. nicht im Sinne von
Versammlung belegt ist (der eine Beleg IG XII 3, suppl. 1270 meint eine
Geld-Sammlung; vgl. Spicq** II 63). Vorbereitet ist letzterer Sinn ausschließlich durch das Judentum (nach 2 Makk 2,7 eine Versammlung des
Volkes, die Gott [!] vornehmen wird) und die Parusieerwartung des frühen Christentums (2 Thess 2,1). Eine durch den einen Gott bestimmte,
eschatologische Versammlung tritt vor Augen, die sich von den Versamm-
lungen im Lebensfluss der Umwelt abhebt. Genau an dieser Pointe – nach
der Theorie dem Impuls einer Antistruktur, die die Sozialformen der Umwelt sprengt – liegt dem Hebr. Analog dazu verwendet er das zweite Leitwort für die Gemeindeversammlung, *ekklesia*, 12,23 gleichfalls unter
himmlischer Perspektive.
Die Verflechtung von Gesellschaftskritik und himmlischer Orientierung
lässt sich durch soziorhetorische Analysen verbreitern (um die Breite des
Hebr zu erfassen, bemüht *deSilva** so neben dem Ehre-Scham-Schema
die Patron-Klient-Relation und den antiken Usus eines Austausches von
Wohltaten). Ihre hermeneutische Aktualisierung ist, wo sie sich in neu-
zeitlichen Widerstandssituationen zuspitzen müsste, nicht leicht. Dennoch lohnen Versuche (vgl. *Jones*).

Schließen wir den Kreis mit einem zweiten Blick auf die *hēgoumenoi* (»Führenden«/»Leitenden«). Sie verkündeten das Wort Gottes,
heißt es 13,7, und verdienen, dass die Adressaten sich ihnen fügen,

weil sie ohne alle Schläfrigkeit über ihre Leben wachen (13,17; *agrypneō* erweitert den Stamm »Schlaf«). Der Hebr hebt damit ihre entscheidende liminale Aufgabe hervor, das Wort zu sagen, das den Umbruch über die Schwelle schuf, und fügt die charakteristisch postliminale Tätigkeit bei, ein Einschlafen der Anfangsimpulse zu verhindern. Allein das interessiert ihn, nicht Gottesdienstleitung, Kassenaufsicht, Armendienst oder was immer sonst eine Amtsdifferenzierung ausmachen könnte.

Signifikant ist das temporale Gefälle zwischen 13,7 und 13,17.24. Die Wortverkündigung stiftet die Basis und ist darum zuerst zu nennen. Sie liegt zurück, und die ersten *hēgoumenoi* müssen nicht einmal mehr leben (13,7). Das aber mindert ihren Rang nicht. Selbst nach dem Ausgang ihres Lebens (*ekbasis* 7c in der Hauptbedeutung) ist auf ihren Ertrag (*ekbasis* in zusätzlicher Konnotation) hoch zu blicken, da er den Bogen nach oben, zur himmlischen Welt, in sich aufnimmt (s. *ana*, »hinauf«, in *anatheōrein*).
Im Übrigen wiederholt sich in Kap. 13 die Vorordnung des Wortes vor die Riten im engeren Sinn. Taufe(n), Herrenmahl u. ä. erscheinen nicht. Das Wort wird, wenn man den Aspekt des Ritus aus der liminalen Theorie trotz der vorgetragenen Bedenken anwenden will, zum Grundritus, von dem sich alles andere ableitet, und die *hēgoumenoi* erhalten ihren Rang dadurch, dass sie den Grundritus leiten und bewahren.

4.3 Die Differenz zu den Völkern und der Titel »an Hebräer«

Einen Schlüssel liminaler Theologie bildet die Schwelle (das *limen*), die im Umbruch der sozialen Existenz überschritten wird. Wir müssen ihren Ort für den Hebr bestimmen. Das können wir nur unter Maßgabe seiner Entscheidung, was vor der Schwelle liege, verdiene keinerlei Beachtung. Wir werden auf einen markanten Befund aufmerksam:
In der Gesellschaft spielten, wo immer der Hebr geschrieben wurde, neben Juden Glieder der nichtjüdischen Völker eine zentrale Rolle, und viele seiner Adressaten stammten aus ihnen (↗ § 8.4). Der Hebr dagegen ignoriert die Völker schlicht. Bereits im ersten Vers legt er fest, die »Väter« der Gemeinde seien die Väter, zu denen Gott in den Propheten sprach; wir würden heute sagen, die Väter Israels. *Ethnos/ethnē*, den Leitbegriff der Zeit für Völker (mit 162 Belegen im Neuen Testament), vermissen wir darauf im

ganzen Schreiben, ebenso die Ableitung *ethnikos*. Zitierte Schriften sind ausschließlich die Israels, zitierte Geschichte desgleichen (Hebr 11; different zum 1 Clem, der uns als zeitgenössischer Text schon beschäftigte und seinen Leserinnen/Lesern in 55 gezielt sogar positive Beispiele der *ethnē* bietet).

Der Hebr entwirft mithin das Bild seiner Leserinnen/Leser fast, als gäbe es die Völker nicht. Die zentrale, unverrückbare Schwelle, die er aufbaut, ist die zu den nichtjüdisch-nichtchristlichen Fremdreligionen.

Eine Anspielung im Text, die aufmerksame Leserinnen und Leser finden, vertieft das Gefälle: Hebr 12,15 zitiert aus Dtn 29,17 LXX, keine bittere Wurzel dürfe unter ihnen ausschlagen. Die Tora wehrt damit ab, den Göttern der Völker zu dienen (*latreuein tois theois tōn ethnōn* ebd.). Der Hebr zitiert die Konkretisierung nicht; strikt wahrt er, von den Völkern zu schweigen. Für die Leser/innen indes setzt er den Impuls deutlich genug, um sie die Abwehr hören zu lassen.

Der frühchristliche Schreiber, Diktierer oder Bibliothekar, der den Titulus *pros Hebraious*, »an Hebräer«, prägte, reagierte darauf mit bemerkenswertem Gespür. Er benannte den impliziten Leserentwurf unseres Autors: Wer den Text liest, soll den Blickwinkel eines »Hebraios« – eines Menschen, der dem einen Gott zugehört (eines Juden[christen]) – einnehmen.

So erschließt sich *pros Hebraious* gemäß dem allgemeinen Begriffssinn (vgl. *Harvey* 104-147). Als der Titulus sekundär als unmittelbarer Textbestandteil gelesen wurde, nahm das den Sinn »hebräische Sprache« zusätzlich in sich auf (vgl. bes. Apg 22,2). Eine Grundfassung des Hebr schien auf Hebräisch an Hebräer geschrieben (Clemens Alex. bei Euseb, h.e. VI 14,2-4). Reflexionen wie die des Clemens Alex. über den Übersetzungscharakter des Hebr waren die Folge (↗§2.2). Sie sind unnötig. Auch weitergehende Erwägungen über den Editionscharakter des Hebr (*Bickerman*) bleiben schwierig.

Indirekt nahm unser Schreiber bzw. Bibliothekar durch seine Wortwahl zugleich die Lücke des Hebr zum viel geläufigeren Wort *Ioudaios* (Angehöriger jüdischen Volkes und jüdischer Religionsausübung) wahr. Sie ergibt sich gleichermaßen aus dem Ansatz. Die überschrittene Schwelle ist nämlich, wenn wir die beschriebene Bewegung beachten, nicht die zu einer anderen irdischen Größe – von den Völkern ins geschichtlich gewordene Judentum –, sondern die zur Verankerung im Himmel. Die irdischen Lebensflüsse umströmen die im Himmel Verankerten, doch sie dürfen ihnen nicht ihre entscheidende Benennung geben. Die hören sie von Gott und vom einen Sohn mit Worten der Schrift. Sie hören »Geschwister« und »Kinder« (2,12.13 nach Ps 21,23 LXX und Jes 8,18 LXX) und werden Teilhaber himmlischer Berufung (3,1; auch *Hebraios* fehlt im Hebr).

Lange meinte die Auslegung, der Hebr baue damit zum Judentum eine ähnlich unerbittliche Barriere wie zu den Völkern auf. Die überfällige Korrektur wird in letzten Jahren breit vollzogen. Denn allein die Schwelle zu den Völkern ist eine Schwelle im strikten Sinn. Die Distanz zum Ausdruck »Ioudaios« ist dagegen derjenigen zum Ausdruck »Christianos« zu vergleichen, der sich als Bezeichnung der neuen Gruppe in der Umwelt des Hebr herauskristallisiert (Apg 11,26; 26,28; 1 Petr 4,16): Der Gruppe jenseits der Schwelle ist nach Ansicht des Hebr keine Bezeichnung gemäß, die sie in irdisch vertrauten Strukturen behaftet und die Bewegung vom Himmel her und zum Himmel hin bremst (und *christianos* etc. fehlt). Entsprechend erklärt sich auch die durchgängige Entscheidung des Hebr, zwar auf den Kult Israels Bezug zu nehmen, aber das maßgeblich über Gottes Wort in der Schrift, nicht von faktischen Vollzügen in der irdischen Wirklichkeit aus. Gottes Wort, nicht irdische Faktizitäten bieten die entscheidende Verankerung im Himmel.

Die Folgeprobleme, die das für das Verhältnis zum Judentum mit sich bringt, dürfen nicht klein geschrieben werden. Weil Gottes Wort sich vom real vollzogenen Kult löst, bricht eine Kluft zum Jerusalemer Tempel auf, von dem jeder Jude vor und nach der Zerstörung (70 n. Chr.) bis ins 2. Jh. hinein lebendig weiß. Die Genese des rabbinischen Judentums kommt nicht als eigene Möglichkeit eines Lebens auf Erden angesichts des Himmels mit und ohne Tempel in den Blick. Doch entstehen diese Probleme nicht, weil der Hebr seiner Intention nach antijüdisch wäre. Im Gegenteil, sie entstehen, weil er seine Theologie als ganz und gar »hebräische«, vom Gott Israels her zu entfaltende Theologie darlegt. Seinen Leseimpulsen nach müssen wir die Differenzen zu – von heute aus gesehen – jüdischer Theologie unter innerjüdische Differenzen buchen, seine Differenzen zu den verlockenden Strömen des Lebens in irdischer Beheimatung unter den Völkern als Schwelle im eigentlichen Sinn.

5. Wort, Schrift und Bekenntnis

Die Gemeinde hat – teilt der Hebr in seiner Leseführung mit – die
Schwelle des Eingangs zu Gottes Wirklichkeit überschritten. Sie ist
jenseits der Schwelle unterwegs in diese Wirklichkeit und in ihr.
Auf diesem ihrem Weg jenseits der Schwelle (mit dem Fachausdruck: in ihrem postliminalen Leben) wird sie durch das Hören
des Wortes von Gottes Wirklichkeit und durch die Antwort darauf
geprägt. Der Hebr konzentriert seine Theologie deshalb auf das
Wort. Worttheologie gibt seinem liminalen Denken die entscheidende Tiefe.

5.1 Worttheologie

Schlüsselpassagen des Hebr konstituieren eine beeindruckende
Worttheologie (*Gräßer* 1992**, 129-142 [1972]; *Hegermann*
1982**; *Wider***; *Via***): Gott, der seit jeher zu den Vätern sprach,
sprach zu uns am Ende der Tage im Sohn (1,1 f.). Sein Reden ist
faszinierend und erschreckend lebendig (4,12 f.). Es geschieht auf
Erden und vom Himmel (12,18-29), zwischen Schöpfung (vgl. 4,3;
11,3), Geschichte (3,7-4,11; 11) und Gericht (4,13). So groß ist die
Kraft des Wortes, dass das Ausstehen einer Schau der Vollendung
(2,8 u. ö.) gering wiegt. Der Anker im Himmel ist fest (6,19) und
das Hinzutreten zur himmlischen Wirklichkeit (12,22 f.) nicht be-
einträchtigt.
Das Wort schafft damit Wirklichkeit. Es ist, mit einem Ausdruck
der Sprachwissenschaft gesagt, performatives Wort. Wirksam erging es zu den Vätern (1,1), und keine Missachtung in der Geschichte stellt das grundsätzlich in Frage. Wirksam konzentriert es
sich im Sohn (1,2), und das Christusgeschehen wird zum schöpferischen Reden Gottes. Wirksam wird es bei den Gemeindeleitern
bis in die Gestalt ihres Lebens, und 13,7 würdigt ihre Lebensfüh-
rung zusammen mit ihrer Verkündigung. Wirksam wird es bei der
Gemeinde, und diese stimmt mit ihrem Bekenntnis wie ihren Le-
bensvollzügen in es ein.

Der Hebr wählt darauf für Bekenntnis eine Ableitung von *logos* (»Wort«),
homologia (wörtlich »Gleich-Wort« 3,1; 4,14; 10,23). Zugleich ent-
schränkt er das Bekennen vom Reden zum Tun; das Verb *homologein*,
»bekennen«, formt 13,15 als Lobopfer der Lippen die Überschrift der
ethischen Schlussmahnungen. Den Vorrang des Wortes vor den Institu-

tionalisierungen des Gemeindelebens durch Ämter, Taufe(n) und Herrenmahl haben wir schon kennen gelernt (↗§ 4.2).

Wirksam wird das Wort schließlich im Hebr selbst. Es verlangt die
Spiegelung in dessen ausgefeilter, anspruchsvoller Sprache und
drängt aus dem Hören des Textes zur Tat. Der hohe literarische Anspruch des Hebr (↗§ 1) wie sein Gefälle zum ethischen Abschluss
des Kap. 13 resultieren letztlich aus der worttheologischen Option.
Überschauen wir das, bietet die Worttheologie die Innenseite des
liminalen Denkens. Der Hebr führt seine Leserinnen und Leser
mit dem Wort über die Schwelle zu Gottes Wirklichkeit und traut
dem Wort als Wort zu, sie auf ihrem Weg dort weiter in die Höhen
Gottes zu prägen und jenseits der Schwelle zur Gottesferne zu halten. Das Wort findet seine Mitte im Verständnis Gottes – Gott erweist sich als redender Gott – und schlägt von dort aus Bögen in
alle Richtungen von der Schöpfung und Geschichte bis zur Ethik
und zum eschatologischen Gericht.

5.2 Wort und Christologie

Der wichtigste Bogen des Wortes ragt in die Christologie. Denn
Gott spricht die christologischen Schlüsselstellen ab Kap. 1. Er redet den Sohn an und teilt ihm den geschichtlichen Hintergrund seiner Sohnschaft aus der herrscherlichen Tradition Israels (1,5) wie
seine die herrscherliche Tradition überragende Würde mit, »Gott«
zu heißen und den Namen Gottes, »Herr«, zu tragen (1,8ff.). Gott
thematisiert darauf das Wirken des Sohnes bei der Gründung der
Erde (1,10). Gott äußert Christi Sitzen zur Rechten und sein Verständnis nach der Ordnung Melchisedeks, die tragenden Säulen für
den Fortgang des Hebr (1,13; 5,6.10 nach Ps 110, den der Hebr als
Gotteswort versteht). Gott endlich spricht die Worte der Verheißung und des Kontrastes, die das Umfeld vertiefen (»der Herr
spricht« 8,8 in 8,7-13 usw.).
Die Priorität spiegelt sich selbst in der christologischen Namen-
gebung. Die Prädikate Sohn, Gott/Herr und (hoher) Priester (nach
der Ordnung Melchisedeks) erhalten den Vorrang, weil sich das
Reden Gottes auf sie konzentriert (1,5.8.10; 5,6 usw.). Auch Christus zeigt sich in einem Schriftwort vorbereitet (2,17 – 3,6 beziehen
sich auf LXX 1 Kön [MT 1 Sam] 2,35). Der uns geläufigere Name
Jesus dagegen erscheint, da der Hebr ihn als menschliche Rede be-
greift, erst nachgeordnet (ab 2,9).

»Jesus« und »Christus« helfen bes. im Sinne menschlichen Einstimmens, die Impulse, die von Gott her ergehen, auszuschreiten. Der Hebr verwendet Jesus und Christus 14 bzw. 12mal, allerdings nicht so häufig, wie eine Übertragung ins Deutsche das tun muss (so verzichten Kap. 1 und 10,5 auf einen Namen; Christus oben ist beide Male ergänzt). Auf die Diskussion um Sohn- und Hohepriesterprädikat kommen wir in § 5.4 zurück.

Christi Eintritt in den Kosmos korrespondiert dem Gefälle: Im Wort bekundet Christus den Skopus seiner irdischen Existenz »einen Leib bereitetest du mir« und »siehe, ich komme, deinen Willen, Gott, zu erfüllen« (10,5-7 im Ausschnitt). Diese Worthandlung genügt. Es braucht keine Geburtsgeschichte wie bei Mt und Lk.

Wollen wir die Linien auf einen Begriff bringen, setzt die Christologie des Hebr nicht ontologisch ein, sondern stellt ihre ontologischen Aspekte unter das Wort Gottes. Dadurch kann sie zu einem Modell höchster Christologie werden, das die Theozentrik durch die Konzentration auf das Wort wahrt: Das Wort gibt der Gottheit des Sohnes Wirklichkeit; deshalb ist die Gottheit nicht zu verkürzen. Zugleich fügt sich der Sohn im Wort und verwehrt dadurch, die Gottheit zu abstrahieren. Die Dynamik des Wortes bestimmt die Relation zum Vater mehr als ein göttliches Sein im Sohn. Der Hebr entgeht den ontologischen Aporien, die viele Diskussionen ab der Alten Kirche beherrschen, und entspannt auf seine Weise die christologische Diskussion heute (vgl. *Wider*[**] 209 f. u. ö.).

Allerdings birgt die Wortchristologie eine nicht mindere Schwierigkeit in sich. Das Wort bekundet, sahen wir, wie wichtig der Leib Christi ist. Die Menschwerdung aktualisiert darauf diesen Leib. Jesus nimmt an, was seine Geschwister von ihm unterscheidet, Blut und Fleisch, und befreit sie durch seinen priesterlichen, sühnenden Tod von der Knechtschaft des Todes und Teufels (2,14-18 nach 2,11 usw.). Er partizipiert ohne Sünde an ihrer Schwachheit, ihrem Schreien und Leiden, ihrem Versuchtwerden (4,15; 5,7-10) und wird darum Ursache der Rettung. Der irdische, besondere Weg Jesu erhält unter dem Vorzeichen des Wortes höchsten Rang, höheren als in den frühchristlichen Schriften neben den Evangelien sonst.

Doch bleibt eine überraschende, fast paradoxe Lücke. Der Hebr ignoriert das konkrete irdische Wort Jesu. Er nimmt kein einziges der vielen Jesusworte auf, die wir aus den Evangelien und in Fragmenten aus sonstiger frühchristlicher Literatur kennen. Das irdische Leben und Leiden Jesu bekundet Gottes Wort – müssen wir folgern – und äußert sich selbst worthaft (5,7). Indes ist im Jetzt nicht die konkrete Jesusüberlieferung zu hören, sondern liegt alles am Sog des rettenden Wortes, der das Irdische ergreift, um es im Himmel zu verankern und zum Himmel zu geleiten. Das im Himmel und vom Himmel her ergehende Wort erhält ein Übergewicht.

Vergessen wir nicht, dass der Hebr an zwei Stellen durchaus Worte Christi bietet. Die eine haben wir gerade kennengelernt, 10,5-7. Ihr zur Seite tritt 2,12 f. Allein, beide Stellen nennen keine Worte des irdischen Jesus. Der Sohn und Christus des Hebr drückt seine Menschwerdung und seine Beziehung zu Gott und seinen Geschwistern vielmehr ausschließlich mit Worten der Schrift aus (Ps 21,23 LXX usw.). Diese Worte, die seine Geschichte zum Himmel überhöhen, sind dem Sohn und Christus des Hebr gemäßer als die Worte des irdischen Jesus. Gelegentliche Bemühungen der Forschung, wenigstens von 2,12 aus eine Brücke zur Evangelientradition (Mt 28,10; Joh 20,17) zu schlagen, attestieren indirekt, wie groß das Dilemma ist (*Michel** 158; *Strobel** 103; kritisch *Weiß** 215).

Sobald wir darauf aufmerksam werden, dehnen sich die Beobachtungen auf den Weg Jesu aus. Die Menschwerdung abstrahiert sich zu Blut und Fleisch (2,14). Keine Anspielung des Hebr erlaubt, eine Einzelheit aus dem Leben Jesu sicher zu verifizieren (inkl. 5,7). Sogar das Kreuz (12,2) wird nur scheinbar anschaulich; die Kreuzigung tritt hinter der theologischen Deutung zurück (bis 13,20). Kurz, die reflektierte Christologie aus dem Wort Gottes verdrängt das Wort und die narrative Würdigung des irdischen Jesus (Weiteres *Luck***; *Gräßer* 1992**, 100-128 [1965]; *Roloff* 1975**; *Hughes* 1979**, 75-100; *Walter* 1997**, 151-168 [1982]; *Laub* 1989**).
Die Worttheologie des Hebr wird damit zu einem Gegenmodell der Evangelien. Wir sollten das freilich nicht als Widerspruch überbewerten. Je nach ihrer Datierung und der des Hebr (vgl. § 8.3) entstanden die Evangelien erst oder gelangten gerade zur Verbreitung. Der Hebr muss sie nicht kennen. Aufmerksam werden wir aber auf die Vielfalt ntl. Christologie, in der unser Hebr lediglich ein Glied darstellt, so hoch und beeindruckend sein Reflexionsgrad ist.
Werfen wir zur Verdeutlichung noch einen Blick auf die Offb, deren Vorliebe für die himmlische Welt die Forschung immer wieder zu Vergleichen mit dem Hebr anregt. Sie verflicht all ihr Hören (*akouein* ab Offb 1,10) anders als die Evangelien und der Hebr mit einer neuen, nachösterlichen Offenbarung Christi (*apokalypsis* 1,1). Jeder Zugang zum irdischen Jesus gerät ihr dadurch weit mühsamer als dem Hebr; Offb 12,5 entrückt Jesus (im Bild) unmittelbar von der Geburt aus usw. Der Hebr entgeht dem, indem er gerade die irdische Geschichte Jesu in die Wortchristologie integriert. Seine Christologie zehrt nicht von einer neuen Schau, sondern vom

durchdachten Wort; *apokalypsis* fehlt folgerichtig. Er ist insofern kein Rand, sondern eine Position sui generis im Neuen Testament.

Eine Stärke der Offb ist die durch ihre Konzeption mögliche Sprachskepsis. Denn das aktuelle Sehen (*idou*, »siehe«, wird zum Leitwort; 26x ab 1,7) überschreitet alle im Wort mögliche Artikulation. Die himmlischen Namen klingen – hält Offb 2,17 fest – anders als die Namen, die wir jetzt kennen. Nicht einmal ein semitisierender Sprachklang (wie die Offb ihn ohne Scheu vor Verstößen gegen die griechische Grammatik wählt) kann diese Distanz ganz aufheben. Das macht die Offb zu einer der Wurzeln christlichen Nachdenkens über die Grenzen sprachlicher Gotteserfassung.

Der Hebr ordnet umgekehrt das Sehen dem Hören unter, so sehr auch ihm am Sehen liegt (*idou* nur 4x etc.; vgl. § 4.1 zu Kap. 1). Zugleich fehlt die Sprachskepsis der Offb (was *Wider*** 210 durch die »Dialektik einer je größeren Unsagbarkeit Gottes« im Hebr überspielt). Gottes Wort bedarf nicht einmal semitisierenden Klanges. Griechisch ist die Sprache des Textes und griechisch die Sprache aller Schriftzitate in ihm. Der Hebr erfordert ein bemerkenswertes Zutrauen zur Sprache, genauerhin zur griechischen Sprache.

5.3 Die Schriften

Gott spricht. Das geschieht in vielen einzelnen Worten. Der Hebr fixiert sie – stellten wir fest – weder durch das Wort des irdischen Jesus noch durch eine neue Offenbarung. Er entnimmt sie den Schriften Israels und integriert 35 (ohne Mehrfachnennungen 29) Schriftzitate in den Text, mit Vorliebe als Gottesworte.

Die Zuordnung der Sprecher enthält leichte Unschärfen. *Theobald*** 764 zählt unter diesem Vorbehalt 22mal Gott, viermal den Sohn (verteilt auf die beiden in § 5.2 genannten Passagen) und zweimal den heiligen Geist, nur fünfmal sonstige Sprecher. Diese Verteilung bekräftigt das Übergewicht göttlichen Redens.

Um es zu erreichen, genügt der Vorzug für eindeutige Gottesworte der Schrift nicht (so gewiss wir ihn im Hebr finden; s. die Tabelle *Theobald*** 754 zu den Pentateuch- und Prophetenzitaten). Der Hebr hört entgegen der Neigung seiner Zeit, die Psalmen David zuzuschreiben (s. die Psalmenüberschriften; Philo, agr. 50 und conf. 149; 11QPs^a = 11Q05 XXVII 2-11; Röm 4,6; 11,9; zur Differenzierung bei Philo *Leonhardt*), auch Psalmworte vornehmlich als Gottesrede.

Von der davidischen Zuschreibung der Psalmen finden wir darauf nur noch Spuren. Gott spricht *en David*, »in Davidsschrifttum«, lautet 4,7, und 2,8 ersetzt David durch ein unbestimmtes *tis* (»jemand«; der zitierte Ps 8 ist ein Davidspsalm). Der Hebr stützt seine Gegenlinie dabei gleichfalls auf Vorgaben Israels: Durch David sprach der Geist des Herrn, hielt 2 Sam 23,2 fest. Darauf entstand allmählich die Zitationsformel »der heilige Geist spricht« (↗ § 2.1), die Hebr 3,7 vor einem Davidspsalm gebraucht (LXX Ps 94). Zudem enthielten Psalmen auch schon Gottesworte (für den Hebr bes. wichtig LXX Ps 109,1; ↗ 1,13). Es war also vorbereitet, die Psalmen nicht als irdisches, sondern als himmlisches Wort zu hören. Allerdings ist die Konsequenz, mit denen der Hebr seine Leser/innen durch sie in Gottes Wirklichkeit führt, neu (als Beispiel für die Komplexität des Vorgangs ↗ 1,10).

Bemerkenswert ist die eine Stelle, in der ein Psalmwort Gemeinderede wird oder, wenn wir vom alten Psalmengebrauch ausgehen, Gemeinderede bleibt, 13,5 f.: Gott »hat gesprochen«, heißt es vorab. Er hat die Wirklichkeit gesetzt, seine Gemeinde nicht zu verlassen (V 5). Die Gemeinde stimmt mit dem Psalm »der Herr ist mir Helfer …« ein (V 6 nach Ps 117,6 LXX). D.h. sie bestimmt mit dem Psalm die Wirklichkeit, die Gott ihr eröffnet. Das Sprechen Gottes macht die entscheidende Vorgabe.

Durch die Adaption an die Worttheologie werden die Zitate zu Sprechakten. Die klassische Einleitung *gegraptai*, »es ist geschrieben« (seit 2 Kön [LXX 4 Kön] 14,6; 2 Chr 23,18; 1QS V 15.17; 4Q 174 1-3 I 15 usw.), tritt gänzlich zurück; ein vereinzelter Beleg innerhalb eines Zitats (Hebr 10,7 nach LXX Ps 39,8) verrät gerade noch deren Kenntnis. Stattdessen dominiert die Zitateröffnung mit Formen von *legein* bzw. *phanai*, »reden«/»sagen« (10,5.8 usw.), gegebenenfalls *martyrein/diamartyresthai* (2,6; 7,17 usw.), »sagend bezeugen«, eine Entwicklung mit jüngeren Wurzeln in Israel.

Die vorneutestamentlichen Quellen bieten mehrere Varianten. Gern redet der Autor eines Wortes (beim Psalter David [4Q177 = 4QCatena^a 13 XI 7 u.ö.], beim Dtn Mose [CD-A VIII 14]). Daneben »ruft« (vgl. 4Q 169 I 8 u.ö.) bzw. »spricht« (z.B. CD-A VIII 14]) das Wort selber. In der intensivsten Gestalt geht das Wort, ausgehend von den Gottesworten in den Schriften Israels (Gen 6,3 in 4Q 252 1 I 1-3; Dtn 5,12 in CD-A X 16 f. u.a.), direkt an Gott über (CD VI 13; VIII 9; XIX 22). Die griechische Zitation mit *martyrein/diamartyresthai* beginnt, soweit wir sehen können, erst um die Zeitenwende. Vor Philo (LA II 47; III 4; sacr. 67 u.ö.) finden wir keine Belege.

Paulus vermittelt die Tendenz an das frühe Christentum und treibt sie gleichzeitig voran. Er benützt *gegraptai* (Röm 1,17 usw.), kennt *martyrein* (Röm 3,21), bevorzugt aber *legei*, *phēsin* u.ä. »Die Schrift/das Gesetz/David/Jesaja usw. sagt«, heißt es in Röm 4,3.6; 7,7; 10,16; 11,2 usw., »er (scl. Gott/die Schrift) sagt« in 2 Kor 6,2 usw. (bis zum Passivum divinum in Gal 3,16). Schön sehen wir seinen Übergang vom geschriebenen zum aktuell redenden Wort, wo er positiv auf das Gesetz zurückgreift. Das Gesetz ist »geschrieben«, hält Paulus dort fest. Unmittelbar relevant wird es

indes, indem der Herr es »spricht« (s. Röm 12,19 für ein Dtn-Zitat; vgl.
1 Kor 14,21 mit einem Jes-Wort als »Gesetz«).
Einige Indizien erweisen im Hebr die Fortschreibung des älteren Usus.
Namentlich behalten zwei Pentateuchstellen Mose als Sprecher (9,20
und 12,21). Aber die Ausnahme bestätigt die Gesamttendenz:

Die Zuspitzung des Hebr geht über alle Vorläufer hinaus. Sie vernachlässigt nicht allein die Zitationsformel »es steht geschrieben«,
sondern ebenso jeden Hinweis, es sprächen »die Schrift«, »das Gesetz«, »die Propheten«. Die Worte sprechen aus sich selber (12,5 f.),
wo nicht von vornherein Gott (Hebr 1,5 usw.), Christus (2,12 u. ö.)
oder Gottes Geist (3,7; 10,15) sie äußern. Die Schriften werden, der
pointierten Worttheologie des Hebr adäquat, redendes Wort
schlechthin.
Nicht minder aufschlussreich ist die Verteilung der Zitate. Der
Hebr bevorzugt den Pentateuch (13 ×), die Psalmen (14 ×) und
die Propheten (5 × große, 2 × kleine Propheten). Die Geschichts-
und Weisheitsliteratur fallen an Bedeutung ab (mit Zitaten lediglich
aus 1 Chr 17,13/2 Sam 7,14 in 1,5b und Prov 3,11 f. in 12,5 f.; vgl.
außerdem gewichtig LXX 1 Kön [MT 1 Sam] 2,35 in 2,17; 3,1-6).
Das Buch Ester, dessen Durchsetzung im Judentum noch im Gan-
ge ist, findet keine Beachtung. Kein einziges Zitat führt schließlich
über den Bestand hinaus, der später die hebräische Bibel ausmacht,
obwohl der Hebr zusätzliche Schriften (bes. Weisheitsliteratur und
Makkabäerbücher; vgl. 1,3 mit Weish 7,25 f., 11,25 mit 2 Makk 6-7
und 4 Makk 15,2.8, *Anderson* 1992**, 530-535 u. a.) berührt (*Schröger* 1968b**, *Ellingworth** 38 f.). Damit entsteht eine auffällige
Querlinie zur jüdischen Kanonentwicklung, die sich auch bei
jüdisch-griechischen Autoren des 1. Jh. am hebräischen Grund-
schrifttum Israels orientiert (s. Josephus, Ap. I 38-46). Der Hebr
wahrt die sich jüdisch gerade formenden Grenzen und beglaubigt
durch seine Schriftauswahl seine Option, christliche als innerjüdische Theologie zu entwickeln (vgl. § 4.3).

Dazu passt, dass er über das Gesagte hinaus noch Pred und Hhld ignoriert, zwei Schriften, die nach Ansicht mancher Forscher Josephus durch
seine Zählung von 22 (statt 24) herausragend angesehenen Schriften Israels ebenfalls gegenüber dem heutigen biblischen Bestand zurückstellt.

Zugleich vertritt der Hebr eine unübersehbare Prävalenz der Psalmen. Sie, in ihrer Genese Texte des Kultes, entsprechen seinem Hören Gottes mehr als das Gesetz. Das kehrt die geläufigen Gewichte

um, nach denen das Gesetz die Auslegung vor allen anderen Quellen dominiert; man vergleiche neben Josephus, a. a. O. nur Philo, der seine Schriften allein dem Gesetz, in keinem einzigen Fall den Psalmen widmet und Psalmen selbst in der Auslegung nicht hervorhebt. Das Gesetz sollten wir darüber nicht klein schreiben. Die Zahl der Zitate erreicht fast die der Psalmen. Doch ist unübersehbar, dass in der Weichenstellung des Kap. 1 allein ein Psalm aus dem Gesetz, das Moselied begegnet (und das evtl. nach einer Sonderüberlieferung; s. u.). Das Gesetz als solches gibt im Hebr, da es das Irdische regelt, zwar Hinweise auf das Himmlische. Aber es enthält die kommenden Güter nicht selbst, sondern laut 10,1 bloß ihren Schatten und (nach p[46]) das Bild der Sachverhalte, nach der Mehrheit der Handschriften nicht einmal das Bild. Der Hebr versteht seinen Vorrang der Psalmen in der Rede Gottes gewiss innerjüdisch, tritt indes auf einen Grat, den wir von außen als eine Umgewichtung in Ferne zum mehrheitlichen jüdischen Leben seiner Zeit erachten müssen.

Eine weitere Auffälligkeit schließt an. Das eine Zitat aus den Geschichtsbüchern (1 Chr 17,13/2 Sam 7,14) entstammt dem berühmtesten in ihnen enthaltenen Prophetenwort, der Verheißung Natans, und die zweite zentrale Bezugnahme – die auf 1 Sam [LXX 1 Kön] 2,35 in 2,17; 3,2.6 – wählt gleichfalls eine Ansage Gottes. Die Propheten und Ansagen Gottes haben demnach für den Hebr höheren Rang, als die reine Zahl der Zitate angibt, die Geschichtsliteratur geringeren (mit gravierender Pointe in ↗ 3,8).

Wenden wir uns schließlich dem Textstand der Zitate zu. Er beruht auf der Übersetzung der hebräischen Schriften ins Griechische, die sich allmählich zu unserer Septuaginta kristallisierte; kein einziges Zitat ist unabhängig davon aus dem hebräischen Text entwickelt. Viele kleine Abweichungen gegenüber den Septuaginta-Handschriften, auf denen die heutigen Septuaginta-Ausgaben beruhen, fallen freilich auf. Sie wurden bis vor kurzem vorzugsweise als Indiz für die Selbständigkeit des Hebr gewertet: Seine souveräne Worttheologie veranlasse Freiheit gegenüber dem vorhandenen Text (vgl. noch *Cadwallader* 289). Die Textfunde aus der judäischen Wüste brachten das ins Wanken, da sie erwiesen, dass der LXX-Text um die Zeitenwende noch in Bewegung war. Abweichungen von uns überkommenen LXX-Handschriften sind – zeigte sich – zunächst auf abweichende Vorlagen zurückzuführen; Redaktion ist nur bei eindeutigen Indizien anzunehmen. Nach Untersuchungen seit *McCullough* spricht deshalb alles dafür, dass der Hebr bei

der Einfügung der Zitate allein dort eingreift, wo er den für die Aussage entscheidenden Inhalt des Zitats nicht berührt sieht (namentlich an Anfang, Ende u. ä.). Die meisten und vor allem die relevan-
ten Abweichungen gehen bereits auf seine Vorlagen zurück.

Die detaillierte Untersuchung ist diffizil. Gesichtspunkte vom fragmenta-
rischen Charakter der alten LXX-Überlieferung bis hin zur nachträg-
lichen Anlehnung von Hebr-Handschriften an den LXX-Haupttext
(Cadwallader) sind zu berücksichtigen.
Dem derzeitigen Stand nach ist davon auszugehen, dass dem Hebr-Autor
kein vollständiger Schrifttext zur Verfügung stand (es gab immer nur einzelne Schriften und Schriftencorpora auf Rollen). Das könnte nicht nur die
Lücke von Zitaten aus einer Reihe von Schriften mit erklären (am auffälligsten angesichts der kultischen Interessen des Hebr bei Ez). Vielleicht ist
es auch bei den zwei Zitaten aus den kleinen Propheten in Rechnung zu
stellen; die Eigenwilligkeiten von Hab 2,3 f. in Hebr 10,37 f. (die der Kontext nicht erfordert, so dass Redaktion ausscheidet) und (geringer) Hag 2,6
in Hebr 12,26 werden jedenfalls durch eine Zitation aus dem Gedächtnis
ebenso plausibel wie durch Benützung einer uns ansonsten unbekannten
schriftlichen Textfassung (die Rolle aus Naḥal Ḥever stützt sie nicht).
Für die Vorzugsschriften des Hebr müssen wir wegen der häufigen und
langen Zitate mit Sicherheit die Benützung schriftlicher Vorlagen annehmen. Doch zugleich wird die angesprochene Offenheit des LXX-Textes
relevant. Nach Ausweis der jüngeren Textfunde lässt sie sich näher bestimmen: Die griechischen Übersetzungen unterlagen um die Zeitenwende leichten Überarbeitungen an Maßstab der hebräischen Parallelen. Ältere, unredigierte Handschriften liefen neben jüngeren um, die in
Richtung auf den (proto-)masoretischen Text zu redigiert waren. Misch-
und Übergangsformen traten daneben.
Der Hebr benützt darauf, soweit wir sehen können, bei den Psalmen eine
zu unserer LXX leicht divergente, teils ältere Textfassung (s. § 2.1 aufgrund Hebr 1,7; eine größere Abweichung zu unserer LXX folgt 3,9 f.).
Er wird zum wichtigen Textzeugen eines LXX-Nebentextes (das von
↗ 10,5 bezeugte *sōma*, »Leib«, könnte in LXX Ps 39,7 ursprünglicher als
das von unseren kritischen Textausgaben bevorzugte *ōtia*, »Ohren« sein
u. ä.). In den Handschriften entsteht wegen der Abweichungen zum MT
und dem Hauptstrang der (jüngeren) LXX-Überlieferung gelegentlich
eine Unsicherheit, ob und wieweit Anpassungen vorzunehmen sind. Be-
troffen sind überwiegend Kleinigkeiten. So stehen die Handschriften mit
kai (»und«) in 13,6 dem MT ferner als die ohne *kai*. Nestle-Aland[27] wagen
keine Entscheidung; nach der vorgetragenen Linie wäre der Text mit *kai*
zu bevorzugen (Weiteres *Rüsen-Weinhold*).
Der Pentateuch enthält vorhexaplarische Überarbeitungen (s. bei *Ahlborn*) und interessante Gemeinsamkeiten mit Philo. So bieten weder unsere LXX-Haupthandschriften noch MT ein *panta* (»alles«) in Ex 25,40; wohl
aber tut das neben Hebr 8,5 Philo, LA III 102. Noch auffälliger stimmt

Hebr 13,5 mit Philo überein (conf. 166). Nach unseren LXX-Haupthand-schriften müssten wir dort von einem Mischzitat zwischen Dtn 31,6, Gen 28,15 und Jos 1,5 sprechen. Die Parallele Philos und des Hebr verweist uns dagegen auf eine verlorene Fassung einer dieser drei Schriften. Deren Umlauf ist wahrscheinlicher als die gelegentliche Spekulation über eine Abhängigkeit des Hebr von Philo (↗ auch 3,2.5 zu Num 12,7).

Schwierig verhält sich die Sache beim Moselied Dtn 32. Hebr 10,30 bietet eine Fassung von V 35a, die dem MT näher steht als unseren LXX-Haupt-handschriften, also wohl eine junge Fortentwicklung. Weil das Zitat in Röm 12,19 identisch ist, dürfte diesmal Paulus auf die gleiche Fassung zurückgegriffen haben, nun, ohne dass wir deswegen über eine Abhängig-keit des Hebr vom Röm spekulieren sollten; allein dass die Variante in Rom, einer Stadt, die uns nun schon länger begleitet, dank Paulus vor dem Hebr bekannt war, dürfen wir sagen (Weiteres zu Röm 12,19 bei *Koch* 77 f.). Anders entspricht das Zitat aus V 43 in 1,6 fast genau der grie-chischen Sonderüberlieferung des Moseliedes in Od 2,43 gegen unsere LXX und (noch mehr) unseren MT des Dtn (während Hebr 10,30 zu Od 2,35a divergierte). Drei Erklärungen kommen in Frage: das Postulat einer unabhängigen Zitatsammlung hinter Hebr 1 (vgl. *Albl***; doch unsere Stelle fehlt in der für die Rekonstruktion der Zitatsammlung wichtigen Parallele 1 Clem 36), ein beträchtlicher Spielraum des Dtn-Textes in der benützten Handschrift (vgl. *Katz'* These, der Hebr habe beim Dtn eine Drittübersetzung des Urtextes benützt) oder – am plausibelsten – die Be-nützung einer selbständig umlaufenden Sonderüberlieferung des Moselie-des, die, kennzeichnend für ein Übergangsstadium der Textentwicklung, teilweise auf den (Proto-)MT hin redigiert, teilweise frei weiterentwickelt war (vielleicht durch häufigen gottesdienstlichen Gebrauch; vgl. *Leon-hardt* 162 f.,166,172 ff., weitergehend *Steyn*).

Was Jer angeht, erinnert Hebr 8,8-12 an den im Bestand alten B-Text der LXX.

Das eine Prov-Zitat (12,5 f. nach Prov 3,11-12) verrät eine teilüberarbeite-te Vorlage; denn das Possessivpronomen der 1. Zeile gleicht den Text ent-gegen unseren LXX-Haupthandschriften dem MT an, während das schwer verständliche hebräische *wk'b* in Z. 4 ignoriert bleibt.

Alles in allem spiegelt der Text der Zitate wie ihre Zahl und ihr Umfang das Gewicht, das der Autor dem ihm und seinen Adressa-ten vorgängigen Schriftwort beimisst. Gott bindet die Dynamik seiner Sprechakte in dieses vorhandene Wort. Er, Christus und der Geist sprechen es. Menschen finden in ihm Weisung, erschrecken vor ihm und antworten auf seine Zusage. All das zwingt zum Hö-ren der Schriftworte ohne Eingriff in ihren Text. Der Hebr versteht seine Schrifthermeneutik insofern als eine solche der Treue zum Wort, wie weit immer seine Interpretationen reichen (vielschichti-ge Diskussion bei *Büchner; Davidson***; *France***; *Hofius* 1994**;

Hughes 1979**; *Hübner***; *Kieffer***; *Leschert***; *Löhr* 1994a«**; *Müller* 1986**; *Rose* 1989**; *Schröger* 1968b und 1970**; *Sowers***; *Stanley***; *Theobald***; *Thompson* 1996**).

5.4 Das Bekenntnis

Das Bekenntnis ist darauf, sahen wir, einstimmendes Wort. Es erfährt seine Qualität (*homologia* ist Nomen qualitatis) durch den Gleichklang zum vorgängigen Reden Gottes, Christi und des Geistes (§ 5.1). Die Homologie des Hebr übersteigt darum jedes einzelne traditionelle Bekenntnis. Traditionen, die die Gemeinde ausgebildet hat, sind nicht unwichtig. Doch das Entscheidende ruht nicht in ihnen. Es liegt darin, wie sich die Bewegung des Wortes verlebendigt und vertieft.

Der Begriff *homologia* begegnet im allgemeinen Griechisch vielfältig. Aber in religiösen Zusammenhängen des Judentums setzt er sich nur begrenzt durch (*O. Michel* s. v., ThWNT 5 [1954] 199-201, 203-206). Ins frühe Christentum bringt ihn Paulus darauf gleichfalls mit geringer Wirkung ein (2 Kor 9,13). Selbst in den Deuteropaulinen folgt ihm lediglich 1 Tim 6,12.13. Nach ihnen und unserem Hebr (3,1; 4,14; 10,23) schwindet der Begriff wieder im Christentum (bei den apostolischen Vätern fehlt jeder Beleg).
So wird die *homologia* zu einem der Bindeglieder zwischen Paulinismus und Hebr, zumal die Belege in beiden Bereichen übereinstimmend ausschließlich im Singular stehen. Zugleich verwehrt der Singular, *homologia* als gattungsgeschichtlichen Begriff zu verwenden (wie es im 20. Jh. vorübergehend gern geschah). Es gibt nicht viele Homologie*n* (im Sinne von Bekenntnisformeln u. ä.), sondern die Homologie hebt je die Qualität des einstimmenden Sprechaktes hervor, sei es Christi (1 Tim 6,13), sei es der Gemeinde oder in der Gemeinde (2 Kor 9,13; 1 Tim 6,12; Hebr; vgl. *Laub* 1980**, 12).
Eine Tendenz, dieses Einstimmen in eine feste Gestalt zu gießen, ist im 1 Tim unübersehbar. Denn er zitiert im Anschluss an 6,12 f. eine ausformulierte Tradition (6,15 f.). Ältere Forschung sah im Hebr (maßgeblich durch *Seeberg* 142-147 u. ö. angeregt) einen nochmals weitergehenden Schritt: Er setze ein vorliegendes Gemeindebekenntnis als Basis der Gemeinde so objektiviert voraus, dass er es nicht einmal mehr im gebundenen Wortlaut zitieren müsse. Indirekt könnten wir den Kern derweil noch aus der Mitte von 4,14 ermitteln; er sei »Jesus (ist) der Sohn Gottes«.
An diesen Stand knüpften die Beiträge von *Käsemann*** und *Bornkamm*** an, die die Diskussion lange prägten. *Bornkamm*** beschränkte die Homologie auf das einmalig dargebrachte Taufbekenntnis (»Jesus der Sohn Gottes« aus 4,14 wegen 10,22 auf die Taufe bezogen). Andere Tradi-

tionen seien, schlug er vor, aus dem Lobpreis des Herrenmahls zu erschließen (200 dabei ein kühner Bogen von 1,2 f. und 13,15 zur Präfation in der Didascalia [lat.] LXIX,34 – LXX,4). *Käsemann** dagegen verwies umfassend auf den Gottesdienst in der Gemeinde des Hebr. Dessen Liturgie habe neben dem Sohn vom *apostolos* (Gesandten) und Hohepriester Christus (3,1) usw. gesprochen; der Hebr stelle die zentralen Motive gelebter kultischer Homologie dar und interpretiere sie (105-110).

Beide Betrachtungen faszinierten die Forschung (bis *Gräßer** I 163) und erwiesen sich doch als zu eng, nicht nur weil jede Konstruktion eines eucharistischen Lobpreises oder einer umfassenderen Liturgie angesichts der Sprödheit des Hebr spekulativ gerät (vgl. § 4.2). Vor allem ist der Begriff der Homologie nicht von den Elementen des Gottesdienstes abgeleitet, sondern allenfalls auf sie hin zu gebrauchen. Seine Qualität erfährt er nach dem Hebr weniger durch die Einzelformulierung als dadurch, dass er in der durch das Christusgeschehen gewährten Hoffnung verankert (s. »Bekenntnis der Hoffnung« 10,23).

Die Auswirkung liegt auf der Hand. Der Hebr kennt Formulierungsweisen gebundener christologischer Sprache und signalisiert das seinen Leserinnen/Lesern; namentlich verwendet er in 1,2 f. die für christologische Schlüsseltraditionen kennzeichnenden Satzeinleitungen mit dem Relativpronomen (vgl. Phil 2,6; Kol 1,15; 1 Tim 3,16). Er ist mit der Vielfalt der frühchristlichen Bemühung vertraut, die Christologie in Begriffe zu schmieden, und gibt das wiederum zu verstehen: Er wählt geläufige Christusprädikate (auch im Nachhinein ungewöhnlich scheinende Ausdrücke wie »Anführer zur Rettung« 2,10 stehen im frühen Christentum nicht allein: vgl. Apg 3,15; 5,30 f.) oder bringt seine Prädikate zumindest so ein, als wüssten seine Leserinnen und Leser selbstverständlich um sie (neben *archiereus* 2,17 u. ö. gilt das vor allem für *apostolos* 3,1).

Tatsächlich müssen wir auch in den letzteren beiden Fällen den Rückgriff auf Tradition annehmen, obwohl keine Belege vor dem Hebr nachweisbar sind. Das Aufkommen von *archiereus*, »Hohepriester«, vor dem Hebr ergibt sich u. a. aus der unabhängigen Aufnahme des Prädikats im 1 Clem und bei Ignatius (↗ § 2.1; weitere Gesichtspunkte bei *Loader* 1981**, 206-222). Für *apostolos* (»Gesandter«) entscheidend ist, dass der Hebr es nicht über 3,1 hinaus verwendet; es bleibt für ihn ungewöhnlicher Wortschatz.

Ebenso gezielt indes verflüssigt er die Anklänge an Tradition. Keine einzige Bekenntnisformel, geschweige denn einen umfassenderen Traditionstext können wir aus ihm eindeutig rekonstruieren. Das musste die Forschung nach gescheiterten Versuchen, wenigstens aus 1,2-4 einen Traditionstext zu gewinnen, konzedieren (s. bei der Auslegung).

Vergegenwärtigt seien wegen ihrer forschungsgeschichtlichen Bedeutung die Probleme der angeblichen Taufformel hinter 4,14: Der Vers bietet »Jesus, den Sohn Gottes« eingebettet in die Syntax des Hebr. Versuchen wir den Kern zum Satz zu vervollständigen, fände allein die Ergänzung der Anrede »du bist« eine halbwegs parallele Formulierung im Neuen Testament, allerdings nicht in Taufzusammenhang (Mt 16,16). Die Ergänzung der Kopula »ist« schießt über das Neue Testament überhaupt hinaus. Jeder Satz der Struktur »Jesus ist der Sohn Gottes/der Christus/der Menschensohn o. ä.« fehlt im ersten Christentum; er spiegelt – bringen wir das auf den Punkt – mehr jüngere definitorische Bemühung als frühes Bekenntnis.

Die christologische Tradition gerät mithin in Bewegung. Der Hebr sieht seine Aufgabe nicht in einer Verfestigung verbindlich vorhandener Bekenntnisstrukturen. Vielmehr gilt es, je einen Gleichklang zum Reden Gottes zu finden. Die vorhandenen Artikulationen werden zu Impulsen, das Reden Gottes aufzuspüren, das sie erst richtig erschließt. Tradition ist so das Prädikat Sohn Gottes; Gottes Reden bringt die Sohnschaft zum Klingen (Kap. 1). Tradition nennt den Sohn »Anführer zur Rettung«; dadurch, dass der Sohn das Wort ergreift, erfahren wir ihn mitten unter seinen Geschwistern (2,10-13). Tradition gibt das christologische Motiv des Hohepriesters vor (2,17; 3,1); die Rede Gottes geleitet dazu, es nach der Ordnung Melchisedeks zu verstehen (5,6). Tradition beschreibt Jesu Tod als Sündenvergebung (seit Röm 3,25 f.* u. ö.); das Zeugnis des Geistes benennt die Qualität des dadurch begründeten Bundes (10,15-17).

Verblüffend an diesem Vorgang ist, von heute aus gesehen, die Setzung der Gewichte. Obwohl der Hebr durch und durch christologisch denkt, ist für ihn nicht das urchristliche Christusbekenntnis fest formuliert, sondern das Wort der Schriften. Die Gemeindetradition liefert Anstöße. Das Gottes-, Christus- und Geisteswort der Schriften jedoch formt den Horizont und die Lösungen der Christologie. Die Pointe des Hebr erwächst folgerichtig aus den Linien der Schriften. Sie liegt den gerade angesprochenen Weichenstellungen zufolge bei der Hohepriesterchristologie nach der Ordnung Melchisedeks, die in himmlischer Sühne den eschatologischen Bund unter den Geschwistern Jesu aufrichtet.

Zugleich rundet eben das die Eigenart des Hebr ab. Er sieht, stellten wir fest, die Gemeinde durch das Wort Gottes, das sich mit dem Christusgeschehen verflicht, so zu Gottes überlegener Wirklichkeit geleitet, dass dem keine innerweltlich erstarrende Struktur genügt. Eine solche Struktur aber wäre auch ein Christusbekenntnis statischer Formeln. Dessen Sprengung durch die Sprechakte Got-

tes, Christi und des Geistes sichert den notwendigen postliminalen
Schwung, die Bewegung des Wortes und des Lebens von Gott her
und auf Gott hin. Die Sprechakte ihrerseits sind für den Hebr bereits durch die Schriften fest bekundetes Wort; sie sind zu hören,
nicht neu zu formulieren.

6. Rhetorik, Aufbau und Form

Der Hebr muss die Dynamik des Wortes Gottes in menschlichem
Wort mitteilen. Das verlangt menschliche Redekunst. Doch gefrö-
re das Wort in einer starren rhetorischen Struktur. Der Hebr entscheidet sich für eine Art der Darstellung, die hohe Kunst zeigt und
dennoch in keiner Struktur- und Formerwartung ganz aufgeht.

6.1 Die Feinstruktur

Die literarische Kunst des Hebr haben wir bereits angesprochen
(↗ § 1.1), und seine kleinen Teileinheiten mitsamt ihren rhetorischen
Feinheiten sind gut erkennbar. Der Hebr hilft durch eine Fülle von
Textmarkierungen zu ihrer Abgrenzung, angefangen bei den Par-
tikeln (»und«, »aber« etc.) bis hin zu großräumigeren Inklusionen
(Ein- bzw. Umschließungen von Texteinheiten, z. B. von 1,5-14
durch die Frage 1,5.13 f.) und Zusammenhängen zwischen Zitaten
und Etappen der Darstellung (2,5-18 nach Ps 8,4-6 usw.; vgl.
France**u. a.). Deshalb besteht über die Untergliederung in den
Textausgaben (Nestle-Aland[27]) und der Forschung wenig Differenz. Jeder Kommentar gewinnt von vornherein ein Grundgerüst.
Ich brauche es hier nicht wiederzugeben, da es aus der fortlaufenden Kommentierung abgelesen werden kann (dort je Hinweise
auch zur Rhetorik).

6.2 Die Gesamtanlage

Probleme bereitet dagegen die Gesamtanlage. Die klassische Rhetorik lässt nach einer einheitlichen Redegattung und einem Aufbau
aus Prooemium/Exordium (Hin- und Einführung), Narratio und
Propositio (Erzählung und kurze, gegebenenfalls thetische Vorstellung des Redeziels), Argumentatio (Ausschreiten der thematischen
Bereiche) – bestehend aus Confirmatio (Bekräftigung) und Refuta-

tio (Abweisung möglicher Einwände) – und Peroratio (bündelnder Schlussrede) suchen. Der Hebr spielt jedoch mit den rhetorischen Gattungen der Antike, indem er zwei ihrer drei Genera, epideiktische (aufweisende, lobende) und deliberative (zuredende, ratendmahnende) Rede, kombiniert und ihre Impulse gewichtig durch Figuren des dritten, juridischen, Genus schärft. Dazu verfährt er innerhalb des Aufbauschemas so frei, dass mehr noch als seine rhetorische Kenntnis seine rhetorische Freiheit hervorzuheben ist.

Unumstritten ist das Exordium 1,1-4, schwebend jedoch bereits der Umfang der Narratio. Der beliebte Vorschlag, sie auf 1,5-2,18 festzulegen, bietet (trotz *Nissilä*** 39 und *Übelacker*** 185-193) erhebliche Schwierigkeiten. Denn 1,5-14 bietet weniger eine Narratio als eine Amplificatio (Erweiterung) des im Exordium angeschnittenen Themas Christologie auf die Hörerinnen/Hörer zu mit argumentativen Momenten, und 2,18 ist kein eindeutiger Einschnitt (Genaueres s. bei der Auslegung).
Thurén 590 rechtfertigt die Besonderheit damit, dass nur die Gerichtsrede (das dritte, für den Hebr unbeschadet seiner Gerichtshinweise in 4,13f. u. ö. weniger wichtige Genus antiker Rede) zwingend nach einer Narratio verlangte; nach ihm geht der Hebr gleich von der Amplificatio zur Argumentatio über; doch das Gewicht juridischer Figuren ab ↗2,1-4 übergeht er damit. Andere Autoren trennen stattdessen Kap. 1 als Prolog und Kap. 2 als Propositio (*Siegert* 1995, 314) oder erweitern die Narratio. Bei *Backhaus* 1996a**, 55-64 reicht diese bis 4,13 und bilden 4,14-16 die Propositio; ich werde ähnlich entscheiden.
Die Folgekapitel – nach vielen Auslegern bis 12,29 – lassen sich der Argumentatio zuweisen. Aber deren balancierte Struktur ergibt sich nicht aus Confirmatio und Refutatio, sondern einem Wechsel von epideiktischen und deliberativen Passagen, der bereits in Kap. 1-2 beginnt (weshalb diese Kap. teils schon wie die Argumentatio aussehen). Nach *Thurén* (a. a. O.) wären 1,1-2,18 epideiktisch mit deliberativem Einschub 2,1-4 (zugleich erweitertes Exordium), 3,1-4,16 deliberativ (der Einschnitt, den viele zwischen 4,13 und 4,14 setzen, liegt innerhalb der deliberativen Passage), 5,1-10,18 epideiktisch mit deliberativem Einschub 5,11-6,20, 10,19-12,29 deliberativ.
In 13,1-19 folgt nach *Thurén* die Peroratio, die die christologischen (epideiktischen) und mahnenden (deliberativen) Themen in intensiver Anrede beendet. Allerdings lässt sich die intensive Anrede weiter nach vorn verfolgen (z. B. bis 12,4 oder 10,32). Die Abgrenzung ist gleitend. Im Maximalfall setzt die Peroratio in 10,19 ein, so bei *Backhaus* 1996a**, der sie außerdem bis 13,21 reichen lässt.
Gar nicht mehr zur epideiktischen und deliberativen Rhetorik passt der Briefschluss, der uns schon beschäftigte. Rhetorik muss auf ein Postskript 13,20 bzw. 13,22-25 verweisen (*Thurén* 591, *Backhaus* a. a. O. 63).

Alles in allem entscheidet sich der Hebr nicht zwischen den antiken Redegattungen, sondern integriert sie kunstvoll. Jede einseitige Zuweisung zur Deliberativik (von der Mehrheit der Forschung bevorzugt: *Übelacker***; *Lindars* u. a.) wie Epideiktik (z. B. *Attridge** 14) versagt. Die Rhetorikforschung erwog darauf zusätzliche Einflüsse oder ein eigenes christliches Redegenus. Die größte Tragweite kommt der Suche nach einer frühen Predigtstruktur zu. *Wills* gelang, ein Predigtmuster aus Beispiel(en) – Schlussfolgerung – Mahnung zu rekonstruieren (vgl. Apg 13,14-41), das innerhalb des Hebr mehrfach wiederkehre (bes. 3,1-16; 8,1-10.25). Das Ganze des Hebr übersteigt dieses Muster freilich; es entsteht »a very complex sermonic text« (a. a. O. 283).

Bemerkenswert ist ein Nebeneffekt. Nach *Wills* gliedert sich die Behandlung der Beispiele in Einleitung (3,1-6; 8,1-6), Schriftverweis (3,7-11; 8,7-13) und exegetische Argumentation (3,12-4,13; 9,1-10.18) und wird die Conclusio (4,14a; 10,19-21) je durch »deshalb haben wir« eröffnet (*echontes oun* übereinstimmend in 4,14a und 10,19), bevor die Exhortatio knapp schließt (4,14b-16; 10,22-25). 4,14 und 10,19 werden zu Einschnitten in begrenzten Teilen des Hebr, ohne dass das den Eindruck verwischen kann, sie gliederten zugleich sein Ganzes (*echontes oun* ist spezifische Rhetorik des Hebr, keine Stereotype der Vergleichstexte bei *Wills*).
Weniger aussagekräftig ist *Olbricht*s Vergleich mit den durch Amplificationes geprägten Eulogien bei Beerdigungen, ganz anders die Lösung der rhetorischen Probleme durch *Garuti*: Der Autor des Hebr habe den Grundtext entworfen, seine Schule diesen Text redaktionell bearbeitet und schließlich brieflich herausgegeben. Welch hohe text- und literarkritische Kosten letzteres birgt, brauche ich kaum zu sagen.

Rhetorisch gelesen, preisen die epideiktischen Passagen Werte (virtutes) Christi und ziehen die deliberativen Passagen Schlussfolgerungen für das Leben der Adressaten. Jüngste Sozio-Rhetorik engagiert sich daraufhin für den Text und die den Text produzierende Welt (*deSilva** XIff. und passim). Nach der Absicht des Hebr gelesen, verlagern sich Schlüsselimpulse der Epideiktik und der Mahnung zugleich auf Gottesrede oder Wechselrede zwischen Gott, Christus und Geist. Eine, wenn man so will, Rhetorik Gottes tritt in den Text ein und ist dessen menschlicher Rhetorik eigentlich nicht unter-, sondern übergeordnet (vgl. 5). Die rhetorischen Komplikationen sind wesentlich eine Folge dieser Weichenstellung.

6.3 Gliederungsmodelle und Freiräume der Rezeption

Angesichts der skizzierten Probleme kann kein Gliederungsvor-
schlag allein rhetorisch abgeleitet werden.

Ein Seitenblick auf die Paulusbriefe veranlasste früher wiederholt eine
Zweiteilung des Hebr analog zum Röm in Lehre (1,1-10,18) und Paränese
(10,19-13,21). Doch lösen sich im Hebr systematische und ethische
Abschnitte weit vor Kap. 10 ab. Allenfalls lässt sich die Linie zu einem
umfangreichen paränetischen Schlussteil halten, den Kap. 11 dann nach
manchen Auslegern exkursartig (im Sinn der rhetorischen Digression)
durchbricht (vgl. *Thyen* 106). Im Ganzen bewährt sich das zweiteilige
Gliederungsschema nicht.

Die jüngere Diskussion beherrschen ein dreigliedriges und ein
fünfgliedriges Schema. Der interessanteste Vorschlag dreier Teile
kristallisiert 1,1-4,13 (mit der Inklusion 1,2b-3; 4,12-13), 4,14-
10,31 (markiert durch die Parallelpassagen in 4,14-16 und 10,19-
23) und 10,32-13,17 (eine Schlussrede im Charakter der Exhortatio;
Inklusion durch das Erinnerungsmotiv 10,32; 13,7) heraus (*Nauck*
u.a.). Die elaborierteste Fassung eines fünfgliedrigen Aufbaus
sucht eine Symmetrie zwischen Anfang und Ende (1,1-4/13,20f.
oder 13,20-25; 1,5-2,18/12,14-13,19). Die Teile dazwischen ver-
schränken ethische Zuspitzungen (Paränese) und Lehre miteinander (3,1-5,10; 5,11-10,39 und 11,1-12,13). In der Mitte steht die hohepriesterliche Christologie 7,1-10,18, die durch keine Paränese
unterbrochen, aber von ihr umschlossen wird (5,11-6,20; 10,19-
39). Sie wird zum theologischen Zentrum des Hebr (*Vanhoye*
[2]1976**, 1989** nach *Vaganay* u.a.).
Beide Schemata fordern Einwände heraus. *Nauck* konstruierte aus
der Abfolge der Teile einen Gang vom Hören über das Bekennen
zum Gehorchen (204-206), der nach wie vor beeindruckt (vgl.
*Weiß** 49) und manchmal doch zu zielgerichtet scheint. *Vanhoye*
fand eine überaus einleuchtende Zuordnung von Lehre und Paränese und legte die artifizielle Komposition gleichwohl an einigen
Stellen über nicht ganz zu ihr passende Textmarker. Rhetorisch
fügt sich das dreigliedrige Schema etwas besser zum klassischen
Aufbau einer Rede.
In einer Übersicht stelle ich das rhetorische Schema in der wichtigsten aktuellen Fassung durch *Backhaus* neben die klassischen
Gliederungen von *Nauck* und *Vanhoye*:

Dreigliedriges Schema (Paradigma *Nauck*)	Fünfgliedriges Schema (Paradigma *Vanhoye*; l = lehrhaft, p = paränetisch)	Rhetorisches Schema (Paradigma *Backhaus*)	schwierigste Entscheidungsbereiche
I 1,1-4,13	1,1-4 I 1,5-2,18 l II 3,1-5,10	1,1-4 Exordium I 1,5-4,13 Narratio	
II 4,14-10,31	3,1-4,14 p; 4,15-5,10 l	II 4,14-10,18 Argumentatio 4,14-16 Propositio zu: 4,14-5,10	4,14-16 sind schwer auseinanderzureißen und korrespondieren 10,19ff.; die Einteilung des 2. und 3. Teils im fünfgliedrigen Schema wird fraglich.
	III 5,11-10,39 5,11-6,20 p 7,1-28 l; 8,1-9,28 l; 10,1-18 l	5,11-6,20 paränet. Exkurs 7,1-28 8,1-10,18 rhetor. Zentrum	
	10,19-39 p	III 10,19-13,21 Peroratio	Der dritte Teil des dreigliedrigen Schemas kann 10,19 oder 10,32 beginnen. Der Einschnitt beider Stellen ist aber deutlicher als die Textmarke für Vanhoyes IV (11,1 wird durch 10,37-39 vorbereitet).
III 10,32-13,17	IV 11,1-12,13 11,1-40 l; 12,1-13 p V 12,14-13,19 p 13,20-21		
13,18-25 umstrittener Briefschluss	13,22-25 umstrittener Briefschluss	13,22-25 Postskript	Der Übergang zum Briefschluss/Postskript erfolgt gleitend und ist durch die Paränese des Kap. 13 im Textaufbau vorbereitet. Das verwehrt, den Schluss zu stark abzuheben.

Bleiben wir wegen seiner Stärken beim fünfgliedrigen Schema, müssen wir es an Schlüsselstellen korrigieren. Beispielhaft versuchte das *Attridge** 19 und änderte die Einteilung des zweiten Teils (nun 3,1-4,13 und 4,14-5,10) sowie den Übergang vom dritten zum vierten Teil (durch die beschwerliche Einführung einer neuen Grenze zwischen 10,25 und 10,26). Die Probleme löst das nicht endgültig (weshalb *deSilva** ähnlich *Attridge**, aber mit Einschnitt nach 10,18 gliedert). Halten wir uns – wie die Mehrheit der deutschsprachigen Forschung – an das dreigliedrige Schema, dürfen wir es in seiner interpretatorischen Kraft nicht überschätzen und haben gleitende Übergänge zwischen den großen Teilen sowie zum Briefschluss in Rechnung zu stellen.

Gräßer* I 29 etwa bevorzugt zwischen II und III die alte Abgrenzung bei 10,18. Nach manchen ist ein brieflicher Abschluss bereits ab 13,1 zu erwägen (vgl. *Rose*** 25-33). Einen ganz abweichenden dreiteiligen Aufbau bietet *Stanley*.

Zur Lösung der Kontroverse hilft, wenn wir den Rezeptionsvorgang der Antike beachten. Frühchristliche Texte wurden in größerem Kreise vorgelesen (vgl. Kol 4,16; Offb 1,3 usw.). Ihre Wahrnehmung erfolgte hauptsächlich im Hören. Die Hörerinnen und Hörer setzten sich unterschiedlich zusammen, und mögliche Störungen waren in einen Entwurf zum Hören einzubeziehen. Der Hebr zielte in solche Wirklichkeit. Deshalb würdigen wir die rhetorische Leistung seines Autors vielleicht am meisten, wenn wir ihm erlauben, in seine höchst artifizielle Textgestaltung gleitende Übergänge, Brechungen und Neueinsätze zu integrieren, die ein lebendiges Hören in vielfältigen und gemischten Situationen erlauben. Mit anderen Worten:
Der Autor selbst gewährt der Unsicherheit der Gliederung, die uns begegnete, Platz. Er tut das zugunsten der eigenaktiven Wahrnehmung der Hörerinnen und Hörer, Leserinnen und Leser. Für welche Gliederung wir auch optieren, sie ist ebenso richtig wie begrenzt. Sie darf nicht mehr sein als eine Vermittlung des Textes an Hörerinnen und Hörer, Leserinnen und Leser, die ihre eigene Lebenswirklichkeit aus dem gehörten Wort gestalten sollen. Ich ziehe daraus die Konsequenz, zwar in etwa einem dreigliedrigen Modell für den Aufbau des Hebr zu folgen, doch möglichst ohne die fließenden Übergänge zu verdecken. Leserin und Leser mögen von den Freiräumen Gebrauch machen, die der Hebr ihnen gewährt.

6.4 Die Selbstbestimmung als Wort der Zurede

Solange der Hebr unter den Paulusbriefen verzeichnet wurde, also bis in die frühe Neuzeit, war seine Formbestimmung einfach. Er galt als Brief. Als die frühe historische Kritik das verunsicherte, tauchten Bestimmungen wie Abhandlung oder – noch unbestimm-

ter – Buch auf, bis *Berger* 1797 das Paradigma grundlegend wechselte: Buch, Abhandlung und Brief seien schriftliche Formen. Der
Hebr indes erkläre sich von der mündlich gehaltenen »Rede« her,
»welche von irgend einem der ersten Lehrer des Christenthums vor
einer Versammlung von Judenchristen gehalten wurde«; er sei eine
nachträglich versandte »Homilie« (Zitate 452, 452 f., 449).

*Berger*s Paradigmawechsel bestimmt seither die Diskussion. Ob
wir den Hebr Homilie, Mahn- oder Trostrede nennen (zugespitzt
Vanhoye 1989**, 45: eine vor einer Gemeindeversammlung laut zu
lesende priesterliche Predigt), ob wir in Kombination mit 13,22
(-25) auf eine »zum Brief gewordene Predigt« (*Dibelius* 13), rhetorisch ausgefeilt auf eine mündliche Botschaft (1,1-13,21) mit brief-
lichem Begleitschreiben, das als Postscript in den Text integriert
wurde (*Übelacker* 197-201), oder allgemein auf eine »zugesandte
Predigt« (*Gräßer* 1992**, 23; vgl. *ders.** I 15) schließen (Forschungsübersicht *Backhaus* 1996a**, 42 ff.), wir treten unter die
Schatten seiner Leitbegriffe Homilie und Rede. Verweilen wir darum einen Augenblick bei seiner Position. Ihre Stärke liegt in der
Würdigung der Redemomente des Hebr. Ob wir dessen Ihr-Anre-
den und (scheinbar) mündliche Momente (Rhythmen u. ä.; vgl. *Siegert* 1997, 423), die rhetorischen Figuren und Gliederungsmomen-
te oder die Ähnlichkeiten zu Reden der Apg beobachten, wir
basieren auf Beobachtungen *Berger*s und seiner Zeit.

Schon 200 Jahre vor *Wills* (↗ § 6.2) verglich *Berger* so den Rückblick auf
die Väter und das Gewicht der Schriftzitate in Hebr 1 mit Apg 1,16; 7,2;
13,17 sowie die Anlage im Ganzen mit Apg 13,13-41, wo er zudem wie im
Hebr die Bezeichnung *logos paraklēseōs* (Ermahnung) fand.
Berger zog daraus Schlüsse über die Formbestimmung hinaus. Da die genannten Reden der Apg laut deren Darstellung vor Juden gehalten wurden, siedelte er die Adressaten der Hebr-Homilie unter Judenchristen an,
und da die Redner der Apg Zentralgestalten des frühen Christentums
sind, nannte er den Redner des Hebr einen der Ihren (»Lehrer« in solch
hervorgehobenem Sinn).

Die Probleme kristallisieren sich an der Einschätzung des uns inzwischen wohlbekannten Abschnitts 13,22-25. Dieser Abschnitt
setzt eindeutig die Verschriftung des Hebr zu seiner Versendung
voraus, somit den Wechsel von Mündlichkeit zu Schriftlichkeit.
Dürfen wir dann die mündliche Rede so hoch gewichten?

Berger behalf sich damit, 1,1-13,21 seien, obwohl Verschriftung, im Sinn
der Rede zu lesen, und 13,22-25 eine nachträgliche Beifügung, sei es vom

Lehrer, sei es von einem anderen, die der Versendung der Rede an eine oder mehrere auswärtige Gemeinden diente. Aufgrund des »knapp sandte ich euch« 13,22b dachte er zusätzlich noch an einen Begleitbrief, der verloren gegangen sei (455 f.). Diese Begleitbriefthese begegnet heute kaum mehr; der Aorist »ich sandte« ist sog. Briefaorist, der sich auf das vorliegende Schreiben, nicht einen dritten Text bezieht (dt. ist mit »ich sende« zu übersetzen). Stellen wir das also zurück; am Grundproblem bis heute ändert es nichts:

Erst in 13,22 – also bei der Regelung der Verschriftung – findet sich das entscheidende Signal, der Hebr sei eine Rede, seine Bezeichnung als *logos* (Wort, Rede). Diese Bezeichnung ist, folgen wir dem Hebr, nach dem Text zu lesen, nicht vor ihm. Damit geht die Schriftlichkeit und das ganze Gefälle des Hebr als Wort-Theologie in sie ein. *Logos paraklēseōs*, »Wort der Zurede«, enthüllt sich als eine Zusammenfassung des Unterfangens des Hebr, Gottes Wort in Worten zu erfassen und zu umschreiben, die zu Adressaten reden. Was wie eine mündliche, direkte Rede erscheint, muss also nicht auf eine solche Rede zurückgehen, sondern kann schriftstellerisch als solche entworfen sein. Ja, der theologische Ansatz des Hebr spricht für Letzteres: Da Gottes Reden Rede auslöst, ist die Redegestalt theologisch gefordert. Die Assoziation der Leserin und des Lesers, der Hebr sei eine Mahn-Rede, Trost-Rede und Homilie, ist literarische Absicht, ein Zeugnis der literarischen, nicht der mündlichen Kunst unseres Textes.

Das gilt, ob wir uns für literarische Einheitlichkeit des Hebr entscheiden (wie oben vorgeschlagen) oder in Hebr 13,22-25 einen Redaktor tätig sehen. In letzterem Fall hätte bloß statt des Autors der Redaktor aus dem Text die Summa gezogen, er sei *logos paraklēseōs*. Auch seine Summa wäre von den Textimpulsen her zu lesen.

Die Wendung *logos paraklēseōs* fügt sich dazu. Sie ist kein rhetorischer Terminus technicus der Antike; Hebr 13,22 berücksichtigt die Differenz des vorangehenden Textes zu den Redegenera der Umwelt. Doch ebenso wenig ist die Wendung ganz neu. Sie erweckt Assoziationen, an denen dem Hebr liegt. Deren erste bildet die angesprochene zur frühchristlichen Predigt: Diese folgt nach Apg 13,15 der Lesung aus Gesetz und Propheten und legt Worte der Schriften in einem anspruchsvollen Appell an Israeliten und Gottesfürchtige aus. Mit »Wort der Zurede« verbindet sich demnach im späten Urchristentum ein Reden, das urteilssicher nach den Schriften Israels zum Leben mit Gott und Christus herausfordert. Der Hebr überträgt das ins Schriftliche. Er ist insofern eine späturchristliche Predigt, aber als Schrift und damit von vornherein unter den Möglichkeiten der Schrift.

Deshalb ist unbeschadet der Möglichkeit, auch in der frühen Synagoge Kontexte einer Text- und Mahnpredigt zu rekonstruieren (vgl. *Thyen*, zum Hebr 16 ff.), müßig, aus dem Hebr weitere Rückschlüsse auf frühchristliche Predigten zu ziehen. Wahrscheinlich waren deren Gestalten und deren Länge überaus vielfältig (bekanntlich ist der Hebr umfangreicher und komplexer als jede der in der Forschung verglichenen Predigten). Der Ausdruck »Homilie«, womit *Berger* die Eigenart zu fassen suchte, ist im Übrigen unter Anlehnung an neuzeitliche Homilien gewonnen. In der Antike stünde *homilia* nicht für ein Rede- oder literarisches Genus, sondern für den Umgang von Menschen miteinander (vgl. den einzigen ntl. Beleg, 1 Kor 15,33).

Die Verschriftung schlägt zugleich die Brücke zum Medium des Briefes. Die ältere Parallele unserer Wendung in 1 Makk 10,24 bereitet das vor: »Worte der Zurede« werden dort in einem Brief verschriftet, um bei ihren Hörern Aufmerksamkeit wie gesetztes Recht zu gewinnen. Der Plural des 1 Makk steht dem Hebr dabei ferner als Apg 13,15; das Briefmoment gehört ins zweite Glied. Trotzdem ist es dem Hebr wichtig. Schon *parakalō*, »ich rede zu«, am Anfang des Verses ist Briefrhetorik (vgl. Röm 15,30; 16,17; 1 Petr 2,11 usw.), *epesteila*, »ich sende« 13,22b darauf ein direkter Briefverweis.

Die These, der Hebr verstehe sich formal als Brief, ist dadurch nicht zu erneuern. Denn der Brief ist in der Antike (und heute) primär Mitteilungsmedium und nur in besonderen Gestalten (Freundschaftsbrief, Empfehlungsbrief usw.) auch Form. Dem Hebr liegt allein am Signal des Mediums: Die Verschriftung dient der Mitteilung an Getrennte (↗ § 3.2). Die Form des Gesamttextes tangiert das lediglich durch die Bestätigung der Bewusstheit schriftlicher Kommunikation.

Solange die Forschung die Unterscheidung zwischen Form und Medium nicht beachtete, sah sie sich zu literarkritischen Spekulationen genötigt: Die Form eines Briefes war – und ist bis heute – zuerst an seiner Eröffnung erkennbar. Es musste daher für den Hebr ein heute verlorenes Präskript postuliert werden (↗ § 2.2 zu *Overbeck* u. a.), wenn man nicht – wie einst Clemens Alex. (nach Euseb, h.e. VI 14,4) – den Autor (für Clemens: Paulus) in einem Geniestreich aus Leserücksichten auf das Präskript verzichten sah. Keine dieser Thesen überzeugte.

Bündeln wir die Linien, erweist sich der Hebr als komplexes, schriftliches Wort der Zurede, das sich an vorhandene Formen der Zurede anlehnt und das Medium einer Mitteilung an Getrennte nützt, um Gehör zu heischen, ohne in einer festen Form aufzugehen.

Mit dem ungewöhnlichen Ausdruck »Wort der Zurede« versuche ich den Eindruck einer festen Form zu vermeiden, der sich mit den geläufigeren Begriffen Mahn- oder Trostrede leichter verbinden könnte. Die Nuancen des tröstlichen Zuspruchs (*parakalein*, sofern es in der LXX vornehmlich *nḥm* übersetzt) und der Mahnung zu ethischen Konsequenzen aus dem Heilsgeschehen (vgl. *parakalein* in Röm 12,8; 1 Kor 14,3; 1 Tim 4,13; 6,2) gehen darin mit ein.
Ein bes. Problem bietet sich dadurch, dass im Kontext von Hebr 13 die deliberativ-appellierenden Momente des *logos paraklēseōs* 13,22 den Vorrang gewinnen. Das stärkt die Ausleger, die den Hebr der deliberativen Rhetorik zuweisen möchten (*Übelacker*** 32,214 ff. u. a.). Ich zögere damit, da die Formbestimmung des Gesamttextes des Hebr die Einflüsse des engeren Kontextes auf 13,22 (das ethische *parakalein* des Briefschlusses) zurückzustellen hat. Wir stoßen auf die Grenze, die der Anwendung eines textinternen Begriffs auf den Gesamttext begegnet.

7. Der religionsgeschichtliche Ort

In seiner Eigenwilligkeit verwebt der Hebr theologische Diskurse und religionsgeschichtliche Strömungen seiner Zeit. Er bündelt die Stränge wie ein Brennspiegel und treibt sie in einer für die Verortung des Christentums unter den Religionen bemerkenswerten Weise voran. Die größte Bedeutung kommt seiner Reflexion kultischer Dimensionen für das Christentum zu (*Lit.* zur teils heftigen Forschungsdiskussion bei *Weiß** 96-114, *Anderson* 1992**, *Hurst**, *Punt*** u. a.).

7.1 Jüdischer Hellenismus

Der Hebr zitiert Israels Schriften griechisch und lehnt seine Argumentation griechisch an jüdische Verfahrensweisen seiner Zeit an. In 5,11-14 transportiert er zudem mit der Unterscheidung von Anfangsgründen und fortgeschrittener Unterweisung eine in der Basis griechische Bildungsvorstellung. Er gehört ins Umfeld des jüdischen Hellenismus.

Für die Anlehnung an jüdische Auslegungsweisen in griechischer Sprache nenne ich die Kombination zweier Texte durch das gleiche Wort bzw. Motiv (Gezerah shawa) in 4,3 f.: Der griechische Stamm *katapau-*, »Ruhe/ruhen« verknüpft Ps 94,11 LXX und Gen 2,2 LXX. Vergleichen können wir auch größere motivliche Bögen, so den zwischen 1,13 und 2,8 (durch »unter deinen/seinen Füßen« nach Ps 109,1 LXX und Ps 8,8 LXX).

Die Relativierung des sichtbaren Lebens im Hebr gemahnt genauerhin an die Rückfrage hinter das Seiende im mittleren Platonismus (bes. auffällig 9,23 f.; umstrittener 8,1.5; 9,11; 10,1; 11,1.3; 12,18-29). Dieser hatte sein Zentrum in Alexandria, dem Wirkungsort Philos, und zu Philo gibt es noch mehr Bezüge: Er und der Hebr teilen die Überzeugung, Texte des Gesetzes besäßen einen Mehrwert über ihren irdischen Erstsinn hinaus (bei Philo der Ausgangspunkt für die allegorische Auslegung, im Hebr für die Reflexion aufs himmlische Heiligtum). Beide benützen gelegentlich gleichermaßen einen ungewöhnlichen Quellentext (↗ § 5.3 zu 8,5 und 13,5). Weitere Berührungen kommen hinzu (↗ bei 4,14-16; 6,16.19; 7,1-3.25; 9,15.19; 11,2). Begreiflich wird, warum eine Reihe von Forschern eine Ansiedlung des Hebr im Ausstrahlungskreis Philos und des mittleren Platonismus für geboten hielt und teilweise hält (*Spicq** I 39-91, II 70 u. ö., *Strobel** 14 f., *Thompson* 1982**, *Mack* 255,259 u. a.).

Andererseits sind die Differenzen unübersehbar. Leitbegriffe des Platonismus fehlen dem Hebr, angefangen bei der Bestimmung des formenden Unsichtbaren als *eidos/idea* (»Idee«), oder er versteht sie anders. Namentlich wäre die *pistis* (der Glaube), für den Hebr der Schlüssel zum Unsichtbaren (11,1), platonisch konträr bei der Welt der Erscheinungen einzuordnen (als Nuance des Überzeugtseins im Vorfindlichen; vgl. Plato, resp. 6,511d-e; 7,533e-534a; Tim. 29c). Der Hebr bedient sich des philosophischen Umfelds also nur soweit, wie es ihm bei der Gedankenbewegung zum Unsichtbaren hilft. Die Aufgeschlossenheit Philos für philosophische Argumentationen erreicht er nicht.

Markant vermeidet er ungeachtet seiner Wortchristologie auch das Leitmoment von Philos Integration der philosophischen Anregungen, die noetische Abstraktion des Logos (»Wortes«). Das wie eine Person wirkende Wort, seine Strenge und seine Schärfe von Hebr 4,12 f. – dem wichtigsten Vergleichstext – ähneln lediglich philonischen Motiven. Der eröffnende Ausdruck *zōn ho logos* (»lebendig ist das Wort«) ist nicht philonisch, und die Pointe verschiebt sich: Bei Philo zertrennt der Logos (das Wort) die Seele in ihre Teile, auf dass sie ein Abbild der himmlischen Sphäre werde (her. 225 unter Rückgriff auf die platonische Teilung der

Seele), im Hebr geleitet er im Durchdringen der Seele usw. zur richtenden Entblößung (vgl. *Williamson* 1970**, 386-389 vs. *Spicq** I 50-52).

Wenden wir uns dem Schriftgebrauch zu, vermehren sich die Unterschiede. Die Psalmen dominieren im Hebr gegen Philo über das Gesetz (↗§5.3). Das unmittelbare Hören (s. die Zitatenkette in Kap. 1, die aus sich selber spricht), Analogieschlüsse der Gezerah shawa (s. o.) sowie Geschichtsstrukturen (die die Forschung bis *Runia* 76 oft als Typologie fasst; Kap. 3 f. u. ö.) haben im Hebr Vorrang vor der von Philo bevorzugten Allegorie.

Selbst auf dem Weg zum himmlischen Heiligtum und Kult (Kap. 9 f.) unterlässt der Hebr die direkte Allegorie der atl. Opfer auf Christus und bezieht Momente der Geschichte ein (*Sowers*** u. a.).
Nicht minder signifikant ist die Diskrepanz bei der angesprochenen Zitation eines gemeinsamen Sondertextes von Ex 25,40: Philo, LA III 102 f. hebt mit dem Zitat hervor, Mose habe Gott zum Lehrer und schaffe Urbilder. Denn Gott spreche zu ihm von Mund zu Mund, im *eidos* (nach Num 12,7 f. LXX). Die Differenz zum Urbild ergibt sich erst beim Baumeister, der die Urbilder nachzuahmen hat, bei Beseleel (vgl. Ex 31,2). Hebr 8,5 dagegen legt bereits über Mose eine Abschattung des Himmlischen. Sie ist notwendig, da – so 3,5 vorab – Num 12,7 LXX Mose als dienenden Zeugen künftiger Worte zeichne (die Textrezeption bricht vor dem *eidos* von 12,8 ab). Im Denkansatz öffnet sich der Hebr damit weit über Philo hinaus für die Geschichte, und die *eidos*-Struktur verschiebt sich. Der Vorrang Christi wird nicht zuletzt dadurch möglich (Weiteres bei *Isaacs*** 54 f.).

Die Indizien rechtfertigen mithin einen direkten Anschluss des Hebr an Philo nicht, ebenso wenig freilich den vereinzelten Gegenschlag der Forschung, der Hebr wende sich gegen Philonisten (phantasievoll *Thurston*). Wir gelangen zu einer selbständigen, nicht einlinig zu erklärenden Partizipation des Hebr an Sprach-, Reflexions- und Auslegungsentwicklungen im jüdischen Hellenismus.

7.2 Apokalyptik, eschatologische und mystische Strömungen

Mehrfach stießen wir soeben auf das Gewicht zeitlicher Komponenten: Der Hebr durchdringt und lenkt seine Unterscheidung zwischen der unsichtbaren und unerschütterlichen Wirklichkeit Gottes und der vorfindlichen Welt durch eine Zeitbetrachtung, die mit dem endgültigen Einbrechen Gottes aus seinem Raum in die Geschichte und dem Ende der Tage rechnet (von 1,2 bis 12,25-29). Eine Reihe von Auslegern folgerten, zeitlich-eschatologisches, apokalyptisches Denken wirke sich im Hebr bestimmender aus als die hellenistische (und philonische) Vertikalität des Raums (*Barrett**, Michel* 58 ff. u. a.).

Folgen wir dieser Linie, steht der Zeitpunkt, da sich Gott durchsetzt, an (1,2; 9,9 f.26). Nur Weniges fehlt bis zur Heilserfüllung, der Ruhe, in die die Gemeinde kommen wird (*Sharp** 293 f. deutet das *eiserchometha*, »wir kommen hinein«, in 4,3 als futurisches Präsens; ebenso *Hofius* 1970**, 57.180 Anm. 352). Das himmlische Heiligtum von Hebr 8,1 f.; 9,11.24 erschließt sich vor dem Hintergrund apokalyptisch-kultischer Spekulationen über das obere Jerusalem. Der Weg Christi durch den Vorhang vor dem Thron Gottes (10,19 f.) bahnt den Zugang (vgl. *Hofius* 1972**). Das Kommen wird sich nicht verzögern (10,37). Gleichzeitig zieht das eschatologische Drama mit dem Gericht (10,30 f. u. ö.) und der verzehrenden Erschütterung von Himmel und Erde (10,26-29) auf. Wer in die Sünde zurückfällt, begegnet ohne Möglichkeit zu Buße und Sühne dem furchtbaren Gott (6,4 ff.; 10,26-31). Der Hebr wird zu einem wichtigen Dokument frühchristlich-zeitlicher Eschatologie.

Sobald wir dem Hebr erlauben, die Diskurse seiner Epoche (vgl. §1.3) über die Begegnung mit Gott, über die himmlischen und irdischen Räume und über das Ende, zu dem Gott die Geschichte leitet, selbständig zu integrieren, entschärfen sich Spannungen dieser Position zum hellenistischen Ort des Hebr, wie sie die Diskussion lange beherrschten (sei es als Kontrast, sei es als theologisches Proprium; vgl. differenziert *Klappert, Theißen** 88-114 u. a.).

Die Apokalyptik ist eine Strömung mit sehr unscharfen Rändern. Eng definiert, bekundet sie die dringende Erwartung einer Zeitenwende, gefasst in besondere Enthüllungen an einzelne Personen Israels bzw. (in der Offb) des frühen Christentums. Solchen besonderen Enthüllungen (Visionen und Auditionen) misstraut der Hebr; er hält sich, wie wir sahen, gegen sie an das gesagte Wort Gottes. Das setzt die Forscher ins Recht, die dem räumlich-hellenistischen Denken gegen die Apokalyptik den Vorrang geben (z. B. *Walter** 167 [1985]).

Andererseits kennt der hellenistische Mittelmeerraum apokalyptische Texte weit über Israel hinaus (Töpferorakel u. a.) und eignet der Apokalyptik ein raumzeitliches, nicht allein ein zeitliches Denken. Der Abstand des Hellenismus zur Apokalyptik darf in der Zeitbetrachtung und vielen Einzelheiten nicht überspitzt werden. Trotz der Kluft zur Apokalyptik im engeren Sinn gemahnt Hebr 12,22 an das apokalyptische himmlische Jerusalem (vgl. Offb 21) etc.

Verknüpfen wir die Indizien, exponiert der Hebr im Dienst seiner liminalen Theologie zeitliche und räumliche Aspekte in hellenistischer Sprache, um zu vermitteln: Die Gemeinde hat durch das Christusgeschehen die Schwelle zu Gottes Wirklichkeit be- und übertreten. Sie ist unterwegs ebenso zum Ende der Zeit wie in Gottes anderen Raum und davon schon geprägt.

Berührungen und Distanzen zu weiteren frühjüdischen Strömungen bestätigen die Selbständigkeit des Hebr. Vor allem die Entdeckung von Quellen bei Qumran und am Toten Meer regte die Forschung an. Ich schildere die auffälligsten Sachverhalte:

Der sog. Damaskusschrift zufolge (die neben Qumran in der Kairoer Geniza gefunden wurde) erlebte sich eine besondere Gruppe in Israel als Gemeinschaft des Bundes und nannte sich in Anlehnung an Jer 31,31-34 »neuer Bund« (brjt ḥdšh; CD VI 19 [= 4Q269 4 II 1]; VIII 21; XIX 33 f.; XX 12). Ein Vergleich mit Hebr 8 drängt sich auf und wird doch enttäuscht. Denn Jer 31,31-34 wird weder in CD noch sonst in den Qumranschriften umfangreich zitiert (selbst »neuer Bund« begegnet neben CD nur noch – rekonstruiert – in 1QpHab II 3). D. h. der jeremianische Ausgangstext wird unterschiedlich aktualisiert. In CD stellt er die Selbstbezeichnung einer Gemeinschaft zu Verfügung. Der Hebr stützt mit ihm anders eine Gemeinschaft, die nicht selber neuer Bund heißt, und erklärt eine vorangehende Setzung Gottes für veraltet (8,13 ohne Parallele in Qumran; Weiteres *Lehne*).

Die Trägergruppe der Damaskusschrift und anderer Gruppenregeln, die man bei Qumran fand, lehnt zum zweiten die Kultpraxis in Jerusalem ab, was auf den ersten Blick an den Hebr erinnert. Jedoch schätzt sie das Priestertum Aarons (und nach manchen auch das Zadoks; s. bes. CD III 21 – IV 2) hoch. Sie erwartet darauf einen priesterlichen Gesalbten Aarons (neben einem herrscherlichen Gesalbten Israels; s. CD XIV 19; XIX 10 f.; XX 1 zusammen mit 1QS IX 10 f.) und gestaltet den anderen Priester, den die Schrift aus Jerusalem kannte, Melchisedek, zu einer endzeitlich-hoheitlichen Gestalt mit kaum priesterlichen Zügen fort (11QMelch; vgl. *Horton*** 64-82, 152-170, *Hurst*** 52-60 u. a.). Der Hebr entscheidet sich für eine umgekehrte Position. Er wertet Aaron ab (sowie übergeht Zadok) und wählt Melchisedek zum Modell des Priestertums Christi (vgl. *Isaacs*** 158 ff. u. a.).

In der Entdeckerfreude der 1950er/1960er Jahre entstand angesichts dieser und anderer Divergenzen die Vermutung, der Hebr richte sich kritisch an ein qumranisches Milieu (eröffnend *Yadin;* weitere Lit. bei *Lindars* 1995***, 23). Das wich bald der Ernüchterung. Denn die Berührungen sind nicht stark genug, um einen unmittelbaren Kontakt der Milieus zu erwei-

sen (*Punt*** 137-140). Eine Ableitung des Hebr versagt also, sein Profil
schärft sich (vgl. *Attridge* 2000).

Die Selbständigkeit gilt gleichermaßen für ein weiteres Umfeld.
Vorbereitet durch Ez-Rezeptionen wie die in 4Q385 4, nähern sich
apokalyptische Visionen am Ende des 1. Jh.s Frühformen jüdischer
Mystik, die um die Erfahrung des Thrones Gottes im Sinne der
Merkabah (des Thronwagens von Ez 1) kreisen. Der Hebr teilt
das Interesse daran, zu Gottes Thron zu treten (4,16). Einen spezifischen Impuls des Thronbildes von Ez 1 indes verrät er anders als
etwa Offb 4 nicht, und die für ihn wesentliche Rezeption des
Ps 110 mit seiner Thronmotivik sollte man (trotz *Eskola;* bibl. bei
↗ 1,1-4) nicht zu schnell in Merkabahtradition einordnen (auf-
geschlossener zur Merkabah *Schenke* 434f., *Williamson* 1976**).
Unter den neu gefundenen Quellen steht der Hebr im Übrigen den
Sabbatliedern aus Qumran und Massada (ShirShabb) am ver-
gleichsweise nächsten. Wie sie bekunden, sahen viele Juden des
1. Jh. eine Korrespondenz ihres irdischen und des von Engeln um
Gottes Thron gefeierten himmlischen Gottesdienstes. Das berei-
chert unser Verständnis für die himmlische Welt von Hebr 1 usw.

7.3 Vorbereitungen der Gnosis

Das Drängen zum zeitlichen Ende und zum himmlischen Raum
treffen sich im Ziel: Die Glaubenden gehen in eine Ruhe ein, die
dem Strom des Lebens in der Welt unzugänglich ist (4,3). Welt-
skepsis und Ablehnung eines welthaften Glaubens sind deshalb angesagt. Religionsgeschichtlich deutet sich eine vorgnostische Ge-
dankenstruktur an.

Deren Diskussion ist durch die Forschungsgeschichte nicht unerheblich
belastet. Als die weichenstellende Untersuchung *Käsemann*s** entstand
(1936/37), galt das Vorhandensein ausgebildeter gnostischer Systeme im
1. Jh. als wahrscheinlich. Die frühchristliche Gnosis konnte zudem eine
notwendige Weltfremdheit in der ideologisierten Gegenwart begründen.
Käsemann verstand seine Skizze des wandernden Gottesvolkes nach dem
Hebr deshalb nicht zuletzt in diesem Sinne als »aktuelle(n) theologi-
sche(n) Konzeption« (4).
Das spätere 20. Jh. verschob die Koordinaten. Differenzen des Neuen Testaments zur Gnosis beanspruchten mehr und mehr Raum. *Köster* 1980
schlug darauf vor, der Hebr trete durch seine Würdigung des irdischen
Leidens Jesu und seine apokalyptische Eschatologie in die »kritische Aus-

einandersetzung mit der Gnosis ein« (712). *Kösters* Name dafür, »Apokalyptische Gnosis« (710), war freilich missverständlich, und die kritische
Entwicklung nicht aufzuhalten. Die ausgebildete Gnosis (der Gnostizis-
mus) wanderte weit ins 2. Jh. hinein.
Eine Zeitlang schienen die neugefundenen gnostischen Quellen von Nag
Hammadi noch eine gute Brücke bis ins 1. Jh. zurück zu bieten. *Braun**
erschloss sie für den Hebr (vgl. außerdem die Parallelen-Liste bei *Evans/
Webb/Wiebe* 530-533). Inzwischen sind wir selbst da vorsichtiger; kein
einziger gnostischer Nag Hammadi-Text ist sicher vorchristlich. *Gräßer*
vollzog die Kritik teils mit und entschied sich in einer allmählichen Entwicklung seiner Arbeiten dafür, gnostische Denkhaltungen und aus-
geformte Gnosis zu trennen; Letzteres entfällt dann für den Hebr, nicht
aber Ersteres (*Gräßer**, behutsamer als frühere Studien).
Nach dem Stand der Dinge genügt auch das nicht ganz. Die Neuorientie-
rung der Gnosisforschung zwingt uns dazu, im 1. Jh. lediglich Vorbereitungen späterer gnostischer Strukturen zu erörtern. Die Quellen dieser
Zeit – und mit ihnen der Hebr – spiegeln kein gnostisches Denken, das
dann halb ausgebildet vorhanden sein müsste, sondern gehen diesem voran. Mit dieser Einschränkung sollten wir die Linien zur Gnosis derweil
weiter beachten:

Typisch für die religionsgeschichtliche Übergangsphase, in der sich
die Gnosis später verwurzelt (übrigens ohne den Hebr grundlegend zu rezipieren), finden sich im Hebr widerstreitende Momente. Die Terminologie von *gnōsis* (erlösend zuteil werdender Erkenntnis), *phōs* und *skotia* (Lichtwelt Gottes vs. Dunkelheit der
Faktizität) ist noch nicht ausgebildet (alle genannten Termini fehlen im Hebr, ebenso das gnostische Zielmotiv des *plērōma*, der Fülle). Doch in der gemeinsamen Herkunft des rettenden Sohnes und
seiner vielen Geschwister auf Erden (2,11) bahnt sich das nachma-
lige gnostische Motiv der *syggeneia* an (der gemeinsamen Lichther-
kunft des Erlösers und der Erlösten). Dürften wir den Impuls aus-
ziehen, erkännten wir in Christus den von oben gesandten Erlöser
(vgl. *apostolos* 3,1 in der Deutung *Käsemanns*** 95 f.), der die
feindliche Sphäre der Sklaverei und des Todes betritt, um seine Geschwister zu befreien, die wie er von dem Einen abstammen (2,11-
15). Wir begäben uns auf die Wanderschaft der Erlösten zu einer
Ruhe der Abwendung von allem Geschaffenen, in der das Tun
überhaupt aufhört (4,3.10 f., nun in gnostischer Deutung) usw.
(weitere wichtige Stellen der Diskussion sind 6,19 f.; 10,19 f.27.31;
11,13 f.; 12,2). Wie gesagt, verbietet der religionsgeschichtlich frühe
Ort des Hebr, diese Möglichkeit zu strapazieren. Indes wäre ebenso falsch, das Potential für sie zu übersehen.

Nebenbei gewinnen wir durch die Einschränkung der gnostischen Deutung Raum für die Würdigung angrenzender religionsgeschichtlicher Erscheinungen wie des Corpus Hermeticum (z. B. in 2,9).

7.4 Frühchristliche Traditionen zwischen Kultdistanz und Kultnähe

Einen zentralen Zusammenhang des Hebr erklärt keine der bislang genannten Komponenten: seine Distanz zum irdischen Heiligtum Israels und die gleichwohl kultische Deutung Jesu. Dafür bedarf es eines spezifischen innerchristlichen Anstoßes.

Eine in der Forschung immer wieder verfolgte Spur eröffnen Stephanustraditionen. Stephanus kritisierte nach der Skizze in Apg 7 nämlich bereits früh das Heiligtum Jerusalems unter Berufung auf die Schrift. Der Himmel sei Gottes Thron, hielt er fest; welches Haus sollten ihm da die Menschen auf Erden bauen (7,48 f. nach Jes 66,1 f.). *Kraus*[**] 235-261 verband das mit dem Kern der Formel von Röm 3,25 f.[*], Christus sei *hilastērion*, Sühneort Gottes schlechthin (54). Zwei wichtige Motive des Kultdenkens im Hebr, seine Sühnechristologie und seine Ferne zum Jerusalemer Tempel, wären damit lange vorbereitet.

Ein Teil der Forschung sieht in Apg 7,48 f. unter der luk Wiedergabe historische Erinnerung gewahrt: Hellenistisch-jüdische Christen distanzierten sich vom Jerusalemer Tempel, ohne das als einen Bruch mit der Schrift und mit Israel zu verstehen (vgl. *Haacker* 1535 f.; *Kraus* 44 ff.).

Wir dürfen freilich nicht übergehen, dass auch dann ein zentrales Glied zum Hebr fehlt: Die Stephanusrede der Apg und die Formel von Röm 3,25 f.[*] deuten Jesus nicht als Hohepriester. Zudem bezieht sich keiner unserer Zeugen für das Hohepriester-Prädikat – neben dem Hebr der 1 Clem (36 u. ö.; ↗ § 2.1) und etwas später Ignatius (IgnPhld 9,1) sowie Polykarp (2 Phil 12,2) – erkennbar auf letztere Formel. Weitere Unterschiede kommen hinzu (Jes 66,1 f. spielt für den Hebr keine Rolle usw.). Seien wir deshalb vor zu weitgehenden Profilierungen auf der Hut. Eine direkte Linie von Stephanus, Stephanustraditionen oder durch Stephanus angesprochenen Juden und frühen Christen zum Hebr ist uns verwehrt (vgl. *Isaacs*[**] 65 f. und *Backhaus* 1996a[**], 68 gegen die Erwägungen bei *Manson*[*] 25-46, *Spicq*[*] I 227-231 und *Lindars* 1995 [1991][**]).
Schön wäre daher, wenn wir den Hohepriester Christus in einer

anderen fest umreißbaren Auffassung des frühen Christentums verankern könnten. Die gestreuten Belege des Hohepriester-Prädikats genügen dafür jedoch wiederum nicht.

Reizvoll wäre, wenn christlich gewordene Priester wie die in Apg 6,7 erwähnten Einfluss genommen hätten. Priesterliche Traditionen erklärten dann das kultische Interesse des Hebr. Wäre allerdings (ehemaligen) Jerusalemer Priestern der kultische Umbruch zu einer strikten Aaron-Kritik zuzutrauen?
Eine Reihe von Auslegern entgeht den Problemen der Rekonstruktion (oder Konstruktion) alter Überlieferungen durch den Vorschlag, die Berührungen zwischen Hebr und Apg auf ihre Entstehung in einem verwandten christlichen Milieu zurückzuführen. Das ist für viele Einzelheiten hilfreich (in unserer Passage Apg 7; vgl. außerdem §6.2 zu Apg 13 usw.). Die Lücke beim Hohepriester-Prädikat schließt es nicht.

Überschauen wir die Daten, ist keine Verschriftung des Hohepriester-Prädikats älter als unser Hebr. Deshalb begann es wahrscheinlich erst kurz vor ihm eine größere Rolle im Christentum zu spielen (↗ bei 2,17). Der Hebr nützt die Chance eines relativ neuen und damit flexiblen Begriffs für seine Theologie. Der jungen Genese entsprechend fehlt in seiner Zeit auch noch ein klares innerchristliches Gegenbild, von dem er sich absetzen müsste, obwohl wir es nicht ganz ausschließen können.

Den interessantesten Vorschlag eines solchen Gegenbildes unterbreitete *Theißen*** (51, 112 und passim): Gegen Ende des 1. Jh. habe sich eine mysterienhafte Frömmigkeit ausgebildet, die Christus als Hohepriester der Gemeindeopfer auf Erden und einer Abendmahlsfeier verstehe, die das Heil sakramental vermittle (spürbar in 1 Clem und bei Ignatius). Der Hebr setze dagegen das Selbstopfer Christi und relativiere über die Melchisedektradition jeden irdischen Kult.

Religionsgeschichtlich ist schon unsere vorsichtige Feststellung des Befundes von hohem Belang. Denn sie geleitet uns, mit antiken Augen gelesen, zum Sonderort des Christentums unter den Religionen. Vergegenwärtigen wir die Hintergründe: Das Christentum entstand in einer der großen Religionen der Antike, dem Judentum, und nahm eine Zeitlang an dessen Kult teil (Apg 2,46 u. ö.). Priester waren für es zunächst die Priester in Jerusalem (von Mk 1,44 bis Apg 6,7), eine Teilnahme am Kult der Völker ausgeschlossen (1 Kor 10,14.20 u. ö.). Ein Zeuspriester galt, wenn überhaupt von ihm zu reden war, als irrendes Gegenüber (so beim einzigen ntl. Beleg, Apg 14,13).

Religion musste aber, ob wir sie griechisch von der *timē theōn*, der kultisch gebotenen »Ehrung der Götter« (s. z. B. Sophokles, Antig. 745; Aischylos, Agam. 637), oder römisch vom immer neuen Durchgehen dessen herleiten, was dem Kultus der Götter eignet (Cicero, nat. deor. 2,72), einen eigenen Kult und von Priestern vollzogene Opfer besitzen. Das frühe Christentum war in dieser Phase darum nicht als eigene Religion erkennbar. Es entwickelte daraus in der zweiten und dritten Generation, in denen sich die Teilnahme am Jerusalemer Kult verlor, bis sie nach der Tempelzerstörung endgültig ausgeschlossen war, sogar ein ausgeprägtes Proprium. Es verzichtete auf ein eigenes Priestertum und hielt so die Unterscheidung von den Religionen der Götter um es aufrecht.

Hiereus, Priester, wurde bis über das Ende der ntl. Zeit hinaus nicht zur Bezeichnung eines christlichen Amtes. Nie heißt im Neuen Testament ein Einzelner Priester im Gegenüber zur Gemeinde, die Basis für die Übertragung von Priesterbegriff (Offb 1,6; 5,10; 20,6) und Priestertum (1 Petr 2,5.9) auf alle Gläubigen. Auch aus *hiereus* in IgnPhld 9,1 und 1 Clem 40,5 lassen sich noch keine christlichen *hiereis* erschließen. Heute wird das durch den in vielen Kirchen geläufigen Amtsbegriff Priester ungut überdeckt. Dieser übersetzt nicht *hiereus*, sondern ist ein Lehnwort aus *presbyteros*, dem nichtpriesterlichen Ältestenamt der frühen Christen.

Gleichwohl war der Druck groß, sich in irgend verwandtem Sinn zu den umgebenden Religionen als Religion zu definieren. Eine Auswirkung sehen wir in Did 13,3: Die frühchristlichen Propheten dürfen die priesterlichen Abgaben beanspruchen, die die Schrift vorsieht. Sie sind gleichsam *archiereis* (Hohepriester). Die priesterliche Amtsentwicklung beginnt also doch relativ früh, wenn auch beim nicht zukunftsfähigen Prophetenamt (und vom Hebr nicht mitvollzogen). Eine zweite Auswirkung ist die Übertragung des *archiereus*-Prädikats auf Jesus, zu der sich unser Kreis damit schließt. Auf den ersten Blick scheint sie sich den Gepflogenheiten der Umwelt anzupassen; wie der Jerusalemer Tempel oder zentrale Heiligtümer der Völker erhält das Christentum einen Hohen bzw. – im Sinne der Völker – einen Oberpriester (pagane Belege für *archiereus* bei *G. Schrenk* s.v., ThWNT 3, [2]1950, 266-268; u. a. übersetzt es das lateinische »pontifex maximus«). Auf den zweiten Blick hält es den Gegensatz aufrecht und unterstreicht ihn. Alle Oberpriester der Umwelt vollziehen den Kult nämlich aktuell sichtbar, an öffentlichen Altären. Jesus ist nicht wie sie sichtbar. Er unterscheidet sich von ihnen grundsätzlich dadurch, dass er durch den Tod hindurch gegangen ist.

Ein irdischer Kult kann auf ihn nur mit größter Mühe bezogen werden.
Als das Prädikat entsteht, signalisiert es somit eine christliche Gratwanderung. Das Christentum ist dabei, Religion zu werden, und tut es doch ausschließlich in Distanz. Wir vermögen nicht zu entscheiden, ob einige Gemeinden zur Zeit des Hebr diesen Grat bereits zugunsten eines irdischen Kultes unter dem Hohepriester Christus verließen (die Rückschlüsse aus den jüngeren Quellen sind, wie gesagt, zu unklar). Eindeutig ist indes die Position des Hebr. Für ihn bekräftigt das Hohepriesterprädikat die Kluft. Es begründet den Weg der Gemeinde unter dem Reden Gottes zum Himmel und zum Ende der Zeit, von wo es kein Zurück über die Schwelle zur Umwelt mehr gibt. Der eine Gott, nichts, was auf Erden zählt, bestimmt das Hohepriestertum Christi; das verdeutlicht die Erklärung am Melchisedek der Schrift, der keine irdische Genealogie besitzt (Hebr 7,1-3, vom Hebr neu mit dem Hohepriesterprädikat verbunden; für den Anweg dorthin ↗ 1,13b; 2,17-3,1/6; 4,14-5,10).
Die Forschung konzentrierte sich auf den Einschnitt gegenüber dem Jerusalemer Kult, der an Israels Stamm Levi gebunden war und nach der Ordnung Aarons aus der Tora, fernab jeder Berufung auf Melchisedek, vollzogen wurde. Der Hohepriester Jesus aus Juda und nach der Ordnung Melchisedeks brach damit (Hebr 5,6; 7,14). Der Hebr schien antijüdisch (»Das at.liche Gottesvolk gelangt nach ... Hebr. nicht zum Ziel, weil es ... auf Erden sucht, was es nur vom Himmel her finden kann«: *Käsemann*** 37, dort gesperrt). Im eigenen Verständnis des Hebr läge die Schwelle anders: Melchisedek ist »Priester des höchsten Gottes« im Sinne des Gottes Israels und seine Beschreibung der Schrift Israels entnommen (7,1[ff.] nach Gen 14,18[ff.] LXX). Leserinnen und Leser aus den Völkern haben – setzt das voraus – eine Trennung von ihren Göttern vollzogen. Der Kult, zu dem sie treten, ist eine Entwicklung aus der Religion Israels und so weit von ihren (ehemaligen) Religionen entfernt, dass sich selbst ein Seitenblick auf diese erübrigt.

Melchisedek hätte sich für einen solchen Seitenblick wegen seiner kanaanäischen Herkunft angeboten. Doch der Hebr ignoriert diese mit der dominanten Linie der jüdischen Quellen der Zeit (Lit. zu diesen z.B. bei *März* 1998b, 230f.). Analog nimmt er beim Hinweis, Melchisedek sei Priester des *theos hypsistos* (höchsten Gottes; 7,1) keinerlei außerjüdische Referenz wahr. Auch das ist motivgeschichtlich bemerkenswert:
Die LXX übertrug *hypsistos*, an sich ein Prädikat Zeus' (oder anderer

Hochgötter), auf den einen Gott Israels und beheimatete es im hellenistischen Judentum breit (*theos hypsistos* z. B. TestAbr rec. long. 16,9; äthHen
99,3; TestXII Jud 24,4; JosAs 8,2). Die Überschneidung mit dem Hoch-
gottdenken der Völker erlaubte darauf laut Josephus sogar Augustus, in
einem Edikt den Gott Israels *theos hypsistos* zu nennen (Ant. 16,163; Weiteres *Treblica, W.:* Jewish Communities in Asia Minor, MSSNTS 63, 1987,
127-144).
Das frühe Christentum knüpfte an den innerjüdischen Gebrauch an (Mk
5,7). Zusätzlich nutzte es durch unser Prädikat die Chance, die pagane
Umwelt von ihrer Verehrung eines höchsten Gottes (vgl. *theos hypsistos*
in teils synkretistischen Feldern bis PGrM 12,62 f.) zu der des einen Gottes, der dieser höchste sei, zu lenken. Eine Unsicherheit über die Korrektheit blieb aber (Apg 16,17 f.; dazu *Pilhofer, P.:* Philippi I, WUNT 87, 1995,
186-188).
Der Hebr zeigt sich von letzterer unberührt. Sollten wir das Prädikat in
ihm interpretieren, könnten wir es in etwa mit Philo tun (LA III 82 zu
Gen 14,18): Es drückt weitab davon, dass es einen anderen – dann nicht
höchsten *(ouch hypsistos)* – Gott gäbe, ein erdfernes, großes und hohes
Denken über den einen Gott aus. So klar ist dieser Bezug, dass es nicht
der geringsten Rücksichtnahme auf eine etwaige Missverständlichkeit unter den Völkern bedarf. Leserinnen und Leser des Hebr aus den Völkern
begeben sich direkt in die Schrift und das Gottesdenken Israels.

7.5 Bilanz

Überschauen wir die Linien, lässt der Hebr sich faszinierend dazu
herausfordern, das Christentum unter den Religionen der Zeit an
deren zentralem Maßstab, dem Kult, zu definieren. Seine Durchfüh-
rung dessen schließt zugleich den Kreis zur liminalen und Worttheologie. Das Christentum verlässt – stellt sich heraus – die Religionen der Völker. Sein Hohepriester ist nicht an einem der irdischen
Tempel vertreten, sondern wirkt im himmlischen Heiligtum. Die
Gemeinde erhält im Hören des Wortes, nicht mehr im Vollziehen
irdischer Opfer dorthin Zugang. Diese Schwelle ist unverbrüchlich
und, will die Gemeinde nicht alles Gewonnene verlieren, irreversibel übertreten. Trotzdem ist das Christentum Religion; denn es
hat Kult, genauer den allem überlegenen, den himmlischen Kult.
Diese Haltung entwickelt der Hebr im Horizont Israels. Er verankert sich im Umkreis des hellenistischen Judentums, integriert
aus dem Judentum erwachsene Eschatologie und Himmelsvorstel-
lungen und vermeidet einen eigenen Namen für das Christentum.
Sein Hohepriester Jesus stammt aus Israels Stamm Juda, und Melchisedek gibt seiner Deutung ein Priestertum des höchsten, des

einen Gottes Israels vor. Deshalb haben wir den Kontrast des Hebr zum aaronitischen Kult in Jerusalem religionsgeschichtlich anders als die Kluft zu den Kulten der Völker zu bewerten. Der Hebr sieht sein Christentum – pointiert gesagt – innerhalb des Judentums. Innerhalb des Judentums trennen sich die Stränge des himmlischen und der irdischen Priester.

Entsteht der Hebr vor 70, radikalisiert er auf diese Weise Positionen im Judentum, die eine Teilnahme am Jerusalemer Kult durch Schwächen dieses Kultes versagt sahen. Durch die Quellenfunde in der judäischen Wüste kennen wir wenigstens eine Gemeinschaft Israels (die um Qumran), die den Jerusalemer Tempel bereits früher mied. Die Formulierung durch die Christologie freilich gibt dem Hebr ganz neues Profil.

Entsteht der Hebr (wahrscheinlicher) nach 70, steht das ganze Judentum vor der Notwendigkeit, sich ohne Tempelkult neu zu definieren; der Tempel in Jerusalem ist zerstört. Der Hebr antwortet durch seine christologisch-himmlische Neubestimmung des Kultes auf den Zusammenbruch (ohne ihn explizit zu thematisieren). Heiligtümer auf Erden kommen und gehen, vermittelt er; allein vertrauenswürdig ist das himmlische Heiligtum, das Christus uns als der melchisedekitische Hohepriester eröffnet (vgl. bes. *Isaacs*** 67, 144-164 und passim). Der frührabbinische Hauptstrom diskutiert und schreibt die Tora anders für ihre Anwendung ohne irdischen Kult fort. Der Christuserfahrung bedarf es dort nicht; allmählich vertritt das Studium der Opfergesetze die Opfer (man denke an die vielen kultischen Traktate der Mischna; vgl. *Schreiner, S.:* Wo man Tora lernt, braucht man keinen Tempel, in: *Ego, B.* Hg.: Gemeinde ohne Tempel, WUNT 118, 1999, 371-392).

Unsere Perspektive, Christologie und allemal hohe Christologie verlasse Israel, dürfen wir auch dann nicht unbesehen anwenden. Sie gilt im Rückblick, nicht in Anbetracht der laut dem Hebr noch gegebenen übergreifenden Gemeinsamkeit einer Reflexion in Israel. Gleichwohl ist die religionsgeschichtliche Betrachtung nicht zufällig irritiert. Der Hebr selbst enthält ein Indiz, dass der Diskurs im Judentum nicht mehr lebendig, unmittelbar verläuft: Er entfaltet seinen Standpunkt abstrakt, ohne ein wirkliches Gespräch mit den innerjüdischen Alternativen. Keine Gegenmeinung des aaronitischen Priestertums oder der frühen Rabbinen kommt zu Wort, und sei es in der fiktiven Anfrageweise durch Gegner, die Paulus und andere ntl. Schriften gemäß antiker Rhetorik gelegentlich wählen. Die Selbstvergewisserung und Intensivierung der eigenen – wir müssen sagen: christlichen – Position genügt.

Spannungen treten damit in den Text ein. Obwohl der Hebr die Bedeutung des irdischen Jesus für den himmlischen Kult, den Weg nach oben und zum Ende Gottes herausstreicht, nimmt er eine Abwertung des Irdischen in Kauf; sie zählt unter die – zumindest fernen – Vorbereitungen der Gnosis. Obwohl er seine Theologie seinem Verständnis nach innerjüdisch entwirft, entsteht ein Graben zu jedem Judentum, das Aaron durch die Weichenstellungen der Tora zum primären kultischen Orientierungspunkt gemacht sieht und die Tora ohne Christologie liest. Das bahnt christlichen Widersprüchen gegen das Judentum unter Vereinnahmung der Tora die Bahn.

Der Barn, das dem Hebr verwandteste Schreiben im nachneutestamentlichen Christentum, deckt diese offene Flanke auf. Er zerbricht den Binnenraum im Judentum, den der Hebr postuliert, und macht die Juden unter Beanspruchung der Tora und christologischer Adaption ihrer Kultvorstellungen zu »jenen«, die den Bund (die *diathēkē*) Gottes und den Kult für immer zu Recht eingebüßt hätten (Barn 4,7 f.;7-8; 14 u. ö.). Gewiss fällt er unter den Typus eines Christentums, das sich im Klima des Hellenismus von den Bindungen an seine jüdische Herkunft löste; der Hebr tut es nicht (diff. *Brown* 78 und *Backhaus* 1996a**, 69 f.).

Unbeschadet der Ambivalenzen bleibt die Bestimmung des Christentums als den paganen Kulten überlegene Religion eine überragende theologische Leistung des Hebr. Zusammen mit seiner bewusst innerjüdischen Argumentation hilft sie bis heute, das Christentum als Tochterreligion des Judentums gegenüber den anderen Religionen des Mittelmeerraums zu begreifen. Die Scheidewege zwischen Mutter und Tochter im Judentum, die der Hebr gleichwohl nicht aufhält (und nach anderen, z. B. *Backhaus* 1999, schon voraussetzt), bereiten großen Schmerz. Folgen wir dem Hebr, ist aber ein antijudaistischer und antijüdischer Blick von außen auf die Trennung grundsätzlich verwehrt. Hermeneutisch ist das Gespräch, das in ihm abbricht, und die Gemeinsamkeit mit Israel gegen jeden Antijudaismus zu suchen.

8. Autor, Ort, Zeit und Adressaten

Der Hebr teilt uns seinen Autor, seinen Ort und sein Entstehungsdatum nicht mit. Wir müssen Feststellbares und Wissenslücken markieren.

8.1 Zum Autor

Der Hebr steht »vor dem nach seiner historischen Entstehung fragenden Betrachter wie ein melchisedekitisches Wesen ohne Stammbaum […]. Wer hat ihn geschrieben? Wo und wann ist er geschrieben worden, und an wen ist er ursprünglich gerichtet gewesen? – Man weiss es nicht«, beschied uns *Overbeck* in einem berühmten Diktum (1). Zur Autorenfrage gilt es unverändert. Wir haben nicht mehr als die Indizien des sich selbst verbergenden Autors im Text. Strikt gelesen, sind sie ein literarischer Entwurf, weshalb wir sogar den scheinbar einfachsten Hinweis, die maskuline Selbstreferenz in 11,32, als Fiktion erachten könnten; ein Forschungsstrang schlägt folgerichtig – allerdings ohne zwingende Gründe – eine Frau, genauerhin Priszilla (vgl. Apg 18,2.18.26; Röm 16,3), als Autorin vor (*Harnack* 32-41, *Hoppin*). Halten wir die Referenz für korrekt und suchen einen männlichen Autor, bietet uns die Forschung eine Fülle von Alternativen. Alle sind sie mit Zügen des Hebr kombinierbar, keine überzeugt.

Am breitesten setzte sich in der Kirchengeschichte die paulinische Autorschaft durch (↗ § 2.2). Gegebenenfalls sollte die Hand eines Mitarbeiters, durch den Paulus geschrieben habe (in vielen Handschriften Timotheus; s. Nestle-Aland[27] zur Subscriptio), oder eine Edition durch Lukas (Clemens nach Euseb, h.e. VI 14,2 und seither in Variationen viele andere) die Differenzen zu Paulus erklären (bei Lukas durch die Parallelen zwischen dem Hebr und den Reden der Apg unterstützt; jüngste amanuensis-These bei *Black* 1999). Keine der Thesen überzeugt.
Gleichfalls alt ist der Vorschlag Barnabas (↗ § 2.2). Dieser war nach Apg 4,36 ein Levit aus Zypern, also in jüdisch-priesterlichen Traditionen, wie der Hebr sie kritisch variiert, heimisch. Mit Paulus war er eine Zeitlang befreundet, und Paulus begleitete ihn in der Mission (Apg 9,27; 11,30;13-14; vgl. 1 Kor 9,6; Gal 2,1), bevor sie sich trennten (vgl. Gal 2,13). Mithin dürfte man bei ihm eine Vertrautheit mit paulinischer Theologie und paulinischer Epistolographie erwarten und wären auch die Differenzen erklärbar. Freilich passt der Zwiespalt über Speisegesetzen von Gal 2,13 gar nicht zu Hebr 7,11-19; 9,9 f.
Immerhin bleibt aus der These die Anregung, trotz der in § 7.4 vorgetragenen Bedenken über eine priesterliche Herkunft unseres Autors nachzudenken. Denn das könnte die auffallend intensive Befassung mit priesterlichen Aussagen (bes. ab 4,14; 5,1-4) erklären. Gerade ein (ehemaliger) Priester musste im Christentum eine neue Definition priesterlicher Aussagen jenseits Jerusalems suchen. Indessen hat auch diese Spekulation an der Verweigerung eindeutiger Signale im Text ihre Grenze.
Ein weiterer dankbarer Kandidat ist Apollos, der jüdische Christusver-

künder aus Alexandria, der im nordöstlichen Mittelmeerraum weit reiste und die Theologie der christlichen Gemeinden wahrscheinlich stärker beeinflusste, als die Quellen direkt wahrhaben (Apg 18,24-19,1; 1 Kor 1,12; 3,4-8.22; 4,6; 16,12; Tit 3,13). Ihm dürften wir das Abstraktionsniveau und die Eigenwilligkeit des Hebr zutrauen (vgl. *Weiß** 63 f.). Luther brachte ihn ins Spiel (WA 10/1a, 143; 44,709; 45,389), ohne sich selbst ganz überzeugen zu können (in jüngerer Zeit s. etwa *Spicq** I 209-219 und *Montefiore** 9-11; vgl. auch *Weiß** 62-64 und *Vanhoye** 10 f.). Die genannten Quellen zeigen seine Theologie zu ungenau, um irgend sichere Schlüsse zu gestatten.

Fernere Anwärter tauchten in der Forschungsgeschichte in nicht unbeträchtlicher Zahl auf und verschwanden wieder. Clemens von Rom (erwogen ab Origenes nach Euseb VI 25,14 und Hieronymus; ↗ § 2.3) erklärt sich aus den Querlinien zwischen Hebr und 1 Clem. Die weiteren Namen darf ich übergehen (Liste bei *Gräßer** I 21).

Die Diskussion erbringt vor allem ein Ergebnis: Der Hebr hält seine Anonymität sehr geschickt durch. Seine Leserinnen und Leser sollen seinen rezeptionsästhetischen Impulsen folgen und das Wort seiner Mahnung von Gott und Christus her hören, ohne sich durch Fragen nach dem Autor oder der Autorin (ein abweichend produktionsästhetisches Interesse) ablenken zu lassen.

Zu bewundern ist die Phantasie, mit der jüngst *Mack* 254 unseren Autor als männlichen Gelehrten beschreibt, der in seiner »privaten Schreibstube« unter »Stapeln von Schriftrollen und auf Papyrus festgehaltenen Notizen herumwühlt, gedankenverloren durch den Garten wandelt, sich stundenlang über sein Schreibpult beugt, gründlich über Feinheiten der griechischen Übersetzung der hebräischen Schriften nachdenkt und mit einigen anderen hochgebildeten, differenziert denkenden christlichen Intellektuellen einige Ideen durchspielt.« Der Text enthält diese Szene nicht. Selbst das Maskulinum »der Autor« gebrauchen wir letztlich nicht wegen einer sicheren Klärung, sondern vor allem aus Respekt vor der Selbstreferenz des Textes.

8.2 Zum Ort

Zum Ort haben wir etwas mehr Anhaltspunkte. Deren bekanntester, die Grüße von Personen »aus Italien« *(apo tēs Italias)* in 13,24, ist allerdings ambivalent, auch wenn wir die Stelle (wie vorgetragen) nicht aus dem Text streichen und – was schwerer ist – nicht als Fiktion betrachten: Die Grüße können ebenso von Italien aus ergehen wie sich – als Grüße von aus der Italia stammenden Personen – dorthin richten. Rom und sein Umkreis mag Entstehungsort oder Ort der Adressaten sein.

»Aus der Italia« kommt nach Apg 18,2 Aquila, der Mann Priszillas, nach Korinth, wo er Paulus trifft. *Harnack* 16 ff.36 f. berücksichtigte das in seiner gerade angesprochenen These und sah den Hebr nach Rom an Aquilas und Priszillas Hausgemeinde (Röm 16,3-5) gesandt.

Eine zweite Spur hat höheres Gewicht. Der in Rom entstandene 1 Clem und unser Hebr teilen nicht nur Traditionen und ungewöhnliche Motive, sondern benützen auch eine verwandte Quelle (↗ § 2.1 und die Auslegung von 1,5-14 zu Hebr 1 par. 1 Clem 36). Das ist am einfachsten zu erklären, wenn wir beide in derselben Region ansiedeln. Die Waage neigt sich zum Entstehungsort Rom/Italia (Gebiet um Rom).

Korrespondenzen zum Röm, dem mit Sicherheit in Rom bekanntesten Brief des Paulus, haben nicht den gleichen Rang. Wir sahen wieder eine ungewöhnliche Übereinstimmung im Schriftzitat (Röm 12,19/Hebr 10,30); die Parallele im »Eintreten« Christi »für« *(entygchanein hyper)* Röm 8,34/Hebr 7,25 kommt hinzu. Doch lässt sich angesichts des Umfangs der Texte ebenso die Geringfügigkeit der Parallelen unterstreichen (vgl. *Lindemann* 235 f.).

Auch die Gemeinsamkeit mit dem 1 Clem dürfen wir nicht überzeichnen. Die auffälligsten Berührungen, die Hohepriestertradition und die Bezeichnung kirchlicher Leitungsgestalten als *hēgoumenoi*, sind von gravierenden Unterschieden begleitet (↗ §§ 2.1/7.4 und 4.2). Gehören Hebr und 1 Clem nach Rom bzw. in dessen Umgebung, stoßen wir mithin auf eine bemerkenswerte Bandbreite christlicher Reflexion in ein- und derselben Region. Denkbar wird ebenfalls, dass der Hebr an drittem Ort ähnliche Quellen wie der 1 Clem benützte und sich an Adressaten in Rom wendet. Mir scheint das freilich die schwierigere Hypothese.

Soweit antike Skriptorien eine Entscheidung trafen, markieren sie mehrheitlich (sicher, wie bei uns, erschlossen, nicht aus historischer Kenntnis) Rom bzw. die Italia als Entstehungsort (A, P u.a.; s. Nestle-Aland[27] subscriptio). Andererseits bevorzugt p[46] vermutlich die Adresse nach Rom (↗ § 2.2). In jüngster Zeit vertreten sie *Bruce* 3517 ff., *Weiß** 76, *Backhaus* 1993**, 196-199, *Lane* 215 ff. u.a.

Eine dritte Spur schien vielen Auslegern gleichwohl die Adresse nach Rom (statt dortiger Abfassung) zu bestätigen: Hebr 10,32-34 verweist auf die zurückliegende Verfolgung von Gemeindegliedern. Diese blieb – so der Text – nicht bei Schmähungen, sondern bezog eine Vorführung im Theater, Gefangennahmen und Vermögensverluste ein. *Harnack* 20f. bezog die Daten auf die neronische Verfolgung (64/65 n. Chr.). Doch unterschlägt der Hebr deren Proprium, das blutige Fanal (s. 12,4).

Das für die Diskussion bes. relevante *theatrizomai* ist einer der Neologismen des Hebr. Die Wortbildung (faktitives Verb zu *theatron*, Theater, im Passiv) eröffnet eine Bandbreite von erzwungenem Auftritt im Theater wie ein Schauspieler oder Zuschauer (vgl. die Deutungsmöglichkeiten der Inschrift aus Gerasa bei *Cadbury*, ZNW 29, 1930, 60-63: 61; vgl. SEG VII 825.18 [trajanische Zeit]; Lit. bei *Gräßer** III 64 Anm. 54 und *Ellingworth** 547) über die Schaustellung (vgl. *Suda* IV 376) bis zum Opfer bei Theaterspielen. Tacitus, ann. 15,44 verbindet letzteres mit der blutigen neronischen Verfolgung, aber ohne eine präzise Äquivalenz zu unserem Begriff. Damit ist letztere Begriffsdimension für das seltene Wort bis weit über die Zeit des Hebr nicht nachgewiesen. Da der Hebr zudem keine erfolgten Hinrichtungen annimmt, ist die Schaustellung der nächstliegende Vorgang. Ein Beispiel wird uns durch das Judenpogrom des Flaccus in Alexandria ansichtig: Verhaftete werden ins Theater geschleppt, dort u. a. durch Entkleidung vor Zuschauern entwürdigt und gegeißelt (Philo, Flacc. 74 [noch ohne *theatrizomai*]).

Manson* 159-167 korrigierte die These darauf zur Vertreibung der Juden und Judenchristen aus Rom unter Claudius, was eine Frühdatierung des Hebr nach sich zog (bei *Bruce* 3515 auf Anfang der 60er Jahre). Indes verschweigt der Hebr den wichtigsten Zug des Claudiusedikts, die Vertreibung; sie allein, nicht Vermögenseinzüge, nennen Sueton, Cl. 25,4 und Apg 18,2 (vgl. *Alvarez Cineira, D.: Die Religionspolitik des Kaisers Claudius* [...], HBS 19, 1999, 187-224). Überraschend gerät eine Adressierung *nach* Rom mit Hebr 10,32-34 in Schwierigkeiten, wann immer sie den Text datiert.

Umgekehrt fügen sich die Daten ohne weiteres zu einer Adressierung *aus Rom* und unserer übergreifenden Kenntnis der Geschichte des frühen Christentums und des zu ihm zeitgenössischen Judentums im 1. Jh. (für den Autor des Hebr, wie bemerkt, noch keine wirklich getrennten Größen).

Verhaftungen religiös oder politisch auffälliger Personen waren relativ leicht möglich. Bekanntestes jüdisches Beispiel ist der Täufer (Josephus,

Ant. 18,119; vgl. zuvor 13,203). Christliche Beispiele beginnen laut der
Apg in der frühesten Gemeinde (Apg 5,18 usw.); Paulus zählt zu ihnen
(Phlm 9 u. ö.). Auf eine Schaustellung im Theater könnte 1 Kor 4,9 hinweisen (später resultiert aufgrund der frühen Erfahrungen die altkirchliche Abneigung gegen alles Theater). Für den Vermögensentzug, den der
Hebr aus der Sicht der Betroffenen Raub *(harpagē)* nennt, kommen ein
spontanes Pogrom mit Plünderungen (vgl. 4Makk 4,10) oder gesellschaft-
liche Wirren mindestens ebenso in Frage wie eine öffentliche Bestrafung
mit Enteignung (vgl. Polyb. IV 17,4.5). Letztere trat nach der heutigen
Kenntnis über die Christenverfolgungen kaum früh ein (die für *Weiß**
546 ausschlaggebenden domitianischen Maßnahmen nach Euseb, h.e. III
17 sind nicht speziell auf Christen zu beziehen). Ersteres dagegen war in
den Schmelztiegeln um den Mittelmeerraum vom Anfang des Christentums an gut denkbar.

Ein sinnvolles Bild ergibt sich damit, wenn der Autor des Hebr
zwar aufgrund der besonderen Erfahrungen in Rom erwartet, auch
anderswo könne es zu Blutopfern kommen (s. nochmals 12,4), sich
jedoch in 10,32-34 auf allgemeine Erfahrungen des frühen Christentums beschränkt, weil er nach außerhalb Roms schreibt.
Der Abfassungsort Rom/Italia ist dadurch nach wie vor nicht be-
wiesen. Nicht zuletzt die konkurrierenden Vorschläge (ich verweise noch auf Ephesus [*Montefiore** 22-28], Jerusalem [*Lindars*
1995**, 22 f.] und [merkwürdigerweise selten vertreten] Alexandria) verbieten eine Beruhigung bei jeder Lösung. Der Umkreis
Roms ist der wahrscheinlichste Entstehungsort des Hebr, die Interpretation dürfen wir davon nicht abhängig machen.

8.3 Zur Zeit

Die Gründungszeit der Gemeinden liegt zurück (2,3; 5,11 f.; 6,1 ff.).
Die umgebende Gesellschaft begann längst, Gegendruck auszuüben (10,32-34; ↗ §§ 4.2/8.2). Paulus ist über einen Paulusschüler
die Referenz zu erweisen (13,33; ↗ §§ 2.2/3.2). All das schließt eine
Datierung vor 60 aus und macht selbst eine solche zwischen 60 und
70 unwahrscheinlich.

Trotzdem findet letztere zahlreiche Vertreter (von *Strobel** 11 bis *Erle-*
*mann*** 360 f.,367, *Lane* 217, *Walker* und *deSilva** 20 f.). Deren wichtigs-
tes Argument sind Stellen wie 8,4; 9,8 und 13,11, die ein Bestehen (s. *stasis*
9,8) und eine Gegenwart des irdischen Kultes vorauszusetzen scheinen
(s. das Präsens an den Stellen). Aber der Hebr abstrahiert durchgängig
vom herodianischen Tempel; er richtet sich an den Grundschriften Israels

aus, die statt vom Tempel von Zelt und Stiftshütte sprechen. Und Tempora ergeben sich im Griechischen (und Lateinischen) je aus der Darstellungsabsicht. Sie sind Aspekte, nicht Zeitfixierungen in unserem Sinn (vgl. *Porter* 1994); zu vergleichen ist namentlich das Präsens in 1 Clem 40,4-5; 41,2 und Josephus, Ap. 2,77 (*facimus [...] sacrificia*, »wir bringen Opfer dar«, sicher nach 70 formuliert).
Die Argumentation ist also nicht zwingend, auch wenn wir die Erwägung, dass priesterliche Regelungen das Jahr 70 überdauerten (vgl. das zur in Hebr 7,5 angespielten Abgabe des Zehnten) und eine Zeitlang noch einzelne Opfer in Jerusalem stattfanden (*McCullough*** 118 nach *Clark, K. W.*: Worship in the Jerusalem Temple After A.D. 70, NTS 6 [1960] 269-280), zurückstellen. *Strobels** (40) geistreicher Hinweis, bei einer Übertragung der 40 Jahre von 3,10 auf die Geschichte ab dem Tod Jesu erwarte der Hebr ca. 70 die Erfüllung seiner Hoffnungen, stützt die Frühdatierung allein, falls man bereits von ihr überzeugt ist (3,10 spricht von der Geschichte der Väter).

Die Querlinien zum 1 Clem sowie der fortgeschrittene Traditions- und Zitationsprozess (↗ §2.1 u. ö.) sprechen für eine Datierung gegen Ende des 1. Jh., ohne dass wir diese in den 80er/90er Jahren näher einkreisen könnten (für den Spielraum vgl. *Braun** 3, *Hegermann** 11, *März** 20, *Laub** 19, *Gräßer** I 25 u. a.).

Fänden wir im Hebr deutliche Anzeichen einer anstehenden Christenverfolgung (wie *Schmithals* 1997b unter Verweis auf 12,4; 13,3 meint) und dürften eine solche in der Spätzeit Domitians ausmachen – wie ältere Forschung dachte –, geriete die Abfassung gegen Mitte der 90er Jahre. Doch haben sich die Erkenntnisse über die Geschichte der Christenverfolgungen in den letzten Jahrzehnten stark gewandelt. Bis einschließlich Domitian lassen sich ausschließlich einzelne Pogrome ausmachen. Zum Staatsakt werden die Verfolgungen erst unter Trajan (Plinius min., ep. 10,96 f.). Hebr 10,32-34 usw. zeigen uns mithin den Schrecken früher, verstreuter Pogrome. Zur Datierung des Hebr helfen sie nicht unmittelbar.
Gravierender wäre, wenn wir den 1 Clem statt herkömmlich auf die 90er bereits in die 70er Jahre zu setzen hätten. *K. Erlemann* hat die Diskussion darüber anregend eröffnet, ohne mich bislang zu überzeugen (Die Datierung des Ersten Klemensbriefes, NTS 44 [1998] 591-607).

Das Problem der Spätdatierung liegt im Übergehen der Tempelzerstörung durch den Hebr; allenfalls in 8,13 spielt von fern auf sie an. Immerhin dürfen wir das Schweigen dadurch erklären, dass den Hebr allein die abstrahierte Reflexion interessiert. Die Erwartung, Zeugnisse nach 70 müssten die Tempelzerstörung thematisieren, ist bei uns größer als bei den Zeitgenossen. Bleiben wir also bei einem Datum zwischen 80 und 100.

Aufschlussreich ist ein letztes Mal der Vergleich mit 1 Clem und Barn. Der 1 Clem braucht den Jerusalemer Tempelkult anders als der Hebr als positiven Impuls für die Dienste *(leitourgiai)* der Christen (1 Clem 40). Wie der Hebr schweigt er darauf von der Zerstörung. In beiden Texten würde die Zerstörung den Blickwinkel vom (unterschiedlichen) positiven Argumentationsziel ablenken. Barn 16,4 dagegen erwähnt die Zerstörung. Er benötigt sie für die These, das Volk Israel habe die Zerstörung durch den Krieg veranlasst und sei von Gott dahingegeben (16,5 f.). Die Zerstörung wird zum antijudaistischen Argument. Der 1 Clem und Hebr entgehen dem dankenswert.

8.4 Zur Adresse

Eine Lokalisierung der Adressaten ist erforderlich, falls man in Stellen wie Hebr 5,11 f.; 6,4-6 und 10,32-34 die Situation einer einzelnen Gemeinde beschrieben sieht. Ein großer Teil der Forschung nahm (und nimmt) das an. Er suchte nach Orten und genaueren Bestimmungen, scheiterte derweil je bei der Verifizierung.

Die Ortsvorschläge reichen von Rom (↗§8.2) über das Lykostal (↗§1.3) bis nach Jerusalem (in der Alten Kirche bevorzugt; in jüngster Zeit *Buchanan** 255 f.); eine Übersicht bietet *Attridge** 9 f. (mit Plädoyer für Rom). Zur Seite tritt ihnen die immer wieder auftauchende Meinung, der Hebr denke an eine kleine Konventikel als Leser/innen, sei es an einzelne Hausgemeinden (z. B. *Filson*** 76; bei *Lane* 216 ff. eine Hausgemeinde in Rom, deren Kontakte zu anderen Hausgemeinde nicht spannungsfrei seien, während der Hebr das soziale Netz durch die ausgreifenden Grüße in 13,24 intensiviere), sei es an Studiengruppen o. ä. (z. B. laut *Isaacs*** 30 eine Art christliches Rabbinat).

Der Hebr zwingt nicht zu solchen Bemühungen. Er entwirft – wie wir sahen – seine Textwirklichkeit im Gespür für die Zeit, bildet indes keine Situation direkt ab (↗§§1.1, 4.1/2, 8.2). Sein Verzicht auf eine Adresse entspricht der Offenheit seiner Anreden ab 3,1. Er will, wohin immer er gelangt, gelesen werden (vgl. *Gräßer** I 24 f.). Nicht einmal ein besonderes Interesse an Hausgemeinden dürfen wir in ihn hineinlesen (↗3,6b).
Die (zum Grundtext gehörige; ↗§2.2) Nennung des Timotheus in 13,23 bestätigt seine Weite eher, als sie zu beschneiden. Denn sie ist – wie der Übergang zur paulinisch-deuteropaulinischen Briefform in 13,24 f. – nicht aus Zweifeln, ob der Text sonst gelesen würde, geboren; andernfalls hätte der Autor den Hebr schon wie einen Paulusbrief beginnen müssen. Somit eröffnet die Notiz in ihrer vor-

liegenden Gestalt den Blick auf den weiten paulinisch-deuteropaulinischen Raum. Der Hebr wünscht sich gerade dort aufgeschlossene Leserinnen und Leser, ohne einen einzelnen Ort zu fixieren und sich selbst in den (Deutero-)Paulinismus einzureihen (vgl. § 3.2).

Die Kommensankündigung 13,23 löst im 1. Jh. nicht die vordringliche Erwartung eines einzelnen Adressatenortes aus, sondern ergibt sich aus der Konvention, ein schriftlicher Kontakt vertrete die direkte Begegnung, die folgen solle. Ich zögere deshalb, über die erkennbare literarische Gestaltung hinaus Schlüsse zu ziehen (anders *Backhaus* 1993**, 196).

Die eigentümliche Berücksichtigung des Paulinismus verrät noch mehr. Der Hebr nimmt offenkundig dessen große Verbreitung an (wie andere Schriften der ntl. Spätzeit von der Apg bis 2 Petr 3,15 f.). Gleichzeitig hält er aber eine nichtpaulinische Theologie im paulinisch beeinflussten Raum für ohne weiteres vertretbar und gesprächsfähig. Er scheut nicht einmal, ihre Mitteilung mit einer Ankündigung des Timotheus zu verbinden, den die Paulustradition ungefähr zeitgleich (bei Spätdatierung der Past ein wenig nach ihm) mit einem ganz anderen theologischen Konzept betraut. Damit fällt ein Schlaglicht auf die schwierige Lage des Paulinismus gut eine Generation nach Paulus: Er ist die bekannteste und räumlich verbreitetste Erscheinung im frühen Christentum, steht in seiner theologischen Relevanz jedoch in einer Krise.

Die Pointe spitzt sich zu, wenn wir die Gestaltung des Grußes in 13,24 (dem Vers unmittelbar nach der Nennung des Timotheus) gegenüber den Past lesen: Die Past richten sich an eine Einzelgestalt und grüßen über sie (über Timotheus in 2 Tim 4,19; vgl. Titus in Tit 3,15). Hebr 13,24 beauftragt dagegen die gesamte Gemeinde mit Grüßen (*aspasasthe*, »grüßt«). Amtsträger ihrerseits teilen keine Grüße mit, sondern empfangen sie lediglich (die *hēgoumenoi*, »Leitenden«, sind Objekt im Satz).
In der Gemeinde- und Amtsauffassung des Hebr ist dieses schon der Alten Kirche auffällige Detail (*Gräßer* 1992**, 217 ff.) konsequent: Die lebendige Gemeinde verhindert eine Vorordnung von Leitungspersonen, welch wichtige Leistungen immer sie erbracht haben und erbringen (vgl. § 4.2). Richtet es sich zugleich gegen eine stärkere Amtsentwicklung im Paulinismus? Oder spiegelt es eine Position, die im Paulinismus gut denkbar war, bevor die (dann später als der Hebr zu datierenden) Past einen Vorrang der Ämter verfestigten? Die Unsicherheiten um Ort und Datum des Hebr wie der Past verwehren mehr als eine Problemanzeige.

deSilva (bes. 1994b**, 2-6) macht auf weitere sozialgeschichtliche Voraussetzungen des Hebr aufmerksam: Die Adressaten kennen

pneumatische Lebendigkeit (vgl. 2,4) und eine intensive gemeind-
liche Sozialisation inkl. Unterrichtung (6,1 f.). Beides dürfen wir
trotz Verunsicherungen innerhalb der Gemeinde und Widerstän-
den der umgebenden Gesellschaft nicht klein schreiben. Bildung
und Besitz sind vorhanden (sonst wären Vermögensverluste kein
Thema), wiewohl sicher nicht überall (vgl. noch 13,5.16). All das
fügt sich ortsübergreifend zu den sonstigen Kenntnissen über das
frühe Christentum.

Enden wir mit einer letzten Forschungsdebatte. Wir erklärten den
(sekundären) Titel »an Hebräer« als Antwort auf den impliziten
Leserentwurf unseres Autors: Wer den Text liest, soll den Blickwinkel eines *Hebraios* – eines Menschen, der dem einen Gott zugehört – einnehmen (↗ §4.3). Die meisten Ausleger ab der Alten
Kirche lasen darin mehr. Sie vernahmen nicht die in der Sache allein
gegebene rezeptionsästhetische Folgerung, sondern eine explizit-
unmittelbare Adresse an Judenchristen und sahen das durch den
umfangreichen Schriftgebrauch sowie das Aussparen aller Aspekte
paganer Religiosität bestätigt (Lit. bei *Feld* 1985**, 6-12). Indessen
ist der gerade genannte Verweis des Hebr auf den im Heidenchris-
tentum verankerten Paulinismus nicht minder zu beachten. Wichtige Motive werden bei einer Anrede an ursprüngliche Nichtjuden
bes. plastisch (wie die Abkehr von toten Werken und das Eintreten
in den Glauben an Gott 6,1). Die Ausweitung des Hauses Gottes in
3,2-4, universale Anspielungen im Texthintergrund ab 1,6 und weitere Indizien treten dem zur Seite (etwa die Berücksichtigung religionsgeschichtlicher Gemeinsamkeiten zwischen Israel und Völkern in 5,1-4).

Vielleicht nimmt der Hebr sogar durch sein umfangreiches Zitieren der
Schriften Israels auf Adressaten aus den Völkern Rücksicht. Schriftkennt-
nisse mussten sich unter den Völkern erst beheimaten, auch wenn sie
durch Interessen an der Synagoge vorbereitet waren (vgl. *D. Sänger*, Hei-
den – Juden – Christen, ZNW 89, 1998, 145-172). Wir dürfen das allerdings nicht zu hoch werten, weil der Hebr erwartet, seine Leserinnen
und Leser könnten selbst komplexe Schriftanspielungen kombinieren
(z.B. 3,2-6), Sondersyntax der LXX verstehen (*ei* als Negation 3,11 nach
LXX Ps 94,11) und Motive über die Schriftbasis hinaus verbreitern (so bei
Esau in 12,16 f.). Sein Anspruch an seine Leserinnen und Leser ist sehr
hoch.

Viele Auslegungen der letzten Zeit, unter ihnen fast alle deutschsprachigen Kommentare, plädieren darum für heidenchristliche, allenfalls gemischte Adressaten (*Braun** 2; *Gräßer** I 24; *Heger-*

mann* 10; *Weiß** 71 usw.; Übersicht z. B. *McCullough*** 78). Das ist am Text und in der Entwicklung des Christentums plausibel. Um so brisanter wird zugleich die beschriebene theologische Entscheidung des Hebr: Die Herkunft der Adressaten aus den Völkern zählt nicht mehr. Ihre Väter sind vielmehr die Väter Israels (1,1). Das Haus Christi ist das Haus des einen Gottes (3,4-6). Wichtig ist ausschließlich, Gottesvolk (*laos*, die klassische Bezeichnung Israels) zu sein (2,17; 4,9 usw.). Die geläufige Unterscheidung zwischen Juden- und Heidenchristen zerbricht damit. Liminale, Wort- und Kulttheologie des Hebr treffen sich in der Schwelle gegenüber den Völkern aus dem Hören auf den Gott Israels, der den Weg zu seinem Heiligtum durch seinen Sohn, den Judäer Jesus, eröffnet.

Kommentar

An Hebräer

Der Titel »An Hebräer« gehört nicht ursprünglich zum Text. Er entstand in der Alten Kirche als bibliothekarische Kennzeichnung und »Unterschrift« (»subscriptio«) am Ende des Textes (deshalb stehen die Nachweise in den kritischen Textausgaben dort). Die Alte Kirche verwies damit auf die »hebräischen« Züge des Hebr (die Orientierung an den Vätern Israels ab 1,1, an Israels Schrift ab 1,5 usw.; ↗ Einleitung §§ 2.2 und 4.3) und engte die Adresse ein (↗ Einleitung § 8.4). Theologisch mindestens ebenso geeignet wäre wegen der Gewichtung des Redens Gottes ab 1,1 f. (und an diese Stelle angelehnt) ein abstrakter und ausgreifender Titel wie »An die Hörerinnen und Hörer des Wortes Gottes im Sohn«. Doch hatte eine solche Überschrift keine bibliothekarische Chance; sie findet sich in keiner Handschrift.

Die Stellung des Hebr in den kritischen Textausgaben hinter den Paulusbriefen spiegelt seine altkirchlich-mittelalterliche Rezeption als Paulusbrief, Luthers Umstellung hinter die Johannesbriefe den Zusammenbruch dessen im frühen 16. Jh. (↗ Einleitung § 2.2/3). An beiden Stellen geriet der Text unter die ntl. Briefe. Hebräer*brief* heißt er deshalb im Allgemeinbewusstsein. Diese Formbestimmung ist ungenau; der Text bildet ein komplexes, schriftliches Wort der Zurede, das in keiner vorgegebenen Form ganz aufgeht (↗ Einleitung § 6.4).

So müssen wir uns beim Gebrauch des Siglums Hebr und der Überschrift »Brief an die Hebräer«, die die Bibelübersetzungen gebrauchen (Luther wie EÜ), bewusst sein, dass sie nicht dem Text selber entnommen sind, sondern ausschließlich die Rezeptionsgeschichte spiegeln. Sie dürfen keine inhaltlichen Entscheidungen über den Text suggerieren.

A 1,1-4,13 Lebendig ist das Wort Gottes und Maßstab für die Menschen

Literatur: s. bei den Einzelabschnitten. – *Smothers, T. G.:* A Superior Model: Hebrews 1:1-4:13, RExp 82 (1985) 333-343. – *Swetnam, J.:* The Structure of Hebrews 1,1-3,6, MTh 43 (1992) 58-66. – *Theobald**. – Wider**.*

1,1-4,13 bilden einen ersten großen Zusammenhang (↗ Einleitung § 6). Das Sprechen Gottes umschließt ihn. Denn »Gott sprach«, beginnt der Abschnitt (1,1 f.); »Gottes Wort ist lebendig«, endet er (4,12). Das Wort konstituiert also den Zugang zum Hebr insgesamt (↗ Einleitung § 5.2) und eröffnet die Beziehung zu den Hörerinnen und Hörern, Leserinnen und Lesern. Zugleich stellt es den Sohn in die Mitte (1,1-4). Es hebt ihn vor der Folie der Engel hervor und lenkt den Blick auf seinen Weg und sein Geleit für seine Geschwister, die Menschen (1,5-2,18). Es leitet darauf sie, die auf Jesus, den Gesandten und Hohepriester, schauen, zur Verheißung vor dem Horizont des Gerichts (3,1-4,13).

Innerhalb dieses großen Zusammenhangs sind die Übergänge fließend. Das Prooemium 1,1-4 stimmt am Ende (4) auf die Erhabenheit des Sohnes über die Engel, einen Leitgedanken des nächsten Abschnitts, ein. Das Motiv des Hohepriesters vermittelt zwischen 2,17 und 3,1, das des Bekenntnisses zwischen 3,1 und 4,14. Thematische Expositionen (1,1-14; 2,5-18) und Zureden (Paränesen; 2,1-4; 3,1-4,13) lösen sich ab. So zeigt die Gliederung nicht scharfe Einschnitte, sondern drängt das Lesen und Hören stets voran (am Ende weiter zu Kap. 5).

Überschauen wir den Einsatz beim Wort und das stete Vorandrängen, erschließt sich ein für die Rezeption wesentlicher Sachverhalt: Der Hebr zielt darauf, geschlossen vorgelesen und gehört zu werden. Der Autor denkt nicht nur an Leserinnen und Leser in ihren Häusern. Er stellt sich seinem Sprachgestus nach (Vor-)Leser, Hörerinnen und Hörer und einen Ort vor, an dem sie konzentriert beisammen sind, die frühchristliche Gemeindeversammlung, und er spiegelt das Mündlichwerden seines verschrifteten Wortes an diesem Ort in seiner Rhetorik (vgl. Einleitung § 6.4 und zum Vorlesen frühchristlicher Schriften 1 Thess 5,27; Kol 4,16; Offb 1,3).

Unser heutiger Lesegestus entspricht dem nicht mehr. Bald zwei Jahrtausende trennen uns vom antiken Brauch, Texte laut und mit Vorliebe in einer größeren Gemeinschaft zu lesen. Wir lesen den Hebr in der Regel allein, in Einzelteile zergliedert (die Gliederung im Kommentar ist dafür ein Beispiel) und leise. Im Wechsel zu

einer modernen Sprache geht dann auch die Basis des alten Hörens,
die griechische Sprache, verloren. Eine Spannung resultiert, derer
sich die Kommentierung stets bewusst sein muss: Wir bemühen
uns um einen Ursprungssinn und verfehlen das ursprüngliche Hören doch schon durch den Lesegestus.

1,1-4 Prooemium

1 Nachdem Gott seit alters vielteilig und vielgestaltig zu den[1]
Vätern in den Propheten sprach, 2 sprach er am Ende dieser
Tage zu uns in (dem, der) Sohn (heißt).[2]
Ihn[3] stellte er als Erben von allem hin,
durch ihn auch schuf er die Zeiten.
3 Er, der Abglanz der Herrlichkeit und Abdruck seines Daseins
ist,
ist es, der alles[4] durch das Wort seiner Macht trägt.
Er vollbrachte von sich aus schöpferisch[5] Reinigung von den[6]
Sünden[7]
und setzte sich zur Rechten der Majestät in (den) Höhen.
4 Um so viel gewaltiger wurde er als die Engel,
wie sich der Name, den er im Rechtsrang eines Erbes übernom-
men hat, von ihnen abhebt.

[1] »Unsere« in p[12vid.46c] u. a. vertieft den Anschluss an Israel noch.

[2] »Sohn« steht griechisch ohne Artikel. Es ist demnach als semantischer Name aufgefasst (was »Name« in v.4b bestätigt). Die Übersetzung kann das schwer wiedergeben. Denn »Sohn« *(hyios)* setzte sich (anders als das für die Genese vergleichbare *Christos*/»Gesalbter«) in der Theologiege- schichte nicht als Name Jesu durch. Bei Abfassung des Hebr war das noch nicht absehbar, oder der Autor ignoriert es. Er gibt »Sohn« *(hyios)* den Primat vor *Iēsous* (erstmals 2,9) und *Christos* (erstmals 3,6).

[3] Ich löse die Relativpronomina als relative Satzanschlüsse auf.

[4] Griechisch mit Artikel; die Übersetzung »das All« hat sich dt. aber etwas verengt.

[5] Griechisch steht *poiein* wie am Ende von V 2, doch nun im Medium.

[6] א[2] D[1] u. a. lesen »von unseren Sünden«. Das konkretisiert den Text für die Leser/innen auf Kosten der Weite der Sündenvergebung.

[7] Griechisch eine Partizipialkonstruktion, die dt. aufgelöst werden muss.

Literatur: s.o. – *Black, D. A.:* Hebrews 1:1-4, WThJ 49 (1987) 175-194. – *Davidson, M. J.:* Angels at Qumran, JSPE.S 11, 1992. – *Dormandy, R.:* He- brews 1:1-2 and the Parable of the Wicked Husbandmen, ET 100 (1989) 371- 375. – *Dunn, J. D. G.:* Christology in the Making, London ²1989 (1992), 206-209. – *Ebert, D. J.:* The Chiastic Structure of the Prologue to Hebrews, TrinJourn 13 (1992) 163-179. – *Eskola, T.:* Messiah and the Throne, WUNT II 142, 2001, bes. 202-211. – *Fornberg, T.:* God, the Fathers and the Prophets, in: Texts and Contexts, ed. by *ders./D. Hellholm* (FS L. Hartman), Oslo usw. 1995, 887-900. – *Fossum, J. E.:* The Name of God and the Angel of the Lord, WUNT 36, 1985. – *Frankowski, J.:* Early Christian Hymns Recorded in the New Testament, BZ 23 (1983) 183-194. – *Gieschen, C. A.:* Angelomor- phic Christology, AGJU 42, 1998, 294-314. – *Gräßer, E.:* Hebräer 1,1-4

(1971), in: *ders.*: Text und Situation, Gütersloh 1973, 182-228. – *Habermann, J.*: Präexistenzaussagen im Neuen Testament, EHS.T 362, 1990, 267-299. – *Hay**.* – *Heininger, B.*: Sündenreinigung (Hebr 1,3), BZ 41 (1997) 54-68. – *Ders.*: Hebr 11.7 und das Henochorakel am Ende der Welt, NTS 44 (1998) 115-132. – *Hengel, M.*: »Sit at my Right Hand!«, in: ders., Studies in Early Christology, Edinburgh 1995, 119-225. – *Hofius, O.*: Der Christushymnus Phil 2,6-11, WUNT 17, [2]1991, 76-92. – *Karrer, M.*: Jesus Christus im Neuen Testament, GNT 11, 1998, 190-202. – *Kuschel, K.-J.*: Geboren vor aller Zeit? Der Streit um Christi Ursprung, München 1990, 450-463. – *Langkammer, H.*: »Den er zum Erben von allem eingesetzt hat« (Hebr 1,2), BZ 10 (1966) 273-280. – *Meier, J. P.*: Structure and Theology in Heb 1,1-14, Bib. 66 (1985) 168-189. – *Mell, U.*: Die »anderen« Winzer, WUNT 77, 1994, 92-96. – *Newman, C. C.* e. a. ed.: The Jewish Roots of Christological Monotheism, JSJ.S 63, 1999 (darin Beiträge von *Bauckham, R.* [43-69], *Barker, M.* [93-111], *Daly-Denton, M.* [277-292] e. a.). – *Newsom, C.*: Songs of the Sabbath Sacrifice, Harvard Semitic Studies 27, 1985. – *Philonenko**.* – *Ruck-Schröder, A.*: Der Name Gottes und der Name Jesu: eine neutestamentliche Studie, WMANT 80, 1999, 220-224. – *Stuckenbruck, L.*: Angel Veneration and Christology, TSAJ 42, 1995, bes. 128-135. – *Ulrichsen, J. H.*: »Diaphorōteron onoma« in Hebr. 1,4: Christus als Träger des Gottesnamens, StTh 38 (1984) 65-75.

1. Einführung

1.1 Ort im Hebr und Rhetorik

Der Autor des Hebr versagt sich ein Brief- oder anderes Präskript, das ihn, den menschlichen Autor, zum Gegenstand machte. Die Gründe dafür sind theologisch und erübrigen die gelegentlichen Spekulationen, ein Anfang könne abgebrochen sein: Der Autor reiht sich gezielt und ganz in das Wir derer ein, die ins Hören gewiesen sind (2a), weil dem Reden Gottes entscheidend das Wort gebührt (ab 1,1; ↗ Einleitung §3.1). Bis in den Stil des Abschnitts spiegelt er diese Absicht.

Hohe rhetorische Kunst stimmt die Leserinnen und Leser auf die Höhe Gottes und Christi ein. In der Weite vielfachen Sprechens Gottes zu den Vätern beginnt **1**, durch eine fünffache Alliteration um das griechische *p* klangvoll unterstrichen. **2** konzentriert darauf die Weite auf den einen Sohn, in dem alles zusammenläuft. **3-4** entfalten dessen Würde wie die Weise, in der sich alles auf ihn bezieht. Der Gestus fügt sich zur antiken Rhetorik von Texteröffnungen (vgl. das Spiel um den Stamm *pol-*, »viel«,

1

von Odyssee 1,1 f. bis Lk 1,1 und NHC VIII 1, 2,11). Er lässt Leserinnen und Leser das Viele nicht vergessen, in dem der eine Gott sich äußert (*polymerōs*, »vielteilig«, ist ein Komplement zu *heis*, »einer«), dirigiert ihr Augenmerk indes auf die Mitte und das Zentrum des Vielen, Gott und den Sohn.

4b Den rhetorischen Schlusspunkt setzt **4b**. Ein seltener, hoher Komparativ *(hosō diaphorōteron)*, den wir dt. nur umschreiben können (ich wählte »vielfach gesteigert«), bildet das Gegenstück zur Alliteration von 1. Er lässt die Gestalten der irdischen Welt von 1-2a (die Väter, Propheten, uns) weit hinter sich; von ihnen ist nicht mehr die Rede. Stattdessen bezieht sich die Steigerung auf Gestalten der himmlischen Welt (Engel). Die irdische Vielheit des Redens Gottes führt demnach die Leserinnen und Leser zum Sohn, doch erst himmlische Steigerung erschließt die Höhe von dessen Namen.

Noch vor allen inhaltlichen Details sichert die hohe Stilebene den Primat des Redens Gottes und die himmlische Hoheit des Sohnes. Ein rhetorisch ausgefeiltes Kunstgebilde entsteht, das wir als Prooemium oder Exordium (Vorwort einer Rede) bezeichnen dürfen, soweit wir damit seine Besonderheit – die Anonymität des verschriftenden Redners zugunsten der Rede Gottes und der Redegewalt des Sohnes – nicht verwischen.

2b–4 ## 1.2 Ein Traditionsstück in 2b-4?

In der Übersetzung konnten wir eine Eigentümlichkeit nicht wiedergeben: Der Abschnitt bildet griechisch eine einzige, lange Satzperiode, die in 2b zu Relativsätzen übergeht; ab 3 dominieren zudem Partizipialkonstruktionen. All das sind Kennzeichen gebundener Sprache im Lobpreis Gottes (vgl. die atl. Hymnen) und Christi (vgl. Phil 2,6 und – ohne Partizipien – Kol 1,15; 1 Tim 3,16b). Die Forschung des 20. Jh. fragte darum, ob ab 2b oder 3 ein christologisches Traditionsstück vorliege. Die Rekonstruktion bereitete allerdings letztlich nicht überwindbare Schwierigkeiten (zum Diskussionsgang *Bornkamm**, Gräßer, Zimmermann**, Hofius, Frankowski, Laub, Loader**, Habermann, Stuckenbruck* u. a.).

Der Text begibt sich von Gott her zu Christus. Entsprechend ist das Relativpronomen in 2b und 2c Objekt. Da sich das von Phil 2,6 und Kol 1,15 unterscheidet, gilt in den Analysen meist 3a mit dem Nominativ *hos*, »er«, als Anfang des Traditionsstücks. Die ungewöhnlichen Züge setzen sich aber fort. Hapaxlegomena *(apaugasma, charaktēr* in 3a) passen zum Stil (↗ Einleitung § 1.1) und die Pointen in 3-4 zum Kontext des Hebr, so dass die wesentlichen Rekonstruktionskriterien – die Divergenz zu Sprache und Theologie des Rezeptionstextes und Aussage-Überschüsse über ihn – versagen.

Genauerhin wird der Sohn in 3d atypisch Subjekt der Erhöhung (entgegen dem Subjektwechsel in Phil 2,9 und Kol 1,19) und beginnt die Vorliebe des Hebr für Ps 110 (LXX 109). 3a/b korrespondieren augenfällig der Schöpfungsaussage in 2c, 3d-4b der Bestimmung des Erben in 2b. Die hervorgehobene Mitte 3c »er tat Reinigung von den Sünden« präludiert Hebr 9,14.26, und Anspielungen auf die Schrift in ihr (Ex 30,10 und Hi 7,21 LXX) stimmen wieder zur Schrift-Theologie des Hebr; diese Zeile müssen wir deshalb auf jeden Fall dem Hebr-Autor zuschreiben. Die Abhebung von den Engeln in 4 schließlich leitet zu 5-14 über.

Gingen größere oder kleinere Teile von 3a-4b (im umfangreichsten Fall 3a.b.d.4a.b, im kürzesten 3a.b) auf ein Traditionsstück zurück, hätte der Hebr-Autor es nach den beschriebenen Beobachtungen überaus geschickt in seinen eigenen Entwurf eingebaut. Die Alternative, dass er den ganzen Text unter Anlehnung an die Sprache frühchristlichen Christuslobes selbst formulierte, ist mindestens gleich gut denkbar und für die folgende Auslegung vorzuziehen. Von seiner Sprachkraft macht die Übersetzung lediglich die Stichen sichtbar.

Eine Formbestimmung im engeren Sinn erübrigt sich. Übergreifend sind alle zum Vergleich genannten Texte der lobenden Rede zuzuweisen, im antiken Sinne Gestalten des Enkomions (poetischen Lobs) bzw. Epainos (der Lob-Rede). Unter die Vorgänger gehören neben den erwähnten Hymnen die Lobreden auf Gottes Weisheit (vgl. bes. Weish 7,25 f. zu Hebr 1,3). Der bis vor kurzem geläufige Ausdruck Hymnus ist für unsere Passage unscharf.

Mit der Einschätzung von Hebr 1,3 als Hymnus verband sich lange eine Gliederung in Präexistenz (3a.b), irdisches Leben (3c) und Erhöhung (3d; z. B. *Thompson*[**] 129). Der Tempusgebrauch im Vers (3a.b Präsens, 3c.d Aorist) deckt das nicht, sondern zwingt im Folgenden zu einer differenzierteren Erklärung.

2. Auslegung

2.1 Zur Geschichte des Redens Gottes: 1-2a   1–2a

Wir sahen die Sprachkunst der Zeilen **1-2a**. 1 spricht von Vielheit, 2a konzentriert alles auf einen, den Sohn. Gottes Reden gestaltet beides, macht die Zeilen zu einem Parallelismus. An dessen Interpretation hängt nun eine Weichenstellung für den ganzen Hebr: Verfährt er synthetisch (die zweite Zeile führt den Gedankengang mit einem neuen Akzent weiter) oder antithetisch (die zweite Zeile bildet einen Gegensatz zur ersten)?

Die Auslegungsgeschichte favorisierte die Antithese. *Palai* in 1 (im Hebr nur hier; ich übersetzte »seit alters«) wurde zum Gegensatz von *ep' eschatou* ... 2a (verstanden als »jetzt, am Ende der Tage«). Die Vielteiligkeit des Redens Gottes, Väter und Propheten traten scharf in die Vergangenheit und vor dem Christusgeschehen zurück. Israels Geschichte wurde zur kritisierten Folie für alle Darlegungen des Hebr (entfaltet in der Kritik der Väter 3,9 usw.).

Wer den Hebr (wie oft in der Kirchengeschichte) mittelplatonisch las, hörte im Verweis von 1 auf die Vielheit eine zusätzliche Distanz. Er/sie assoziierte nicht (wie wir) öffnende Weite, sondern eine vordergründige Welt der vielen Gestalten in Abstand von dem Einen, zu dessen Schau wir streben (2-4). Dem entgegen formuliert der Text nicht kosmologisch-philosophisch, sondern einen Geschichtsgang.

Jüngere Forschung formuliert die Antithese daher bevorzugt vom Geschichtsbild aus. Am interessantesten sind ihre Querlinien zum Winzergleichnis Mk 12,1-9*, einer Gerichtsrede Jesu, die in der frühen Gemeinde den Rang einer Geschichtsskizze gewann *(Dormandy, Mell):* Die Gemeinde gewahrte im Besitzer des Weinbergs, von dem Jesus sprach, Gott, in den Mittelsleuten die Propheten (»Knecht« 12,2 usw. eignet sich zur Metapher für Propheten) und im zuletzt gesandten Sohn, den die Pächter töten, Jesus. Parallelisieren wir das »Zuletzt« von Mk 12,6 mit den »letzten Tagen« Hebr 1,2a, erwächst auch für den Hebr ein Gerichtskontext. Die Sendung bzw. Rede im Sohn beschließt den Gang der Geschichte, in der Gott sich durch Propheten bekundete und seine Pächter sich ihm versperrten.

Über der Parallele dürfen wir indes wiederum die Differenz nicht übersehen. Das Schema von der Misshandlung und Ermordung der Propheten, das Mk 12,1-12 entscheidend beeinflusste, klingt in Hebr 1,1-2a nicht an (obwohl der Hebr es nach Ausweis von 11,32-40 kennt). Die Parallele beschränkt sich also auf die Abfolge des Handelns Gottes von den Propheten (Knechten) zum Sohn. Das Winzergleichnis betont in diesem Rahmen die Missachtung seitens der Menschen, Hebr 1,1 f. anders das überwältigende Reden Gottes. Beachten wir seine Besonderheit, zerbricht für ihn die Antithese.

Machen wir uns von der Auslegungsgeschichte frei, stützen die sprachlichen Indizien eher einen synthetischen Parallelismus. Denn 2a zeichnet einen Fortgang im Reden Gottes, ohne eine antithetische Partikel (»aber«/»doch«) dazwischen zu schalten, und die eröffnende Wendung von 2, »am Ende dieser Tage«, weist durch das Pronomen (»dieser« Tage) auf V 1 zurück. Die Leserinnen und Leser (»wir«) leben am Ende »dieser« = der Tage, an denen Gott in den Propheten zu den Vätern sprach.

Die Wendung »am Ende der Tage« ist nicht neu. Die LXX prägte sie für das Ende, das Gott der Geschichte setzt (Num 24,14; Jer 25,19; Dan 2,28; 10,14). Aber das Demonstrativpronomen *toutōn* (am Ende *dieser* Tage) fehlt dort. Der Hebr fügt es ein, um die Zeilen und Zeiten zu verbinden.

Freilich ist das nicht alles. »Am Ende dieser Tage« enthält im Nebenton »diese unsere Tage« der jetzigen Anrede und des jetzigen Handelns Gottes (vgl. »diese Tage«, *hai hēmerai hautai*, in Sach 8,9.15 LXX). Das Ende der Tage von Gottes vielfachem Reden begegnet dem Ende, das in den Tagen der Gegenwart einbrach und drängend fortschreitet. Auch im synthetischen Parallelismus dringt damit Diskontinuität ein. Ein Zeitenbruch gibt dem Reden Gottes im Sohn neue Qualität. Der Hebr kündet die Spannung zwischen großer Würdigung und Distanz an, mit der er der Geschichte Israels in seinem Fortgang begegnen wird.
Trotz dieser Einschränkung des synthetischen Parallelismus ergeben sich gravierende Folgen für die Interpretation des Hebr. Er holt seine Hörerinnen und Hörer statt mit einer Antithese mit einem positiven Verweis auf Israel ab. Dort finden sie die (weit zu verstehenden, nicht auf Patriarchen einzuengenden) Väter und dort die Propheten, in denen Gott seit alters sprach. Dort konstituierte Gott die Linie seines Sprechens, die sich im Sohn umbrechend konzentriert. Eine Israel zugewandte Theologie geleitet zur Christologie. Hebr 1,1-2a desavouiert alle etwaig antijudaistische Interpretation des Hebr.

Der Sachverhalt fällt umso mehr auf, wenn – wie wahrscheinlich ist – die Adressaten des Hebr vornehmlich Christinnen und Christen nichtjüdischer Herkunft waren (↗ Einleitung § 8.4). Der Hebr zwingt diese nämlich dann, ihre eigenen Väter hinter den Vätern Israels hintan zu stellen. Analog dürfen sie bei Propheten nicht an die Gotteskünder ihrer Kulte denken (»Prophet« begegnet in etlichen Kulten von Apoll bis Osiris), sondern ausschließlich an die Gestalten Israels, deren ganzes Auftreten der eine Gott in Dienst nahm (»in den Propheten« ist dabei gegen viele Ausleger bis *Heininger* 1998, 132 nicht auf Prophetenworte oder Orakel einzuengen; das Reden Gottes bezieht je die ganze Person ein, vgl. 11,32ff.).

Ein Zweites schließt an: Ein geschichtlicher Gang geleitet zum Sohn. Das sichert, dass der Sohn eine Gestalt der Geschichte ist und bleibt, wie sehr immer seine Bedeutung Geschichte transzendiert. Der Hebr signalisiert ein elementares Interesse am – in heutiger Sprache ausgedrückt – irdischen Jesus. Wir dürfen dieses Interesse freilich nicht mit dem der Wortüberlieferung aus Logienquelle und Evangelien verwechseln. Signifikant lässt 2a die Objektvalenz zu *elalēsen*, »er sprach«, offen. So geht es nicht um »Worte«, wie die Leserin/der Leser sie herkömmlich an dieser Stelle erwartet (vgl. auch *rhēmata* vor *elalēsen en* Dtn 5,22 LXX), sondern um ein Sprechen in der Person des Sohnes und seinem Weg. Der Fortgang des Hebr wird sich darauf konzentrieren und kein Wort des irdischen Jesus bieten.

Im Rückblick erschiene der Gebrauch des Logos-Prädikats dafür angemessen: Der Sohn spricht nicht nur, er ist schlechthin das Wort. Anders als Joh 1 schreitet der Hebr jedoch nicht zu diesem Prädikat (ob in der Absicht, Assoziationen des philonischen Logos zu vermeiden, ist offenzulassen; vgl. *Ellingworth** 101 und ↗Einleitung §7.1). Dessen Einführung ins Christentum bleibt der joh Gemeinde vorbehalten.

2.2 Der Sohn: 2-4

Von der Geschichte sind wir mit 2a zum Sohn gelangt. Gehen wir der Skizze, dem Prädikat Sohn und seiner Entfaltung in 2-4 genauer nach.

2.2.1 Der Sohn aus Israel in Hoheit (2a, vgl. 4)

Väter haben Kinder. Das stellt die Leserinnen und Leser schon in 1 darauf ein, von einem Sohn oder Söhnen zu hören. Erinnern sie sich an Traditionen Israels, erwarten sie einen Hinweis auf die Gottessohnschaft Israels (vgl. Ex 4,22 f.; Hos 11,1 u. ö.) und mehr noch, dass Gott ein einzelnes der Kinder Israels als Sohn würdigt (vgl. Sohn/Gottessohn für Levi TestXII Lev 4,2; Josef JosAs 6,3.5 u. ö.; den, der sich vorbehaltlos anderen zuwendet Sir 4,10; den, der verfolgt wird Weish 2,12-18; 5,4 f.; den König Ps 2,7 etc.). Der Hebr **2a** nützt diesen Klang: An dem einen Sohn von **2a** (einschließlich seiner Zuwendung zu anderen und seinem Leiden) summiert sich die Sohnschaft Israels und des gottgemäßen Kindes Israels. Aber das genügt ihm nicht. Er verschiebt die Pointe und zieht kei-

ne direkte Linie von den Vätern zum Sohn. Vielmehr parallelisiert er den Sohn zu den Kündern, in denen Gott sich gegenüber den Vätern äußerte. Der Sohn gehört demnach, so sehr er einem der Vaterstämme Israels entsprießt (s. 7,14), nur in der Spannung des anredenden Gegenübers zur Geschichte und ihrem Ende.
Zudem steht »Sohn« ohne Artikel. Es hat sich (ein Indiz für die z. Z. des Hebr schon längere christliche Prädikatgeschichte) zum bedeutsamen Namen verfestigt, der unverwechselbar den einen Sohn bezeichnet und ihn dem einen Vater, Gott, zuordnet (s. 1,5 und vgl. »Gottessohn« 4,14; 5,5.6; 7,3). Nicht einmal den zusätzlichen Namen Jesus oder Christus braucht es (s. Anm. 2 zur Übersetzung und vgl. 3,6; 5,8; 7,28).
Wieder entsteht keine Antithese der Akzente. Der Name und die Hoheit des Sohnes haften am Gottesverständnis Israels. Dennoch ist der qualitative Sprung unübersehbar. Nicht die irdischen Väter bestimmen mehr den Sohn; Gott tut es. Die Vaterschaft für den Sohn bricht strikt zur Vaterschaft Gottes um und mit ihr der Anweg aus Israel.

Konsequent erhält der Sohn seine Geschwister im Fortgang des Hebr durch die Abstammung von Gott (2,11) und tritt Mose vor ihm wie ein Knecht vor dem Sohn des Hauses zurück (3,5 f.).

Der Fortgang spitzt die Linie zu. Die Höhen des Himmels werden mehr noch als die Erde zum Horizont des Prädikat-Namens. Der Sohn tritt in die Mitte der Engel und ist wiederum größer, qualitativ schlechthin überlegen (**4a**). Er ist *kreittōn* (mit 13 Belegen eines **4a** der Vorzugsworte des Hebr), besitzt eine überall schlechthin überwältigende Hoheit und Überlegenheit.

Dass *kreittōn* (»schlechthin überlegen«) gerade in 4 steht, ist vielleicht kein Zufall. Heute ist relativ unbekannt, dass Israel auch die Engel wiederholt als Gottes-Söhne bezeichnete (die Engel des himmlischen Hofstaats Ps 82,6; Hi 1,6-12; 2,1-6; 38,7; vgl. Himmelssöhne 1QS XI 8 und von ferne auch Lk 20,36). Der Hebr-Autor wusste darum und sieht am Rande sogar eine mögliche Gefahr: Nennte er die Engel Gottes-Söhne, würde das den einen Sohn einebnen. Er verwehrt ihnen diesen Namen und unterstreicht die Würde des einen Sohnes ihnen gegenüber (vgl. 1,5-14 § 2.2).

2.2.2 Der Erbe auf dem Thron (2b.3d-4b)

Die Engel sind gleichwohl wichtig. Sie eignen sich durch die Tradition des himmlischen Hofstaats vorzüglich zur Kulisse für das Geschehen in ihrer Mitte. Eine Inthronisation klingt dort an. Denn der Sohn ist Erbe. Er nahm den Thron ein, den die Erbbestimmung vorsah, und trägt den festgelegten Thronnamen (2b.3d.4b).

2a Den Bildkreis des Erbes (**2b**) dürfen wir dabei nicht modern denken. Relevant ist nicht der Tod des Erblassers, sondern die Beziehung, die mit dem Erstellen des Testaments gültig wird: Der Gewährer schafft verbindliche Wirklichkeit. Er gibt dem Erben einen verlässlichen Rechtsort, auf den sich seine Umgebung einzustellen hat. Gott hebt – übertragen wir das – den Sohn rechtsverbindlich gegenüber aller Umgebung hervor. Er legt den Rechtstitel, das Thronen des Sohnes, und den zugehörigen Thronnamen, unser absolutes »Sohn«, fest.

Ein Teil der Literatur bevorzugt, angeregt durch Ps 110,1 und Phil 2,9-11, als Thronnamen *kyrios*, »Herr« (*Ulrichsen* u. a.). Doch ordnet Hebr 1 das dem Namen »Sohn« nach (*kyrios* steht erst 1,10; vgl. *Ruck-Schröder* 221 f.) und zitiert nirgends die im Urchristentum sonst beliebte Eröffnung des Ps 110 (LXX 109,1) »der Herr sprach zu meinem Herrn« (s. bes. 1,13 vs. Mk 12,36 par.; Apg 2,34 f.). Das Sprechen des Vaters zum Sohn (realisiert ab 1,5) drückt das relationale Gefüge der Christologie mithin vorrangig aus und integriert die Relation des Herrn zum Herrn in sich (1,10 nach 1,2.5).

Weiterhin bestimmt der Verfügende beim Erbe, wann seine Bestimmung in Kraft tritt (wofür wir uns von unserer Konnotation Erbe-Tod endgültig lösen müssen). Laut unserer Szene trat dieser Zeitpunkt schon ein. Der Sohn »setzte sich« – heißt es – zur Rechten der »Majestät in (den) Höhen« (eine Umschreibung des Got-**3d** tesnamens; **3d**). Er thront mit Gott und trägt den Thronnamen auf **4b** unbegrenzte Dauer (Perfekt **4b**).

Wir dürfen diese Motivik als Erhöhung zusammenfassen, wenn wir dadurch ihre Besonderheit nicht verdecken. Hebr 1,2-4 unterscheidet sich nämlich vom Duktus aus Erniedrigung und Erhöhung in Phil 2,6-11. Weder redet 2b-3c von einer Erniedrigung, noch erscheint in 3c-4 das Verb »erhöhen«. Nicht Gott handelt am Sohn (wie Phil 2,9 ff.), sondern der Sohn entfaltet eigene Aktivität. Beachten wir den Aorist (er »setzte sich«), ist seine Thronübernahme zudem längst geschehen. Seine Hoheit ragt durch die Zeiten und überstrahlt alles (vgl. Erbe »von allem« 2b).

Der Hebr übersteigt damit das irdisch lineare Geschichtsdenken, mit dem er begann. Besser gesagt, verschränkt er die Perspektiven. Er begibt sich von einer Geschichtstradition aus in die Höhen und verankert so die irdische Geschichte am himmlischen Raum. Gottes Sprechen in den Propheten und im Sohn erfahren ihre Würde aus der Höhe Gottes. Simultan bekommen die Höhen des Himmels geschichtlichen Grund. Sie nehmen Geschichte in sich auf. Geschehen findet in ihnen statt, allerdings ohne »passé« (Vergangenheit im Sinne des Vorbei) zu werden, wie das bei einem Geschehen allein auf Erden der Fall wäre.

2.2.3 Der Mittler von Schöpfung und Schöpfer von Reinigung (2c.3c)

Alles Entstehen, alle Gegenwart, alle Dauer und damit jedwede mögliche Interaktion zu Gott sind nach dem Gesagten in den Höhen verankert. Das schreiten 2c-3c, kunstvoll in sich gegliedert, aus. Sie umschließen Aussagen über Gegenwart und Dauer (die Partizipien Präsens in 3a.b) mit solchen einmaligen schöpferischen Handelns (den Aoristen 2c.3c). Beginnen wir bei letzteren, der Umschließung (Inclusio) 2c.3c: Gott schuf durch den Sohn die Zeiten, und der Sohn schuf Reinigung von den Sünden. Beides hängt zusammen. Denn ohne Zeiten gäbe es keine Geschichte, und ohne Reinigung hätte nichts Geschichtliches einen Halt in der Höhe.

Weisheitstraditionen helfen bei der Formulierung. So bereitet Spr 8,22-31 dasGrundmotiv der Schöpfungs-Mittlung in 2c vor. Der Hebr erstellt eine **2c** Variante von Weisheitschristologie (vgl. ferner Philos Logos migr. 6; Sacr. 8; spec. I 81). Auch 3c ist damit lose verknüpft (s. die Reinheit der Weisheit nach Weish 7,22 und *Heininger* 1997, 60.63-66 zur Verbreiterung auf Philo).

Überaus bemerkenswert würdigt 2c die Geschichte als Zeitenlauf. Einzigartig unter den christologischen Schöpfungsaussagen im NT lesen wir, dass Gott durch den Sohn die *aiōnes*, die Struktur geschichtlicher Gliederung und geschichtlichen Ganges, schuf *(epoiēsen)*.

Angeregt durch Joh 1,3 (wo aber von *aiōnes* nicht die Rede ist) und religionsgeschichtliche Erwägungen, entschränkte die Auslegungsgeschichte das Verständnis. Meist machte sie aus den Äonen (wörtl. »Zeiten«) »die Welt« (Luther, EÜ), bei Wahrung des Plurals »Welten« (vgl. noch *Grä-*

ßer* I 47). Spezialliteratur schuf mancherlei Varianten (bis hin zur Deutung als »metempirische Schöpfung« *Schierse*** 67).

Doch nichts zwingt, den primär zeitlichen Sinn von *aiōn* aufzugeben (zumal der Hebr die Gesamt-Schöpfung anderweitig Gott attribuiert; bes. 2,10). Auch die gern angeführten hellenistischen Parallelen leiten die Regierung des Welt-*aiōn* durch eine Gottheit davon ab, dass der *Aiōn* im Sinne übergreifender Zeit die Welt bestimmt (s. bes. Diodorus Sic. 1,1,3). Analog stößt ein Umweg über das hebräische *ʿwlm* (das die LXX oft mit *aiōn* übersetzt) auf eine Perspektive der Zeit, genauer von Ferne und Dauer zu uralter Vergangenheit oder weit ausgreifender Zukunft (s. *Preuß, H. D.:, ʿwlm, ThWAT 5 [1986] 1144-1159*).

Ordnen wir den Hebr in diesen Rahmen ein, werden durch den Sohn die zeitlichen Fernen und nur indirekt die weiten Räume geschaffen, sofern es Zeiten braucht, um sie zu durchschreiten. Ein apokalyptischer Kontrast von Äonen (1 Hen 48,7; 71,15; 4 Esr 7,47.112 f. u. ö.) wie der Äon/die Äonen der Gnosis (alle Belege sind jünger; z. B. NHC XIII 1, 46,25-28) sind zum Verständnis nicht erforderlich.

Innerhalb des Hebr hängt 11,3 mit unserer Stelle zusammen, weshalb die Forschung häufig versucht, *aiones* dort gleichfalls als »›Welt‹ im räumlich-vorfindlichen Sinne« zu interpretieren (*Hegermann** 32 u. a.). Doch so schwierig der Vers ist, reiht der Hebr ab 11,4 nicht einen Gang durch die Räume der Welt, sondern durch die Geschichte an.

Der Fortgang könnte den Akzent sogar noch auf die Zeiten vom Heute an verschieben. Denn die *aiōnes* von 13,8 folgen auf »gestern« und »heute«. Allerdings schließt sich nach 9,26 der Äonenkreis zugleich im »Jetzt«, in dem Christus gültig offenbar geworden ist. Die Formulierung von 9,26 spielt dabei auf das Rad des Aion an, das in antiken Bildern ein zirkuläres Zeitdenken spiegelt (s. *Le Glay, M.:* Aion, LIMC I/1, 399-411). Das Christusgeschehen bringt dieses Rad zu Ende, einmal *(hapax)*, an einer Stelle und so, dass diese Stelle, das einmalige Jetzt, von da an alle Äonen bestimmt. Betrachten wir 13,8 von da aus und im großen Bogen nach 2c, definiert Gott alle Fortgänge vom Einst zum Ende durch den Sohn. Durch den Sohn sind sie geschaffen, und das Offenbarwerden des Sohns gibt ihnen Mitte wie Ende.

3c In **3c** geht die Dynamik ganz auf den Sohn über. Er vollbringt »von sich aus« Reinigung von den Sünden. Eine spezifische Interpretation des Sterbens Jesu scheint auf. Denn das Medium (*poiēsamenos*, einzig im Hebr und diff. zu 2c) vermittelt die ältere Deutung des Kreuzes als über Jesus verhängtes Geschick (vgl. das »Muss« in Mk 8,31 usw.; dem entspräche ein Passiv) mit der jüngeren These, Jesus habe es selbst auf sich genommen (das liefe aufs Aktiv hin), so, dass die aktive Auf-sich-Nahme den Vorrang erhält (vgl. bes. 12,2, aber auch 10,12 f. und das kritische Spiel mit dem *dei* in 9,26). Der Sohn bezieht sich selbst in das Geschehen ein.

Gleichzeitig zitiert »Reinigung von den Sünden« Ex 30,10 LXX und evoziert deshalb das dortige Verb *exilaskesthai*, »sühnen«. Die Tat des Sohnes erweist sich als Sühne. Das Verb *poiein* steigert diese zum Schöpfungsakt (wegen der Parallele zu 2c), und Ex 30,10 verblasst bei einer zweiten Lektüre: Einmal jährlich soll Aaron dort die Sühnereinigung des Altars vollziehen. Unsere Stelle braucht eine solche Wiederholung nicht. Was der Sohn schöpferisch tat, nimmt die priesterliche Handlung und das Opfer in sich auf, und es gilt auf Dauer. Eine Spannung zum Kult Aarons deutet sich an (und wird für den weiteren Hebr wesentlich).

Eine dritte Nuance vertieft die Pointe. Seit 2b befinden wir uns in den Höhen Gottes. Darum geleitet auch 3c in die Höhen. Das irdische Sterben des Sohnes verschränkt sich mit dem himmlischen Kult, der Gottes Thron umgibt. Die priesterliche Reinigung findet dort statt.

Den Kontext können wir dank der in der judäischen Wüste gefundenen Sabbatlieder (ShirShabb) genauer als früher erheben. Laut ihnen vollziehen Engel, gegliedert in Hierarchien, himmlisch den Preis Gottes und priesterliche Aufgaben (an zahlreichen Stellen heißen sie unmittelbar Priester; Belege *Newsom* 26, Weiteres *Davidson* 235-254). Sie sind – wie die Gottesnähe es erfordert – rein und schließen alles Unreine aus den Heiligtümern um das Allerheiligste (den Thronort Gottes) aus (4Q400 1 I 14f. u.ö.). Zugleich reinigen sie Gottes Wohlgefallen sühnend (*rṣwnw*, »sein Wohlgefallen«, ist Objekt zu *wjkprw*, »sie sühnen«) für die, die aus Schuld umkehren (4Q400 1 I 16). Auf diese Weise ermöglichen sie den Betern auf Erden das Einstimmen in den himmlischen Kult.

Zu vergleichen ist ferner TestXII Lev 3,4-8: Unter der großen Herrlichkeit des Allerheiligsten dienen (*leitourgein* 5; vgl. Hebr 1,14) die Engel des Angesichtes und vollziehen Sühne (nun etwas anders als in ShirShabb) für die in Unwissenheit begangenen Verfehlungen der Gerechten (darunter auch Engelgruppen). Weitere jüdische Schriften sprechen nicht in gleicher Weise priesterlich von Engeln, erhellen aber das Umfeld (bes. Jub 2,17-19; 31,14).

Der Hofstaat der Engel in Hebr 1 spiegelt – von da her gelesen – den kultischen Hofstaat der Höhen. Doch der Sohn ist den Engeln kultisch nicht minder als herrschaftlich schlechthin überlegen. Er vollbrachte bereits schöpferisch die himmlische Reinigung von den Sünden schlechthin (eine Einschränkung auf die Sünden bestimmter Personen oder bestimmte Sünden wie in ShirShabb oder TestXII Lev fehlt) und schuf damit die Basis, die ein irdisches Einstimmen in den himmlischen Kult und eine Annäherung der Menschen an Gottes Höhe unverbrüchlich erlaubt. Er nahm aus priesterlicher Tätigkeit heraus zur Rechten Gottes Platz (vgl. 8,1). Das erübrigt die bisherige himmlisch-kultische Aufgabe der Engel und ihre Ordnung in kultische Hierarchien (der Hebr nennt keine Engelfürsten und keine Engelklassen). Sie vollziehen keine himmlischen Opfer mehr und werden frei zur Entsendung in einen anderen, neuen Dienst (↗1,14).

Eine letzte intertextuelle Bereicherung liefert der schmerzgepeinigte Ijob der LXX. Er erinnert Gott in seiner Not (vgl. Hi 6,1) an Ps 8,5, wonach er den Menschen groß machte und ihm sein Augenmerk zuwandte, und karikiert, dieses Augenmerk diene ausschließlich dem Richten (7,17f.). »Warum«, schreit Ijob auf (7,21), »schufst du (*epoiēsō*, aor. med.) nicht Vergessen meines Unrechts und Reinigung meiner Sünde *(katharismon tēs hamartias mou)*?« Hebr 1,3 versteht Ijob – sofern es, wie aufgrund der Kombination von *poiein* med. und *katharismos* wahrscheinlich, auf diese Passage Bezug nimmt – als Paradigma der Menschen, die Gott eine Bitte um Reinigung von Schuld und Gottesferne zurufen, und antwortet implizit: »Diese Reinigung ist im Christusgeschehen geschaffen«.

Überschauen wir die Pointen, bildet die himmlische Überlegenheit des Sohns und seine schöpferische Sühne, die einen unverbrüchlichen Zugang zu Gottes heiligen, himmlischen Höhen öffnet, das Ziel des Hebr und rückt die Überbietung Aarons, so wichtig auch diese ist, ins Glied. Zugleich versagen unsere Zeitkategorien. Reinigung und Throneinnahme formen in 3c.d einen Begründungszusammenhang. Zur Zeitabfolge werden sie lediglich, wenn wir die größere, überlegene Zeit des Himmels hintanstellen.
Die in vielen Auslegungen bevorzugte Übertragung des V 3 dazu, der Sohn habe (implizit in seinem irdischen Sterben) Reinigung von den Sünden bewirkt und sich »dann« (so eine Ergänzung der EÜ) zur Rechten der Majestät gesetzt, schwächt das ab. Sie verkürzt den Impuls des Hebr an alle, die in der irdischen Zeit leben, sich trotz deren Würdigung (durch die Schöpfung der Äonen) gänzlich am Zeit-Raum der Höhen zu orientieren und, vom Christusgeschehen getragen, dorthin zu streben.

3a.b 2.2.4 Der Glanz Gottes und Träger von allem mit machtvollem Wort (3a.b)

2c und 3c umschließen **3a.b.** Grammatisch können wir dort am Anfang statt wie oben vorgeschlagen auch lesen »er ist Abglanz *seiner*

(= von Gottes) Herrlichkeit …«. Der Skopus bleibt derselbe: Das schöpferische Wirken durch den Sohn (2b.3c) und seine Hoheit (3d) nehmen das Sein des Sohnes aus Gott und seine Wort-Kraft (3a.b) in die Mitte. 3a.b werden zum Zentrum des Prooemiums. Überaus geschickt verknüpfen 3a.b dabei das Werk Gottes und die Kraft des Sohnes. Denn in der Sache prägt Gott den Text, grammatisch ist der Sohn Subjekt. Von Gottes Herrlichkeit geht strahlender Glanz aus (vgl. *augai* bis Josephus, Bell. 2,128). Die Aus-Strahlung *(ap-augasma)* indessen ist der Sohn; alles Leuchten (*doxa* 3a evoziert *dokein*, »leuchten«) der Höhen sammelt sich in ihm. Gott bekundet sein festes Da-Sein (*hypo-stasis;* vgl. 3,14 und 11,1) wie in einem Prägestock, der Bilder schafft und Stempel aufdrückt. Im Sohn verschmilzt Prägebild und Prägestock (*charaktēr* enthält beides); er ist Gottes prägende Bildkraft (weiter 3a). Gott schließlich spricht das machtvolle Wort der Schöpfung (Gen 1; Ps 33,6; Weish 9,1; vgl. Hebr 11,3). Der Sohn trägt alles (das All) in der Macht des Wortes. Was ist, ist deshalb durchs Wort nicht nur entstanden. Es wird dauerhaft durchs Wort getragen – ein Höhepunkt ntl. Worttheologie –, und das tragende Wort eignet dem Sohn (3b).

Folgen wir diesem Gefälle, ist aller Glanz Gottes durch den Sohn wahrzunehmen, jede Spur und jeder Abdruck Gottes an den Sohn gebunden und das ganze Reden Gottes im Sohn gebündelt. Der Sohn ist in jeder Gegenwart und auf Dauer *die* Interaktion Gottes. Durch den Sohn eröffnet Gott im Zeitenlauf den Zugang zu den Höhen mit seinem himmlischen Heiligtum.

Außerntl. Parallelen bringen zusätzliche Nuancen ein. Vor allem bezeichnet *apaugasma* den Abglanz ewigen Lichtes in Israels Lob der Weisheit, die das All durchdringt und die Freunde Gottes und Propheten ausrüstet (Weish 7,26f.). Die Einflüsse von Weisheitschristologie, die wir bei 2c feststellten, bestätigen sich. Weisheitsdenken vertieft die Ausstrahlung Gottes im Sohn und richtet sie darauf aus, Menschen zu ergreifen.
Vielleicht ergänzt hohe jüdisch-frühchristliche Anthropologie, die sich auf Gen 1,26f. (das Bild Gottes) und 2,7 (den Odem von Gott) stützte, das. Denn »Abglanz« und »Abdruck« erinnern an die Gestalt des Menschen als Grund-Bild Gottes, in dem der himmlische Hauch ausstrahlt (vgl. »Abglanz« bei Philo, opif. 146 und spec. IV 123, »Abdruck« bei Philo, det. 83 und 1 Clem 33,4). Da der Sohn des Hebr nach 2a irdische Existenz gewinnt, scheint das anwendbar. Ein Moment von Adam-Christologie geht in unseren Text ein, aber ohne dass wir es überbewerten dürfen. Die Philo-Stellen scheiden nämlich Glanz und Abdruck Gottes in der denkenden Seele von den Lebenskräften und Lebenseinflüssen, die der Mensch mit vernunftlosen Wesen gemein hat; der Hebr vermeidet eine

solche Spekulation. Der 1 Clem, der noch mehr Entsprechungen zu Hebr 1,3 f. aufweist (s. *megalōsynē* und den gegenüber den Engeln größeren Namen in 36,2), trennt die Beschreibung des Menschen (mit »Abdruck«, *charaktēr* 33,4) von der Christi (mit »Abglanz«, *apaugasma* 36,2).

Gelegentlich zieht die Forschung außerdem Sir 39,6 (wenn Gott wolle, bringe der Schriftgelehrte Worte seiner Weisheit hervor) und Jer 28,15 f. LXX (MT 51,15 f.; Gott, der den Erdkreis weise bereitete, brachte selbst Wasser zu klangvoller Stimme) bei. Die Passagen stehen allerdings ferner. Allenfalls taugen sie, um Klang und Wort zu verdeutlichen, die, getragen vom machtvollen Wort des Sohnes, entstehen (worauf Hebr 1,3 nicht eingeht).

3. Ertrag und Ausblick

Im Prooemium legt der Hebr die Basis seiner Darlegungen. Er lenkt vom Reden Gottes, das in der Geschichte an die Väter erging, zum Reden Gottes im Sohn. Darauf geleitet er zur Begründung und Orientierung sämtlicher Geschichte an diesem Sohn, der alles in seinem machtvollen Reden trägt. Er steuert weiter zu einer Deutung von dessen Tod, der zufolge der Sohn eine in Gottes Höhen gültige Reinigung und damit einen überlegenen Zugang in die himmlische Welt schuf. Damit verlagert sich der Horizont von der Erde in die himmlischen Höhen, und am Ende verblassen selbst die Engel, derart überlegen ist ihnen der Sohn, der Abglanz der Herrlichkeit und Abdruck Gottes.

Leserinnen und Leser, die das mitvollziehen, werden bei der irdischen Geschichte beginnen und doch ihr irdisches Leben relativieren und ihm Rang allein mehr durch eine Relation zu den Höhen geben. Sie werden die Interaktion, die der Sohn aus den Höhen ausstrahlt, jeder irdischen Verwurzelung vorziehen und ihren Platz weniger in der irdischen Gesellschaft als auf dem Weg in die Höhen erfahren, den sie der Selbstäußerung Gottes im Sohn verdanken. Sogar darauf werden sie sich einstellen, dass der Glanz des Sohnes die für ein Leben mit Gott in der Antike grundlegenden Sühne-Reinigungen irdischen Kultes schattenhaft mindert (s. 2c neben Ex 30,10).

Verschiedene religionsgeschichtliche Einflüsse helfen, diesen kühnen Sog zu gestalten. Der Hebr integriert himmlischen Kult und himmlische Herrschaft, weisheitliches (s. die Weisheitsrezeption bes. in 3a) und eschatologisches Denken (s. den Blick auf das Ende 2a) samt Seitenlinien zu Philo und (gebrochener) Apokalyptik zu einer neuen Einheit.

Wer die implizite Abwertung der Welt beachtet, wird sich außerdem nicht scheuen, Vorzeichen der kommenden Gnosis wahrzunehmen. Mehr als Vorzeichen sind das allerdings nicht. Ein gnostischer Anthropos-Mythos (wie *Käsemann*** 58-74 ihn vorschlug) zeichnet sich noch nicht ab, obwohl wir neben länger bekannten Texten auch Teil-Parallelen im (jüngeren) Schrifttum von Nag Hammadi nicht unterschätzen dürfen (vgl. zu 1,2b-3a NHC XI 2 24,22-25; zu 1,2c NHC VII 4 115,5-18 und XIII 1 46,20-25; zu 1,3a NHC VII 4, 100,25-29).

Die wichtigsten Einflüsse gehen von der Entwicklung des Lobes Jesu im Christentum und jüdischen Gedankenbewegungen aus, die Gott in seiner Transzendenz nicht isolieren, sondern sehen, dass er sich in Handlungsträgern manifestiert und Gestalten zu sich erhöht.

Die Forschung erschließt seit einiger Zeit die Überhöhung einzelner Engel (bes. Michael, Yaoel), die Mitteilung Gottes durch erhöhte Attribute, Mächte oder Personen (*Fossum; Hurtado, L. W.:* One God, One Lord, Philadelphia 1988 u. a.) sowie eine (in weitem Sinne) mystische Entwicklung im Judentum, die einen Himmelsweg zu Gottes Thron-Merkabah ermöglichte (zuletzt *Eskola*). *Gieschen* wertet darauf etwas überspitzt angelomorphe Traditionen für den Hebr sogar höher als Weisheitstraditionen. Andere vergleichen die Skizze Henochs als »Metatron« (Mit-Thron) und »kleiner adonai« in 3 Hen (bes. 48 C 9 und 7 nach K^1 = *Schäfer, P.:* Synopse zur Hekhalot-Literatur, Tübingen 1981, 131,133 § 295, allerdings zeitlich erheblich nach dem Hebr).

Für den Hebr ebenso bemerkenswert ist eine Fortschreibung von Lev 16,17, die bei Philo erkennbar wird (vielleicht aufgrund einer Nebenform des Textes, die von den überkommenen LXX-Handschriften differierte): Darf nach der LXX (und MT) kein Mensch im Allerheiligsten sein, wenn der Hohepriester es betritt, so liest Philo, wenn der Hohepriester ins Allerheiligste hineingehe, werde er »nicht Mensch sein« (*anthrōpos ouk estai;* gegenüber unseren LXX-Handschriften fehlt ein *pas*). Solange der Hohepriester im Heiligtum diene, gilt für ihn demnach nicht die irdische Existenz, sondern berührt er Gott und Mensch (somn. 189).

Wir wissen nicht, ob der Hebr diese Variante zu Lev 16,17 kannte (er zitiert die Stelle nicht). Doch sachlich steigert er ihre Tendenz über Philo hinaus (dessen Allegorisierung auf den *nous* in her. 84 – einem zweiten Rezeptionstext – ihm fremd bleibt; *nous* fehlt im Hebr). Der Sohn, der die Reinigung des Zugangs zum Himmel schöpferisch begründet, wird in ihm zum Hohepriester werden, der die Bewegung von der irdischen Existenz zur Gottesberührung vollendet und dadurch das irdische Hohepriestertum (nach Aaron), das Gott immer nur vorübergehend berührt (nach her. 84 solange, bis der Hohepriester aus dem Allerheiligsten herausgeht), qualitativ grundsätzlich übertrifft (s. den Fortgang ab 2,17; vgl. *Barker* 98 f. in *Newman* e. a.).

Schließlich ist die Eigendynamik des Lobes (Enkomions/Epainos; ↗ § 1.2) Jesu zu beachten. Es verlangt überhöhtes Reden und drängt darum auf die Anwendung von Hoheitssprache bis hin zur Übertragung von Gottesprä-dikaten und Gottesnamen (ab Phil 1,9-11). Unter jüdischen Texten er-leichterte das etwa Ps 110,1, den das frühe Christentum deshalb breit re-zipierte (*Hay, Hengel, Philonenko* u. a.; vgl. bei 1,3 usw.; *Eskola* zieht eine Linie zur Merkabah).

Für die Außenwahrnehmung kulminieren die Linien am Anfang des 2. Jh. in der Beschreibung des Plinius an Trajan, die Christen sprächen im Lied zu Christus gleichsam als Gott *(quasi deo)* (ep. X 96; vgl. *Daly-Denton* in *Newman* e. a.).

Es dauert trotzdem, bis die Kirchenväter unseren Text entdecken (vgl. ↗ Einleitung § 2). Dann fasziniert sie sein Zug in die Höhen. Sie entnehmen ihm im 3. und 4. Jh. Leitbegriffe der christologi-schen Diskussion *(apaugasma, charaktēr, hypostasis)*, Menschheit (2) und Gottheit Jesu (3) mit diffizilen Verschränkungen (z. B. *Chrysostomus** z. St., PG 63, 13-27). Die Reformation gewahrt da-rüber hinaus in 3 eine Stütze ihrer Grunderkenntnis. Denn da die Reinigung von den Sünden ganz in der Hand des Sohnes liegt und ein Zutun Dritter ausschließt, macht dieses Wort – so *Luther** 1517/18 – »alle Gerechtigkeit und alle Buße der Menschen ganz und gar unnütz und weist uns dagegen an die höchste Barmherzig-keit Gottes« (WA 57,101, Übersetzung H. Günther).

Die Auslegungen der jüngeren Zeit diskutieren die Schöpfungs-autorität und Hoheit des Sohns vornehmlich im Rahmen früher Präexistenzchristologie *(Dunn, Habermann, Kuschel, Isaacs**, Backhaus*** u. a.). Die Eigenart des Hebr tritt auch bei diesem Ansatz hervor: Er ist am Vorab-Sein des Sohnes (der Prä-Exis-tenz im strengen Sinn) ausschließlich interessiert, um dessen Zu-Sein (die Ad- und Pro-Existenz) zu beleuchten. Paradigmatisch beginnt 2 nicht bei der Schöpfung von allem, sondern bei der Schöpfung der Zeiten durch den Sohn, da die, denen der Sohn sich zuwendet, in den Zeiten leben. 3 begründet darauf über die Beschreibung des Sohnes, was sie für den Weg ihres Lebens brau-chen, nämlich das Leuchten Gottes, den Zugang zu Gottes himmlischem Heiligtum und die Erhaltung, bis sie diesen Zugang vollendet erlangt haben. Auf eine theologische Formel gebracht, bestimmt die Soteriologie den Zugang zur Christologie. Weil die Soteriologie umfassend in die Weite drängt, wird die Christologie um der Weite willen unabdingbar hoch, und weil solche Höhe nur aus den Höhen Gottes gangbar ist, entsteht der zwingende Zug des Textes nach oben.

Für den Hebr und darüber hinaus für die Entfaltung von Christologie und Soteriologie des Neuen Testaments haben diese Gedankenbewegungen außerordentliche Bedeutung. Heutigem Lebensgefühl sind sie, soweit ich sehen kann, weithin fremd. Sie hätten kritische Folgen bis in die Religionstheologie: Der Hebr interessiert sich positiver, als früher wahrgenommen wurde, für den Anschluss des Christentums an Israel. Er verwehrt aber von unseren Versen an gegen viele und verständliche aktuelle Tendenzen gänzlich eine Öffnung, die die Fremdreligionen und Fremdtraditionen der Völker selbständig vor Gott würdigt (vgl. *Fornberg* u. a.).

Am ehesten wird der Sog des Hebr vielleicht in barocken Kirchen nacherlebbar, die unten, wo die Gemeinde sitzt, weiße Wände lassen und den Blick so ganz auf den überschäumenden Himmel des Deckengewölbes konzentrieren. Allein in den Altären ragt der Himmel in diesen Kirchen nach unten, weil die Altäre die Gemeinde zum Himmel holen, und die Kirchenmauern begrenzen alle Blicke zur Seite. Allerdings endet auch dieser Vergleich rasch. Gottesdienstbesucher und Touristen gehen von den Altären der Barockkirche hinaus in die Gesellschaft. Der barocke Himmel wird zum kleinen Kontrapunkt in ihrem Alltag und vielschichtigem Leben. Der Hebr dagegen errichtet einen Altar in scharfer Auseinandersetzung mit der Gesellschaft (bis 13,10-14). Vor seinem Weg nach oben mindert sich der Alltag draußen zu einem Kontrapunkt ohne jeden Glanz. Die Faszination des Hebr liegt deshalb nicht in seiner Nähe zur Gegenwart, sondern in seiner Andersartigkeit.

1,5-14 Gottes Reden und die Auszeichnung des Sohnes

5 Zu welchem nämlich sprach er (scl. Gott) je von den Engeln:
>>*Mein Sohn bist du; ich*[1] *habe dich heute gezeugt*<<,
und wiederum:
>>*Ich werde ihm zum Vater sein, und er wird mir zum Sohn
sein*<<?
6 Wenn er aber – (ist) wiederum (fortzufahren)[2] – den Erstgeborenen in den Weltkreis einführt, spricht er:
>>*Und es sollen vor ihm niederfallen alle Engel Gottes*<<.
7 Und einerseits zu den Engeln gewandt spricht er, *der seine
Engel zu stürmenden Geistern*[3] *und die Diener seines Gottesdienstes*[4] *zu Feuerflamme macht,*[5]
8 andererseits zum Sohn gewandt:
>>*Dein Thron, Gott,*[6] *(ist)*[7] *für immer und ewig*<< -
und *das Zepter der Geradheit (ist)*[7] *Zepter seiner*[8] *Königsherrschaft –;*
   9 >>*du liebtest Gerechtigkeit und hasstest Gesetzlosigkeit,
darum salbte dich, Gott, dein Gott mit Freudenöl mehr als
deine Gefährten*<<.
10 Und:
>>*Du gründetest an den Anfängen, Herr, die Erde, und Werke
deiner Hände sind die Himmel.   11 Sie werden vergehen;
du aber bleibst. Sie werden alle wie ein Gewand alt werden,
12 und du wirst sie wie einen Mantel zusammenrollen, wie ein
Gewand auch werden sie gewechselt werden; du aber bist
derselbe, und deine Jahre werden nicht verlöschen*<<.
13 Zu welchem der Engel hat er je gesprochen:
>>*Setze dich zu meiner Rechten, bis ich deine Feinde als
Schemel unter deine Füße setze*<<?
14 Sind sie nicht alle gottesdienstlich dienende[4] Geister, die derer wegen, die Rettung erben sollen, zum Dienst ausgesandt
werden?

Die Kursivierungen in der Übersetzung markieren die bei Nestle-Aland[27]
als Schriftzitate gekennzeichneten Passagen (die jeweilige Herkunft s. bei
der Kommentierung; über Nestle-Aland[27] hinaus kann auch >>wie ein Ge-
wand<< in 12 Zitat sein). Eingerückt ist Gottesrede.
[1] Das >>Ich<< ist zu betonen; griechisch steht *egō*.

² »Wiederum« reiht 6a in einer für Schriftkatenen geläufigen Weise (s. *palin* schon in 5 und § 1.2; vgl. im Hebr noch 2,13; 4,5.7; 10,30) an 5 an (der Einwand, *palin* bedürfe in Katenen des Hebr der gleichen Situation wie beim Zitat zuvor [*Gräßer** I 77 nach *Schierse* 94], überzeugt angesichts 2,13 und 4,5.7 nicht). Das Deutsche verlangt, um das kenntlich zu machen, die Parenthese und die Ergänzung »ist fortzufahren«. Alternativen s. bei der Auslegung.

³ *pneumata* nimmt aufgrund der Psalmgeschichte die Dimension der Stürme/Winde in sich auf, doch im Gefälle zu 14 untergeordnet unter das Verständnis als Geister.

⁴ Der gottesdienstliche Hintergrund der *leitourgoi* (7)/*leitourgika pneumata* (14) ergibt sich aus ↗ 3 f. und dem stets kultischen Gebrauch des Stamms *leitourg-* im Fortgang des Hebr (8,2.6; 9,21; 10,11). Ich expliziere den gottesdienstlichen Bezug, um das allgemeine Dienen für den Stamm *diak-* (»zum Dienst« in 14) vorbehalten zu können.

⁵ »Der seine Engel [...] zu Feuerflamme macht« erläutert als griechische Partizipialkonstruktion das Satzsubjekt (alle heutigen Satzzeichen sind sekundär). Stellen wir mit den kritischen Textausgaben gleichwohl einen Doppelpunkt (griechisch ein Kolon) voran, um die Kette des Redens Gottes in Schriftzitaten (hier Ps 103,4 LXX [MT Ps 104]) nicht zu unterbrechen, müssen wir gleichzeitig die Kopula »ich bin [der, der ... macht]« ergänzen. Das ist möglich, aber nicht erforderlich (gegen viele Kommentare). Sachlich ergibt sich ein vorzüglicher Sinn, wenn der Hebr Gott prädiziert, bevor Gott spricht (ab 8b; Ps 44,7 f. LXX).

⁶ *ho theos* vertritt wie in 10,7 den bei *theos*, »Gott«, griechisch wenig gebräuchlichen Vokativ (Diskussion bei *Leschert* 34-40 u. a.).

⁷ Griechisch steht jeweils kein Verb; daher ist eine Form von *einai*, »sein«, zu ergänzen.

⁸ Die Textausgaben (und damit auch die meisten Übersetzungen) bevorzugen *sou*, »deiner« (nach A u. a.). Doch ist *autou*, »seiner« (nämlich Gottes), überlegen bezeugt (p⁴⁶, א, B) und führt zu einer syntaktisch schwierigeren Lesart; zudem ist die Korrektur zu *sou* durch eine sekundäre Anlehnung an die LXX-Haupthandschriften leicht zu erklären (nicht aber die zu *autou*). *Autou* verdient nach inneren und äußeren Kriterien der Textkritik den Vorzug.

Die Übersetzungsprobleme, die *Metzger*** 592 f. gegen das *autou* ins Feld führt, treffen richtig die früher vorkommende Übersetzung »Gott (ist) Dein Thron« (bzw. »Dein Thron [ist] Gott ...«) »für immer und ewig und das Zepter der Geradheit Zepter seiner Königsherrschaft«; sie braucht in der ersten Zeile die inkorrekte Konstruktion eines Prädikatsnomens mit Artikel (*ho thronos* wie *ho theos* stehen mit Artikel; *Näheres Harris* 212 u. ö.). Wir entgehen dem aber, wenn wir die zweite Zeile (mit *autou*) als Parenthese auffassen. Auf die Prädizierung Gottes in V 7 folgt dann hier eine zweite; Gott, der die Engel zu Winden schafft und das Zepter der Königsherrschaft innehat, tritt hinter den Thron des Sohnes.

Literatur: Albl, M. C.: And Scripture Cannot be Broken, Leiden 1999, 201-207. – *Allen, L. C.:* Psalm 45:7-8(6-7) in Old and New Testament Settings, in: Christ the Lord, ed. by H. H. Rowdon (FS D. Guthrie), Leicester 1982, 220-242. – *Andriessen, P. C. B.:* La teneur judéo-chrétienne de Hé. I,6 and II,14b-III,2, NT 18 (1976) 293-313. – *Bateman, H. W.:* Early Jewish Hermeneutics and Hebrews 1:5-13, AmUSt.TR 193, 1997. – *Ders.*, Two First-Century Messianic Uses of the OT. Heb 1:5-13 and 4QFlor 1.1-19, JETS 38 (1995) 11-27. – *Bickermann, E. J.:* En marge de l'écriture, RB 88 (1981) 28-41. – *Carrell, P. R.:* Jesus and the Angels, MSSNTS 95, 1997. – *Charles, J. D.:* The Angels, Sonship and Birthright in the Letter to the Hebrews, JETS 33 (1990) 171-78. – *Clauss, M.:* Kaiser und Gott, Stuttgart usw. 1999. – *Gieschen:* ↗ bei 1,1-4. – *Glasson, T. F.:* »Plurality of Divine Persons« and the Quotations in Hebrews I.6 ff., NTS 12 (1965/66) 270-272. – *Gourgues**. – *Harris, M. J.:* Jesus as God, Grand Rapids 1992. – *Hay**. – *Hengel:* s. bei 1,1-4. – *Hübner***. – *Hurst, L. D.:* The Christology of Hebrews 1 and 2, in: The Glory of Christ in the New Testament, ed. by ders./N. T. Wright (FS G. B. Caird), Oxford 1987, 151-164. – *Isaacs*** 164-186. – *Kistemaker**. – *Laub* 1980**, 52-61. – *Leschert*** 23-78. – *Lona, H. E.:* ↗ Einleitung. – *Mach, M.:* Entwicklungsstadien des jüdischen Engelglaubens in vorrabbinischer Zeit, TSAJ 34, 1992. – *Marconi, G.:* Gli angeli nella lettere agli Ebrei, ED 51 (1998) 67-89. – *Meier, J. P.:* Symmetry and Theology in the Old Testament Citations of Heb 1:5-14, Bib. 66 (1985) 504-533. – *Ders.:* ↗ bei 1,1-4. – *Motyer, S.:* The Psalm Quotations of Hebrews 1, TynB 50 (1999) 3-22. – *Newman* e.a. (darin Beiträge von *Bauckham, R.* [43-69], *Barker, M.* [93-111], *Daly-Denton, M.* [277-292]): ↗ bei 1,1-4. – *Newsom:* ↗ bei 1,1-4. – *Rhee, V.:* Christology and the Concept of Faith in Hebrews 1:1-2:4, BS 157 (2000) 174-189. – *Schaper, J.:* Eschatology in the Greek Psalter, WUNT II 76, 1995. – *Schierse*** 93-97 u. ö. – *Schröger* 1968b**, 35-79 u. ö. – *Steyn:* ↗ Einleitung. – *Stuckenbruck:* ↗ bei 1,1-4. – *Theobald*** 766-773. – *Thompson*** 128-140. – *Thurston, R. W.:* Midrash and »Magnet« Words in the NT, EQ 51 (1979) 22-39.- *Übelacker*** 140-150,188 f. – *Vanhoye* 1969** u. a. Beiträge. – *Vögtle, A.:* Das Neue Testament und die Zukunft des Kosmos, Düsseldorf 1970, 94-99. – *Wider*** 35-38 u. ö.

1. Einführung

1.1 Ort im Hebr und Rhetorik

Das Prooemium stimmte uns auf eine Sohnestheologie ein, die sich in die Höhen Gottes schwingt und aus diesen Höhen in die Geschichte eingreift. Diesen Einsatz gilt es nun zu verifizieren. 1,5 beginnt, wo 1-4 endete, bei der Überbietung der Engel, und der Schluss des Kap. kehrt dorthin zurück (13 f.). Eine der für den

Hebr typischen Umschließungen, die Wiederholung von 5a (zu welchem der Engel Gott je … gesprochen habe) in 13a, markiert den Abschnitt.

Innerhalb dieses Rahmens folgen auf die (nach geläufiger Zählung) sieben Prädikationen des Sohnes von 1-4 sieben Schriftzitate. Die Forschung versuchte, die Entsprechungen zu systematisieren. *Lane** 22 f. korreliert so

Ernennung	
als königlicher Erbe (2b)	und Sohn (5-9)
Mittler der Schöpfung (2c.10)	
ewig und	
von präexistenter Herrlichkeit (3ab)	unwandelbar (11f.)
Erhöhung zur Rechten Gottes (3d.13).	

Wider 37 anders

»er sprach im Sohn« (2a)	Ps 2,7 und 1 Sam 7,14 (5)
»Erbe von allem« (2b)	Einführung des Erstgeborenen in die Ökumene und Engelproskynese (6)
»durch den er schuf« (2c)	die Kreatürlichkeit der Engel (7)
»Abglanz und Abdruck« (3a)	die ewige Königsherrschaft Gottes bzw. des Sohnes (8)
»tragend…« (3b)	Gegenüber des Herrn zu Weltschöpfung und Weltvergehen (10-12)
»Reinigung gemacht habend« (3c)	Gerechtigkeitsliebe und Salbung über die Gefährten hinaus (9)
»er setzte sich zur Rechten« (3d)	»sitz zu meiner Rechten« (13)

Indes versagt eine strikte Parallelisierung zu 1-4. Denn 5-14 übergehen die Geschichte von 1-2a (was *Lane* und *Wider* berücksichtigen) und klammern die Reinigung von den Sünden aus 3c aus (was die Schemata auf unterschiedliche Weise überspielen). Zu diesen Leerstellen kommt eine wichtige Fortschreibung: Der Abschnitt erläutert das Motiv des Erben/Erbes aus 2b nicht für den Sohn, sondern überträgt es auf weitere Personen (14). Er kombiniert also die Erweiterung von 2b-4 (rhetorisch eine Amplificatio) mit Leerstellen und einem sichtbaren Fortgang.

Das setzt ein Signal, weiterzulesen. Leserin und Leser entdecken darauf in 2,1-4 den ausstehenden Rückbezug auf ihre Geschichte und in 2,17 die Sühne der Sünden (nach 1,3c); die Leerstellen von 1,5-14 füllen sich. Noch weitere Momente verknüpfen die Kap. 1 und 2: Laut 1,13 legt Gott »die Feinde« »unter deine (des Sohnes) Füße«; 2,8 zitiert daraus »unter deinen Füßen«, und 2,14 f. benennt die Feinde. 1,14 schließt bei den Engeln; 2,16 spielt darauf an. Abgrenzung heißt mithin – wie uns bereits vertraut – nicht Abschluss, sondern Übergang. Kap. 2 schließt direkt an Kap. 1 an, und die Argumentationserwartung strebt auch über dieses Kap. hinaus.

Überschauen wir das, beginnt unser Abschnitt rhetorisch als Amplificatio der christologischen Motive aus dem Prooemium. Zugleich eröffnet er (als Initium) die Narratio (Erzählung), die ein erstes Mal in der Schlüsselthese vom sühnenden Hohepriester gipfelt (2,16-18). Sein Rückgrat in der Schrift nimmt außerdem ein Verfahren späterer Argumentation vorweg; *divina testimonia* (»göttliche Zeugnisse«) gehören eigentlich in die Mitte einer Darlegung (vgl. Quintilian, inst. V 7,35). Hohe rhetorische Kunst verwehrt eine eindeutige rhetorische Bestimmung (diff. *Übelacker* u. a.; vgl. ↗ Einleitung §6.2) und drängt auf eine größere Einheit mindestens bis 2,18 (vgl. z. B. *Ellingworth*[*] 107).

1.2 Die Schriftkatene

5b–13   Das Gerüst des Abschnitts formt, wie angedeutet, eine Kette (Katene) von Zitaten aus Israels heiligen Schriften; ich markierte sie in der Übersetzung durch Kursivierungen (nach Nestle-Aland[27]). Die Vorgeschichte solcher Katenen im Judentum, die dank der Qumranfunde wesentlich deutlicher geworden ist (4QTest, 4QTanḥ u. a.), und ihren Ort in rhetorischen Verfahren des Mittelmeerraums können wir hier nicht vertiefen (dazu *Bateman* 1997, *Albl* 70-96 u. a.). Konzentrieren müssen wir uns auf die Parallele in 1 Clem 36. Ich zitiere sie in der Übersetzung durch *J. A. Fischer* (Die Apostolischen Väter, SUC 1, 1981, 71), kursiviere dabei wiederum die Zitate und nenne in Klammern ihre Herkunft sowie die Parallelstelle des Hebr:

Jesus Christus ist (nun 36,2 Ende) »als Abglanz« von Gottes »Herrlichkeit umso erhabener […] denn die Engel, als er einen vorzüglicheren Namen geerbt hat (↗ Hebr 1,3 f.). 3. Denn so steht geschrieben: *Der seine Engel zu Winden macht und seine Diener zur Feuerflamme* (Ps 103,4 LXX; identisch zu Hebr 1,7b.c). 4. Von seinem Sohne aber sprach der Herr also:

Mein Sohn bist du, ich habe dich heute gezeugt (Ps 2,7, identisch zu LXX und Hebr 1,7b.c [sowie Apg 13,33]); *fordere von mir, und ich werde dir Völker zu deinem Erbe geben und zu deinem Besitz die Enden der Erde* (Ps 2,8 LXX, über Hebr hinaus). 5. Und wiederum sagt er zu ihm: *Setze dich zu meiner Rechten, bis ich deine Feinde zum Schemel deiner Füße mache* (Ps 109,1b.c LXX, identisch zu Hebr 1,13).«

Auf den auffälligen Sondertext von Ps 103,4 LXX in Hebr und 1 Clem wies ich schon hin (bei beiden steht *pyros phloga*, »Feuerflamme«, gegen unsere LXX-Haupthandschriften; ↗ Einleitung 2.1). Daneben gibt es bei der Zitation von Ps 109,1 LXX eine gemeinsame Extravaganz: Hebr und 1 Clem verzichten gegen den sonst dominierenden frühchristlichen Usus (Mk 12,36 usw.) auf eine Wiedergabe der Eröffnung des Psalmverses (»der Herr sprach zu meinem Herrn«). Außerdem setzen sie bei »unter deine Füße« *hypopodion* für »unter«, während Mt 22,44/Mk 12,36 das gleichbedeutende *hypokatō* besser bezeugt. Der LXX-Text war anscheinend auch in diesem Detail von Ps 109 (MT 110) noch bis zum Ende des 1. Jh. im Fluss, und Hebr und 1 Clem benützen wiederum denselben Textstrang (diesmal – wie Lk 20,43; Apg 2,35 – den der LXX-Haupthandschriften).

Die Übereinstimmungen genügen nicht, um eine literarische Abhängigkeit des 1 Clem vom Hebr zu erweisen (vgl. ↗ Einleitung § 2.1). Eine Reihe von Auslegern (gewichtig zuletzt *Albl*) entschied sich darauf, einen Zwischentext anzunehmen, der Hebr und 1 Clem vorlag. Wir stoßen auf ein frühchristliches Testimonium (eine Sammlung von Christus bezogenen Schriftstellen; die Formbestimmung und der rhetorische Begriff Testimonium [Zeugnis] sind dabei zu unterscheiden).

Die jeweilige Vorgabe, es gehe um die Überlegenheit Jesu Christi/des Sohnes über die Engel (1 Clem 36,2; Hebr 1,4), und die Anreihung der Zitate mit den für Testimonien kennzeichnenden Reihungsformeln »und«, »und wieder«, »spricht« (1 Clem 36,5a; Hebr 1,6a.8a) sind dafür starke Argumente.

Andererseits bezeichnen die Rezeptionen in Hebr und 1 Clem Jesus (1 Clem 36,1 »Jesus Christus«, Hebr nur »Sohn«) und Gott (1 Clem 36,4a *despotēs*, was Hebr gänzlich meidet) unterschiedlich, ordnen die Zitate verschieden an (in 1 Clem gegen Hebr zuerst Ps 103,4 LXX) und führen sie im Einzelnen divergent ein (»so steht geschrieben« 1 Clem 36,3a zwingt sogar, die Syntax von Ps 103,4 LXX anders als im Hebr zu verstehen). Schließlich bringt der Hebr mehrere Zitate über den 1 Clem hinaus (2 Sam 7,14/1 Chr 17,13; Od 2,43/Dtn 32,43; LXX Ps 101,26-28 und – umstritten, da der 1 Clem eine Anspielung enthält – LXX Ps 44,7 f.), der 1 Clem einen Überschuss bei Ps 2.

Das verunmöglicht eine detaillierte Rekonstruktion. Das Gewicht der Redaktion ist in jedem Falle groß zu schreiben und eine Überschätzung der

Hypothese zu vermeiden. *Albl*s Ausweitung des Testimoniums auf Hebr 2,6-8 ist fragwürdig (vollends spekulativ *Thurston*s Vorschlag, ein Testimonienbuch durch Hebr 1-4 zu verfolgen).

Bei aller gebotenen Vorsicht erklärt die Testimonienthese die Parallelen zwischen 1 Clem und Hebr am einfachsten. Blicken wir in das Testimonium, vertritt es eine reizvolle theologische Linie: Der eruierbare Kernbestand beider Fassungen kombiniert die Überbietung der Engel mit einem Psalm aus Israels Tradition über den königlichen Sohn Gottes (Ps 2) und kulminiert in der Zusage, Gott lege seinem thronenden Sohn alle denkbaren Feinde unter die Füße (Ps 109,1 LXX). So erhält die Christologie doppelten Boden im himmlischen Hofstaat und der Herrschaft, die Gott für seinen Sohn begründet. Die Überbietung der Engel durch den einen Sohn dient nicht zuletzt dem Widerspruch gegen alle Gott und dem Sohn feindliche Herrschaft.

Zu beachten ist, dass die frühen Christen »Gottessohn« neben den Überlieferungen Israels und der Christologie aus der Verehrung ihrer staatlichen Herrscher kannten. »Gottessohn« war nämlich seit alters Glied verschiedener Herrscherideologien. Nach Alexander d.Gr. (der als »Zeussohn« galt) verschob sich der Hintergrund allmählich von den himmlischen Göttern auf die irdischen Väter; »Gottessohn« wurde, wessen Vater vergottet Herrscher (und in diesem Sinne »Gott«) war. Octavian (Augustus) beanspruchte das Prädikat darauf nach der Vergottung Cäsars ab 27 v. Chr. (*theou hyios* BGU 543,3), und seine Nachfolger folgten diesem Maßstab (Lit. mit den Quellen bei *Karrer* [s. bei 1,1-4] 141 f.). Das frühe Christentum musste seine positive Bewertung des Prädikats dagegen bewähren. Ein Zeugnis für die Schwierigkeit dessen noch im frühen 2. Jh. bietet Did 16,4; wie ein »Gottessohn« *(hyios theou)* tritt dort der Weltverführer auf, in dessen Hände die Erde gegeben wird und der nie dagewesene Freveltaten begeht. Lesen wir das Testimonium in diesem Zusammenhang, könnte es auf die Irritation der Gemeinde durch die ersten Pogrome geantwortet haben (die in Rom unter Nero kulminiert waren). Seine Pointe wäre: Jedes Pogrom stellt die Würde Jesu, des Sohnes Gottes, in Frage. Doch diese Würde ist von Gott verbürgt. Größer ist sie nicht nur als alle irdische Würde, größer vielmehr selbst als die der Engel im Himmel.

Wie immer wir die Ausgangsbasis einschätzen, gehen 1 Clem und Hebr über sie hinaus. Der 1 Clem löst die Feinde aus dem politischen Horizont. »Welches sind nun die Feinde?« schreibt er im Anschluss an die Katene (36,6 diff. Hebr, Übersetzung wieder Fischer). Es sind allgemein die »Bösen und Widersetzlichen gegen seinen Willen«. Ein Gebet für die Herrscher kann folgen (ohne sie

Gottessohn zu nennen; 61,1 f.). Der Hebr erweitert anders die
Aspekte. Seine Linie hat die Auslegung auszuschreiten:

2. Auslegung

2.1 Der große Bogen: Gottes Reden und die Präsentation des Sohnes

Die rhetorisch auffälligste Pointe unseres Abschnitts haben wir bis
jetzt aufgespart: Der Autor des Hebr nimmt sich als Redner zurück. Er führt lediglich ein und erläutert, was Gott spricht (s. die
Formen von *legein*, »sprechen«, ab 5). Gerade das aber realisiert
den Verweis von 1-4, alles hänge am Reden Gottes, ist somit für
den Hebr zentral. Um es erkennbar zu machen, rückte ich in der
Übersetzung die Gottesrede ein und die Einleitung, Überleitungen
und Ausleitung des Hebr-Autors aus.
Inhaltlich schwingt die Bewegung von 1-4 fort. Dort sprach Gott
zu Personen auf Erden (den Vätern, uns; 1-2a), und ihr Blick rich-
tete sich zum inthronisierten Sohn in die Höhen. Nun spricht Gott
in den Höhen (s. 3d). Er präsentiert den Sohn, den er bestimmt hat
(5), vor den Engeln und verlangt deren Kniefall (die Proskynese
6b). Zugleich führt er ihn in der Würde des Erstgeborenen, dessen
Thron unverbrüchlich ist (8b usw.), in den Weltkreis ein (6a). Die
Dynamik der Höhen erstreckt sich zum Weltkreis und zu den Leserinnen und Lesern auf Erden hin. Unser Abschnitt präsentiert
den Sohn vor Engeln, Welt und Menschen.

Schauen wir noch auf die Zeitenfolge: In 2b.3d-4b evozierte das Präteritum die Inthronisation des Sohnes (geschehen ist sie und deshalb gültig).
Nun greift 5.13 auf die Inthronisation zurück; die Leser/innen vernehmen
sie als geschehenes Worthandeln Gottes (s. die Präterita in 5a und 13a). Im
Prooemium geleitete darauf das Präsens zum dauerhaften Sein des Sohnes
aus Gott und seiner alles im Wort tragenden Kraft (3a.b). Korrespondierend redet Gott in 6a.7a gegenwärtig den Sohn an (s. das Präsens »er
sagt«) und präsentiert ihn in seiner Hoheit und dauerhaften Kraft auf Zukunft hin (6-12 mit Fortgang zum Futur 12). Der Hebr schmilzt die aufgegriffene Schriftkatene musterhaft in seine rhetorische Kunst ein.

2.2 Die Bewegung der Engel: 5a.6b.7.13a.14

Beginnen wir die Einzelerörterung bei den Engeln. Denn auf sie schaut der Abschnitt zuerst (5a), und auf sie kommt er bis zu seinem Ende immer wieder zurück (6.7.13 f.). Warum?

Das erste Wort ist ein solches der Abwertung: Zu welchem Engel **5a** sprachGott je wie zum Sohn? (5a) Der Hebr verwehrt, bei einer hohen Würde der Engel zu verweilen, als sähe er darin eine mögliche Gefahr für die Christologie.

Die Vorstellung höchster Engel bei Gott hinterließ an einzelnen Stellen des NT eine irritierende Auswirkung. Namentlich tritt Christus (der Menschensohnähnliche) in Offb 14,14-16 unter eine Reihe von Engeln (6.8.9.15.17) vor »anderen« Engeln (15.17); er scheint also dort wie ein Engel verstanden (*Stuckenbruck* 204; 244 f.; *Carrell;* vgl. angelomorphe Züge schon in 1,10-20). Obwohl dem Hebr direkte Berührungen zu den Erscheinungsvorstellungen der Offb fehlen, könnte er um solche Probleme wissen. Die Vermutung, er sichere sich gegen eine etwaig defiziente angelologische Christologie (*Charles* u. v. a.), hat einige Plausibilität.

Andererseits könnte der Hebr jeden Konflikt zwischen Angelologie und Christologie vermeiden, würde er den himmlischen Hofstaat und Traditionen um die Hoheit von Engeln nicht zugleich für seine Christologie nützen (↗2b-4; pointiert *Gieschen*, älter *Schenke***). Wir sollten die Abwehr, ohne sie zu leugnen, nicht zu hoch ermessen (vgl. nochmals bei 2,5-18, §2.1.2 zu 2,5a und bei 5,1-10, §2.2.2 zu 5,6.10).

Stuckenbruck 119-139 versucht den komplizierten Sachverhalt literarkritisch zu lösen: Der Hebr greife auf eine polemische Vorlage zurück. Allerdings ist diese Vorlage so unsicher zu rekonstruieren, dass schon *Stuckenbruck* nicht mehr klären kann, ob sie gegen Engelverehrung oder gegen angelomorphe Christologie gerichtet war. Wir stellen sie hinter dem Gefälle des vorliegenden Textes hintan.

Der Blick wird für ein zweites Motiv frei. Die Abstufung der Engel **6b** unterstreicht die Hoheit des Sohnes. Wenden wir uns dazu **6b** zu. Die Engel erhalten dort ihre erste Aufgabe. Gott weist sie, den Hofstaat um den Erben (seit 4), mit Od 2,43 (einer Seitenüberlieferung zum Moselied Dtn 32,43) in den anbetenden Kniefall, die Proskynese vor dem Sohn ein. Das macht den Sohn schlechthin größer und gewaltiger als sie (vgl. ↗*kreittōn* 4a). Wegen seiner überlegenen Würde und nicht zur eigenen Abwertung fallen sie nieder, um ihm den Gewandsaum zu küssen.

Das Bild vom Kuss des Gewandsaums entsteht durch die Konstruktion von *proskynein* (»niederfallen«) mit Dativ. Die Proskynese gebührte nach Od 2/Dtn 32 Gott allein (ebenso in LXX Ps 96,7, der zweiten oft als Zitatbasis erwogenen Stelle). Nun überträgt Gott sie auf den Sohn. Er gibt der Christologie Rahmen und Basis in seiner eigenen Ehrung.

Durch die Auswahl des Zitats kombiniert der Hebr damit einen weiteren, nicht minder bedeutsamen Akzent: Die Engel, die vor dem Sohn niederfallen, stehen im Moselied über den Völkern. Sie stecken daher den universalen Horizont ab, in dem sich die Leserinnen und Leser des Hebr aus den Völkern vorfinden, und bekunden indirekt die Unterwerfung der Völker unter den Sohn (vgl. auch *oikoumenē*, »Weltkreis« 6a).

Die Geschichte des Moseliedes ist kompliziert (vgl. ↗Einleitung §5.3). V 43 (den der Hebr nach Ausweis von 1 Clem 36 noch nicht im Testimonium von §1.2 vorfand) setzt V 8 voraus, wonach der höchste Gott (MT Dtn 32 Eljon) die Menschheit um Israel aufteilte. Laut MT tat er das, indem er sich an den Söhnen Israels orientierte (was umfangreiche rabbinische Spekulationen auslöste; *Mach* 22f.). Freilich ist das kaum der älteste Text. Den bezeugt eher 4QDtn^j, wo Gott den Völkern göttliche Protektoren konzediert und die Aufteilung nach »Gottessöhnen« vornimmt. Viele Ausleger sehen darin zugestanden, dass die Völker mit ihren Göttern und in ihren Religionen leben (vgl. die Textfassung in der EÜ und bes. *A. Schenker*, Gott als Stifter der Religionen der Welt, in: La double transmission du texte biblique, ed. *Goldman, Y.* e.a. [FS A. Schenker], OBO 179, 2001, 99-102).

Für uns allerdings ist gerade nicht dieser (mögliche) Ursprung, sondern seine Korrektur entscheidend. Sie beginnt in der hebräischen Überlieferung durch die Einfügung »werft euch vor ihm (Gott) nieder, all ihr Götter« in V 43 (4QDtn^q; die EÜ folgt diesem, nicht dem kürzeren MT). Die LXX zu Dtn 32 und die Drittüberlieferung des Moseliedes Od 2 gehen einen Schritt weiter und streichen den letzten Rest der Akzeptanz fremder Götter. Sie interpretieren die »Gottessöhne« von V 8 als Engel (was im Frühjudentum nahelag; s. die Belege für Engel-Gottessöhne bei ↗4a) und schreiben in der Aufforderung von V 43 statt »Götter« gleichfalls »Gottessöhne« = »Engel«; in den Handschriften der LXX zu Dtn 32 finden wir teilweise »Gottessöhne«, teilweise direkt *aggeloi*, »Engel« (bei Rahlfs zu 32,8 bevorzugt, in LXX Gott. für jünger erklärt), in den Od ausschließlich die Präzisierung »Engel Gottes« (*aggeloi theou;* 32,8 und 43). Engel des einen Gottes, nicht göttliche Drittwesen ordnen die Völker. Der Hebr schließt sich hier an. Seine den Od bes. nahe Textfassung sorgt durch das Wort »Engel« statt »Gottessöhne« für eindeutige Klarheit. Lesen wir sie nun insgesamt: Engel des einen Gottes ordnen die Völker. Aber sie sind darin in keiner Weise selbständig, vielmehr zur Proskynese vor dem einen Gott bzw. laut Hebr vor dem Sohn gezwungen. Es gibt sie, die Völkerengel – um das auf die Pointe zu bringen –, nicht zuletzt, um göttliche Drittwesen auszuschließen. Jeder Raum im Himmel und auf Erden für eine Existenz jenseits der Hoheit des Sohns schwindet.

Das ist nebenbei für die Bestimmung der Adressaten des Hebr von Bedeutung. Wenn sie, was wahrscheinlich ist, zu einem großen Teil aus den Völkern stammen (↗ Einleitung § 8.4), vernehmen sie hier eine untergründige, gleichwohl grundlegende Weichenstellung: Es gibt keine religionstheologische Option zugunsten der Völker, sondern ausschließlich die Orientierung am Sohn aus Israel. Der Text hat seinen Akzent gegen die von *Schenker* berufenen Anfänge gänzlich gewandelt (und dem Hebr sind die Anfänge gar nicht mehr bewusst).

Allerdings verlässt der Hebr umgehend die kritische Implikation. Er beschreibt ausschließlich den Gewinn, den die Unterwerfung der Engel bedeutet: Sie, die schon durch die Proskynese in eine Bewegung nach unten gezwungen sind, kommen durch Gott weiter in Bewegung. Gott macht sie zu stürmenden Geistern (bzw. Win-

7 den; ↗ Anm. 3 zur Übersetzung) und Feuerflamme (7 nach LXX Ps 103 [MT 104],4; zur Auflösung der Syntax s. bei der Übersetzung). Als »Geister« (oft um ntl. Zeit; allein ShirShabb enthält 20 Belege [*Newsom* 25]) erinnern sie an die Äußerung und Bewegung seines Geistes, und als Feuerflamme tragen sie das flammende Feuer *(pyr phlegon)* seiner Herrlichkeit, die sich am Sinai zeigte (Ex 24,17). D. h. Gott macht sie zu Manifestationen seiner Herrlichkeit und setzt sie aus ihrem himmlischen Dienst heraus in stürmische Bewegung, um sich durch sie zu äußern.

Ps 104 HT handelte noch nicht von Engeln, sondern sah Winde zu Boten und Flammen zu Dienern Gottes werden. Erst in der LXX kam es – für den Hebr wesentlich – über die Wahl des Wortes *aggeloi* für »Boten« zu »Engeln« (da Engel Botenaufgaben wahrnehmen). Auf ihr flammendes Licht nahm zusätzlich wahrscheinlich LXX Ps 102 (MT 103) Einfluss (dort 19-21 Engel im Dienst vor Gottes Thron). Gott hüllt sich nach V 2 dieses Psalms in Licht; die Identifikation der Engel als sein flammendes Feuer erspart, seine leuchtende Herrlichkeit unmittelbar als Feuer zu denken. Weniger relevant ist ein anderer Aspekt der Beschreibung, der sich an ihre Minderung aus 4 und 5 anschlösse: Wer diese noch im Ohr hat, kann auch denken, die Engel seien selbst in ihrer großen Aufgabe ganz untergeordnet, flüchtig wie Wind und inkonsistent wie Feuer (vgl. *Lona* 397 auch zu 1 Clem 36,3).

Vorbereitet sind wir auf den Abschluss der Linie in 13 f. Die Engel hören dort (vorgetragen in rhetorischen Fragen) kein »Setze dich«

13 wie der Sohn (13). Vielmehr sind sie aus ihrem himmlischen Got-

tesdienst, auf den ihre Benennung als *leitourgika* (gottesdienstlich **14**
dienende) Geister verweist, heraus unterwegs (**14**).

Das Adjektiv *leitourgikos* ist durch die LXX (2Mos 39,13[1]; 4Mos
4,12.26; 7,5 usw.) ausschließlich kultisch geprägt. Das sichert, dass auch
das Nomen »Diener« *(leitourgoi)* von 6 (Ps 103,4 nach 102,21 LXX) die
Engel als Diener des himmlischen Gottesdienstes markiert (obwohl das
Nomen in der Tradition jenseits der Psalmen einen weiteren Radius des
Dienstes bis hin zu Tempeldienern [LXX 2 Esr 7,24] ausschreitet; vgl.
auch Anm. 4 zur Übersetzung). Was sie in ihrem himmlischen Dienst tun,
beschreibt der Text nicht. Vergleichen wir 1 Clem 34,5f., singen sie vor
allem wie die Abertausende vor Gott aus Dan 7,10 (Θ *leitourgein*) das
Trishagion (»heilig, heilig, heilig ...«; Jes 6,3).

Ohne Unterbrechung werden sie zu ausstrahlendem Dienst (*dia-
konia*, im Hebr nur hier) entsandt (das Partizip Präsens *apostello-
mena* enthält ein Moment der Dauer). Eine Brücke zum Dienen
der Menschen (s. *diakonein*, »dienen«, in 6,10) wird ihnen auf-
getragen, und ihre Bewegung gipfelt im Dienst an all denen, die
Rettung erben sollen.

Hier greift der Hebr am deutlichsten in die Engelvorstellungen seiner Zeit
ein. Dort vertraut sind – wie beschrieben – der Dienst der Engel vor Gott,
deren Zuordnung zu Völkern und ihre Aussendung zu einzelnen Aufgaben (vgl. etwa Offb 1,1; 22,6). Indes geschieht all das ansonsten in einer
präzisen Ordnung der Räume. Jede Engelklasse ist an ihren Raum gebunden, beim Gottesdienst an die himmlischen Räume (TestXII Lev 3,4-8).
Die Engel dürfen deshalb ihre Gebiete, so gewiss sie an den Toren Gottes
stehen und ihnen durch ihre Sendung Wege bestimmt sind, weder nach
oben noch unten verlassen (ShirShabb 4Q405 XXI 7-12). Philo sieht sie
darauf, als Mose sein Lied (Dtn 32/Od 2) singt, in der Funktion himmlischer Aufseher (virt. 73f.), und bei 1 Clem 34,5 stehen sie im Gottesdienst fest vor Gott. Anders der Hebr:

Die festen Grenzen der himmlischen Räume lösen sich auf. Himmlischer Dienst, himmlische Proskynese und Sendung der Engel hinaus zum Dienst an den Erben der Rettung rücken ineinander. Die
Engel und mit ihnen der himmlische Gottesdienst kommen rettend
nahe, ohne dass sich die Priorität des himmlischen Geschehens verlöre (eine Nähe, die 13,2 mit dem Hinweis aufgreift, unter irdischen Gastfreunden könnten Engel sein).
Die Frage, warum Hebr 1 so viel von den Engeln spricht, erfordert
also zwei Antworten. Ihre Minderung unterstreicht die überragende Würde des Sohnes im Himmel und vor aller Welt (vgl. *Isaacs*
164-177 u.a.), und ihre gleichwohl hohe Aufgabe veranschaulicht

die Dynamik des himmlischen Geschehens auf die Gemeinde und die Leserinnen/Leser des Hebr aus allen Völkern zu.

2.3 Die überlegene Würde des Sohnes: 5bc.6a.8-12.13b

Wenden wir uns damit dem Sohn zu. Ihm gelten die Gottesreden in 5 und 8-12 explizit (»Sohn« 5bc.8a) und implizit ebenso die Schlussrede in 13 (da 3d den dort zitierten Ps 109 LXX der Beschreibung des Sohnes zuordnete). »Sohn« ist demnach die grundlegende Bezeichnung Jesu im Hebr (*Matera, F. J.:* New Testament Christology, Louisville 1999, 189 u. a.). Heutige Leserinnen/Leser, die »(Hoher) Priester (nach der Ordnung Melchisedeks)« als Leitprädikat des Hebr erwarten, sind überrascht (dieses Prädikat fehlt hier noch). Die Auslegung muss die überschießenden Momente und die Vorzeichen für den Duktus zum Hohepriester herausstellen.

2.3.1 Der Sohn auf dem Thron: 5bc.13b

5bc

Setzen wir bei den Rahmenversen ein, die an die Inthronisation im Prooemium erinnern. **5bc** verschränkt durch den Chiasmus »Sohn« – »Ich« – »Ich« – »Sohn« kunstvoll die herrscherliche Eröffnung des Psalters (Ps 2,7 LXX) mit der Natansverheißung (2 Sam 7,14/1 Chr 17,13; Textstand je gemäß LXX-Hauptüberlieferung). Der Sohn ist – so die damit aufgegriffene Tradition – König. Er trägt auf Erden relevante Herrschaft und Macht. Umfassend ist diese; sogar die Völker fallen ihm als Erbe zu (s. Ps 2,8a im Anschluss an das Zitat, wegen der Parallele in 1 Clem 36 vielleicht Bestandteil des vom Hebr benützten Testimoniums, jedenfalls eine Basis für »Erbe von allem« in 2 und den besprochenen V 6). Zugleich tritt er in die Zusage von 2 Sam 7,13 f./1 Chr 17,12 f. LXX, Gott werde dem Nachkommen Davids, der sein Haus (den Tempel) erbaue, ewig den Thron aufrichten und ihm Vater sein. Herrschaft impliziert Verantwortung für Gottes Haus.

In 2 Sam 7,16 HT verhieß Gott durch den Propheten (vgl. Hebr 1,1a), Davids Thron werde ungebrochen Bestand haben. Die Chr und nach ihr die LXX auch zu 2 Sam verschoben die Gewichte auf Salomo, den Tempelbauer. Nicht mehr von Davids Thron, sondern von dem des Tempelbauers sprechen nun die Texte (1 Chr 17,14 und LXX zu 2 Sam/1 Chr). Über die

LXX wird diese Fassung für den Hebr maßgeblich. Der Impetus färbt auf Ps 2,7 ab; Hebr 5,5 geleitet über sie zum Hohepriestertum Christi.

Noch deutlicher wird der Zusammenhang durch Ps 109 LXX (MT 110) in **13b**. Denn dieser Psalm verbindet das machtvolle Herr- **13b** schafts-Zepter (109,2) dessen, den Gott zu seiner Rechten setzt und dem er seine Feinde zu Füßen legt (109,1, an unserer Stelle zitiert), mit dem Priestertum (109,4). Der Herrscher, den Ps 2 aus-zeichnet und der in der Natansverheißung durch den Tempelbau für die rechte Gottesverehrung einsteht, wird unmittelbar Priester, wenn auch nicht nach der Ordnung Aarons (die Basis für Hebr 5,6.10; 7,17.21 usw.).

Nicht die unklare Genese des Psalms – sei es in einem vorexilischen, sei es in einem frühnachexilischen Ideal eines Priester-Königs – ist dabei für den Hebr relevant, sondern das Potential seiner abgeschlossenen Formulie-rung (nach LXX). Laut ihr ragt das Wirken der zu Gott erhöhten Gestalt, umgeben vom Leuchten der Heiligen (3a), in die Zukunft; Gott wird ihr Zepter aus Zion aussenden (Futur in 2). Sie selber gründet vor aller Zeit. Noch »vor dem Morgenstern gebar« Gott sie »aus Mutterschoß«, wie 3b sagt, eine der stärksten Präexistenzäußerungen in Israels Schriften (Lit. bei *Schaper* 101-107).
Die Rezeption fällt in eine Zeit, die sich um Verzahnungen von Herr-schaft und Kult bemüht. Die Hasmonäer verbanden so in der Mitte des 2. Jh. v. Chr. Herrschaft und Priestertum im Judentum; freilich wählten sie different zu unserem Psalm das Priestertum Aarons und Königsvorstel-lungen der Zeit zur Orientierung. Die Herodianer, die die Herrschaft nach ihnen übernahmen, sicherten sich im 1. Jh. n.Chr. mit Billigung Roms, dessen Herrscher dort größter Priester *(Pontifex maximus)* war, wenigstens (mit Unterbrechungen) die Aufsicht über die hohepriesterli-che Gewandung (Josephus, Ant. 18,90-95; 20,5-16); das Priestertum selbst konnten sie wegen ihrer fraglichen Herkunft nicht erstreben (vgl. immer-hin Philo, leg. 278 zu Agrippa).
Unser Psalm konstituiert im 1. Jh. durch seinen Überschuss eine Gegen-Realität zu diesen vorhandenen Faktizitäten und Vorstellungen. Die Christologie benützte zunächst V 1 für das Verständnis der Erhöhung Je-su (Röm 8,34; Mk 12,36 par. usw.). Die Aufnahme von V 4 wurde durch die nichtpriesterliche Herkunft Jesu gebremst (Rezeptionsbelege aus der ersten christlichen Generation fehlen), bis das Christentum die Chance entdeckte, die Erhöhung Jesu mit dem dortigen Priestertum abweichen-der Ordnung (Melchisedeks) zu kombinieren (5,6 usw.). Der Hebr ist da-für unser erster Zeuge. Die zentralen Motive der V 2 und 3 – das Zepter und die überragende Zeugung – vertritt seine Katene durch andere Zitate (5b.8); wir müssen den Ton des Ps 109 (MT 110) mutmaßlich unter diesen Zitaten mithören (Weiteres *Bauckham* [in *Newsom*] 61ff., *Gourgues*, *Hay*, *Hengel* u.a.).

Allerdings zitiert Hebr 1 Gottes Haus aus 2 Sam 7,13 und das
Priestertum aus Ps 110,4 nicht. Es genügt dem Hebr, seinen kul-
tisch-priesterlichen Schwerpunkt vorzubereiten, indem er herausstellt: Der Sohn ist im Heute Gottes gezeugt, das aller Zeit überlegen ist und alle Zeit bestimmt (5b). Er bezieht sich in all seinem
Sein auf den Vater (5c). Er thront zur Rechten Gottes, bis Gott ihm
seine Feinde zu Füßen legt (13b).

2.3.2 Der Erstgeborene, der in gerechter Herrschaft Gott ist: 6a.8-9

Im alten Psalm 110 (LXX 109) und Testimonium haben die Feinde
politischen Klang. Hebr 1 ändert das nicht. Erst in 2,14 f. hören wir
von den überweltlichen Feinden Tod und Teufel. Hellhörig werden
wir für politische Nuancen in 6a.8-9:

6a Gott führt »den Erstgeborenen« nach **6a** »in den Weltkreis« ein.
Das ist keine politisch neutrale Sprache. Vielmehr kennen wir die
oikoumenē, den »Weltkreis«, aus der politischen Ideologie seit den
Ptolemäern (PSI 5, 541,7). Unter Rom zählt es darauf zum guten
Ton, den Kaiser als gutes göttliches Wesen und Wohltäter für die
oikoumenē zu rühmen (Belege für Claudius, Nero u. a. bei *O. Michel* s. v., ThWNT 5 [1954] 159). Unser Vers tritt dem stillschweigend entgegen. Er beansprucht die *oikoumenē* gegen die kaiser-
lichen Gottessöhne für den Sohn schlechthin.

»Erstgeborener« ist dieser. Er hat Hoheit aufgrund seiner Auf-
erweckung (vgl. Kol 1,18). Wieder gewinnt das politischen Klang,
nun aus Israels Verheißung (während *prōtotokos* in der Kaiserver-
ehrung fehlt). Nach LXX Ps 88(MT 89),28 macht Gott nämlich
den von ihm bestimmten Herrscher (der ihn 88,27 Vater nennt; vgl.
Hebr 1,5) zu seinem Erstgeborenen und erhöht ihn über die Könige der Erde.

»Einführen«, das Verb des Satzes, schließt den Bogen. Es stammt
(ntl. selten, im Hebr nur hier) aus der Verheißung, Gott werde sein
Volk aus versklavender Fremde (Ägypten) in versprochenes Land
»hineinführen« (vgl. bes. LXX Ex 3,8; Dtn 11,29; *Andriessen*). Unser Vers verknüpft Herrscher- und Exodus-/Landnahme-Hoff-
nung Israels in der Präsentation Christi vor aller Welt.

Seit der Alten Kirche diskutiert die Literatur den Zeitpunkt der Einführung. Die Konjunktion *hotan*, mit der der Vers beginnt, spricht für ein
iteratives Geschehen (»immer wenn er [Gott] den Erstgeborenen in den

Weltkreis einführt«). Das erschien den Interpreten aber bald als zu schwierig. Die meisten Väter (ab *Chrysostomos**, PG 63,27 z. St.) dachten darauf an Jesu Einführung in die Welt bei der Geburt (und fanden eine Bestätigung in der Huldigung der Engel Lk 2,13 f.). Ein Nebenstrang löste den griechischen Aorist Konjunktiv futurisch auf. Das Gewicht geriet auf eine künftige Einführung des Sohnes in den Weltkreis. Wurde zudem noch *palin*, »wiederum«, zu »einführen« gezogen, entstand eine Assoziation der Parusie (erstmals *Gregor von Nyssa*, PG 45, 504CD.633C). *Schierse* bereicherte die Varianten um eine Einführung des Sohnes in Gottes himmlische Welt (ohne sich damit breiter durchzusetzen, da *oikoumenē* diesen Sinn sonst nirgendwo in Quellen besitzt; s. allerdings *Gräßer** I 77 f.).

Die Zeitstruktur in ↗ 1-4 entspannt das Problem und erlaubt, das iterative Moment im *hotan* zu berücksichtigen: Gottes Handeln fixiert sich – sahen wir dort – vor alters und aktualisiert sich in der Gegenwart auf das drängende Ende (Zukunft) hin. Auf unsere Stelle übertragen, spricht der Konjunktiv deshalb die gegenwärtig wahrnehmbare Einführung des Sohnes in die Ökumene an und öffnet sie gleichzeitig auf die Zukunft. Momente des Geschehens (s. zur Fleischwerdung 2,14; Jesu Geburt im Sinn der Evangelien-Vorgeschichten ist dem Hebr gegen die Harmonisierung der Väter nicht wichtig) und des Kommenden (2,5 u. ö.) bis hin zur Parusie dürfen Raum behalten (vgl. 9,28). Doch weil sie in der Höhe Gottes grundgelegt sind und das Wort sie vergegenwärtigt, bestimmen nicht die irdischen Tempora den Blickwinkel, sondern der Aktionsmodus (wie für das Partizip Aorist kennzeichnend). Die Einführung wird im Hören zum aktuellen, je und je einmalig erfahrenen Geschehen, und das Hören vergegenwärtigt sie durch die Zeit.

8-9 verschärfen den Kontrast und nennen den Sohn »Gott« *(theos).*   **8–9** In einem Umfeld, das Machtausübung als »Gott« beschreibt (s. *ti theos; to kratoun* [»was ist Gott? Das Machthaben«] aus einem Papyrus des 2. Jh. bei *van der Horst, P. W.:* God II, DDD 365), ist dieses Prädikat schwer zu vermeiden, sobald es um eine uneingeschränkte Macht- und Hoheitsaussage geht. Es überrascht wegen seines vielfältigen, keineswegs immer sehr hohen Gebrauchs in der Zeit weniger, als viele Literatur meint (zur Diskussion *Allen*, *Harris, Leschert, Karrer* [s. bei 1,1-4] 330-332 u. a.). Allerdings muss der Sohn, da Bürger der römischen Provinzen und allmählich auch Italiens damals die römischen Herrscher teilweise als »Götter« verehren (Nachweise und Diskussion *Price, J. F.:* Gods and Emperors, JHS 104 [1984] 79-95; *Friesen, S.:* Twice Neokoros, Leiden 1993; *Clauss*), qualitativ davon abgehoben und seine Überlegenheit gesichert werden. Der Hebr findet dafür eine glanzvolle Basis in LXX Ps 44 (MT 45).

Das Königslob dieses Psalms verstand den König vielleicht von Anfang an aus altorientalischen Voraussetzungen als »Gott« (im Sinne einer wie der himmlische Hofstaat Gottes erhabenen Person) und konzentrierte seine Salbung auf Freude und Fest (zunächst wohl Hochzeitsfest, dann dauerhaftes Lebensfest) im Segen Gottes (Lit. bei *Rösel, C.:* Die messianische Redaktion des Psalters, CThM 19, 1999, 128-130). Die LXX übertrug das in Berührung zur divinisierenden Herrscherideologie des Hellenismus. Sie machte die Anrede »Gott« für den König in V 7 eindeutig und ließ den festlich Gesegneten ohne Vorbild in der älteren jüdischen Literatur Bittgebete erfahren, wie sie Gott gebühren (s. *litaneuein* von 13b in 2 Makk 14,15 und Arist 227; vgl. pagan Strabo, geogr. XV 1,60 und Dion. Hal., ant. IV 76; *Schaper* 78-83). Die solchermaßen gesteigerte Herrscherhoffnung annoncierte eine heilvolle Änderung für Israel (s. *tois alloiōthēsomenois* – »denen, die Änderung erfahren werden« – in der Überschrift ähnlich zu LXX Ps 59; 68; 79 und 80 A).

Das Urchristentum nahm den Psalm zögernd auf. Im Neuen Testament findet sich kein zweites Zitat (Lk 1,49 bietet allenfalls Andeutungen), und auch dem Testimonium vor 1 Clem/Hebr können wir ihn nicht zuweisen (wegen der Lücke in 1 Clem). Wahrscheinlich liegt also eine Schriftentdeckung des Hebr vor. Sein Text entspricht mit kleinen, teilweise wohl redaktionellen Änderungen (z. B. *autou* statt *sou* in 7b) der LXX-Hauptüberlieferung. Diese ermöglicht, nach V 3 (»dich segnete Gott«) Gott als Sprecher wichtiger Textteile zu denken. Der Hebr ergreift diese Chance:

Der eine Gott selbst redet – so Ps 44,7a in der Auffassung des Hebr – den Sohn als Gott an. Nicht Menschen überhöhen ihn also. Der eine Gott gewährleistet eine überlegene Hoheit. Er gewährt dem Thron des Sohnes seine eigene Zeitlichkeit und Dauer (»für immer und ewig« 8b nach Ps 44,7b) und richtet ihn am Zepter seiner Königsherrschaft aus (8c; zu Grammatik und Textkritik s. bei der Übersetzung). Weil diese ausschließlich gerade Rechtlichkeit kennt (weiter 8c), wird die Liebe zur Gerechtigkeit Maßstab des Regimentes des Sohnes gegen alle Gesetzlosigkeit (9a). Die Salbung bestätigt und bekräftigt das in jubelnder und Jubeln auslösender Tat (9bc; aufgrund des Verbs *chriein* ein Vorverweis auf das ab 3,6.14 verwendete Prädikat *christos*, »Gesalbter«).

Eine Schwelle entsteht damit zwischen Christologie und faktisch erlebten Ungerechtigkeiten der Welt. Das Christuslob von Hebr 1 überhöht den Sohn über alle Herrschaft der Welt und drängt weltkritisch auf eine neue Landnahme, die den Weltkreis verwandelt. Politische Kritik ist impliziert, obschon der Skopus des Textes weiter reicht.

2.3.3 Der Herr, der alles gegründet hat und bleibt: 10-12   10–12

Den Höhepunkt des Textes erreichen wir darauf in 10-12 unter
Rückgriff auf LXX Ps 101,26-28: Gott kennzeichnet seinen Sohn
durch Worte der Schrift mit seinem eigenen Namen. Er redet ihn
mit *kyrios*, »Herr«, an, wie er, der eine Gott, heißt (nach hebräisch
adonaj), und vereindeutigt so das Gottesprädikat von 8. Zudem erkennt er dem Sohn zu, was sein (Gottes) Gottsein von allem unterscheidet, nämlich dass er Himmel und Erde gründete und bleibt, auch
wenn diese sämtlich vergehen. Der Sohn übersteigt nicht nur alle
Herrschaften auf Erden, er übersteigt Erde und Himmel überhaupt.

Die Abweichungen zur LXX-Hauptüberlieferung von Ps 101 (MT 102)
sind gering und werden noch geringer, wenn wir beachten, dass *helixeis*
(»du wirst zusammenrollen«) statt *allaxeis* (du wirst wechseln) in 12a
auch von zentralen LXX-Handschriften (A, B zu 27c) geboten wird.
Wahrscheinlich benützte der Hebr also wieder eine LXX-Seitenüberliefe-
rung, die er seinem Text geringfügig redaktionell einpasste (sogar die Wiederholung von *hōs himation*, »wie ein Gewand«, in 12b kann auf die Vorlage zurückgehen, da sie sich in den Rhythmus der Parallelismen im Psalm
einfügt). Der Hebr ist überzeugt, das Zitat entspreche dem Schriftwort.
Gleichwohl steht die Auslegung vor einem Problem. Der Psalm ist nach
V 1 (LXX, MT) ein Gebet für einen Elenden vor dem Herrn, und der hebräische Text versteht 26-28 entsprechend als Vertrauensaussage des Beters
an den Herrn (Gott). Wie kann der Hebr die Verse dem entgegen als Gotteswort verstehen? Die Erklärung, dem Hebr erlaube sein »Inspirations-
begriff [...], das Wort des Alten Testaments aus dem ursprünglichen Zusammenhang herauszunehmen und in seiner Autorität auszusprechen, was
die eigene Spekulation selbst zu sagen sich nicht trauen würde« (*Schierse*
76; vgl. *Gräßer* I 87 f.), ist nach den jüngeren Erkenntnissen über die Bewusstheit der Schriftrezeption im Hebr (vgl. Einleitung §5.3) durch den
Kontext der LXX zu präzisieren und teilweise zu korrigieren: Der elende
Beter vernimmt in der LXX nach seiner Klage und seinen Vertrauensäuße-
rungen der Vers 2-18, dass der Herr *(kyrios)* aus der Höhe auf die Erde
blickt, um den Namen des Herrn *(to onoma kyriou)* zu verkünden (20-
22). Ein Wortwechsel aus der Höhe Gottes deutet sich an. Der Sprecher-
wechsel, den der Hebr voraussetzt, wird durch die Textgeschichte ermöglicht. Die Auslegung des Hebr ist nicht ganz spekulativ übergestülpt.
Ob wir den Psalm deswegen von vornherein den sog. »Zwei Mächte«-Texten zuordnen sollten, die Gott in seiner Transzendenz nicht isolieren, sondern ihn darin zeichnen, wie er sich an und gegenüber höchsten
Handlungsträgern manifestiert, scheint allerdings fraglich (die Varianten
der Textüberlieferung in 4QPs[b] [4Q 84] stützen das nicht). Wahrscheinlicher erblickt erst der Hebr die Gliederungsmöglichkeit und nützt sie
(zur Diskussion *Glasson* 271, *Albl* 206 f.).

Auf diese Weise klärt der Hebr den Ort der Christologie im Mono-
theismus nach 1-4 weiter: Der Sohn gehört nicht unter die vielen
Götter der Völker und auch nicht wie ein zweiter, gleichsam unterer
Gott unter den einen Herrn. Gott spricht ihm vielmehr zu, was er
selbst tut und ist. Er weist dem Sohn sein Schaffen zu (10) – ohne
dass er es als sein Schaffen verlöre (Gott bleibt in 3,4; 4,3 alleine
Schöpfer) – und attribuiert ihm seine Selbigkeit (*ho autos*, »derselbe«, 12c; vgl. Philo, post. 19f.). Er bewahrt durch den Wortakt die
Unterscheidung zwischen sich (dem Sprechenden) und dem Sohn
(dem Angesprochenem) und bekundet seine Einzigkeit und Selbigkeit doch im Wortakt zugleich ganz und gar am Sohn. Wir stoßen auf
eine Krone ntl. Christologie, formuliert aus dem Wort (noch nicht
wie in der späteren Alten Kirche philosophisch-ontologisch).

Aus der Hoheit des Sohnes erwächst ein zweites. Der Sohn unterliegt nicht der Vergänglichkeit, die alles Geschaffene, die Erde und
selbst die Himmel prägt. Mögen diese sich abnützen wie Kleider
(*palaioō*, »alt werden«, 11b übersetzt *blh* mit dieser Bedeutung),
vergehen und zu Lumpen werden, die man zusammenrollt
(11a.12a), er bleibt und wird bleiben (da der griechische Ausgangstext keine Akzente enthielt, trägt *diameneis* 11a [LXX Ps 101,27]
präsentischen und futurischen Ton).

Die Formulierung aktualisiert jüdisch-apokalyptische Motive (vgl. zum
Altwerden der Welt 4 Esr 5,50-55, zum Zusammenrollen des Himmels
Jes 34,4) und antwortet auf die hellenistische Leitfrage, was besteht, wenn
alles sich verändert und vergeht (vgl. religiös das Zusammenrollen des
Himmels im Apollohymnus SEG 7,14,8, philosophisch bes. die Unterscheidung von sichtbarer und allein dauerhafter intelligibler Welt im Platonismus [Belege samt Auswirkungen auf Philo bei *Thompson* 135-138;
Weiteres *Vögtle*]). Zudem stellt sie eine Beziehung zur Jesustradition des
EvThom her, die unter die Vorbereitungen zur Gnosis zählt (nach log. 111
werden die Himmel und die Erde sich vor Jesu Hörern aufrollen). Von
welchen religionsgeschichtlichen Voraussetzungen immer die Leserinnen
und Leser kommen, beim Sohn finden sie einen sicheren Anker jenseits
der Schwelle der Veränderlich- und Vergänglichkeit.

Für den Fortgang des Hebr ist ein im 1. Jh. bewusster, heute kaum
mehr bekannter Aspekt im aaronitisch-hohepriesterlichen Denken
zu vergleichen: Nach damaligem Verständnis bildet das Gewand
des Hohepriesters von Ex 28 mit seinem Schmuck den Kosmos ab
(kurz Weish 18,24; ausgeführt Philo, Mos. II 117-135; spec. I 82-97;
QE II 107-121; Josephus, Ant. III 159-161). Der Priesterturban
ragt höher als ein Diadem, da der Hohepriester beim Kult, wo er

das Tetragramm (den Namen Gottes) trägt, selbst Könige überragt (Philo, Mos. II 131 f.). Seine Bekleidung integriert das All vom Himmel (die Gewand- und Schmuckteile oben) bis zur Erde und dem Wasser (die Gewand- und Schmuckteile unten), weil er alle Bereiche an den heiligen Handlungen beteiligt und »den Sohn, das All« insgesamt *(ton hyion to pan)*, zum Gottesdienst für den Schöpfer, den Vater der Welt, heranzieht (Philo, spec. I 93-97 par., Zitat I 96). Das Judentum ist – fasst Philo stolz zusammen – anders als die Kulte der Völker nicht partikularistisch ausgerichtet. Es dankt und bittet für die ganze Menschheit, alle Teile der Natur und alle Elemente (spec. 97).

Wir entziehen uns dem weltzugewandten Eindruck dieser Beschreibung schwer. Dem Hebr indes genügt sie nicht. Das Wirken des aaronitischen Hohepriesters bleibt – diese Entscheidung fällt er hier unausgesprochen – mit der Vergänglichkeit des Universums behaftet, mag es noch so universal und mehr als königlich strahlen (oder gerade weil es das tut). Das Hohepriestertum des Sohnes wird qualitativ in einer neuen Größe geschildert werden müssen (wie der Sohn gleichermaßen vom geschaffenen Sohn bei Philo, dem All, zu unterscheiden ist). Nicht zufällig eröffnet der bereits beschriebene V 13 deshalb den Duktus zu einer anderen, nach Ansicht des Hebr überlegenen Ordnung aus Israels Schriften, der Melchisedeks von LXX Ps 109,4.

2.4 Die Teilhaber des Sohnes und künftigen Erben: 5.6.9c.14

Die Höhe des Sohnes entfernt ihn – sahen wir – von allem Irdischen, Vergänglichen. Wie kann dann eine Brücke zu den Menschen (nach dem Besprochenen Menschen aus allen Völkern) entstehen, deren Jahre doch verlöschen? Wir gelangen zur dritten großen Linie des Kap.

Bereits die ersten Worte (5) stellen die für den ganzen Hebr grundlegende Weiche: Die Leserinnen und Leser vernehmen mit, was Gott spricht. Sie partizipieren am Geschehen in den Höhen, obwohl sie nicht direkt angeredet werden. Das Wort dringt aus der Höhe in ihre Vergänglichkeit, und ihr Hören übersteigt die Vergänglichkeit seinerseits. Das Wort und sein Hören überbrückt also die Grenzen der Vergänglichkeit. Wir haben einen Schlüssel für die Konzentration des Hebr auf die Worttheologie vor uns (vgl. Einleitung § 5.1).

5

Das Komplement dazu, das menschliche Einstimmen in himmlisches Geschehen, ist laut LXX Dtn 32/Od 2 seit langem vorberei-
6   tet. Dieser Leittext für die Proskynese in **6** hielt dabei auch die Völker *(ethnē)* zusammen mit Gottes Volk zum einstimmenden Jubel
an. Freuen sollen sich – heißt es – Völker und Gottesvolk wie die
Himmel (43a.c, diff. MT). Die Schrifttradition des Hebr eröffnet
die Präsentation und das freudige Hören unseres Abschnitt für die
Völker, die dem Sohn zufallen (was die Anspielung auf Ps 2,8a in 2
vorbereitet; Weiteres zu 6 s. §2.2).

LXX Ps 96 (MT 97), ein weiterer Hintergrund für 6, spricht enger nur
vom Jubel Zions. Der Kreis der Reagierenden wird hier schmaler, fest
steht indes gleichfalls: Wer auf Erden in die Proskynese der Engel einfällt,
jubelt (96,8).

Freilich zitiert der Hebr statt eines Jubels auf Erden nur dessen
Überbietung. Gott salbte den Sohn mit Freude »mehr als« seine
9c   »Gefährten«, sagt **9c** nach Ps 44,8c LXX, und die Wortfelder um
Sich-freuen *(agalliasthai* und *euphrainesthai)* kommen im Hebr
sonst nicht vor. Selbst die Gefährten, die der Sohn hat – ein Impuls,
der Leserinnen und Leser einbezieht –, erfahren zugleich mit dem
Jubel der Gottesgegenwart die Barriere: Kein Auge und Ohr vermag das Geschehen am Sohn wirklich einzuholen. Es bleibt allen
grundsätzlich voraus *(para*, »mehr als«, ist eine Präposition der
Distanz), sogar denen, die daran teilhaben *(metechein*, »teilhaben«
ist das Ausgangsverb für *metochoi*, »Gefährten«).

Viele Ausleger/innen denken bei den Gefährten wegen der zu 4b verwandten Konstruktion mit *para* an Engel. Aber der zitierte Psalm weist
auf einen menschlichen Kreis um den Sohn. Das Signal an die Leser/in-
nen, sich im Hören trotz aller Distanz als Gefährten des Sohnes zu erfahren, hat Vorrang. Es bestimmt das weitere Vorkommen des Begriffs
(3,1.14; 6,4; 12,8), bis die hinzugetretenen Menschen sich mit den Engeln
zur Versammlungsszene von 12,22 f. vereinen (wo *Vanhoye* 1969, 193 f.
die Linien kombiniert).

14   14 löst die Spannung, die sich damit zwischen der Teilhabe im Wort
und dem Mangel an voller Wirklichkeit aufbaut. Die Leserinnen
und Leser erfahren, dass Menschen dazu bestimmt, dazu unterwegs und dabei sind (so die Bandbreite in *mellein*), »Rettung zu
erben«, und dürfen sich im Lesesignal unter diese Menschen sub-
sumieren. Der Sohn hat geerbt, und sie werden erben (s. die Inklusion zu 4b). Die schmerzliche Distanz wird zusammenstürzen. Das

ist sicher, wie ein Erbe rechtsverbindlich gewiss ist. Ja, es geschieht bereits. Engel sind aus dem Gottesdienst in den Höhen zum Dienst ausgesandt (s. o.). Rettung geschieht, Aufhebung des Mangels und heilende Neubegründung.

Unsere Stelle erläutert den Begriff Rettung *(sōtēria)* nicht weiter. Die angezeigte (in der Etymologie *saos* grundgelegte) Bewegung von Entbehrung zu einem guten Sein, das alle Not abtut, genügt zur Eröffnung des Hebr. Die Leserinnen und Leser sollen weiter lesen.

3. Ertrag und Ausblick

5-14 präsentieren den Sohn, zu dem das Prooemium (1-4) geleitete, in und aus den Höhen Gottes. Sie wagen höchste christologische Aussagen, das Gottesprädikat und den Gottesnamen für den Sohn; der Hebr erreicht den Gipfel seiner hoheitlichen Christologie. Zugleich konturieren sie die Schwelle zwischen Geschichte und Gottes Höhe, die das Prooemium anzeigte; dazu machen sie die Vergänglichkeit und Begrenztheit der geschaffenen Erde und geschaffenen Himmel vor der Unvergänglichkeit Gottes und des Sohnes bewusst.

Nichts und niemand, der der Endlichkeit unterliegt, kann die Schwelle der Vergänglichkeit – zeigt sich – aus eigener Kraft überschreiten. Hybris wäre, das zu missachten (was in 6-9 eine implizite Kritik an der Überhöhung der Herrscher um die Zeitenwende auslöst). Allein das Handeln und Reden Gottes aus der Höhe, das sich am Sohn und dessen Wirken kristallisiert, überbrücken sie.

Diejenigen indes, die das Reden Gottes hören, stimmt das Hören auf den Übertritt über die Schwelle und ein Leben jenseits ihrer ein. Es stützt und prägt sie durch den Jubel der Gerechtigkeit, der den Sohn in den Höhen umgibt, die Sendung der Engel aus dem Gottesdienst der Höhen und die Zusage, Rettung zu erben.

Religionsgeschichtlich verschmilzt der Hebr zur Formulierung dessen souverän jüdisch-christliche Reflexion der Ferne Gottes und der Nähe des Wortes, jüdisch-apokalyptische Weltkritik und hellenistische Sehnsucht nach Unvergänglichkeit, Raum- und Zeiterwartung aus jüdischer und griechischer Kultur. Die Rettung kommt – ergibt sich – räumlich und zeitlich gleichermaßen nahe, indem Gott die Schwelle seines Raumes zum menschlichen Lebensraum überbrückt, und wer hört, nimmt das jetzt wahr.

Allerdings gewinnen die Höhen Gottes solchen Primat, dass die Geschichte fraglicher wird als die Unvergänglichkeit der Höhen (Anlass für in der Forschung immer wieder erwogene Vorbereitungen der Gnosis). Das wirkt sich gravierend auf die Christologie aus: Der Hebr sieht in herrscherlichen Sprach-Traditionen eine Möglichkeit, die Hoheit des Sohnes zu umschreiben, und bevorzugt in unserem Abschnitt herrscherliche Motive, obwohl er um deren Grenzen weiß. Zudem kann er die Rettung im Christusgeschehen nicht an eine weltzugewandte Auffassung von Israels aaronitischem Priestertum anlehnen. Er sucht eine andere vom Wort Gottes in Israels Schriften angezeigte Ordnung und deutet diese in 13 stillschweigend an; in V 4 des dort zitierten Ps 109 LXX steht die Ordnung Melchisedeks. Hebr 1 führt letzteren Vers jedoch noch nicht explizit ein. Das Kap. soll das Interesse der Leserinnen und Leser wecken, nicht einlösen.

Unser Kap. veranlasst gelegentlich eine Stilisierung königlicher Christologie im Hebr (*Buchanan* z. St., *Hurst*). Wir dürfen den Überspitzungen nicht folgen, haben aber zu beachten, dass der Hebr zur Absicherung der Kraft, die dem rettenden Geschehen innewohnt, in hohem Maße herrscherlich denkt. Nebenbei trug die stillschweigende Abwehr des Herrscherkults in 6-9 übrigens vielleicht dazu bei, dass der Hebr in der Zeit der Christenverfolgungen nur begrenzt vervielfältigt wurde. Sein in der jüngeren politischen Ethik weithin vergessener Text bot in solchen Epochen eine harsche Provokation.

Von großer heutiger Bedeutung ist die Formulierung der hohen Christologie aus dem Wort der Schrift. Ihre Wiederentdeckung steht an, weil sie den Problemen ontologischer Christologie entgeht. Freilich wird sie durch die vom Hebr mit ihr verbundene Weltdistanz und die Probleme der Schrifthermeneutik gebremst. Die christologische Lektüre vorchristlicher Texte, die der Hebr aus dem Reden Gottes in den Höhen heraus wagt, ist ebenso bemerkenswert wie heute fremd.

Auf die Christologie des Wortes hatten wir in der Einleitung (§ 5.2) hinzuweisen. Mit der Schrifthermeneutik unseres Kap., das interessanterweise die Kontexte der zitierten Stellen teilweise mit berücksichtigt, ihrem theonom-christologischen Wirklichkeitsverständnis und hohem Anspruch an die Leser/innen befassen sich zahlreiche Studien (*Bateman*, *Hübner* 23-28, *Hughes* 101-136 und passim, *Leschert*, *Motyer*, *Schröger*, *Theobald*, *Weiß* 171-181 u. a.). Die Freigabe von Texten an die formende Kraft ihrer Leser/innen in der jüngeren Hermeneutik erleichtert den Zugang nur partiell. Das Bewusstsein für den doppelten Ausgang der Schriften Israels in der jüdischen und christlichen Rezeption relativiert ihn. Es macht für die kritisch historische Lektüre fraglich, was für den Hebr eindeutig ist: das Reden Gottes zum Sohn in den Worten der Schrift.

In früherer Zeit gewannen 10-12 beträchtliche Ausstrahlung auf die Erwartungen des Weltendes (Zusammengerolltwerden von Himmel und Erde) und 14 auf die Schutzengelvorstellung (Nachweise *Gräßer** I 97 f.).

2,1-4 Die geforderte Konsequenz: Achtsamkeit des Hörens

1 Deshalb müssen wir um so mehr Zugang zum Gehörten nehmen, damit wir nicht vorbei treiben. 2 Wenn nämlich das Wort, das durch Engel (oder Boten)[1] gesprochen ist, fest wurde und jeder Fehltritt und jeder Ungehorsam eine dem Recht gemäße Erstattung fand, 3 wie werden wir entkommen, wenn wir uns um eine so große Rettung nicht kümmern[2]? Sie[3] wurde ja – nachdem sie darin, dass sie durch den Herrn gesprochen wurde, ihren Anfang nahm – auf uns zu von denen, die sie hörten, fest gemacht, 4 zumal Gott dafür als Zeuge durch Zeichen, Wunder, vielfältige Machtäußerungen und Teilgaben heiligen Geistes seinem Willen gemäß eintrat und -tritt[4].

[1] Die Leitbedeutung von *aggelos* ist »Bote«, nicht das dt. Lehnwort »Engel«, doch Letzteres wegen des Anschlusses an 1,6f.14 voranzustellen.

[2] Oder: zu kümmern beginnen. Das Partizip Aorist signalisiert hier ein relatives (vorzeitiges) Zeitverhältnis zum Futur (vgl. die Wiedergabe durch die Vulgata) und die punktuelle, evtl. auch ingressive Handlung; d. h. schon ein einmaliges Nichtkümmern und unzureichendes Bemühen genügt, um nicht zu entkommen. Die Vorzeitigkeit zur Gegenwart, die manche Ausleger zusätzlich annehmen – so dass »wir« (die Leser/innen) uns bereits »nicht kümmerten« –, würde eine Stellung des Partizips vor der Hauptaussage (also vor *ekpheuxometha*, »werden wir entkommen«) nahelegen und ergäbe einen härteren Anschluss an 2. Sie ist nicht vorrangig gemeint.

[3] Ich löse *hētis* als relativen Satzanschluss auf, um die griechische Periode dem deutschen Sprachgestus anzupassen.

[4] Griechisch setzt sich die Periode mit einer Partizipialkonstruktion fort. Deren Präsens verstehen die meisten Kommentare (bis *Weiß** 182) im Sinne einer Gleichzeitigkeit zu 3b, also wie ein dt. Präteritum. Doch aufgrund der temporalen Spannung in 3 (3a Futur) erstreckt sich das Präsens bis zur brieflichen Gegenwart (und in Gottes Zukunft) weiter; die Übersetzung muss sich mit der Doppelung »eintrat und -tritt« behelfen.

Literatur: Bachmann, M.: »... gesprochen durch den Herrn« (Hebr 2,3), Bib. 71 (1990) 365-394. – *Gräßer, E.:* Das Heil als Wort (1972), in: *ders.* 1992**, 129-142. – *Löhr* 1994b**, 79-84. – *Mach, M.:* Tora-Verleihung durch Engel, in: Das Alte Testament als geistige Heimat, hg. v. *M. Augustin/J. Kegler* (FS H. W. Wolff), EHS.T 177, 1982, 51-70. – *Martin, J.:* Antike Rhetorik, HAW II 3, 1974. – *Najman, H.:* Angels at Sinai, Dead Sea Discoveries 7 (2000) 313-333. – *Rhee, V.:* ↗bei 1,5-14. – *Silberman, L. H.:* Prophets/Angels, in: Standing Before God, ed. by *A. Finkel/S. Frizzel* (FS J. M. Oester-reicher), New York 1981, 91-101. – *Übelacker*** 150-163,189f. – *Vanhoye* 1969***, 227-254. – *Weiß, W.:* »Zeichen und Wunder«, WMANT 67, 1995. – *Wider*** 119-137.

1. Einführung

2,1-4 schließt unmittelbar an Kap. 1 an. Denn wer Teilhaberin/ Teilhaber des Sohnes und zum Erbe der Rettung bestimmt ist – wie es die Leserinnen/Leser in 1,5-14 hörten –, muss sich an dieser Bestimmung orientieren (1). Das gilt »um so mehr«, da der Sohn allem überlegen ist; »um so mehr« in 1 knüpft an den Komparativ (»um so …«) von 1,4b an.

2,1-4 erweist sich also als Teil des in 1,1-4.5-14 begonnenen Gefü-ges, das sich 2,5-18 fortsetzt (↗1,5-14 §1.1). Allerdings wechselt der Ton. Die epideiktische Rhetorik von 1,1-4.5-14 (der Aufweis der Höhe des Sohnes, des Redens Gottes zum Sohn und der Zu-wendung Gottes im Sohn) macht einer Zurede – deliberativer Rhe-torik – Platz.

Prosechein (»Zugang nehmen«; vgl. 7,13) in 1 bringt sogar einen juridischen Gestus ein; in der Gerichtsrede nämlich ist ursprüng-lich die *Prosochē* (die Weckung von Aufmerksamkeit nach dem Prooemium; vgl. *Martin* 66,70) zu Hause, auf die das Verb an-spielt. Unser Abschnitt grundiert mithin die Mahnung durch den Ernst des Gerichts. Freilich vermeidet der Autor eine Selbstvor-stellung und Selbstempfehlung, die antike Prozessrhetorik an un-serer Stelle guthieße (*Martin* 66f. u. ö.). Er gesellt sich stattdessen im »Wir« unter die Adressaten und bezieht sich in die Mahnung ein. Das verunmöglicht, seine Zeilen einseitig als Vorwurf an Letz-tere zu lesen.

Er gliedert sie in eine positiv formulierte These (1) und ihre be-gründende Entfaltung (2-4; griechisch eine einzige Periode). Die These gestaltet er im Muss logischer Konklusion (*dei*, »[wir] müs-sen«, ist Topos antiker Logik, nicht Mahnrede; vgl. *Übelacker* 157), das seine Tiefe in Gottes Verfügung gewinnt (*dei* impliziert – wie frühchristlich oft – die Bestimmung Gottes). Die Rhetorik berei-chert sich nochmals und tritt in theonomen Dienst. Die folgende Entfaltung bildet einen Schluss a minori (von feststehendem Gerin-geren: »wenn …« 2) ad maius (zu jetzt virulentem Größerem: »wie werden wir entkommen …?« 3f.), gestützt durch Kritik (2-3) und

einen positiven Hinweis (4). Drohendes verschärft – in die Mitte
gestellt – den positiv formulierten Rahmen (1.4).
Überschauen wir das, sind alle Details rhetorisch ausgefeilt. Der
Autor schafft in hoher Kunst der Texteröffnung den auf den Fortgang »gespannten Hörer« (*parat attentum;* vgl. *Übelacker* 190 f.).

2. Auslegung

1 2.1 Die These – Orientierung am Gehörten: 1

Sprechen verlangt nach Hören. Das weiß der Hebr von Anfang an.
Trotzdem stellte er den Stamm »hören« (*akouein* usw.) in Kap. 1
zurück. Nun erst bringt er ihn ein. Das hat eine wesentliche Konsequenz: »Gehörtes« im Sinne von 1 ist unmittelbar und zuerst die
Rede Gottes zum Sohn von Kap. 1. Alles andere, was »wir« bis
dahin hörten, lagert sich um diese Mitte, ist seinerseits vom gehörten Sprechakt Gottes zum Sohn aus zu hören. Die christliche Überlieferung (das in der Gemeinde bis dato Gehörte) wird dem aktuellen Hören Gottes untergeordnet.

Ein Vergleich mit den Deuteropaulinen verdeutlicht die Pointe: Sie sichern ihre Theologie über eine Schlüsselperson, den Apostel Paulus; der
Hebr verwehrt durch seine Anonymität schon den Wunsch einer personalen Beglaubigung. Sie mahnen – in der Fassung der Past – das Bewahren und Bewachen fester Überlieferung an (*parathēkē* 1 Tim 6,20; 2 Tim
1,12.14); der Hebr stellt vorangehende Hörer/innen (*akousantes* 3) und
aktuelles, lebendig Gehörtes (*akoustheisa* 1) an diesen Platz und ignoriert
parathēkē oder verwandte Begriffe.

Das Hören veranlasst eine eigentümliche Bewegung. *Prosechein*,
das Leitverb unseres Verses, schreitet sie nicht allein paränetisch
und rhetorisch aus (im Sinne einer Mahnung zum festen Zugang
und aufmerksamen Festhalten; s. o.). Der Hebr nützt zusätzlich
den Bildkreis der Fluss-Schiffahrt, in dem es technischen Sinn
trägt. »Wir müssen« – vermittelt er im nautischen Bild – auf das
Gehörte »zuhalten« und bei ihm »anlegen«, wie ein Steuermann
ein Schiff auf einen Zielort ausrichtet. Tun wir das nicht, treiben
wir mit dem Strom wie Treibgut vorbei (*pararrein* 1b).
Implizit macht dieses Bild (das sich bis 6,19 fortsetzt) das Reden
Gottes zum festen Ufer, Hafen und Ankergrund, der allein Halt
bietet. Alles andere gleitet und schwimmt dahin. Es unterliegt,

wenn wir die Motive von 1,11 f. transponieren, der Vergänglichkeit und Wandelbarkeit.

Das paränetische Ziel des Hebr enthüllt sich. Es ist für ihn logische Schlussfolgerung aus der Worttheologie, nicht eigentlich hinzukommende Mahnung: die Aufgabe, besser noch: die strikte Notwendigkeit, im Hören festen Halt am Unvergänglichen, Gehörten gegen die irdische Vergänglichkeit und ihr Dahinfließen zu nehmen. Alle konkrete Ethik leitet sich davon ab.

2.2 Die begründende Entfaltung: 2-4   2–4

Die nautische Figur schwächt sich in 2-4 ab, verliert sich indes nicht. Denn der feste Ort, der ein Anlegen oder Ankern gestattet, scheint in der Festigkeit auf, die das gesprochene und gehörte Wort konstituiert (*bebai-* 2.3): Fest und rettend (vgl. *sōtēria* 3) bietet es denen Halt, die der Strom gefährlich vorbei treibt. Falls sie sich allerdings nicht darum kümmern (*amelein* 3), kehrt sich das Wort um. Es wird – wie bei Schiffern, die versagten – zum Aufweis der Nachlässigkeit, und keine noch so schnelle Flucht (*ekpheugesthai* 3) erlaubt, dem Gericht darüber zu entkommen. Der nautische Bildkreis ordnet sich dem kritischen Rechtes unter.

Der Stamm *bebai-* wandelt sich darauf vom Halt zum Beweis, der der Anklage über ein Versagen Festigkeit gibt (s. die *bebaiōsis* juridischer Rhetorik; *Martin* a. a. O. 228 u. ö.). Der Rückblick von 2 gipfelt in der rechtlichen Zuteilung des »Lohns« für die begangene Tat an den Täter (die Hebr-Neubildung *misthapodosia/misthapodotēs* [noch 10,35; 11,6.26] kombiniert *misthos*, »Lohn«, und *apodidonai*, »erstatten«). Die Skizze der jüngsten Zeit und Gegenwart (3 f.) beruft Gott als Zeugen (4). Die Strenge des Rechts und die Kraft des Zeugnisses Gottes unterstreichen den Impuls von 1, unbedingt zu hören.

Die Einzelheiten des Textes füllen und vertiefen das. 2 schaut auf   **2**
das früher ergangene Wort als »durch Engel/Boten *(aggeloi)* gesprochenes« zurück. Lesen wir wegen 1,6 f.14 »Engel«, weckt die Formulierung eine Assoziation zur Tora, dem Rechts-Wort Gottes, das Gott durch Engel mitteilte und das Israel ebenso rettenden Halt bietet wie bedrohlichen Beweis, wenn das Volk es übertritt.

Erstmals nach Dtn 33,2 LXX (noch nicht in älteren jüdischen Texten; zu 1 Hen 93,6 s. *Davidson* [bibl. bei 1,1-4] 120 f.) begleiteten Gott am Sinai Engel. Bald danach entstand der Gedanke, Engel teilten in den Höhen die

Rechte Gottes mit (ShirShabb 4Q400 1 I 17). Das 1. Jh. sah deshalb das Gesetz vom Sinai gelegentlich durch Engel (oder einen Engel) mitgeteilt (Gal 3,19; Apg 7,38.53; Josephus, Ant. 15,136; Weiteres *Najman;* die Kritik bei *Mach* überzeugt nicht). Der Hebr spielt darauf an (*Löhr* 81 u.v.a.; Weiteres zu den Engeln als Mittlern *Spicq** II 50-61).

Gleichzeitig nennt Israel auch Propheten *aggelos* (dt. nun besser »Bote«; s. bes. LXX Ps 151,4 neben 11Q05 XVIII 10f.) und korrespondiert ein durch die Propheten gesprochenes Wort vorzüglich zu Hebr 1,1 (vgl. *Silberman*, obwohl dessen Einbezug von Josephus, Ant. 15,136 in die Begründung nicht überzeugt). Das muss nicht gegen den Sinai ausgespielt werden. Vielmehr formt das Bild des Mose »wie ein Bote« *(kml'k)*, das sich durch 4Q377 andeutet (vgl. *Fletcher-Louis, C.:* Some Reflections on Angelomorphic Humanity Texts, Dead Sea Discoveries 7 [2000] 292-312), ein Zwischenglied und greifen beide Deutungen gut ineinander: Gottes Wort erging schon längst durch *aggeloi,* d.h. himmlische und irdische Gottes-Boten, ohne dass wir letztere unter dem Primat der Höhen Gottes zu sehr von den himmlischen Boten absetzen dürften. Durch sie alle (Engel, Mose, Propheten) gab das Wort Halt, überführte jedoch auch jede Übertretung.

Das zielt auf die Gegenwart, so gewiss sich die Rechtsnahme vom Ende des V 2 zunächst an den Gerichtserfahrungen der Geschichte Israels von der Wüstenwanderung bis zur jüngeren Prophetie aktualisiert. Denn *aggeloi* sind – wissen wir durch ↗ 1,7.14 – dienende Geister, ausgesandt im Blick auf die kommenden Erben der Rettung. Ob wir daher 2 mehr auf die Engel vom Sinai oder mehr auf die Propheten hin interpretieren, die durch sie ausgelöste Geschichte erhält Brisanz für die Leserinnen/Leser des Hebr. Sinai und Propheten bleiben zwar durch die Rhetorik des Schlusses zum »Größeren« in **3** hinter den aktuellen Erfahrungen des Wortes

3   durch den Sohn zurück. Dennoch werden sie nicht allein abgewertete Folie, sondern behalten orientierende Relevanz.

Wenn »Herr« *(kyrios)* in 3 Gott selbst bezeichnete (wie *Bachmann* vorschlägt), meinte der »Anfang« dort sogar das Sinai- und Propheten-Wort von 2. Die Kette der Hörer/innen, die das Wort »auf uns zu« befestigten, begänne bei den Vätern am Sinai und dem Auditorium der Propheten. Der Hebr verankerte seine Paränese in einem Glanzstück biblischer Theologie geradlinig an der Gesetzes- und Prophetietradition Israels. Wir müssten ihn noch tiefer als bei ↗ 1,1-2a vorgeschlagen in Israel verwurzeln. Doch widerspricht dem die Konkurrenz »durch Engel« (2)/»durch den Herrn« (3) und die Einführung Gottes als *ho theos* (»Gott«) in 4. Der »Herr« in 3 ist demnach wahrscheinlicher der von Gott mit seinem (Gottes) Namen angeredete Sohn (vgl. »Herr« 1,10), das Geschehen »durch« ihn der Sprachvorgang Gottes im Christusgeschehen (vgl. 1,2a).

Entsprechend bildet das Rettungshandeln, das im christologischen Wortgeschehen seinen Anfang nimmt, keine Antithese zum Früheren. Der Hebr weiß, obwohl er das Stichwort »Rettung« in 2 nicht ausspricht, dass es in der ganzen Geschichte Israels Gottes rettendes Handeln gab (*sōtēria* auf dem Weg zum Sinai Ex 14,13; 15,2 [LXX] usw.). 3 setzt nicht einmal den Komparativ, das Rettungshandeln jetzt sei »größer«. Die Beschreibung, es sei »so (nämlich überwältigend) groß«, genügt, um das Schlussverfahren der Leserinnen/Leser in Kraft zu setzen: Wenn Gott Hören und Überhören, Begehen und Übertreten seines Wortes beim Ergehen durch Engel/Boten sanktionierte, wird er das noch mehr jetzt tun, wo »wir« es gemäß seinem »Anfang« durch den Herrn (Christus) hören. Gottes Rettungshandeln führt wie früher, nein: mehr noch jetzt ins Gericht, falls es vernachlässigt wird.

Im »Anfang« von 3 scheint dabei dank desselben griechischen Wortes *(archē)* wie in 1,10 durch, dass es nie einen anderen Anfang als die Gründung von allem (Erde und Himmeln) im Sohn gab. Gleichwohl erhielt das Reden und Hören einen zusätzlichen Anfang, als der Herr (um auf 7,14 vorzugreifen) aus Juda entspross: Er, der die Geschichte gründete, trat in die Geschichte ein und nahm durchs Leiden den Weg in die Höhe (ein Thema, das 2,5-18 aufgreifen wird).
Die Kette des Hörens beginnt mit diesem Geschehen (ohne dass unser Vers Menschwerdung, irdisches Wirken Jesu, Passion und Erhöhung unterschiede). Unmittelbar irdische und österliche Hörerinnen/Hörer des Herrn thematisiert der Hebr aber nicht, ein Indiz, ihn nicht zu früh zu datieren (vgl. Einleitung §§ 2.2 und 8.3).

4 verschiebt die Perspektive. Gott, der implizite Richter von 2 f., macht sich nun zum Zeugen seines Rechts und die Welt zum Forum. Er bekundete und bekundet sich öffentlich in Zeichen und Wundern, wie die Welt sie in der Geschichte seit dem einstigen Pharao Ägyptens sehen kann, außerdem in vielfältigen Machtäußerungen und Teilgaben heiligen Geistes. Der Hebr schreitet damit Gottes Wirken in großer Bandbreite aus (von Manifestationen seiner Macht bis zum Wirken des »heiligen Geistes« bei den Gliedern der Gemeinde [vgl. 6,4] und im Äußern des Wortes [vgl. 3,7; 10,15]). Bes. interessant ist die Redewendung »Zeichen und Wunder«, die er an den Anfang stellt. Gott stützt – besagt sie – die Notwendigkeit, auf sein Wort zuzusteuern, über den Gerichtsernst von

4

2 f. hinaus in sichtbaren Zeichen; durch außeralltägliche Erscheinungen verweist er jetzt wie seit alters auf das von ihm bestimmte Ende.

Gottes »Zeichen und Wunder« beschäftigen Israel vom Auftreten Moses vor Pharao (Dtn 29,2[LXX 29,3]; 34,11 usw.) bis zum endzeitlichen Geschehen (Jo 3,3 [LXX 2,30]). Selbst die größten, Gott an sich feindlichen Herrscher der Völker müssen sie den Schriften Israels zufolge erkennen (vgl. die Einsicht Nebukadnezzars in Gottes Größe Dan 3,99 Θ und 4,34 LXX).
Für die Gemeinde Jesu aktualisieren sich darauf die »Zeichen und Wunder« von Jo 3 in der Gegenwart. Sie begleiten die Geschichte des christologischen Wortes, erzählt die Apg (2,19.22.43 usw.). Durch Zeichen befestigt (*bebaioun* wie in Hebr 2,3) der Herr das Wort der Verkündigung, fasst der (jüngere) Mk-Schluss das zusammen (Mk 16,20).

In den paulinischen Gemeinden, die der Hebr berührt (↗ Einleitung §§ 3.2 und 8), erlebte man Teilgaben des Geistes, durch die Gott seinen Willen zur Geltung bringt (1 Kor 12,4.11.18; vgl. das Ende unseres Verses), und erwartete vom Apostel »Zeichen und Wunder« im Sinne außergewöhnlicher Geisteswirkungen, die wir nicht mit Wundern im heutigen Sinn verwechseln dürfen (2 Kor 12,12; vgl. Röm 15,19; *W. Weiß* 116-119 u. ö.). Der Hebr spielt darauf an, ohne dass wir uns zu sehr auf ein Phänomen speziell des paulinischen Gemeindekreises fixieren dürften.

Im Gegenzug ließe sich sogar erwägen, unseren Vers auf den ganzen vorangehenden Text ab 2 zu beziehen. Dann begleitete Gottes Zeugnis das Wort dauerhaft (*synepimartyrountos* als duratives Partizip Präsens) von der Mitteilung durch Engel/Boten bis zum jetzigen Hören. Die Geschichte von Gottes Zeichen, Wundern, Machtäußerungen und Teilgaben heiligen Geistes schüfe eine Kontinuität um die komplexe Wort-Geschichte seit dem Exodus (mitsamt dem Einschnitt beim Herrn). Indes steht 4 zu weit von 2 getrennt und sind »Zeichen und Wunder« zu gut neben den Geistes-Teilgaben im frühen Christentum verankert, um den gesamtbiblischen Aspekt in den Vordergrund zu stellen. Die Assoziation, das jetzige Zeugnis Gottes habe Tiefe im Wirken Gottes seit jeher, muss genügen.

Im übrigen kennen die Völker »Zeichen und Wunder« terminologisch nicht minder. Bei ihnen begegnen sie in der Regel als Prodigien (Vorzeichen) und zeigen oft Unheil an (Belege *W. Weiß* 18-22). Wäre auch das für den Hebr relevant, träte seine Erfahrung der Gemeinde in ein Widerspiel zu den Völkern: Die Gemeinde erlebt die Teilgaben des Geistes usw. als Stütze; für die Menschen der Völker, die nicht zur Gemeinde finden, deuten sie dagegen Gottes Recht wie ein bedrohliches Vorzeichen an. Die große Distanz des Hebr zu den Völkern (↗ Einleitung §4.3) fände einen markanten Ausdruck.

3. Ertrag und Ausblick

Die erste, weichenstellende paränetische Passage des Hebr (rhetorisch eine Prosochē) markiert Strenge: Gottes Wort verlangt unbedingtes und uneingeschränktes Hören, weil es allein Halt gegen das Dahintreiben im Strom des Vergänglichen bietet. Jedes Weghören und jedes Beiseitetreten bedeutet umgekehrt eine fundamentale Krise. Das unterstreicht Gott selbst durch seine Rechtsnahme gegen die, die sein Wort missachten, und durch sein machtvolles Zeugnis in außeralltäglichen Phänomenen vor Gemeinde und Welt.
Der Hebr bewegt sich damit von der Höhe des gehörten Gotteswortes auf seine Adressaten zu. Um sie für Gottes Wort aufzurütteln, stilisiert er Gottes kräftigendes Zeugnis (4) und die drohende Gefahr (2 f.). Das Drängen, mit dem er im Fortgang jeder Krisenerscheinung eines Lebens unter dem Wort des Herrn entgegentreten wird, zeichnet sich ab. Wir dürfen aber wegen seiner rhetorischen Gestaltung aus unserem Abschnitt noch keine Gemeindekrise objektivieren.

Der Abschnitt malt zwar die Gefahr, die Gemeinden könnten das Hören in seiner Konsequenz und Intensität versäumen und sich um Gottes Rettungshandeln nicht genügend kümmern. Doch er überlässt es den Leserinnen/Lesern, zu beurteilen, wie weit diese Gefahr eingetreten ist. Erst der Fortgang nötigt ihnen auf, die Gefahr groß zu schreiben.
Was wir heute unter einer »müden« Gemeinde verstehen, ist damit nicht zu vergleichen. Der häufige Hinweis, der Hebr beginne in unserem Abschnitt mit der Kritik einer zu jüngeren Zeiten verwandten Erschlaffung von Gemeinden, ist deshalb missverständlich. Er berücksichtigt die Rhetorik zu wenig und verengt 3 f. etwas, namentlich wenn dort gelesen wird, die Vernachlässigung der Rettung von 3 sei eingetreten (ausschließlich vorzeitige Deutung des Partizips Aorist in 3; s. Anm. 2 zur Übersetzung) und die davon betroffenen Gemeinden erlebten schon länger keine außeralltäglichen Geistesgaben mehr (präteritale Deutung des Partizip Präsens in 4; s. Anm. 4 zur Übersetzung).

2,5-18 Was zu hören ist: Herrlichkeit und Rettung des Menschen

5 Denn nicht Engeln ordnete er (= Gott) den Weltkreis unter, der sein soll[1] und[2] über den wir reden. 6 Vielmehr bezeugte jemand an einer Stelle:

>*Was ist der (ein) Mensch in Anbetracht dessen, dass[3] du seiner gedenkst,*

oder das (ein) Menschenkind (der Menschensohn)[4] in Anbetracht dessen, dass[3] du auf es (ihn) blickst?

7 *Du machtest ihn kurz[5] geringer[6] als Engel,*

bekränztest ihn mit Herrlichkeit und Ehre,[7]

8 *ordnetest alles unter seine Füße*«.

Denn als er (= Gott) ihm (= dem Menschen)[8] alles[9] unterordnete, ließ er nichts ohne Unterordnung unter ihn.

(8c) Jetzt aber sehen wir ihm (= dem Menschen) noch nicht alles[9] unterworfen. 9 Den aber, der kurz[5] geringer als Engel gemacht war, sehen wir, Jesus, wegen des Leidens am Tod mit Herrlichkeit und Ehre bekränzt, auf dass[10] er durch Gottes Gnade[11] den Tod für jeden schmecke. 10 Denn es war dem (= Gott), dessentwegen alles[9] und durch den alles[9] ist, angemessen, beim Führen[12] vieler Kinder in Herrlichkeit den Anführer ihrer Rettung durch Leiden hindurch zu vollenden.

11 Der nämlich, der heiligt, und die, die geheiligt werden, stammen alle aus Einem, aus welchem Grunde er (= Jesus, der heiligt) sich nicht schämt, sie Geschwister[13] zu nennen. 12 Er sagt:

>*Ich werde deinen Namen meinen Geschwistern[13] verkünden;*

inmitten einer Gemeinde werde ich dich preisen«

13 sowie nochmals:

>*Ich werde voll Vertrauen auf ihn sein*«

sowie wiederum:

>*siehe, ich und die Kinder, die Gott mir gab*«.

14 Da nun die Kinder Anteil haben an Blut und Fleisch, nahm auch er gleichermaßen daran teil, damit er durch den Tod den zunichte mache, der die Macht des Todes hat, nämlich den Durcheinanderbringer (Teufel), 15 und die auslöse, die aus Todesfurcht das ganze Leben hindurch[14] einer Versklavung ausgeliefert waren.

16 Denn er[15] greift – ist doch klar – nicht auf Engel zu, sondern auf Abrahams Samen greift er zu. 17 Darum musste er in allem

den Geschwistern[13] gleich werden, damit er ein barmherziger und zuverlässiger Hohepriester[16] vor Gott dazu werde, die Sünden des Volkes zu sühnen. 18 Denn weil er gelitten hat, der selbst versucht wurde, kann er denen, die versucht werden, helfen.

Die Kursivierungen in der Übersetzung markieren die bei Nestle-Aland[27] als Schriftzitate gekennzeichneten Passagen (die jeweilige Herkunft s. bei der Kommentierung). Sie stimmen mit der Rede im Text überein und sind als solche zusätzlich eingerückt.

[1] *oikoumenē* wie 1,6, *mellein* wie 1,14. Da letzteres Verb im Hebr auch in rückblickenden Erzählungen steht (8,5; 11,8), übergreift die Übersetzung »sollen« (mit futurischem Beiklang) die Belege am Besten. Weiteres bei der Auslegung.

[2] »Und« um des dt. Sprachflusses willen über das Griechische hinaus.

[3] Vgl. BDR § 456, 2; die meist bevorzugte kurze Übersetzung »dass« (statt »in Anbetracht dessen, dass«) erweckt gegen das griechische *hoti* den Eindruck einer Minderung des Menschen.

[4] »Mensch« und »Menschensohn«/»Menschensohn« stehen griechisch ohne Artikel, können als Prädikatsnomina aber dt. mit einem (unbetonten) Artikel versehen werden. Bezeichnet »Mensch« in der ersten Zeile den Menschen allgemein (generisch), ist in der zweiten Zeile geschlechtsneutral »Menschenkind« zu lesen (griechisch vertritt das Maskulinum auch geschlechtsneutrale Aussagen); der griechische Artikelverzicht gibt dem den Vorrang. Verweist Zeile 1 zusätzlich auf einen besonderen Menschen (den Sohn von Kap. 1), ergibt sich in Zeile 2 ein Verweis auf den besonderen »Menschensohn« Jesus. Beide Möglichkeiten sind für die Rezeption des Zitats im Hebr wesentlich.

[5] *brachy ti* bezeichnet oft »eine Kleinigkeit« (was dem übersetzten hebräischen *mˁṭ* aus Ps 8,6 entspricht), die Basis *brachys* Kürze des Raums und der Zeit. Beziehen wir Letzteres ein, zielen unsere Zeilen mehrfach – über zeitliche, räumliche und allgemeine Beschränkung – auf die Geringfügigkeit der Erniedrigung (eine Einengung auf den zeitlichen Aspekt [EÜ u. v. a.] ist durch nichts angezeigt, bestimmt auch den Gebrauch von *brachys* im Hebr nach unserer Passage [13,22] nicht). Allerdings changiert das Bedeutungsfeld zwischen 7 und 9 etwas. Ein dt. Äquivalent, das das Gefälle präzis enthielte, fehlt; das von mir gewählte »kurz« bietet lediglich eine Annäherung.

[6] *elattoō* bezeichnet in der Grundbedeutung die Verkleinerung, Schmälerung und diente in diesem Sinn der zitierten LXX zur Wiedergabe des hebräischen Tons: »Du (Gott) schmälertest« den Menschen/das Menschenkind ganz wenig. Durch die Übersetzung »du machtest geringer« bereite ich zugleich die Weiterführung in 9 vor.

[7] Viele Handschriften (angeführt durch ℵ, A und 33) ergänzen hier die Parallelzeile des zitierten Psalms zu 8a, LXX Ps 8,7a. Doch die Auslassung (vertreten bes. durch p[46] und B) ist vorzuziehen (*Metzger*** 593 f.; gegen *Riggenbach** 39).

[8] Auch wenn wir das *autō* mit B u. a. hier streichen, bleibt dieser Sinn wegen des *autō* nach *aphēken*.

[9] Oder: das All (*ta panta* wie 1,3). Der Hebr ergänzt den Artikel zum *panta* des Zitats (8 nach LXX Ps 8,7b), das er wegen seiner uns schon vertrauten Treue zu seinen Textvorlagen selbst unangetastet ließ (dabei wie *ta panta* verstand).

[10] *hopōs* gibt im Hebr (noch 9,15) den Zweck an; viele Ausleger verstehen es epexegetisch (in Annäherung an »so dass«: *Isaacs* 173 u. v. a.).

[11] Oder »ohne Gott«: s. die Auslegung.

[12] Der Satzstellung nach entfaltet *agagonta*, was Gott angemessen ist. Der Akkusativ bezieht es aber auf das nachfolgende *archēgos*. So erhält es eine theologisch sinnvolle Schwebestellung: Gottes Tun entfaltet sich im Archegen (Anführer der Rettung).

[13] Der maskuline Plural *adelphoi* inkludiert Brüder und Schwestern. Die bis zur EÜ bevorzugte Übersetzung »Brüder« verdeckt das für heutiges Sprachempfinden.

[14] Oder: aus lebenslanger Todesfurcht; zur Syntax *Ellingworth** 174.

[15] Wegen der vorangehenden Verse und des Fortgangs (17) Jesus aus 9.

[16] Oder: barmherzig und ein zuverlässiger Hohepriester (Lit. bei *Ellingworth** 181).

Literatur: *Albl, M. C.:* ↗ bei 1,5-14. – *Andriessen, P.:* ↗ bei 1,5-14. – *Aschim*** 140-144. – *Barth, G.:* Der Tod Jesu Christi im Verständnis des Neuen Testaments, Neukirchen 1992, 90-95. – *Brawley, R. L.:* Discoursive Structure and the Unseen in Hebrews 2:8 and 11:1, CBQ 55 (1993) 81-98. – *Breytenbach, C.:* Gnädigstimmen und opferkultische Sühne im Urchristentum und seiner Umwelt, in: Das Urchristentum in seiner literarischen Geschichte, hg. v. *U. Mell* u. a. (FS J. Becker), Berlin 1999, 419-442 (nochmals in: *Janowski, B.* u. a. Hg.: Opfer, stw 1454, 2000, 217-243). – *deSilva* 1994a**, 457 f. – *Dibelius***. – *Dolpe, K.-G. E.:* Hebrews 2,16 Under the Magnifying Glass, ZNW 84 (1993) 289-294. – *Doormann, F.:* Deinen Namen will ich meinen Brüdern verkünden (Hebr 2,11-13), BiLe 14 (1973) 245-252. – *Duerksen, P. D.:* Images of Jesus Christ as Perfect High Priest for God's People, QR 14 (1994) 321-336. – *Dunn, J. D. G.:* ↗ bei 1,1-4; 110 f. – *Friedrich, G.:* Beobachtungen zur messianischen Hohepriestererwartung in den Synoptikern (1956), in: *ders.:* Auf das Wort kommt es an, Göttingen 1978, 56-102. – *Ders.:* Die Verkündigung des Todes Jesu im NT, BThSt 6, 1982. – *Gibson, J. B.:* The Temptations of Jesus in Early Christianity, JSNT.S 112, 1995. – *Goulder, M.:* Psalm 8 and the Son of Man, NTS 48 (2002) 18-29. – *Gräßer, E.:* Beobachtungen zum Menschensohn in Hebr 2,6 (1975) sowie: Die Heilsbedeutung des Todes Jesu in Hebräer 2,14-18 (1979), in: *ders.* 1992**, 155-165 und 181-200. – *v. Harnack, A.:* Zwei alte dogmatische Korrekturen im Hebräerbrief (1929), in: Studien zur Geschichte des Neuen Testaments und der Alten Kirche, AKG 19, 1931, 235-252. – *Hengel, M.:* ↗ bei 1,1-4; S. 144-158.168-172. – *Hickling, C. J. A.:* John and Hebrews, NTS 29 (1983) 112-116. – *Hossfeld, F. L./Schöllgen, G.:* Hoherpriester, RAC 16 (1994) 4-58. – *Hughes* 1979**,

58 f.,83-87 u. ö. – *Isaacs*[**] 172-176 u. ö. – *Johnston, G.*: Christ as Archegos, NTS 27 (1981) 381-385. – *Jones, D. L.*: The Title »Author of Life (Leader)« in the Acts of the Apostles, SBL.SP 130 (1994) 627-636. – *Käsemann*[**] 75-105. – *Kögel, J.*: Der Sohn und die Söhne, BFChTh 8/5-6, 1904. – *Kistemaker*[**]. – *Laub* 1980, 61-104. – *Knöppler*[**] 215-218. – *Leschert*[**] 79-121. – *Loader* 1981[**], 29-38,126-137 u. ö. – *Marconi, G.*: ↗bei 1,5-14. – *McRay, J.*: Atonement and Apocalyptic in the Book of Hebrews, RestQ 23 (1980) 1-9. – *Mitchell, A. C.*: The Use of *prepon* and Rhetorical Propriety in Hebrews 2:10, CBQ 54 (1992) 681-701. – *Müller, P.-G.*: Christos archêgos, EHS.T 28, 1973. – *Nissilä*[**] 20-42. – *Peterson*[**] 49-73,191-195. – *Rissi*[**]. – *Roloff* 1975[**], 159-164. – *Ruck-Schröder*[**] 225 f. – *Schäfer, P.*: Rivalität zwischen Engeln und Menschen, Berlin/New York 1975. – *Schaper, J.*: ↗bei 1,5-14; 76-78,98,168 f. – *Schierse*[**] 97-107. – *Schille*[**]. – *Schmidt, Th. E.*: The Letter Tau as the Cross [...] Hebrews 2,14, Bib. 76 (1995) 75-84. – *Scholer*[**] 82-89. – *Schröger* 1968b[**] 79-95. – *Steyn, G. J.*: »Jesus-Sayings« in Hebrews, EThL 77 (2001) 433-440. – *Swetnam* 1981[**], 130-177. – *Ders.*: A Merciful and Trustworthy High Priest, PJT 21 (1999) 6-25. – *Theißen*[**]. – *Theobald*[**] 773-777. – *Übelacker*[**] 163-196. – *Vanhoye* 1969[**], 255-387. – *Wider*[**]. – *Zimmermann* 1964[**] und 1977[**], 154-168.

1. Einführung

1.1 Ort im Hebr und Rhetorik

2,5-18 kehrt über das Wirken Gottes gleitend zur Konstellation aus 1,5-14 mit dem Dreieck Engel – Sohn – Gemeinde zurück (das Subjekt in 5 und 8b ist »Gott«, *theos*, aus 4). Darauf füllen sich Leerstellen aus Kap. 1 (↗1,5-14 Einführung § 1.1), zuletzt in 17 die Reinigung von den Sünden aus 1,3. Danach verschwinden die Engel (von 5.7.9.16) bis 12,22. Das klärt die Abgrenzung am Ende. Sie ist trotz einer gewissen Kerbe bei 2,16 weithin unumstritten (einflussreich *Vanhoye* 1969 und ²1976[**], 81-83).

Im Rede-Ort schreiten wir voran. 1,5-14 erweiterte und vertiefte durch Äußerungen Gottes die christologische Weichenstellung des Prooemiums; die Darlegung setzte als Amplificatio (»Erweiterung«) ein. Nun sprechen die Schlüsselzitate umgekehrt Gott an (6b-8a.12) und von Gott (13), um den Menschen (»was ist der Mensch …?« 6b-8a) und die menschlichen Geschwister des Sohnes (12) vor Gott zu thematisieren. Der Horizont verlagert sich von den Höhen zur Umgebung des Menschen, wie immer wir 6b.c im Einzelnen austarieren. Wir erreichen mithin einen neuen Schritt der Texteröffnung. Dank der angewandten Verfahren können wir ihn präziser bestimmen:

Unser Abschnitt fungiert als Narratio, »Erzählung« oder besser werbender Grundriss, wie er in der antiken Rede an die *Prosochē* (die Weckung von Aufmerksamkeit; ↗ 2,1-4) anschließt, das Thema markiert und durch noch nicht in strengem Sinn argumentative Verfahren plausibilisiert. Charakteristisch für eine Narratio (vgl. *Martin* [↗ 2,1-4] 75-89), baut er eine angemessene Balance zwischen Sprecher, Hörerinnen/Hörer und Sache auf, fesselt durch ein Understatement, das die Hörerinnen/Hörer durchschauen dürfen und sollen, und zielt auf gewinnende Glaubwürdigkeit.

6a   Die Einführung in **6a** nützt das Understatement. Sie wirkt lässig, ist das indes nur scheinbar. Die Formulierung, das Zeugnis von 6b-8a habe irgend jemand irgendwo gesagt, verbrämt nämlich keinesfalls (wie manchmal angenommen) eine Unklarheit der Zitatherkunft. Vielmehr gibt sie rhetorisch den Wink, sich selbst von der Autorität des Zitats überzeugen. Leserin und Leser entdecken, wenn sie dem folgen, das Zeugnis der Schrift und können das Zitat dem großen Zeugen David attribuieren (s. Ps 8,1). Ein sicheres Zeugnis mit solennem Klang (wie das *diamartyresthai* von 6a ihn seit LXX Dtn 32,46 besitzt) wird zum Anfang unseres Abschnitts.

Die »angemessene« Balance (das *prepon*) gelingt – so der antike Usus –, wenn die Rede Gefälligkeit und Würde ausstrahlt. Der Hebr findet darauf die Würde im gerade gesicherten Zeugnis: Über »Herrlichkeit und Ehre« (*timē*, was wir auch direkt mit Würde übersetzen können) ist nach 7b zu **10**   reden. »Angemessen« aber ist das Gott – fährt 10 fort mit dem Verb *prepein*) – in spezifischer Weise. Denn Gott bezieht christologisch in die Würde seiner Ehre (rhetorisch *dignitas*) etwas ein, was antikes Statusdenken an sich ausklammern oder gar verachten muss, nämlich Leiden (10) und Beschämung (11; nach *deSilva* ein Umbruch des Wertgefüges). So integriert die Würde vor Gott Hoheit und Niedrigkeit.

Glaubwürdig, d.h. unmittelbar einleuchtend (im Fachausdruck *piston*) wird dies gemäß der Rhetorik, wenn die Hörer/innen sich in ihrer Eigen-**16**   art *(natura)* und ihrem Lebenswandel *(mos)* erfasst erfahren. 16 versichert und bekräftigt darauf mit einem »ist doch klar« das bei den Leser/innen vorhandene Wissen (BDR §441,7) über ihren Rang als Abrahams Same, und 17 f. erklärt, Jesus, der eine Sohn von Kap. 1, sei ihnen gleich geworden und zuverlässiger *(pistos)* Hohepriester vor Gott dazu, ihre Sünden zu **17**   sühnen (17). Der Hebr fängt die Sünden (und mit den Sünden Tod und Teufel: 14 f.) auf und gewinnt die Leser/innen dadurch.

Im rhetorischen Gestus wirkt sich damit das deliberativ-iudiciale Zwischenstück von 1-4 gewichtig aus. Unser Passus enthält viel aufweisendes Lob (Epideixis). Doch fädelt ein deliberativer Zug ihn ein, der Verweis auf das, was »sein soll«/»sein wird« (vgl. *Übel-acker* 190). Die Zeugenaussage von 6-8a kombiniert das mit einem Rechts-Motiv, und eine Narratio charakterisiert ohnehin vornehmlich gerichtliche Reden. Der Sachverhalt, den unser Abschnitt aufweist, hat deshalb Rechtsrang und wird – wichtig für den Fortgang des Hebr – ethische Konsequenzen nach sich ziehen.

1.2 Gliederung

Die innere Gliederung fällt nicht leicht, da Partikeln (bes. »denn«) für einen fast nahtlosen Lesefluss sorgen. Die Handschriften und Editoren (auch Nestle-Aland[27]) entschieden sich im Lauf der Zeit für einen kleinen Einschnitt vor 8b (nach dem Zitat) und einen Absatz vor 10. Die Textsignale weisen in andere Richtung. 8b schafft durch Wiederholung des Verbs »unterordnen« und das gemeinsame Subjekt Gott (s.o.) eine Inklusion zu 5. In 8c wechselt das Subjekt und verlagert sich der Blick auf ein Noch-nicht, in dem statt der Unterordnung von 5b-8b Leiden zu sehen ist. Das Leiden wird zum Thema bis zum Ende von 10. So ergibt sich:

Der Text staffelt sich zunächst in 5-8b (die Unterordnung von allem unter den Menschen von 6b) und 8c-10 (die Relation dessen zum Leid). Mit 11-13 wechselt die Leitmotivik zu Heiligung und Familie; »der Heiligende und seine Geschwister« (die ihm gegebenen Kinder) können wir die Verse überschreiben. Das Stichwort »Kinder« (*paidia;* 14) verknüpft damit die Satzperiode 14f., die in 14c (mit dem ersten *hina* des Hebr!) das Ziel einführt, der Tod *(thanatos)* von 9 solle entmachtet werden.

16-18 fassen den Duktus zusammen: Jesus, der dem Leiden von 9 Ausgesetzte (s. *peponthen*, »er hat gelitten« 18, nach *pathēma*, »Leiden« 9) und der Heiligende von 11, hilft den Geschwistern als Hohepriester. Der Rang der Zusammenfassung gemahnt an eine Propositio (Bündelung und Einprägung des Gegenstandes für den folgenden Text in einer These). Doch ebenso sind die Verse Zwischenglied vor Kap. 3 (3,1 knüpft mit *hothen* [»darum« wie 2,17] flüssig an). Wir müssen auf die Summa von Hebr 1-4 noch warten.

Oft wird 16 von 17f. getrennt und gelten 17f. als Propositio des Hebr (*Übel-acker* 178-181 u. v. a.). Indes konstituiert der Verweis auf die Engel 16 die große Inklusion zu 1,5.14; 2,5 und ist darum zu 17f. zuzuziehen, 3,1-4,13 verzögern darauf die nach einer Propositio zu erwartende Argumentation. 16-18 sind Vorbereitung der Propositio 4,14-16 (*Backhaus* 1996a**, 59f.).

1.3 Die Konsequenz für das Thema des Hebr

Überschauen wir den Gang seit Kap. 1, vergegenwärtigte der Hebr
zuerst die Höhe der Christologie. Sie steht in ihrer überwältigenden Kraft und Ausstrahlung fest, bevor 2,1-4 das Augenmerk der
Leserinnen und Leser für ihre Situation schärft und die Narratio
unseres Abschnitts den strittigen, im weiteren Hebr der Klärung
bedürftigen sowie zugleich der Klärung gewissen Fall einführt.
Daraus ergibt sich eine wesentliche Folge für das Gesamtverständ-
nis des Hebr: Die Hoheits- und Sohneschristologie von Kap. 1 ist
seiner Darstellung nach Vorgabe für die Entwicklung seines Themas, nicht der eigentlich strittige Themenkomplex. Der Klärung
bedürftig ist, was Kap. 2 mit der rhetorisch unbestimmten, in
Wirklichkeit sicheren Zeugenaussage von 5-8b einführt, nämlich
dass der Mensch *(anthrōpos)* mit Herrlichkeit und Ehre gekrönt
und alles ihm unterworfen sei, obwohl seine Gefährdung, Schuld
und Not offenliegt. Kurz, das innere Thema des Hebr beruht in
der Herrlichkeit und Rettung des gefährdeten Menschen.

Von seiner Gefährdung wissen wir vorab durch 2,1-4. Doch auch die Rettung steht längst fest, seit dem Stichwort »Rettung« 1,14. Jesus, der Sohn
von Kap. 1, ist Anführer dazu (2,10), der heiligt (2,11) und damit in die
Heiligkeit der Höhen Gottes von Kap. 1 geleitet. Zwischen Kap. 1 und 2
baut sich ein faszinierendes Gefälle auf: Weil Kap. 1 die Höhen als kultischen Herrschaftsraum erschloss, ist der Weg in die Höhen Gottes laut
2,11 (vgl. 13,12) Heiligung. Um ihn anzuführen, verlässt der Sohn aber
die Höhen.
Die Erzählung wechselt entsprechend vom Namen des Kap. 1, dem Ho-
heits-Namen »Sohn« (der in Kap. 2 kein einziges Mal erscheint), zu »Jesus« (in 2,9 erstmals im Hebr), dem Namen, der schon in seiner Etymologie an Gottes rettendes Handeln erinnert (er enthält jšʿ, »retten«,
kontrahiert mit j/jhw, Buchstaben des Gottesnamens, bzw. das Nomen
jšwʿh, »Rettung«).

Die Christologie behält in dieser Themenbestimmung höchstes
Gewicht. Denn erst an ihr erschließt sich, dass der Mensch trotz
Leiden, Schuld und Tod zu Recht herrlich heißt. Dennoch dürfen
wir Thema und Rhema nicht austauschen. Der Hebr entwickelt
sein überragendes Interesse an der Christologie um der Herrlichkeit und Größe des Menschen (der Anthropologie) willen. Das
macht ihn zu einem Hauptdokument der Anthropologie, genauerhin der christologischen Anthropologie im Neuen Testament.

2. Auslegung

2.1 Der Ausgangspunkt: 5 und vgl. 7.9.16

2.1.1 Der Weltkreis, der sein soll: 5

Die Leserinnen und Leser sollen zur Eröffnung unseres Abschnitts auf 1,6 zurückgreifen; dort nämlich steht (allein vor und neben unserer Stelle im Hebr) das Stichwort vom »Weltkreis«, »über den wir« laut 5 »reden«. Sie assoziieren also die bewohnte und bewohnbare Welt (*oikoumenē* leitet sich von *oikos*, »Haus«, ab), in die Gott den Erstgeborenen unter Proskynese der Engel einführt. Gegenwärtig orientiert diese sich – wissen sie wiederum vorab – statt am Sohn an anderen Herrschern und Rettern (↗ 1,5-14 § 2.3.2). Darum ist eine Spannung zu ergänzen: Die *oikoumenē*, über die zu reden ist, »soll sein, wird sein und ist im Begriff zu werden« *(mellousa)*. Sie verwirklicht sich unter dem Vorzeichen des Sprechens Gottes und der Einführung des Sohnes zum Ende hin und gilt im Hören, ist aber – wie alle Wirklichkeit der Höhen und des Endes Gottes – noch nicht zu schauen.

Da diese Deutung mit 1,6 zusammenhängt, wiederholt sich die dortige Forschungsdebatte. Für einen wesentlichen Teil der Alten Kirche war aufgrund des Weltbezugs von *oikoumenē* eindeutig, dass die sichtbare, gegenwärtige Schöpfung gemeint sei, die sich wegen der Ewigkeit des Sohnes in die Zukunft erstrecke (so *mellousa* bei *Chrysostomus**, PG 63,38 u. a.). *Erasmus** 706 ersparte sich darauf eine Erläuterung der Stelle (der Verweis auf den *orbis terrarum*, »Weltkreis« im irdischen Sinn, genügte ihm). *Calvin** (ed. Parker, 32, Z. 22-32) bezog sie auf die mit der Neuschöpfung durch Christus begonnene Welt etc.
Allmählich setzte sich dann eine (zuvor schmale) eschatologische Interpretation durch. Die im 19. Jh. neu entstandene Apokalyptikforschung las *oikoumenē mellousa* als Äquivalent zu ῾wlm hbʾ (»olam haba«), der nach einem strikten Umbruch zur Gegenwart »kommenden Welt« rabbinischer (nachntl.) Quellen. Darauf visierten die Ausleger die Parusie (vgl. die futurische Lektüre der Einführung des Sohnes von 1,6) oder allgemein Gottes himmlische Welt an, die bereit stehe und jenseitig stabil sei, indes in der Gegenwart ganz erwartet werden müsse (zur Bandbreite *Schierse* 95 f., *Theißen* 92; *Weiß** 192 f., *Gräßer** I 114 usw.). Gegebenenfalls unterschieden sie die »zukünftige Welt« unserer Passage vom (gegenwärtigen) Weltkreis aus 1,6 (z. B. *Braun** 53).
Betrachten wir die Wendung *oikoumenē mellousa* (eine Neubildung des Hebr), schafft der Hebr eine gezielte Spannung. *Oikoumenē* verweist – wie angesprochen – auf die vorhandene, bewohnt-bewohnbare Welt. Der

Forschung gelang trotz aller Bemühungen (und obwohl der Begriff in der LXX, bei Philo, Josephus und den jüdischen Pseudepigraphen keineswegs selten ist) nicht, einen Beleg im Sinne der apokalyptisch kommenden, anderen Welt Gottes zu finden. Sehr wohl indes fand sie bei den Rabbinen das Lehnwort Ökumene *(jqwmjnj, gesprochen in etwa »ikumini«)* für die bewohnte Erde (*O. Michel* s. v., ThWNT 5 [1954] 159 f.).

Andererseits bezeichnet *mellousa* gerade nicht das, was ist, sondern was sein soll. Entsprechend kristallisiert sich der verwandte Ausdruck *aiōn mellōn* (↗6,5) gemäß Eph 1,21 um »künftige Zeit«, die sich vom Jetzt unterscheidet (vgl. auch Mt 12,32). Etwas später nennt ein Strang der LXX-Überlieferung (S^ca u. a.) den in Jes 9,6 verheißenen Sohn *patēr tou mellontos aiōnos*, »Vater der sein sollenden Zeit« (statt HT 5 *'bj 'd*, »Vater für immer«), und geht zur Erwartung eines apokalyptischen Umbruchs über (ältere jüdische Belege fehlen). Nochmals später folgt der einzige Beleg in den Pseudepigraphen, grEsr 1,24 (»wehe den Sündern *en tō mellonti aiōni*, im künftigen Aion«; vielleicht christlich). Obwohl die Belege demnach nur allmählich aufkommen und wir für die Zeit des Hebr noch nicht von einer apokalyptischen Wendung sprechen können, ist die Distanz zur gegenwärtigen, vorfindlichen Welt unübersehbar.

In der Spannung erschließt sich die Absicht des Hebr. Der Weltkreis, von dem er redet, tritt in Differenz zur im irdischen Strom erlebten Gegenwart (was alte kirchliche Deutungen zu klein schrieben) und beansprucht dennoch, in dieser Gegenwart als das, was sein soll, wahrnehmbar zu sein (gegen eine Beschränkung auf Zukunft nach einem apokalyptischen Umbruch). Für die Wahrnehmbarkeit sorgt die Schrift (und ihre Darlegung im Hebr). Die Menschen haben darauf zu hören und sich am Gehörten zu orientieren (vgl. 2,1 u. ö.). Wo sie hören, ist die Welt, die sein soll, nahe, ja schon im Begriff zu werden (nach der griechischen Grundbedeutung von *mellein*). Der Hebr kombiniert Eschatologie und Worttheologie und erhält dadurch sein eigentümliches Gepräge.

2.1.2 Die Engel und ihr Mangel: 5a.7.9.16

Engel sind dieser Welt, die »sein soll«, nicht übergeordnet, vielmehr unterwegs zum Dienst an den Menschen, die Rettung »erben sollen« (*mellein*, »sollen«, in 5 und 1,14 korrespondiert). Warum ist dann von Engeln (in unserem Kap. stets ohne Artikel) überhaupt weiter die Rede? Der Hebr benützt sie wie in Kap. 1 als Folie, nun neben der Christologie für die Auszeichnung des Menschen:
Ihre Stärke ist – zeigt ihm die Schrift – gleichzeitig ihr Mangel. Sie bewegen sich in den Höhen (bei der himmlischen Proskynese wie

bei ihrer Aussendung) und damit höher (**7a**) als der Mensch, höher **7a**
auch als der Sohn bei seiner Menschwerdung und seinem Leiden.
Gleichwohl fehlt ihnen in dieser Höhe Entscheidendes. Gott hat
sie nirgendwo in einem Schriftwort wie den Menschen ausgezeich-
net. Zudem stellte er Jesus nicht zu ihnen, sondern in Leiden und
Tod unter sie (**9**), zu den menschlichen Geschwistern (und die En-   **9**
gel sind ihrerseits nicht Geschwister Jesu; vgl. 10-13). Jesus greift
darauf im Ernst und der Zuwendung seines Hohepriestertums wiederum nicht nach ihnen, sondern nach dem Samen Abrahams (**16**).   **16**
Gott gedenkt des Menschen mehr als der Engel.

Um dieser Pointe willen präzisiert **5a** nebenbei eine Implikation des Mo-   **5a**
seliedes (Dtn 32/Od 2). Dieser Schlüsseltext jüdischer Angelologie bekundete in der LXX-Fassung, wie wir bei ↗ 1,6 sahen, eine Zuständigkeit
der Engel für die Völker der Erde und indirekt ihre Überordnung über
den Weltkreis (vgl. zu den Völkerengeln weiter Dan 10,13.20 f.; 12,1 und
evtl. Sir 17,17; jüngere Quellen bei *Mach* [bibl. bei 1,5-14] 257-262). Der
Hebr rückte das schon in 1,6 etwas zurecht. An unserer Stelle schließt er
vollends jede Überordnung der Engel über den Weltkreis, wie er sein soll,
aus. Wieviel Macht immer ihnen vor ihrer Proskynese (von 1,6) zustand,
gegenüber den Menschen, die gerettet werden, behalten sie ausschließlich
die Zuständigkeit des Dienens von ↗ 1,14.
Besonders interessant würde dies, falls der Hebr das negative Bild der
Völkerengel kennen würde, das in jüdischer Literatur gelegentlich begegnet: Nach Jub 15,31 (einem wichtigen Rezeptionstext zu Dtn 32) verfüh-
ren sie die Völker als böse Geister weg von dem einen Gott; ihre Macht ist
gefährlich. Würde der Hebr dies mit berücksichtigen, ließe sich das Gefälle von 1,5-2,5 nicht zuletzt als eine Entlastung seiner Leser/innen aus
den Völkern verstehen. Er teilt ihnen dann nämlich implizit mit, dass die
Engel ihnen gegenüber alle gefährliche, verführende Macht verloren. Statt
sie zu gefährden, müssen sie ihnen, den Erben der Rettung, dienen. So
gelesen, enthielte der Hebr doch eine Nuance von Polemik gegen die Engel, freilich nicht wegen ihrer Gefahr für die Christologie (wie die Forschung seit langem vermutet), sondern wegen ihrer ambivalenten Leitung
der Menschheit.

2.2 Die Herrlichkeit des Menschen nach der Schrift: 6-8b

6b–8a   Vor diesem Hintergrund erglänzt der Mensch. **6b-8a** bekunden seine Hoheit in einem Zitat aus LXX Ps 8,5-7 (auch MT Ps 8).

Das Zitat folgt LXX B‭א‬ (A hat in 5a *tis*, »wer«, statt *ti*, »was«; etliche Handschriften gleichen Hebr 2,6b darauf dem *tis* an). V 7a der LXX (»und du [scl. Gott] stelltest ihn über die Werke deiner Hände«) träte in eine gewisse Spannung zu Hebr 1,10 (dort wird »die Werke deiner Hände« dem Sohn attribuiert) und wird vielleicht deshalb vom Hebr ausgelassen (vgl. *Schröger* 82).

Der hebräische Ausgangspsalm demokratisierte Vorstellungen vom Herrscher als Stellvertreter des Schöpfergottes, um den Menschen in seiner Majestät zu rühmen. Gott krönt ihn – heißt es am Höhepunkt 6b – mit einer eigenen Prädikation, mit »Herrlichkeit und Ehre« (vgl. Ps 29,1.4; 96,6; 104,1). Ein Gipfel biblischer Anthropologie entstand, der den Alltag weit überschritt.

Die LXX gab dem durch Ergänzung der Überschrift um *eis to telos*, »zum Ziel/Ende«, einen eschatologischen Zug (8,1), um dessentwillen der Psalm speziell beim Fest oder gegen Not gesungen werden sollte (»über den Keltern« 8,1 [vgl. LXX Ps 80,1 und 83,1] evoziert die Freude der Weinernte und das Gegenüber der Klage [vgl. Klgl 1,15]). Innerhalb des Psalms erhielt sie die hebräische Struktur möglichst präzis (*hyios anthrōpou* für »Menschenkind«, *brachy ti ēlattōsas para* für »du schmälertest nur wenig« etc.). Bei *'lhjm*, das sich mit »Gott« bzw. »göttliche Wesen« übersetzen ließ, entschied sich für die Konkretion »Engel« (6), was dem Hebr den Aufbau einer Spannung zu 2,5 ermöglicht (*theos*, »Gott«, bietet gegen *Schröger* 83 Anm. 4 auch kein griechischer Nebenzeuge).

Ein Beispiel für die Aktualisierung des Psalms in menschlicher Not finden wir darauf schon in der LXX selbst, den Schrei Ijobs »Was ist der Mensch ...« Hi 7,17 (nach Ps 8,5; Gott antwortet Hi 40,10 darauf unter Anspielung auf Ps 8,6). Den Kontext dieser Stelle (Hi 7,21) benützt der Hebr in ↗ 1,3c.

Die Forschung bemühte sich, außerdem eine Messianisierung des Psalms um die Zeitenwende nachzuweisen. Sie postulierte Querlinien von 5a zum Menschen (*anthrōpos*), der nach der Bileams-Verheißung aus Israel aufstehen wird (Num 24,7.17 LXX), und von 5b zur Gestalt von Dan 7,13, die (im Unterschied zu unserer Stelle) »wie« ein Menschensohn erscheinen wird. Es gelang jedoch nicht, das an Rezeptionsquellen zu verifizieren (gegen *Schaper* u.a.). »Herrlichkeit und Ehre« *(doxa kai timē)*, das zentrale Motiv in 7, fehlt in messianischen Texten, während die Ausstrahlung auf den Tempel (2 Makk 5,16), hohepriesterlichen Dienst (vgl. Ex 28,2 LXX) und Israel als Ganzheit nachgewiesen ist (1 Makk 14,21). Offenbar hemmte die Gefährdung durch Hybris (vgl. Dan 2,37 und 4,27[30], je LXX) die messianische Anwendung.

Demnach bleibt unser Psalm primär anthropologisch zu lesen, was die jüdische Rezeptionsliteratur bis zum Mittelalter bestätigt. Sie fügt die Auszeichnung Israels (MTeh z. St. bezieht den Menschen von 5a auf Abraham, des Menschen Sohn 5b auf Isaak) und hohe Würdigung des Menschen durch unseren Ps (Belege Bill. III 680; *Leschert* 92 u.a.; sehr kritisch 3 Hen 5,10) interessanterweise mehrfach in den Rahmen einer Rivalität durch Engel ein: Engel hinterfragen den Menschen und seine Auszeichnung durch Gott (mit der Tora usw.), ohne sich durchzusetzen (bShab 88b etc.; vgl. *Schäfer* passim). Begänne diese Linie im 1. Jh., hätten wir einen hervorragenden Kontext für die Psalmverwendung im Hebr.

Das schließt nicht ganz aus, dass der Psalm punktuell bereits vor dem Christentum außerdem in der Hoffnung auf einen einzelnen Menschen als Heilsträger Gottes gesungen wurde. Die Rezeption in 1 Kor 15,25-27; Eph 1,21f. setzt dies nach *Hengel* (der strittig auch 1 Petr 3,22 zu den Rezeptionen zählt, vgl. a. a. O. 144f.) voraus. Wahrscheinlicher allerdings gewahrt erst das Christentum diese Potenz, und das an einer einzelnen Zeile des Psalms, V 7b; alle Stellen beschränken sich nämlich auf die Kombination dieser Zeile (»alles ordnetest du unter seine Füße«) mit dem seit alters zentralen christologischen Ps 110[LXX 109],1 (ohne frühjüdische Vorläufer).

Auch diese Rezeption besetzt den Psalm lange nicht in seiner Gesamtheit christologisch (*Albl*s Versuch, Hebr 2,6-8a insgesamt einem christologischen Testimonium zuzuschlagen, überzeugt nicht [↗1,4-14 §1.2]; abzuweisen ist *Goulder*'s These, Ps 8 bilde die Basis der frühchristlichen Menschensohnchristologie). Bis weit in die Alte Kirche ragt neben der christologischen die anthropologische Ps-Lektüre (*Tatian*, Or. ad Graec. 15,20 [Otto]; *Clemens Alex.*, strom. IV 8,7; *Chrysostomus*, hom. IV 2, PG 63, 38-40 u.a.). Die gnostische Rezeption in NHC VII 2, 53,35-54,4 (der Kosmokrator würdige den Menschen nach Ps 8,5, doch darüber sei zu lachen) tritt daneben (wichtig zum Nachweis, wie dünn Spuren unseres Textes zum gnostischen Urmenschen sind; anders *Käsemann* 78).

Überschauen wir die Textgeschichte, ergibt sich für den Hebr eine doppelte Basis. Nach der LXX, aus der er ihn zitiert, hat er den Psalm anthropologisch zu lesen; es geht um Würde und Hoheit des Menschen. Aus dem Christentum aber kennt er zugleich den Impuls, den Psalm christologisch zu ergründen. Darauf nützt er in einer theologisch überragenden Leistung beide Interpretationen. Er beginnt anthropologisch:

Das Zitat erwidert auf Gottes Zeugnis für unsere (der Menschen) Rettung von 3f. und stimmt darin ein (der Stamm *martyresthai*, »bezeugen«, korreliert 4 und 6). D.h., weil Gott sich machtvoll vor uns äußerte und äußert (in Zeichen, Machtäußerungen und Teilgaben heiligen Geistes), hören wir das – scheinbar formlose, tatsächlich solenne (↗§1.1 zu **6a**) – Zeugnis der Schrift, wie groß   **6a** der Mensch dadurch ist, dass Gott auf ihn blickt (6b.c; *episkepto-mai* hat den Klang zugewandten Hinblickens: vgl. Lk 7,16; Apg 7,23; 15,36 usw.): Gott machte ihn wenig geringer als die Engel (7a, gelesen nach LXX [indirekt HT]). Er krönte ihn aus seinem eigenen Glanz mit Herrlichkeit und Ehre und ordnete alles unter seine Füße (7b.8a). Das ist eschatologische Wirklichkeit (der »Weltkreis, der sein soll« 5 absorbiert *eis to telos*, »zum Ende«, der LXX) und wird im Hören doch definitiv gegenwärtig.

8b 8b unterstreicht die Pointe und macht sogar die kurze Minderung des Menschenkindes gegenüber den Engeln irrelevant (8b übergeht sie). Denn Gott nahm, als er die Unterordnung von allem vollzog, nichts aus der Unterordnung aus.

Hier wirkt zusätzlich zu Ps 8 die Auslegungsgeschichte von Gen 1 ein. Sie nämlich fasste die Auszeichnung, die Gott dem Menschen gewährte, als er ihn nach seinem Bilde schuf und segnete, gleichermaßen mit unserem Motiv zusammen: Gott ordnete dem Menschen alles unter.

ApkSedr sah darin die Engel vor deren Auflehnung (s. 5,2 vor 6,2), ApkMos 10,3 sogar die Schlange von Gen 3 zunächst einbeschlossen. Philo dagegen differenzierte, Gott habe dem Menschen alles Sterbliche in Erde, Wasser und Luft untergeordnet, nicht die himmlischen, eines »göttlicheren Loses« teilhaftigen Wesen (opif. I 84). Es reizt, den Hebr Stellung gegen die philonische Einschränkung beziehen zu sehen.

Der Hebr vertieft mithin LXX Ps 8 durch Gottes Schöpfungsbestimmung. Die Herrlichkeit, die im Hören vom Ende her für die Gegenwart gilt, ist die Hoheit, die Gott dem Menschen von Anfang an zudachte.

Die überragende Aussage veranlasste Ausleger allmählich, unseren Abschnitt christologisch statt anthropologisch zu lesen, obwohl die Einführung des Namens Jesus erst im nächsten Abschnitt (9) und der Gebrauch von *anthrōpos*, »Mensch«, im Hebr (bes. 8,2) dem, wie immer wieder auffiel, entgegenlief. Verstanden sie *brachy ti* im Sinn der LXX, mussten sie es darauf auf die menschliche Natur Christi beziehen; diese sei nach dem angenommenen sterblichen Körper »wenig geringer als die Engel«, schlug *Thomas v. Aquin* vor (diskutiert bis *Erasmus** 706). Die Mehrheit bevorzugte eine temporale Lektüre: Christus habe kurze Zeit unterhalb der Engel, d.h. auf Erden verweilt (*Erasmus** selbst a.a.O.). Die Position Thomas' verlor sich allmählich. Die Dominanz der christologischen Deutung mit dem temporalen *brachy ti* hält sich. Die neuere Forschung kombiniert sie teilweise mit der Anthropologie (Lit. bei *Schierse* 102; *Zimmermann* 1977, 158; *Vanhoye; Laub* 62; *Loader* 32 ff.; *Peterson* 52). Das behält für die folgenden Verse sein Recht. Indes kompliziert sich der Textgang unnötig, wenn wir schon das Zitat 6b-8a in sich christologisch deuten.

2.3 Die Rettung der Herrlichkeit durch das Christusgeschehen: 8c-15

Weil Ps 8 und Gen 1 den Menschen überwältigend auszeichnen, wird bewusst, wie wenig wir den göttlichen Glanz im vordergründigen Leben sehen. Das Auge erblickt, konzediert **8c** knapp, die Unterwerfung von allem »noch nicht«.   **8c**

Der Hebr hält sich nicht damit auf, das auszuführen. Die Leserinnen und Leser kennen die Einschränkungen zur Genüge. Was sie brauchen, ist eine Orientierung dagegen, der Hinweis: Die Schwelle zu der nach dem ersten Empfinden transzendenten, fernen Wirklichkeit Gottes und fernen Herrlichkeit des Menschen liegt trotz des »Noch-nicht« nicht vor, sondern hinter ihnen. Sie haben die Schwelle überschritten.

Das sehen sie – expliziert der Text – an Jesus, dem Menschen, ihrem Geschwister, der sie anführt (nach *Wider* 56 im Sehen des Glaubens). Denn Jesus trat sichtbar (»wir sehen« 9a) in die Beschreibung des Ps 8 ein. Sein Weg macht die Einschränkungen durch Tod und Teufel zunichte. Der Glanz Gottes an ihm rettet die Herrlichkeit des Menschen (9-15; vgl. *Koester*[*] 220-223).

2.3.1 Das Schriftwort und der Anführer der Rettung: 9-10

Der erste Schritt zur Plausibilisierung dessen fällt dem Hebr leicht. Er muss Ps 8 nun nur christologisch lesen, wie es ihm und seinen Leserinnen und Lesern bereits ansatzweise vertraut ist. Darauf setzt er in **9a** »Jesus« für »Mensch« und »Menschenkind« aus Ps   **9a** 8,5 (erleichtert dadurch, dass *anthrōpos*, »Mensch«, auch anderweitig auf Jesus bezogen wird [1 Tim 2,6] und *hyios anthrōpou*, »Menschensohn«, an Jesu Menschensohnprädikat [*ho hyios tou anthrōpou*] erinnert) und attribuiert Jesus die beiden Zeilen von Ps 8,6. Es ergibt sich:

Jesus wechselte dadurch, dass er »kurz geringer gemacht wurde als Engel« (Zeile eins), aus der Hoheit von Kap. 1 (vgl. bes. 1,3d.4) unter die Engel. Er tat dies *brachy ti*, in der zeitlichen und räumlichen Kürze seines irdischen Weges (s. Anm. 5 zur Übersetzung) und –

gemäß dem Verb *elattesthai* – als Minderung. Worin diese Minderung besteht, beantwortet der Übergang zur Erhöhung: Sie fußt auf seiner Partizipation am menschlichen Erleiden des Todes.

Die Wendung »Leiden am Tod« ist vor dem Hebr nicht belegt. Die meisten Auslegungen übersetzen *to pathēma* pronominal (»sein« statt »das« Leiden) und verstehen *tou thanatou* epexegetisch (wie BauerAland 1219 s. v.). Unsere Zeile spräche dann allein vom Todesleiden Jesu. Der Artikel (ohne ergänzendes *autou*) legt jedoch einen Fortschritt des Verses vom allgemeinen Leiden am Tod, an dem Jesus in seiner Erniedrigung teilnimmt (unsere Zeile), zu Jesu Schmecken des Todes zugunsten eines und einer Jeden (9b) näher.

Durch die Syntax entsteht eine bemerkenswerte Schwebe. Der Tod, der Jesus mit uns verbindet, erniedrigt ihn und ist doch von vornherein aus dem Gegengewicht der Erhöhung (der zweiten Zeile von Ps 8,6) zu sehen. Der Text komprimiert das aufs äußerste. »Wir sehen« – formuliert er – »Jesus wegen des (seines und unseres) Leidens am Tod mit Herrlichkeit und Ehre bekränzt, auf dass er durch Gottes Gnade den Tod für jeden schmecke«.
Der Sinn der (in der Forschung stets umstrittenen) Formulierung erschließt sich, sobald wir die in 6-8a entworfene Anthropologie um den Tod vervollständigen: Der Tod schränkt das menschliche Leben gegen Gen 1 ein (s. Gen 2,17; 3,4 usw.; eine Zusammenschau mit den Leiden der Sünde Röm 7,5) und bildet ein Hauptdefizit des Menschen gegenüber den Engeln, belegt mithin den anthropologischen Mangel aus Ps 8,6 (Hebr 2,7a).

Das wahrscheinlich kurz nach dem Hebr aufkommende hermetische Denken differenziert: Der Tod trifft das sinnliche Leben. Deshalb solle sich als unsterblich erkennen, wer den Geist in sich habe; wer indes den Körper liebe, erleide irregeleitet das Todesgeschehen (CH 1,18f.). Der Hebr schließt einen solchen Dualismus aus. Wie der Mensch gänzlich den Tod erleidet, erleidet Jesus die Minderung uneingeschränkt.

Diesen Mangel aber lässt Gott (s. die Passiva divina) nicht bleiben. Er bekränzt Jesus gerade »wegen des Todes«, den ein jeder Mensch erleidet, »mit Herrlichkeit und Ehre«. So wandelt sich der Tod in der theologisch-christologischen Betrachtung zu einem Glied der Erhöhung. Gott überstrahlt ihn und alles, was sich an Schmach mit ihm verbindet, durch den Weg Jesu mit seinem Glanz. Dem ist dann nur noch hinzuzufügen, dass das für einen jeden Menschen geschieht. »Für jeden« und »für jede« *(hyper pantos)* schmeckt Jesus den Tod und äußert darin »durch Gottes Gnade« die ihm von Gott gewährte Herrlichkeit und Ehre, expliziert **9b**.   **9b**

Ein »zum Zweck, dass« (*hopōs*; s. Anm. 10 zur Übersetzung) fügt das »Für« an die Krönung Jesu mit Herrlichkeit und Ehre an. Die Hoheit Jesu wird zum Vorzeichen seines Sterbens. Wenn anders als hier bereits 6b-8a christologisch entziffert und 9a auf das Todesleiden Jesu eingeengt wird, verliert sich dieser intensive Fortgang des Textes. Die Forschung erwog seit *Semler* sogar eine Löschung von 9b (ohne Basis in den Handschriften, trotzdem bis *März** 28 diskutiert).

Wäre in 9b statt »durch Gottes Gnade« »ohne Gott« zu lesen, spitzte sich die Pointe nochmals zu. Der Tod träte uns als gottverlassenes Zunichtewerden vor Augen, und das Christusgeschehen bürge selbst diesen äußersten Schrecken in Herrlichkeit und Ehre der Gottesgegenwart. Angelegt ist diese Stoßrichtung auch im handschriftlich besser bezeugten Wortlaut mit »Gnade«. Wir dürfen letzteren bevorzugen, ohne dem Skopus viel abzubrechen.

»Gnade« (*chariti*) wird von p[46] A B C D 33 usw. gestützt. Doch geht »ohne Gott« (*chōris theou*), getragen von vielen Kirchenvätern, nicht minder weit zurück und sieht der älteste Zeuge, *Origenes* (etwa zeitgleich zu p[46]), es stärker als *chariti* vertreten (comm. in Jo., PG 14 I, 40 [Sp. 93]; vgl. PG 14 XXVIII, 14 [Sp. 720]). Die äußere Textkritik gerät an eine Grenze.
Inhaltlich bereitet »durch die Gnade Gottes« den Folgevers (10) vielleicht etwas besser vor (weshalb *Weiß** 201 f., *Gräßer** I 124 f. u. a. sich dafür entscheiden). »Ohne Gott« (bevorzugt von *Braun** 57 u. a.) dagegen radikalisiert 5,7 und Jesu Schmach von 12,2; 13,12 f.; eine Gottverlassenheit Jesu im Sterben resultiert, die – anzusiedeln zwischen Jesu Alleingelassensein von Mk 15,34; Mt 27,46 und seiner Übergabe an den Fluch der Gottesferne von Gal 3,13 – nicht minder zur Radikalität des Hebr passt.
Die Genese beider Varianten ist erklärbar (auch wenn wir auf die bei *Metzger*** 594 erwogenen Hypothesen einer einfachen Verschreibung oder einer auf dritte Interessen zurückgehenden Glosse verzichten). Entstand *chariti* (»durch die Gnade«) sekundär im 2. Jh., entschärft es die anstößige Radikalität, Jesus sei »ohne Gott« gestorben. Erwuchs umgekehrt *chōris* (»ohne«) sekundär, bemüht es sich, einen anderen damaligen Anstoß, nämlich ein Involviertsein Gottes ins Leiden, zu vermeiden (vgl. die Debatte um das Leiden Christi seit IgnEph 7,2; IgnPol 3,2). Auch die innere Textkritik (seit *Harnack* 236-244) bringt damit keine endgültige Lösung. Wir stehen vor einem der Beispiele, in denen der Ausgangstext des Hebr nicht endgültig zu sichern ist (↗ Einleitung § 2.4; weitere Lit. *Ellingworth** 156 f.).

Zur Zusammenfassung umschreibe ich den Text: »Den aber, der kurz (kurze Zeit und kurzen Weg) geringer als Engel gemacht war, sehen wir, Jesus, (in der Minderung) wegen des (unseres und seines) Leidens am Tod (und zugleich gegen diese Minderung) mit Herrlichkeit und Ehre bekränzt, auf dass er (der mit Hoheit Bekränzte) durch Gottes Gnade den Tod (die äußerste Gottesferne) für jeden (einer Jeden und einem Jeden zugute) schmecke (und damit selbst die äußerste Gottesferne in der herrlichen Gottesgegenwart berge).«

Nach *Dunn* wäre unter dieser Linie eine Christologie des letzten Adam, der den im ersten Adam verlorenen Weg durch den Tod öffnet, zu entdecken. Die zwei Zeilen des Psalms evozierten außerdem Erniedrigung und Erhöhung. Allerdings wird *elattesthai brachy ti* (»kurz/ein wenig gemindert werden«) nie zuvor für Jesu Erniedrigung gebraucht und ersetzt im Passivum divinum das aktive *tapeinoun* (Sich-Erniedrigen Christi) aus Phil 2,8. Durchgängiges Handeln Gottes löst mithin die Selbst-Erniedrigung und gottgewährte Erhöhung ab, die Phil 2 prägen, und begrenzt die Erniedrigung; »kurz« in Zeit, Raum und Sache ist sie, während Phil 2,6-8 sie steigert. Das bestätigt, wie sehr der Hebr das Erniedrigungsgeschehen in den Hoheitsvorgang einordnet.

10 10 profiliert den Gang weiter: Wir brauchen keinen Umbruch im Gottesdenken, um Jesu Passion (*pathēmata* Plural; vgl. 1 Petr 1,11; 4,13; 1 Clem 2,1) zu begreifen, und meinte sie die äußerste Gottesferne. Denn der Schöpfer (»dessentwegen alles und durch den alles ist«) balancierte seine Hoheit und die Not der Menschen (seiner vielen Kinder) in den von seiner Herrlichkeit überstrahlten Leiden Jesu aus. Er erachtete es als angemessen (vgl. §1.1), den Anführer der Rettung durch Leiden hindurch zu vollenden.
Nach den Parallelen von 9 zu 7 ziehen die Leserinnen/Leser unwillkürlich eine solche zu 8a.b: Gott, durch den alles (*ta panta* 10) – und damit auch Tod und Leiden – ist, unterwarf Jesus alles (*ta panta* von 8b). Er minderte ihn lediglich »durch die Leiden hindurch«, um ihm die Leiden zu unterwerfen und dadurch seine Hoheit zu »vollenden«, d. h. in eine Qualität und Fülle zu führen, über die hinaus nichts Größeres gesagt werden kann. Das macht ihn zum Anführer des rettenden Handelns Gottes (der *sōtēria;* vgl. 1,14; 2,3), der den Menschen als Gottes »vielen Kindern« den Weg zur Herrlichkeit *(doxa)* weist.

Das noch in 12,2 sowie Apg 3,15; 5,30f. begegnende Christusprädikat »Anführer« (*archēgos;* dazu *Johnston; Käsemann* 79-82; *Friedrich* 1982, 156-175; *Karrer* [↗ bei 1,1-4] 114f.; *Müller*) kombiniert *archē* (»Anfang, erster«) und *agein* (»führen«) zum Bild eines Ersten, der seinen sozialen Kreis – in der Christologie stets heilsam, zum Leben – anführt. Die Vorgeschichte umfasst ein Spektrum vom Vertrauten bis zum Fürsten (all-gemeingriechisch einschließlich Fürst der Götter). Der Hebr gewahrt die Chance, die Hoheit und leitende Kraft Jesu in ein Wort zusammenzufassen.

Trotz der Bandbreite weist die Begriffsgeschichte zugleich eine bemerkenswerte Lücke auf. »Anführer« sind in der Schrift die leitenden Gestalten Israels (ab Ex 6,14), doch nie der Hohepriester. Der Hebr nähert sich demnach auch in unserem Kap. erst allmählich der Hohepriesterchristologie. Nebenbei entscheidet das die Deutung von »vollenden« *(teleioun):* Das Verb ist (wie oben umschrieben) im allgemeinen Sinn zu verstehen. Dass Jesus durch die Leiden als (himmlischer) Priester eingesetzt werde, wie viele Ausleger wegen der Übertragung von »die Hände füllen« aus der Priesterinvestitur ab Ex 29,9 LXX durch *teleioun* in der LXX meinen, bildet lediglich einen schwachen Nebenton (zu *Dibelius* u.a.).

Interesse verdient der Vorschlag einer Josua-Typologie (*Jones* 629f.), obwohl die jüdische Literatur *archēgos* nicht besonders mit Josua verbindet. Denn der Vorschlag macht auf das Gefälle zu 4,8 aufmerksam: Jesus gelingt die Anführung zur Rettung, an der Josua (in 4,8 gemäß LXX gleichfalls »Jesus« geschrieben) in der Geschichte des Gottesvolkes scheiterte. Die eine Zeitlang erwogenen hermetisch-gnostischen Einflüsse dagegen bewährten sich nicht. Im Erlösermythos spielen nur angrenzende Begriffe eine Rolle (CH 1,26; 4,11; 10,21 usw.), während *archēgos* sich auf die Aufnahme biblischer Schriften konzentriert (Jer 3,4 LXX in NHC II 129,21; Apg 3,15 in NHC VIII 139,27; vgl. 140,4).

2.3.2 Jesu Geschwisterschaft und die Ekklesiologie des Hebr: 11-13

Was 10 als Gott angemessen deklariert, ist es für die antike Umwelt nicht. Sie trennt die Himmlischen von Leid, Not und Schmach der Menschen und fragt: Muss ein hoher Anführer der Rettung wirklich gemindert werden? 11 antwortet: Jesus nimmt die Schmach **11** sogar gezielt auf sich. Er grenzt die Heiligkeit des Himmlischen nicht vom Elend der Menschen ab. Er durchbricht die heilige Scham, die verböte, die vielen Kinder, die er auf dem Weg der Rettung führt und dadurch heiligt (zur Teilhabe am himmlischen Kult befähigt), Geschwister zu nennen. Denn sie stammen wie er »aus Einem« *(ex henos),* dem einen Gott.

Ex mit Genitiv gibt geläufig den Stammvater an (weshalb eine neutrische Auflösung des Genitivs *henos* – »aus einem Stamm« o.ä. – ins Glied zu stellen ist). Irdisch könnte das Abraham (s. *aph' henos* 11,12; *Swetnam* 1981, 132-134 u.v.a.) oder Adam (s. *ex henos* Röm 5,16; *O. Procksch,*

ThWNT I [1933] 113 u. v. a.) meinen. Doch bietet unsere Passage nicht mehr als Anspielungen auf Adam, einen Hinweis auf Abraham erst später. Das macht Deutungen in dieser Richtung (bei *Ellingworth** 165 geöffnet auf die Herkunft aus dem Volk Gottes; vgl. *laos* 2,17) unwahrscheinlich. Alles spricht dafür, in *heis* den »einen« Gott von Dtn 6,4 zu erkennen.

Der eine Gott teilt sich, wie wir bereits wissen, »vielfach« mit (↗1,1) und hat »viele Kinder« (2,10; eine Aufnahme der Gotteskindschaft Israels). Es ist ihm gemäß, nicht bei sich zu bleiben, sondern sich zu äußern und zu entäußern. Gleichwohl überrascht unsere Stelle. Sie verzichtet auf jede Abstufung zwischen dem einen Sohn und den vielen Kindern Gottes (etwa im Sinne, dass Gott diese vielen als Menschengeschlecht doch »aus einem« – Adam – »geschaffen« hätte; vgl. Apg 17,26). Um der Hoheit der Menschen willen wagt sie die Behauptung ihrer unmittelbaren Verwandtschaft mit Jesus aus Gott.

Die Wurzeln dafür liegen in jüdischer Reflexion. Israel besitzt, wie Philo schreibt, eine Verwandtschaft *(syggeneia)* zu den göttlichen Dingen *(ta theia)*, die aller irdischen Blutsverwandtschaft überlegen ist (virt. 79). Der Hebr erweitert also das Schöpfungsdenken um die unmittelbare Verwandtschaft, die der Schöpfer Israel gewährt. Allerdings reicht der Impuls weiter. Die vielen Kinder-Geschwister greifen über Israel aus, und das *ex henos* orientiert sie so ursprünglich an Gott, dass ihre Geschöpflichkeit unter Blut und Fleisch potentiell einen sekundären Rang erhält (vgl. 14).

Ein wichtiger Forschungsstrang sieht eine Strukturanalogie zur Gnosis, in der die *syggeneia* zur metaphysischen Verwandtschaft zwischen Erlöser und Erlösten gegen die Schöpfung umbricht (vgl. bes. *Käsemann*** 90-95; *Gräßer* 1965**, 209; *Braun** 60f.). Da die gnostischen Texte jünger sind, dürfen wir aber von nicht mehr als einer Vorbereitung der Gnosis sprechen (vgl. Einleitung §7.3).

12   Parallel führt **12**-13 uns in den himmlischen Raum von Kap. 1 zurück. Dort sprach der Vater zum Sohn. Nun antwortet Jesus (vgl. Einleitung §5.2). Er blickt aus der Präexistenz auf die Geschichte, die sein soll und sein wird (s. die Future in 12 und 13aβ; vgl. *Theobald*** 774 ff.). Dabei überspringt er, legitimiert durch 9 und dennoch kühn, jeden Schmerz von Gottverlassenheit und Tod. Er zitiert aus dem für die Passion grundlegenden Leidenspsalm 21 LXX (in MT ist es 22) nicht seine Not und seinen Schrei nach Rettung (21,2.19.22; vgl. bes. Mk 15,34; Joh 19,24), sondern gleich das jubelnde Wort des Geretteten (21,23). In diesen Jubel (nach *hymnein* in Z. 2 kultischer Jubel) bezieht er zudem die Geschwister ein. Seine Verkündigung geleitet auch sie über den Tod hinaus. Mehr noch, sie heißt sie gerade darin Gemeinde *(ekklēsia)*. Das stellt, da der Begriff hier erstmals auftaucht, die Weiche für die Ekklesiologie des Hebr:

Der Sohn konstituiert die Gemeinde im Zitat der Schrift. Er verwirklicht das in der Schrift Vorgezeichnete und sammelt seine Geschwister durch die Verkündigung des Namens Gottes (entsprechend der Worttheologie des Hebr) zum Preis Gottes. Er macht sie zur Gruppe der Menschen, die auf die Vollendung hin und im Wissen um diese leben. Die Zukunft Gottes und der Himmel gerät ihnen darum implizit näher als die Welt. Sie treten gleichsam zu den Erstgeborenen im Himmel und vollendeten Gerechten (↗ 12,22 f.).

Dort verankert sie das Vertrauen auf Gottes rettendes Handeln. »Ich werde voll Vertrauen auf ihn sein«, zitiert Jesus in **13** aus LXX 2 Kön [2 Sam] 22,3; Jes 7,17; 12,2 (diè Wendung kommt in der LXX mehrfach vor; der Hebr passt sie seinem Text leicht ein), und ebenso »die Kinder, die Gott mir gab« (nach Jes 8,18 LXX). Die Gemeinde bedarf, weil sie sich von der Welt entfernt, eines Vertrauens, das die Welt übersteigt und sich allein aus Gott speist. Wir sind »voll Vertrauen« *(pepoithōs)*, legt den Grund des Glaubensverständnisses im Hebr.

Solches Vertrauen ist nicht selbstverständlich. Israel schied sich daran, wie der Kontext der zitierten Stellen erhellt (und dass der Hebr den Kontext seiner Zitate beachtet, kennen wir aus Kap. 1). Oft und oft erfuhr es Gott rettend (s. die Kontexte von LXX 2 Kön [2 Sam] 22,3; Jes 12,2). Es hörte, wenn es Gott vertraue, sei er sein Heiligtum *(hagiasma* Jes 7,14 LXX; vgl. *hagiazein*, »heiligen«, in Hebr 2,11). Indes stolperte das Haus Jakobs. Es stürzte in eine Falle (Jes 7,14 f. LXX), und Gott wandte sein Angesicht von ihm ab. Wer jetzt auf Gott traut (der Vertrauende von Jes 7,17 und die Kinder, die Gott ihm gab, von 7,18 LXX in Hebr 2,13), ist darum ein Zeichen in Israel; sein Kreis macht das Fehlverhalten der anderen in Israel und ihre Missachtung des Gesetzes (Jes 8,16 LXX) offenkundig.

Jes 8 LXX (mit wesentlichen Abweichungen zu MT) meinte damit den Kreis um den Propheten (den Prophet und seine »Kinder«). Doch verzichtete 17a darauf, das zu explizieren. Die dortige Eröffnung »er wird sagen« ließ das Subjekt offen. Das ermöglicht dem Hebr die Übertragung auf Jesus.

Das Gemeindeverständnis unseres Textes vertieft sich. Es stützt sich auf die Schrift Israels und errichtet zugleich für das Israel, das (seiner Auffassung nach) stolpert, ein Zeichen. Das bedeutet nicht, dass die Gemeinde des Hebr sich ausschließlich aus Personen jüdischer Herkunft zusammensetzen muss; vielmehr öffnet Gott seine Verwandtschaft über die irdische Blutsverwandtschaft Israels hinaus (vgl. Einleitung § 8.4). Doch wer in diese Verwandtschaft eintritt und sie verwirklicht, ist an den Gott Israels gewiesen, und Israel bleibt primärer Adressat. Der Hebr versteht sich – wenn wir dies zusammenfassen – als eine dem Gott Israels gemäße Schrift Israels und gliedert seine Leserinnen/Leser Israel (dem Israel seines Verständnisses) ein, wie verstreuter Herkunft immer sie sind und obwohl er den spannungsvollen Ort seiner Theologie in Israel wahrnimmt.

Konsequent wählt er in 16 Abraham, nicht Adam zur Bezugsperson und nennt in 17 das Gottesvolk seines Textes *laos*, wie herkömmlich Israel heißt. Im Nachhinein wissen wir, dass diese Konzeption scheiterte und Israel und Christentum (der Völker) sich weiter trennten, als er für möglich hielt. Aber die Herausforderung des Hebr bleibt. Innerhalb ihrer ist eine zweite Implikation zu beachten: Die beschriebene Weichenstellung schließt wie ↗2,2 f. eine Abrogation des Gesetzes aus (oder der Hebr müsste gerade Jes 8,16 LXX, den Vers unmittelbar vor seinen Zitaten, gegen seine sonstige Berücksichtigung der Kontexte missachten).

2.3.3 Jesu Fleischwerdung und der Teufel: 14 f.

Die Kinder, die Gott Jesus gab, sind Menschen. Ungeachtet ihrer beschriebenen Höhe bestimmen »Blut und Fleisch« ihre vorfindliche Faktizität (14, vgl. Eph 6,12 und Joh 1,13; die Wortstellung »Fleisch und Blut« dominiert um die Zeitenwende etwas weniger als heute). Sie machten sich dem Trachten und der Not des Leibes aus Blut und Fleisch gemein (*koinos* assoziiert Gemeinsames und Gemeines; zum Trachten des Fleisches vgl. Philo, her. 57, zur Zusammenfassung von »Blut und Fleisch« als »Leib« [*sōma*] 13,3b). Der Hebr spricht nicht aus, dass sie dies unter Preisgabe einer höheren, geisthaften Existenz taten. Indes bahnt sein Schweigen über den lebendigen, vernehmenden Geist der Menschen diese Möglichkeit an (12,6 nennt Gott gegenbildlich Vater der Geister). Die Geschöpflichkeit erhält sekundären Rang und negativen Klang.

Allerdings besagt das noch nicht, die menschlichen Wesen seien vorab als metaphysische Geistwesen zu denken. Der Hebr geht gnostisch-dualistischer Spekulation voraus (vgl. aber die bei 11 genannte Lit. und *Theißen* 121 f.).

Gleichwohl würdigt Jesus diese mindere Leiblichkeit. Er tritt aus Gottes Raum in die Propria seiner Geschwister, macht sich in einer kühn aktiven Beschreibung seiner Menschwerdung zu ihrem unmittelbaren Nachbarn in Blut und Fleisch und nimmt an ihrer Fluchtlinie zum Tod teil. Lediglich eine volle Identität vermeidet seine Nachbarschaft (*paraplēsiōs*, »gleichermaßen«, beziffert Nähe in einem Nebeneinander). Namentlich übergeht sie das Trachten des Fleisches (eine Voraussetzung für die später wichtige Sündlosigkeit Jesu; vgl. 4,15).
Unsere Stelle, zusammen mit Joh 1,14 die deutlichste Inkarnationsaussage des Neuen Testaments, reflektiert die Menschwerdung damit nicht um der personalen Christologie, sondern um der Soteriologie, der Rettung der Geschwister willen. Die Pointe ist einfach und nach 9 f. folgerecht: Durch die Fleischwerdung nimmt Jesus das Todesleiden im Wechselspiel zu seiner Herrlichkeit auf sich und entmachtet so den Tod und den Machthaber des Todes, den Teufel.
Die Formulierung impliziert nochmals eine wesentliche anthropologische Entscheidung. Der Tod ist laut ihr nicht Bestandteil des natürlichen Lebens (gegen viele heutige Auslegungen der Schöpfungserzählungen aus Gen 1-3). Er stellt vielmehr eine Beraubung des Menschen um seine Hoheit dar, die der Teufel, eine alles durcheinander bringende Gegengestalt gegen Gott, auslöst (»Teufel« ist aus *diabolos*, wörtl. »Durcheinander-Werfer«, entlehnt).

Diese These ist bereits um die Zeitenwende nicht selbstverständlich. Ein Teil der jüdischen Zeitgenossenschaft fürchtete den Tod nicht, schätzte ihn vielmehr fast, weil er aus dem Leib befreit. Ihr gehörte Philo zu (bes. All. I 108; II 34), der dem *diabolos* auch sonst keine Relevanz gibt (der einzige Beleg, Sacr. 32, vertritt eine Drittbedeutung, *satanas* fehlt vollständig). Erneut ist also der Hebr nicht zu eng von Philo her zu lesen.
Für ihn konstitutiv ist die alternative Linie, die sich in Weish 2,23 f. verdichtet: Während Gott den Menschen als sein Ebenbild zur Unvergänglichkeit schuf, sei der Tod durch den Neid des Teufels in die Welt gekommen. Sie nimmt im Judentum später einen Weg zur Identifikation von Satan und Todesengel (bBB 16a).
Das Christentum spricht jenseits des Hebr lediglich vom Stachel des Todes u. ä. (1 Kor 15,55; 2 Tim 1,10), nicht von der Todesmacht des Teufels

(auch Offb 12,10 nicht). Das gibt der Aussage über den Teufel im Hebr ganz eigentümliches Profil.

Der Hebr formuliert um so gewagter, als *kratos*, »Macht«, sonst in den Lobpreis Gottes weist (1 Tim 6,16 usw.). Der Teufel maßt sich also göttliche Kraft an. Seine Todeskraft löst entsprechend Furcht aus, wie sie sonst Epiphanien Gottes begleitet (**15**). Die Todesfurcht **15** versklavt darauf das ganze Leben, sei es als lebenslange Furcht, sei es als lebenslange Verfallenheit (vgl. Anm. 14 zur Übersetzung). Um sie zunichte zu machen, bedarf es einer radikalen Änderung, die vom Teufel und seiner Macht weg steuert. Der soteriologische Kreis schließt sich: Die Herrlichkeit des Christusgeschehens entmachtet den Teufel, indem sie den Tod in sich integriert.

Die Todesangst oder besser: der Wunsch, die Todesangst nicht Herr werden zu lassen, bildet ein breites Thema des Hellenismus und der frühen Kaiserzeit (Belege von Plato, resp. 386a-387d bis Cicero, I 47 f. und Seneca, ep. 24,4 in *Wettstein*** 1084-1088), dort natürlich stets ohne Verweis auf den *diabolos*. Vielleicht berücksichtigt der Hebr das, da 15 den Teufel lediglich unausgesprochen im Hintergrund belässt und von der Todesfurcht an sich spricht. Der Vorschlag *Schmidts*, in der fortlaufenden T-Assonanz (und Alliteration) 14b eine rhetorische Anspielung auf das Kreuz zu sehen (das nach Auffassung vieler früher Christen T- und nicht die heute vorherrschende †-Form hatte), vertieft die Gegenpointe des Hebr, ist aber nicht verifizierbar.

2.4 Schlussthese – der zuverlässige Hohepriester: 16-18

2.4.1 Die Bündelung vertrauter Aspekte

16-18 summieren. So kennen wir bereits, dass Jesus in seiner strengen, rettenden Zuwendung nicht auf die Engel, sondern auf den **16** Samen Abrahams zugreift (**16**), und die Leserinnen und Leser des Hebr, welcher Herkunft immer sie sind, über Abraham und seine Nachkommenschaft auf das Gottesvolk hinordnet.

Statt »er greift zu« setzen die meisten Übertragungen in 16 »er nimmt sich an« (z. B. BauerAland 598). Doch ist nach neuerer Untersuchung die Strenge des Zugriffs zu beachten, die *epilambanetai* auch dort enthält, wo ein positiv gesehener Personenkreis das Objekt bildet (überspitzt *Dolpe*).

Interessant ist *Aschim*'s Erwägung, die Nennung Abrahams zeichne die Begegnung mit Melchisedek und damit den Fortgang zu 7,7-10 vor (Gen 14,18-24). Seine Querlinie schon von 14 zu Melchisedektradition (nämlich dem Kampf des Melchisedek aus 11QMelch II 12-14 mit Belial) überzieht allerdings den Text.

Außerdem sind wir darauf eingestellt, dass Jesus seinen Geschwistern notwendig in allem gleich wird und sich ihnen eingliedert (17a; vgl. 11.14a). Denn gerade weil er gelitten hat und dadurch –   **17a** wie wir aus 9f. wissen – den Tod herrlich bewältigte, übt er die Macht aus, ihnen zu helfen.

2.4.2 Die Fortführung: Der barmherzige, zuverlässige Hohepriester

In diesen Rahmen stellt **17b** eine grundlegende Weiterführung: Je-   **17b** sus musste den Geschwistern gleich werden, »damit er […] Hohepriester vor Gott dazu werde, die Sünden des Volkes zu sühnen.« Eine für den Fortgang zentrale, neue Begrifflichkeit, das Hohepriestertum Jesu, erscheint, als ob sie den Leserinnen und Lesern vertraut sei. ↗3,1 bestätigt darauf, das Hohepriesterprädikat (archiereus) sei Bekenntnistradition. Allerdings fehlen uns ältere Quellen, so dass die Tradition erst kurz vor der Abfassungszeit des Hebr entstanden sein kann.

Die Forschung bemühte sich, längere Linien im Urchristentum aufzuspüren (*Friedrich* 1956) und mehr geprägtes Gut zum Hohepriester im Hebr zu finden (*Schille; Zimmermann* 1964 u. a., bes. über ↗3,1; 5,7-10 und 7,1-3). Doch erwiesen sich alle Einzelnachweise als schwierig (vgl. Einleitung §§2.1, 5.4 und 7.4). Die ältesten Zeugen bleiben Hebr, 1 Clem (36,1; 61,3; 64) und Ignatius (IgnPhld 9,1). Danach nehmen die Belege zu (2 Polyk 12,2; MartPol 14,3; Justin, dial. 116; lat. Melito, Frg. 15 240,10 Perler), ohne ein grundlegendes Element der Theologie des 2. Jh. zu werden (*Hossfeld/Schöllgen* 24 ff.).

Das antike Erleben von (sei es jüdischen, sei es nichtjüdischen; *archiereus* ist überall breit belegt) hohen Priestern lässt zwei Kristallisationspunkte erwarten, nämlich die herausragende Gottesnähe dieses Priesters und sein Eintreten vor Gott für die ihm anvertrauten Menschen. Konvergenzen zwischen den Seitenzeugen und dem Hebr führen in beide Richtungen: Ignatius interessiert vor allem die Gottesnähe; IgnPhld 9,1 spitzt sie ähnlich dem Hebr auf den unmittelbaren Zugang zum Allerheiligsten zu, der den Hohepriester

Christus qualitativ von allen Priestern abhebe (an Hebr 1,4; 8,6 u. ö. erinnert auch das Stichwort »größer«, *kreissōn*). Der 1 Clem lenkt die Aufmerksamkeit anders mehr auf die schützende Hilfe, in der der Hohepriester Christus sich vor die Seinen stelle (ihr *prostatēs* und *boēthos* werde; 36,1; 61,3; 64); dazu ist »helfen« in Hebr 2,18 *(boēthein)* und »retten«/»eintreten für« in 7,25b zu vergleichen. Schließen wir von den Konvergenzen auf den Kern des vorausliegenden Bekenntnisses zurück, ist Jesus laut ihm Hohepriester, der in überwältigender Gottesnähe bei Gott für die Seinen eintritt.

Der Fürbitte und Hilfe geht in Röm 8,34 ohne priesterlichen Ton voraus, Christus trete zur Rechten Gottes »für uns ein« *(entygchanein* wie Hebr 7,25b). Eine solche Wurzel könnte die Entwicklung ausgelöst haben (vgl. *März** 12,31). Doch wie kommt es von ihr zum Priestertum? Hoffnungen Israels auf einen überwältigenden eschatologischen Hohepriester (vgl. TestXII Lev 18, freilich an Levi gebunden) und Vorstellungen eines himmlischen (Engel-)Priesterkreises um Gott konnten den Umbruch erleichtern, erklären aber die Genese nicht ganz (vgl. für priesterliche Engel um Gott neben den jüdischen Quellen – ShirShabb 4Q400 1 I 17,19 usw. – auch Offb 4,3 ℵ*A; zur Diskussion *Attridge** 97-103, *Duerksen* u. v. a.). Manche Forscher suchten die Lösung über eine mysterienhafte Abendmahlsfrömmigkeit: Die Tradition habe Jesus als Hohepriester der christlichen Opfer verstanden. Indes passt das allein zu 1 Clem 36,1; der Hebr müsste sich dagegen wenden *(Theißen* 33-52, 111 f.), wofür uns ein klares Indiz im Text fehlt. Vermeiden wir daher Spekulation und halten lediglich das Sichere fest:

Wie immer die Anfänge vor dem Hebr im Einzelnen aussahen, ein Gesichtspunkt ist für sie auf jeden Fall wesentlich: Jesus ist himmlisch – nach seiner Erhöhung – Hohepriester. Denn bei dieser Akzentuierung ist irrelevant, dass der irdische Jesus kein Priester war. Ignatius und 1 Clem spiegeln das. Wie das (rekonstuierte) alte Bekenntnis denken sie die Gottesnähe und schützend-helfende Kraft des Hohepriesters Christus von seiner Erhöhung aus und im himmlischen Raum.

Der Hebr geht einen Schritt weiter. Ein Hohepriester gehört nach antikem Denken nicht nur ins Gegenüber, sondern ebenso an die Seite des von ihm vertretenen Volkes (vgl. bes. Philo, spec. I 229). Der Hebr integriert dies. Er nützt den Spielraum des jungen Prädikats, um Jesus – ohne die himmlische Dimension ganz zu verlassen – durch 17a schon irdisch hohepriesterlich zu seinen menschlichen Geschwistern zu stellen (und wird darauf in Kap. 7 das Problem von Jesu Herkunft aus dem nichtpriesterlichen Stamm Juda priestertheologisch lösen müssen).

18 vertieft die Nuance noch. Jesus war, heißt es dort, wie die Ge-   **18**
schwister der »Versuchung« ausgesetzt. Das belebt ein zentrales
theologisches Charakteristikum irdischen Lebens aus Israel: Gott
»versucht« = untersucht und prüft sein Volk darauf, dass es nicht
sündigt, seine Gebote hält und ihn liebt (Ex 20,20; Dtn 8,2; 13,4
[LXX 13,3] u. ö.). Auch und gerade Priester müssen das bestehen
(vgl. Dtn 33,8 mit leichten Unterschieden zwischen HT und LXX).
Jesus trat, pointiert der Hebr, uneingeschränkt unter diese Anfor-
derung.

Der gesamtbiblische Horizont genügt, um unsere Stelle zu erklären. Es ist
nicht nötig, die Versuchungen Jesu aus Mt 4,1-11 par. als Silhouette zu
wählen (vgl. *Walter*** 156 f.; anders *Gibson* 56 f.).
Ebenso wenig hielt *Swetnam*'s (bes. 1981) Vorschlag, die Versuchung zu
Gen 22,1 zu korrelieren, der Kritik stand. Nach seiner These umgäben
Anspielungen auf die Aqedah (die sog. Opferung Isaaks; Gen 22) unseren Vers. Der »Same Abrahams« von 16 wäre christologisch zu lesen,
und die nachntl. Verbindung von Aqedah und Sühne beeinflusste die
Christologie. Indes wird laut Gen 22,1 Abraham, nicht Isaak versucht,
und individualisiert Gen 22,17 f. den Samen nicht (vgl. *Kundert, L.:* Die
Opferung/Bindung Isaaks I, WMANT 78, 1998, 23 f.).

Kehren wir zu **17b** zurück. Das eröffnende »damit« *(hina)* steht   **17b**
parallel zu 14c. Die Leserinnen und Leser sollen Jesu Hohepriestertum mit der dortigen Entmachtung des Todes und Teufels korrelieren. Jesus wirkt, wie die Tradition es vorzeichnet, »auf Gott
zu« *(pros ton theon)* und das wegen 14 mit einem besonderen Akzent: Er schafft eine Gegenbewegung gegen Tod und Teufel.

Die dt. Übersetzung kann »das auf Gott zu« *(ta pros ton theon)* im Satz-
gefüge nur ungenau wiedergeben (ich übertrug oben »vor Gott«). Bemerkenswert sind zwei außerntl. Belege der Wendung. Denn sie geleiten uns
zur antiken Herrschervorstellung. Auf die Götter zu *(pros tous theous)*,
heißt es in ihnen, betätige ein Herrscher-Priester sich als (größter) Priester,
auf die Menschen gerichtet als Feldherr und Träger von Macht (Xenophon,
Lac. 13,11 und Dio Cassius XLIV 48,2-3, letzterer über Caesar; beide
Quellen in *Wettstein*** 1088). Die ersten Rezipientinnen/Rezipienten des
Hebr mussten demnach nicht wie wir einen Sprung vom Herrscher-Sohn
des Kap. 1 zum nunmehrigen Priester vollziehen, sondern empfanden eine
sinnvolle Komplementarität (vgl. die Verbindung zwischen priesterlicher
Reinigung und Throneinnahme des Sohnes schon in 1,3).

Das Wirken von Teufel und Tod kristallisiert sich an den Sünden.
In der Sünde greift der Tod aufs Leben zu, und im Tod kommt die

Sünde zu ihrem »Lohn«, artikuliert ein breiter Strom des frühen
Christentums (1 Kor 15,56; Röm 6,23 usw.). Auf die Sünden geht
17b darauf ein, wegen des Gegenakzentes genauer auf ihre Sühne.
Die Formulierung ist knapp und gleichwohl komplex. Denn Israel
bietet zur Artikulation Sühne eine nichtkultische und eine kultische Aussagelinie. Der Hebr nützt beide:
Er hebt (in der Literatur oft weniger berücksichtigt) bei der nicht-
kultischen Figur an: Jesus ist *eleēmōn*, »barmherzig«, wie Barmherzigkeit grundsätzlich zwischen den Menschen »Sünden sühnt«
(s. bes. Sir 3,30; angrenzende Belege *Breytenbach* 430f.). Das
schlägt eine wichtige Brücke zur synoptischen Überlieferung, die
Jesus durch Barmherzigkeit bewegt zeichnet (Mk 5,19; 10,47f.
u. ö.) und zur Barmherzigkeit aufrufen hört (Mt 5,7; 18,33; 23,33;
Lk 10,37). Der Autor des Hebr scheint darum nicht nur selber zu
wissen und es um seines Interesses am irdischen Jesus willen zu
würdigen. Er holt vor allem Leserinnen und Leser, die einen Anweg zum Gedanken, Jesus sei Priester, benötigen, bei solchem Vor-
wissen ab (ein nochmaliges Indiz dafür, dass seine Hohepriester-
christologie noch keine lange Verankerung im Urchristentum
genießt).

Von Priestern in ihrem Dienst ist übrigens bislang keine antike Beschreibung als »barmherzig« bekannt, wahrscheinlich weil man von ihnen kultische Korrektheit ohne Gemütsbewegungen erwartete (vgl. Philo, spec. I
115f. u. ö.). Eine Auswirkung spüren wir in der Syntax unseres Verses. Er
will *eleēmōn*, »barmherzig«, als Attribut des Hohepriesters Jesus verstehen, trennt es aber noch so weit vom Nomen, dass auch die gesonderte
Übersetzung, Jesus sei »barmherzig *und* ein zuverlässiger Hohepriester«,
möglich ist (↗Anm. 16 zur Übersetzung).

Die nächste Aussage, Jesus sei »zuverlässiger *(pistos)* Hohepriester«, wechselt zur priesterlich-kultischen Tradition. Die einzige
Stelle der Schrift, die das Attribut zuvor gebraucht, konstituiert zugleich eine besondere Pointe. Sie setzt sich nämlich mit einem
Priesterhaus Israels auseinander, das versagte: Gott hatte diesem
Haus (dem Haus Elis) zugesagt, es werde ewig bestehen. Doch es
achtete den Herrn gering. Darauf sagte der ihm an, er werde einen
»zuverlässigen Priester *(hierea piston)* für sich aufrichten, der alles
tun wird, was in meinem (Gottes) Herzen und meiner Seele beschlossen ist« (LXX 1 Kön [1 Sam] 2,30-35, Zitat 35). Der Hebr
markiert, dass das Priestertum Jesu dem Gottesvolk von jeher zu-
gedacht, indes vor Gott einzigartig verlässlich und ein anderes als

das der vorhandenen Priesterhäuser Israels ist (er wird darauf in
↗ 3,1-6 zurückkommen).

Aschim stellt darüber hinaus einen Bezug zu 11QMelch II 8 her, wo Melchisedek nach einer möglichen Rekonstruktion des Textes am eschatologischen Versöhnungstag »die Kinder des (Lichtes/Gottes) und die Menschen« seines »Loses« entsühnt (philologisch diff. zu Hebr 2,17). Indes
setzt der Hebr an unserer Stelle eine Melchisedek-Priesterchristologie
noch nicht voraus, sondern bereitet lediglich den Weg zu ihr vor. Dass er
das mit einer Dritt-Tradition Israels tut, indiziert die Weite dieses Anwegs
und erlaubt den Schluss, dass die Melchisedekchristologie der Vorbereitung bedarf. Sie wird – zeigt sich an – ein christologisch-religions-
geschichtliches Novum des Hebr sein (ab ↗ 5,6.10).

Der barmherzige und zuverlässige Hohepriester Jesus »sühnt« – so
die letzte Aussage – »die Sünden des Volkes«. Alles Detail der Sühne stellt der Hebr hier zurück. Er beschränkt sich auf die ausschlaggebende Dynamik: Weil Jesus, der treue Hohepriester, auf Gott zu
wirkt, gewährt Gott durch sein Wirken Sühne für das Volk, das ihm
zugehört. Gott wird durch Jesus inneres Subjekt der Sühnehand-
lung, die Sünden sind ihr Objekt.

Weil *hilaskesthai*, das wir mit »sühnen« übersetzten, etymologisch in etwa
»heitere Güte auslösen bei« besagt, erwarteten griechische Hörer/innen
eigentlich ein personales Objekt zum Verb (»zugewandte Güte auslösen
bei Gott/den Göttern«, passivisch »gnädig werden«; das strahlt noch im
1. Jh. auf Philo, spec. I 116 aus). Die LXX hatte durch eine Vorliebe für
das Kompositum *exilaskesthai* (»aus-sühnen«) und Umschreibungen mit
»sühnen für jemand (*peri tinos* oder Dativ) reagiert und allmählich die
Wendung »die Sünden aussühnen« (*exilaskesthai* Sir 3,30; Dan 9,24 Θ)
geschaffen, um zu vermeiden, dass Gott Objekt menschlichen Handelns
würde (in der Geschichte des Hauses Eli LXX 1 Kön [1 Sam] 3,14 zum
Passiv gewendet, dessen Unrecht werde gewiss nicht »aus-gesühnt werden«). Der Hebr überträgt das erstmals in unserer Literatur vom Kompositum zum Hauptverb (LXX Ps 77,38 und 78,9 belegen den älteren Dativ, Gott sei gnädig »gegenüber den Sünden«; auch im NT steht unsere
Stelle allein).
Da es um die Sünden des Volkes insgesamt geht, entsteht ein Anklang an
den Versöhnungstag Lev 16 (vgl. *laos* 16,15.24 LXX; von vielen Auslegern
bis *Knöppler* betont). Andererseits erscheinen die Riten dieses Tages an
unserer Stelle nicht und steht in der LXX dort ausschließlich *exilaskesthai*. Wir dürfen den Bezug nicht zu sehr stilisieren, so gewiss der andere kollektive Sündopferritus der Schrift, das Sündopfer der Gemeinde
(synagōgē) Lev 4,13-21, noch etwas ferner steht.

3. Ertrag und Ausblick

Nachdem er die Höhe seiner Christologie geklärt und die Aufmerksamkeit seiner Leserinnen und Leser geweckt hat (1,5-14;
2,1-4), führt der Hebr sein zentrales Anliegen, die Herrlichkeit
und Rettung des Menschen, ein (rhetorisch als Teil der Narratio).
Die Herrlichkeit des Menschen geht – legt er dar – aus Ps 8 hervor,
ist aber durch Leiden, Schuld und Tod zutiefst beschnitten und ge-
fährdet. Deshalb bestätigt sie sich allein, weil Ps 8 sich an Jesus realisiert hat. Jesus zerbricht darauf den Teufelskreis von Schuld und
Tod durch seine barmherzige und verlässliche priesterliche Sühne
und führt seine menschlichen Geschwister in die Herrlichkeit an.
Verlängern wir den eindringlichen roten Faden, verdient unser
Kap. – für heutige Erwartungen überraschend – höchstes Interesse
in der Anthropologie. Denn es unterstreicht wie wohl kein anderer
biblischer Text die Größe, mit der Gott den Menschen von der
Schöpfung bis zur Rettung durch Jesus auszeichnet. Selbst die
himmlischen Engel erreichen diese Größe, wenn wir dem Hebr
folgen, nicht. Freilich ist eine Aktualisierung dessen durch die
Sprache der Macht in 8, den Wandel in den Engelvorstellungen sowie die dualistischen Züge des Hebr belastet und darum lediglich
unter hermeneutischen Anstrengungen möglich.

Die vorhandene Welt tritt, obschon als Schöpfung Gottes gewürdigt, mit
dem Tod unter das Regiment des Teufels (14b.15b), und Jesu rettende In-
karnation erneuert seine Geschwister nicht zu einem weltoffenen Leben
in der Vorfindlichkeit, sondern lenkt ihren Blick auf die Welt, die sein soll
(5). Von der vorfindlichen Welt trennt sie eine unsichtbare Schwelle. Immerhin bricht dem Dualismus die Spitze ab, da Jesus die Partizipation am
Todesleiden uneingeschränkt vollzieht, und redet der Hebr kein zweites
Mal vom *diabolos* und dessen Macht. Es scheint deshalb, als nähme er eine
in seiner Zeit entstehende dualistische Sprachbildung ausschließlich um
seiner Soteriologie, nicht um einer Festschreibung und Vertiefung des
Dualismus willen auf.

Die Wirkungsgeschichte verlagerte den Akzent auf die Christologie. Ps 8 wurde allmählich nur noch christologisch und nicht
mehr gleichzeitig anthropologisch gelesen (↗ 8).

An den Varianten »durch Gottes Gnade«/»ohne Gott« in 9 entzündeten
sich in der Alten Kirche heftige Debatten über die Scheidung von Gott
und Mensch (Gottheit und Menschheit) in Christus, bis sich in Abwehr
der Nestorianer die Variante »durch Gottes Gnade« kirchlich durchsetzte
(*Gräßer*[*] I 126).

Die soteriologischen Ansätze, namentlich die V 10 und 14 f., fesselten durch die Zeiten (s. z. B. den »Herzog meiner Seligkeit« bei *V. E. Löscher,* EG 90,2). *Barth* 1992, 85(Zitat),90 ff. bestimmt an ihnen einen klassischen Typ der Versöhnungslehre, den Sieg über »die Mächte des Verderbens, Sünde, Tod und Teufel«. *Friedrich* (1982, 156-175), *J. Werbick* (Soteriologie, LeTh 16, Düsseldorf 1990, 272-275) u. a. skizzieren am »Anführer aus der Welt des Todes in das Reich des Lebens« die ihrer Meinung nach für die Gegenwart begreiflichste Deutung des Todes Jesu aus dem NT.

3,1-6 Bekräftigung: die Zuverlässigkeit Jesu, des Gesandten und Gesalbten, und sein Haus

1 Darum, heilige Geschwister,[1] die ihr der himmlischen Berufung teilhaftig seid, richtet euren Sinn auf den Gesandten und Hohepriester unseres Bekenntnisses, Jesus, 2 der für den, der ihn einsetzte,[2] zuverlässig ist wie auch Mose in seinem (ganzen[3]) Hause. 3 Denn er[4] ist einer um so viel größeren Herrlichkeit als Mose gewürdigt, wie der Erbauer eine größere Ehrenstellung als das Haus, das er baute, hat. 4 Es wird nämlich jedes Haus von jemand erbaut, doch der, der alles erbaute,[7] ist Gott. 5 *Mose* ist[5] insofern[6] *zuverlässig in* seinem *ganzen Hause* als *Diener* zum Zeugnis des Gesagten, 6 Christus aber[8] als Sohn, gesetzt[9] über sein Haus. Sein Haus sind wir – falls wir die freie Äußerung und den Ruhm der Hoffnung bewahren.

Die Kursivierungen in der Übersetzung markieren die bei Nestle-Aland[27] als Schriftzitat gekennzeichneten Passagen. Allerdings schlägt die Auswahl dort »seinem« in 5 noch dem Zitat aus Num 12,7 LXX zu und macht die Relevanz von LXX 1 Kön (1 Sam) 2,35 für den Abschnitt nicht sichtbar. Ich korrigiere das und markiere die entscheidenden Bezugnahmen auf LXX 1 Kön (1 Sam) 2,35 durch Unterstreichung.

[1] Zur inklusiven Übersetzung ↗ 2,11.
[2] *poiein* kann auch als Schöpfungsverb übersetzt werden (»machen«; *Gräßer* 300), aber der Kontext spricht für die gleichfalls geläufige Bedeutung »einsetzen« (vgl. auch die Äquivalenz zwischen *poiein* und »senden«, *apostellein*, in LXX 1 Kön [1 Sam] 12,6.8).
[3] Ob »ganz« zum ursprünglichen Text gehört, ist nicht zu entscheiden: s. *Metzger*** 594.
[4] Wörtl. »dieser« (Jesus).
[5] Griechisch fehlt das Hilfsverb. Wegen der Parallele zu 6a (auch dort kein Hilfsverb) und der LXX-Vorlage (»ist« in Num 12,7 LXX) ist es im Präsens zu ergänzen. Eine vergangenheitliche Lektüre, wie sie oft versucht wird, verbietet sich.
[6] Das explikative *kai* vom Anfang des Verses ist schwer anders wiederzugeben.
[7] Der in jüngster Zeit bekannt gewordene P.Vindob. G 42417 bietet ohne wesentliche Sinnänderung eine abweichende Wortstellung (vgl. ↗ Einleitung § 2.4).
[8] Dem griechischen *men – de* nach ein reihendes, kein adversatives »aber«.
[9] »Gesetzt« ist um der dt. Verständlichkeit willen ergänzt.

Literatur: Auffret, P.: Essai sur la structure littéraire et l'interprétation d'Hébreux 3,1-6, NTS 26 (1979/80) 380-396. – *Bornkamm***. – *d'Angelo***

65-149 und passim. – *Gräßer, E.:* Mose und Jesus, ZNW 75 (1984) 2-23 (wieder in ders. 1985**, 290-311). – *Isaacs*** 133-137. – *Käsemann*** 95-98. – *Lane:* ↗ Einleitung; 216-224. – *Laub* 1980**, 88-96 (und 1989). – *Layton, S. C.:* Christ over His House (Hebrews 3:6) [...], NTS 37 (1991) 473-477. – *Loader* 1981**, 75-78. – *Marrow, S. B.:* Parrhesia and the New Testament, CBQ 44 (1982) 431-446. – *Nissilä*** 43-54. – *Papathomas, A.:* ↗ Einleitung. – *Runia:* ↗ Einleitung; 77 f. – *Schäfer***. – *Schröger* 1968b**, 95-101. – *Scott, B. R.:* Jesus' Superiority over Moses in Hebrews 3:1-6, BS 155 (1998) 201-210. – *Vorster, W. S.:* The Meaning of *Parrēsia* in the Epistle to the Hebrews, Neotest. 5 (1971) 83-93. – *Wider*** 138-154. – *Zimmermann* 1964** und 1977**.

1. Einführung

Zum zweiten Mal zieht der Hebr aus seiner Betrachtung Folgerungen (»darum« 1 korrespondiert zu »deshalb« 2,1), doch in engster Verbindung zum vorangehenden Abschnitt (das »darum« schließt sich noch enger als an 2,1 an das »darum« in 2,17 an). Insofern beginnt noch nicht, wie viele Ausleger vorschlagen, die Argumentation, im rhetorischen Fachausdruck die Argumentatio (wodurch 3,1-6 ein zweites Exordium würde; so *Nissilä* 47). Der Hebr macht vielmehr aus der Narratio (der eröffnenden »Erzählung«) heraus Halt, um die nach 2,17 zentrale Frage, was die Ansage des »zuverlässigen Hohepriesters« Jesus genauer besage, kurz weiterzuverfolgen. *Pistos*, »zuverlässig«, wird zum Schlüsselmotiv (3,2.5; danach begegnet es erst wieder 10,23), weswegen ich es in die Überschrift aufnehme.

Zugleich schärft der Abschnitt die Aufmerksamkeit für den Fortgang. Der Imperativ »richtet euren Sinn auf ...« in 1 und die Konditionalisierung »sofern« in 6 gemahnen rhetorisch an eine (zweite) Prosochē (zum Begriff ↗ 2,1-4 § 1). Motive aus 3,7-4,11 bereiten sich vor (s. »teilhaftig« aus 1 wieder in 14a, Mose aus 2 wieder in 16, »sofern ...« aus 6 wieder in 14b; etliche Auslegungen bilden darauf eine Einheit von 3,1-4,11, *Vanhoye** 24 ff. wegen der Klammer 3,1/4,14 sogar bis 4,14). Andere drängen noch weiter voran, bes. zu 10,19-25 (Gottes »Haus« aus 3,2.5 wieder in 10,21, »Bekenntnis« und »den Sinn richten auf« aus 3,1 in 10,23 f. usw.). Der Hebr lenkt seine Leserinnen und Leser, für ihn typisch, zielgerichtet und nahtlos vorwärts.

Wer sich anders als vorgeschlagen für eine Eröffnung der Argumentatio an unserer Stelle entscheidet, kann daher eine Inklusion zu 10,19-25 erblicken und 3,1-10,25 (bzw. 31) als Hauptteil des Hebr mit dem Leitfaden hohepriesterlicher Christologie betrachten.

In sich formen unsere Verse einen kunstvollen Chiasmus. Sie beginnen und enden mit der Applikation, der Paraklese für die Geschwister (1.6b). Diese ergibt sich aus der Erkenntnis Jesu (1 Ende) = Christi (6a). Die wiederum profiliert sich an einem auf die Schrift gestützten Vergleich mit Mose (2-5). Er ist ein Moment epideiktischer Rhetorik; denn gerade die Größe der verglichenen Person illustriert, dass die aktuell gepriesene Person nochmals auserlesener ist (vgl. Arist., rh. I 9,38 f.; Sen, ep. 43,2). Wie gewohnt, entsteht großer rhetorischer Reichtum.

2. Auslegung

1 2.1 Die Anrede auf das Bekenntnis und Jesus, der Gesandte: 1

Die Anrede »heilige Geschwister« zeichnet die Gemeinde von Jesus her aus. Denn ihre Geschwisterschaft untereinander resultiert aus seiner Geschwisterschaft (vgl. 2,11 f.) und aus der durch ihn vermittelten Partizipation an Gottes heiligem Raum. Teilhaftig (vgl. *metochoi* 1,9) sind sie einer Berufung, die »himmlisch« ist, aus dem Himmel an sie ergeht und sie in den Himmel geleitet (*klēsis* 3,1 korrespondiert zu *kalein* 2,11; vgl. weiter 6,4; 11,16; 12,22, vorbereitend Phil 3,14).

Das richtet sie in uns nun schon vertrauter Weise mehr auf den Himmel als auf ihre irdische Umwelt aus. Sie stimmen, wenn sie sich auf das Bekenntnis besinnen, in die Bewegung nach oben ein, ein Charakteristikum liminaler Theologie (vgl. Einleitung § 4.2).

Das Bekenntnis (die *homologia;* ↗ Einleitung §§ 5.1; 5.4) erlaubt, dies noch genauer zu fassen. Es orientiert sich an Jesus, dem »Gesandten und Hohepriester«. Letzteres Prädikat kennen wir aus 2,17. Doch warum stellt der Hebr das ungewöhnliche, im NT und bei den apostolischen Vätern außer unserer Stelle nie für Christus, aber geläufig für die »Apostel« gebrauchte *apostolos*, »Gesandter«, voran?

Selbst wenn es in einer ihm vorliegenden Bekenntnisformulierung punktuell zusammen mit »Hohepriester« enthalten war (was umstritten und vom Text her keinesfalls notwendig ist; s. z.B. *Bornkamm* 190 ff. gegenüber *Zimmermann* 1977, 47-52), konnte er es nicht als verbreitetes, selbstverständliches Prädikat voraussetzen. Vertraut waren lediglich viele Traditionen, die mit dem Verb (*apostellein* oder gleichbedeutend *pempein*) zum Ausdruck brachten, dass Jesus, der Sohn Gottes, unter das Gesetz/ zu Israel oder in die Welt »gesandt« war (s. Gal 4,4; Mt 15,24; Lk 4,43; Joh 3,17 usw.). Allerdings ergibt sich gerade über diese Traditionen ein vorzüglicher Sinn für die Verdichtung ins Nomen und die Verwendung im Hebr:

Ein »Gesandter« ist unterwegs, vertritt den, der ihn sendet, personal und mit Vollmacht an anderem Ort. Auf unseren Text angewandt, sorgt das neue Prädikat zusammen mit dem Namen Jesus (durch 2,9 ein Verweis auf den Irdischen) für den notwendigen Halt in der Bewegung nach oben: Jesus, der Hohepriester, der vor Gott für die Seinen eintritt, war als Gesandter Gottes uneingeschränkt in ihrem Lebensraum zugegen, und die Bewegung beginnt im irdischen Leben der Gemeinde. Er, der Jesus der Erniedrigung und des Todesleidens (2,9), wirkte als »Gesandter«, Bevollmächtigter Gottes, im Kontext dieser Welt, und die Gemeinde wird aus ihrem Leben in der Welt gerufen, ohne dieses Leben zu vergessen. Sie verlässt die Welt nicht einfach, so hoch die Schwelle zur Umwelt ragt.

Das Prädikat »Gesandter« ist damit indirekt für das Verständnis der Gemeinde in der Welt wesentlich. Direkt indiziert es die Bedeutung des irdischen Jesus. Man wird sogar erwägen können, ob der Hebr durch seine Einführung zum zweiten Mal auf die Tradition reagiert, Jesus, der Hohepriester, sei eine himmlische Gestalt. Jedenfalls bekundet er wie in der Beschreibung von ↗2,17 entschieden das Anliegen, die Hohepriester-Christologie nicht himmlisch zu isolieren.

Andere Gesichtspunkte sind nicht von gleichem Rang. Namentlich kann man zusätzlich (wenn auch nicht wie bei *Zimmermann* 1977, 49ff. als unmittelbare Grundlage des Bekenntnisses) das Verb »aussenden« *(exapostellein)* in LXX Ps 109[MT 110],2 berücksichtigen. Dann wäre der »Gesandte« Jesus neben der Niedrigkeit mit Macht zu versehen (im Ps sendet Gott das Zepter des mit ihm thronenden Herrn aus). Er wäre fast nahtlos mit dem Herrn und Sohn von 1,13 sowie dem Hohepriester von 5,6.10 (nach LXX Ps 109,1.4) zu vereinen.
Schwieriger ist die Schlussfolgerung, der Hebr polemisiere durch die christologische Konzentration mittelbar gegen das Apostelamt frühkatholischen Verständnisses. Sie würde sich zur Ämterdistanz des Hebr (vgl. ↗Einleitung §4.2) fügen (*Theißen*** 107), doch fehlt der letzte Nachweis. Verfolgen wir das Prädikat kurz weiter. Nicht nur nach Ausweis des

Hebr, auch nach den vielen christologischen Sendungsaussagen im Joh
liegt es am Ende des 1. Jh. in der Luft. Doch kann es sich wegen der Bezeichnung der Jünger Jesu als Apostel nicht recht durchsetzen. Erst im
späten 2. Jh. erscheint es wieder (bei Justin, apol. I 12,9; 63,5). Im Judentum, das dem Sendungsinstitut eine klarere Rechtsstruktur gibt, lässt es
sich dann auch für Mose nachweisen (bes. samaritanisch: Memar Marqah,
ed. Macdonald III 6 u. ö.); dass der Hebr diese Mosetradition christologi-
siert, ist wegen des jüngeren Alters der Belege aber kaum möglich (gegen
*Berger/Colpe*** 300). Gnostische Belege liegen zeitlich und räumlich weiter ab (*Käsemann*s These, *apostolos* sei Attribut des gnostischen Urmenschen, scheiterte; Ginza GR II 3,64 f. erhält trotzdem bis *Laub** 49 f. be-
trächtliches Gewicht).

2.2 Die Darlegung der Zuverlässigkeit Christi: 2-6a

2.2.1 Der Hintergrund: der Gesalbte in LXX 1 Kön (1 Sam) 2,35

2   In 2-6a erscheint neben *pistos*, »zuverlässig« – der, wie wir sahen,
entscheidenden Vorgabe aus 2,17 – ein neues Leitmotiv, das des
»Hauses« (*oikos;* nie in Kap. 1-2, nun gleich sechsmal). Am Ende
wechselt zudem der Name Jesu; 6a steht zum ersten Mal im Hebr
Christus, der »Gesalbte«. Der Gedankengang schreitet voran. Die
meisten Ausleger sehen darin einen Horizontwechsel (bis *Wider*
145 f.). Doch der Hebr aktualisiert weiter den Leittext für seinen
zuverlässigen Hohepriester, LXX 1 Kön (1 Sam) 2,35. Holen wir
wegen des Gewichts der Entscheidung etwas aus – die Priester-
christologie des Hebr erhält hier eine zweite Wurzel neben den
(und im Textgang sogar vor den) Melchisedek-Passagen der Schrift
– und vergegenwärtigen zunächst die Textvorlage (vgl. *d'Angelo;*
kritisch *Isaacs*):

Der Befund ist komplex, da wir griechisch neben der LXX eine zweite
Textfassung rekonstruieren können, die sog. lukianische Rezension (ed.
Marcos; s. allg. Bibliographie § 1). Für den Hebr wesentlich ist die LXX.
Die lukianische Rezension, deren Verhältnis zur LXX noch nicht abschließend geklärt ist, bestätigt durch ihre Abweichungen vor allem, wie
auffällig der LXX-Text ist.
Den Ausgangspunkt bildet in allen Textfassungen (wie bei 2,17 angesprochen) die Kritik am Haus Elis, dem Gott die Zusage gegeben hatte, es werde
ewig vor seinem Angesicht wandeln (1 Sam/LXX 1 Kön 2,30a; HT und
lukianische Rezension bieten *jthlkw/dieleusontai*, »sie werden wandeln«,
da »Haus« kollektiv verstanden ist, LXX dagegen wie im dt. Sprachempfinden den Singular *dieleusetai*, »es wird wandeln«). Diese Zusage erlischt

(30b-34). Gott ersetzt sie durch die Ansage, er werde sich einen »zuverlässigen Priester« aufrichten (35a) und ihm ein »zuverlässiges Haus« erbauen (35b). Soweit stimmen hebräischer und griechischer Text sachlich überein (unbeschadet der grammatischen Abweichung im *dieleusetai* der LXX).

Am Ende von 35 kehrt der hebräische Text (HT) daraufhin zum erwarteten Priester zurück. Dieser wird, heißt es, »alle Tage vor meinem (Gottes) Gesalbten wandeln«. Zwar steht dasselbe Verb »wandeln« wie beim Haus Elis (30); doch dank des Singulars *hthlk* ist der Priester als Subjekt identifizierbar (gegenüber dem Kollektivum »Haus«). Er, der Priester, wird vor dem bis dahin in der Geschichte Israels unbekannten gesalbten Herrscher wandeln. Die Geschehnisse bis zu Salomo und der Einsetzung Zadoks (1 Kön 2,26 f.35) lösen die Ansage im Wesentlichen ein.

In beiden griechischen Rezensionen entsteht ein Überschuss, freilich unterschiedlicher Art. Die lukianische Rezension übersetzt »er wird wandeln« (im Singular des HT) und bezieht das, treu zum Hebräischen, auf den neuen Priester (gegenüber dem Plural »sie [= das Haus, die Glieder der Familie«] werden wandeln aus 30a). Doch dann blickt sie weiter in die Geschichte. Der neue Priester wird, heißt es nun, »vor meinen Gesalbten« (*christoi* Plural!) wandeln. Am leichtesten löst sich das, wenn der Redaktor daran denkt, dass Zadok unter David und Salomo, zwei Gesalbten des Herrn, Priester war (2 Sam 8,17-1 Kön 2,35). Die Rezension präzisiert die Verheißung an der Geschichte Israels (und vokalisiert *mšjḥj* des HT als Plural).

In der LXX geschieht etwas anderes. Erinnern wir uns, dass sie »der *oikos* (das Haus) … wird wandeln vor …« in 30 nicht im kollektiven Plural, sondern im Singular übersetzte *(dieleusetai enōpion)*. Das »er wird wandeln vor« *(dieleusetai enōpion)* in 35 wird in ihrem Text eine unmittelbare Parallele dazu. Deshalb verschiebt sich das Subjekt. Leserin und Leser vernehmen nicht mehr, der neue Priester, sondern: »das Haus« des neuen, »zuverlässigen« Priesters werde vor Gottes Gesalbtem wandeln. Innerhalb von 35 entsteht der Fortgang (in weiterführendem Parallelismus): Gott richtet sich einen neuen Priester auf, und der handelt ihm gemäß (aα.β); Gott erbaut dem Priester ein zuverlässiges Haus, und es wandelt vor seinem Gesalbtem (bα.β).

Wer ist damit in der LXX der Gesalbte? Denken die Übersetzer an die Geschichte Israels ab David und Salomo, verlängern sie den Geschichtsweg; das neue (zadokidische) Priesterhaus wandelt grundsätzlich vor Gottes gesalbtem König (oder evtl. zugespitzt vor dem einen Gesalbten, der das gesalbte Königtum eschatologisch zur Fülle bringt, dem Messias; vgl. 2,10). Daneben gibt es eine zweite Möglichkeit: Die Übersetzer denken begrifflich an die Sprachregelung im Gesetz Israels (1-5Mose), das seit Lev 4,5.16 »gesalbte Priester« kennt (aufgrund der in Israel geläufigen Priestersalbungen), aber nirgendwo einen gesalbten König. Dann ist der Gesalbte im Parallelismus der LXX der Priester des Vordersatzes; er, der treue Priester, erhält ein treues Haus, das vor ihm wandelt.

Eine kleine Änderung in 36 arrondiert den Befund. Der hebräische wie der griechische Text bringen dort das Geschick des Hauses Eli zu Ende. Im HT besagt das: Wenn noch einer aus diesem Haus übrig bleibt, wird er vor den Gesalbten (den gesalbten König) mit der Bitte kommen, dieser möge ihm zum Lebensunterhalt »eines der« verfügbaren »Priestertümer« gewähren. Der König besitzt Macht im priesterlichen Bereich. Die LXX reagiert auf diese Auffälligkeit und korrigiert »eines der« zu »eines deiner Priestertümer«. Entweder versteht sie den König als Priesterkönig oder den Gesalbten, der das Priestertum verleiht, ganz als Priester.

Seitenzeugen bestätigen beide Möglichkeiten. Die lukianische Rezension schreibt, wer aus dem Haus Elis übrig sei, komme nicht vor »die Gesalbten« (in dieser Rezension die gesalbten Könige), sondern falle vor dem einen Priester aus 35a nieder (»ihm«, *autō*, 36 kehrt gegen den Plural »Gesalbte« von 35bβ zum Singular zurück); der Priester tut vor den gesalbten Königen Dienst, waltet jedoch in seinem Bereich selbständig. Das (jüngere) Targum verdichtet anders den Aspekt des Priester-Königtums. Gott werde für sich, lautet 2,35 dort, einen treuen Priester aufrichten und für ihn ein Königtum (*mlkw* ersetzt *bjt*).

Überschauen wir den Befund, enthält die Textüberlieferung und namentlich die LXX einen überaus anregenden Überschuss. Gottes Ansage eines »treuen Priesters« geht dort anders als beim hebräischen Ausgangstext nicht zwingend in der bisherigen Geschichte Israels auf. Vielmehr gewinnt sie ein der Einlösung harrendes Potential. Sie kann als eschatologische Ansage eines neuen hohen Priesters oder eines Königs mit priesterlichen Befugnissen gelesen und in der Gegenwart neu aktualisiert werden. Ich übersetze zusammenfassend die entscheidenden Ausschnitte (LXX; in Klammern Ergänzungen zum Verständnis): »[30](Einst) sprach der Herr, der Gott Israels (zu Eli): Ich sprach, dein Haus und das Haus deines Vaters wird vor mir wandeln bis in Ewigkeit. Und (= aber) jetzt sagt der Herr: Keinesfalls (gilt das) [...]. [35][...] Ich werde mir einen zuverlässigen Priester aufrichten, der alles(, was in meinem Herzen und meinem Leben (beschlossen liegt,) tun wird; und ich werde ihm ein zuverlässiges Haus erbauen, und es wird vor meinem Gesalbten (dem gesalbten König oder dem eben genannten Priester, evtl. Priesterkönig) wandeln alle Tage.«

Die Abgrenzung zum hebräischen Ausgangstext darf nicht darüber hinwegtäuschen, dass Interpretationsgeschichten Sprachgrenzen überschreiten. So besitzen wir für die Aktualisierung des »zuverlässigen Hauses« (2,35) eine dritte, hebräische Variante in CD III 19 ff.: Es ziele, erfahren wir dort, auf die Priester, die in einer Umkehr Israels aus Juda auszogen, und alle, die sich ihnen anschlossen. D. h. die Geschichte des zadokidischen Priestertums, an die der hebräische Text denkt (und derentwegen

CD IV 1-3 Zadok erwähnt), führt weg aus Jerusalem/Juda zur neuen Gemeinschaft der Damaskusschrift (CD).

Der Hebr vereindeutigt das Verständnis. Er nimmt, nachdem er in 2,17 den zuverlässigen Priester aus LXX 1 Kön (1 Sam) 2,35 zitierte und auf Jesus bezog, in der LXX die Aussage wahr, Gott errichte diesem Priester, Jesus, ein zuverlässiges Haus, das vor ihm, dem Gesalbten *(christos)* Gottes, wandle. Eine gravierende Konsequenz ergibt sich für die Christologie. Denn in sie tritt nun das Stichwort »Gesalbter« aus der Verheißung ein. Der aussagekräftige Name Christus *(Christos)*, mit dem der Hebr bis zu unserer Passage wartet (nie steht er vor **6a**), aktualisiert das *christos* (priesterlicher bzw. **6a** priesterlich-königlicher Gesalbter) aus LXX 1 Kön 2,35 unter der Überschrift, Jesus sei Hohepriester (3,1).

Um die Nuance zwischen priesterlichem und priesterlich-königlichem Gesalbtem zu ermessen, müssen wir einen zusätzlichen Einfluss beachten. ↗ 1,9b gab dem, dass Gott Jesus »salbte« *(echrisen)*, einen herrscherlichen Akzent (s. »Königsherrschaft«, *basileia*, in 1,8c), und die Natansverheißung nach 1 Chr 17,12-14 grundierte das in ↗ 1,5bc. Letztere Verheißung klingt an unserer Stelle gleichfalls an (vgl. das »Haus«, mit dem Gott den Davididen laut 1 Chr 17,14 betrauen wird, zu »Haus« in 2 usw.; *Isaacs* u.a. verweisen noch näher auf Tg 1 Chr 17,14). So ist »Christus« Prädikat-Name des Hohepriesters Jesus und vereint damit doch seine herrscherliche Auszeichnung durch Gott (in 9,28 wird eine Einwirkung des gesalbten Opfers hinzukommen). Christus (Jesus, der Gesalbte) wird für den Hebr in eigener Weise Priester und Herrscher.

Das mag für ein priesterliches Denken heute befremdend wirken. Um die Zeitenwende war es das nicht. Wir besprachen bei 1,5-14 das damalige Interesse daran, Priestertum und Königtum im Ideal zu verbinden.

2.2.2   Die Argumentation mit Mose: Num 12,7 und das Haus Gottes

Sein Gefälle zwingt den Hebr zu einer weiteren Entscheidung. Das Priestertum von LXX 1 Kön (1 Sam) 2,35 verblieb trotz aller Kritik (konkret am Haus Eli) im aaronitischen Kreis. Das vermag der Hebr nicht zu teilen. Er radikalisiert darauf seinen Neuansatz und schreitet, um die Zuverlässigkeit Christi zu bemessen, von LXX 1 Kön 2,35 nicht nach vorn, sondern vor alle Priestertümer Aarons

zurück. Er kombiniert die Aussage mit einem Schriftwort über
Mose, Num 12,7.
Dieser Schritt scheint heute überraschend. Für den Hebr ist er es
nicht. Denn Mose (den er in unserer Passage erstmals erwähnt) ist
in der Erinnerung Israels schon vor Aaron (der das Priestertum am
Sinai erhält; vgl. ShemR zu Ex 28,1) Träger eines priesterlichen
Amtes und überragt alle als Hierophant und Priester (Philo, Mos.
II 2-5; Gig. 52-54; praem. 53 f.56). Mehr noch, er ist, wie Num 12,1-
9 zeigt, Aaron selbst auf dem Weg vom Sinai überlegen (bei Philo,
LA III 103 allegorisiert; nach LXX Num 12,11 gesteht Aaron eine
unwissentliche Sünde).
Num 12,7 enthält zudem wie LXX 1 Kön 2,35 die Stichworte
»Haus« *(oikos)* und »zuverlässig« *(pistos)*. Deswegen erläutern sich
diese beiden Stellen nach einem geläufigen exegetischen Verfahren
der Zeit (der Gezera schawa) gegenseitig. Der Hebr konzentriert
2.5 sich darauf und lehnt **2.5** eng an Num 12,7 an, wie gewohnt in einer
LXX-Fassung.

Die LXX übertrug das hebräische »Knecht« in 7a mit »Diener« (eigentlich »sich einem Überlegenen zum Dienst stellender freier Mann«; *therapōn*); der Hebr übernimmt das (5). In 7b transponierte die LXX Moses
Betrauung mit dem Haus Gottes dazu, Mose sei »treu/zuverlässig *(pistos)*
im Haus«; der Hebr setzt das wie Philo (an der genannten Stelle und LA
III 204,228) voraus (vom HT aus wäre seine Argumentation nicht möglich). Mit Philo (a. a. O.) teilt er gegenüber unseren LXX-Handschriften
übrigens auch die Voranstellung von *pistos;* wir stoßen wie an anderen
Stellen des Pentateuchs (↗ Einleitung § 5.3) wahrscheinlich auf einen heute
verlorenen LXX-Nebenstrang.

Num 12 stellte durch *pistos* (gegen die meisten heutigen Übersetzungen, die es mit »treu« wiedergeben) bemerkenswerterweise
nicht ein Handeln des Mose Gott gegenüber in den Vordergrund,
sondern ein Handeln Gottes an Mose. Gott sprach – heißt es dort –
durchaus zu Aaron (und Mirjam; 2). Indes wertete er allein Mose
als so »verlässlich«, dass er direkt (und nicht nur durch Vision oder
Traum; 6), von Mund zu Mund, in der Schau und nicht durch Rätsel, zu ihm zu sprechen bereit war (7 f.).
Die Zuverlässigkeit Moses für Gott nach Hebr 3,2 bedeutet, von
daher gelesen, dass Gott ihm so sehr vertraute, dass er ihm seine
3 Herrlichkeit *(doxa;* vgl. **3**) zu sehen gab. Mose hatte und hat Gottes
Vertrauen und damit den Zeugendienst für das, was Gott sprach,
wie kein anderer in seinem Haus (5; *d'Angelo* 95-149 u. a. vertiefen
das durch jüdische Traditionen der unmittelbaren Gottesbegeg-

nung und Gotteswahrnehmung Moses). Die große Würde des Mose und nicht eine Einschränkung seiner Person ist Ausgangspunkt des Hebr, wie die neuere Auslegung erkennt (seit *Loader* 78 u. a.; vgl. auch *Gräßer** I 171).

Vielleicht bringt der Hebr sogar eine kleine Steigerung gegenüber dem Schrifttext zugunsten Moses ein. Er charakterisiert – sei es als Redaktion, sei es in Übernahme einer uns verlorenen, leicht abweichenden LXX-Fassung – das Haus in 2.5 als »sein« Haus, was im unmittelbaren Kontext noch näher auf Mose als auf Gott (den Einsetzenden von 2 bzw. Baumeister von 4) verweist. D. h. Gott vertraut sein Haus Mose so sehr an, dass es dessen Haus wird.

Dennoch, oder besser: wiederum mit Hilfe der Schrifttexte gewinnt der Hebr eine nochmalige Steigerung der Christologie. Num 12,7 spricht nämlich vom Dienst Moses im (!) Haus, LXX 1 Kön 2,35 anders davon, dass Gott seinem zuverlässigen Priester ein Haus gänzlich errichte. Der Hebr liest, Mose sei demnach Sachwalter Gottes innerhalb (!) des Hauses, Christus aber als Sohn über (!) das Haus gesetzt, das Gott errichtete (5 f.). Folgerichtig ist die Herrlichkeit *(doxa)* Christi soviel größer als die Moses, wie die eines Baumeisters – und Gott ist der größte Baumeister, da er alles erbaute – größer ist als die des Baus(3-**4**). **Ohne Mose zu mindern, tritt dessen Glanz vor dem Christi, des Sohnes »über« dem Haus (6a), zurück.**

4
6a

»Sohn« erinnert an das Leitprädikat seit 1,2a und die hervorgehobene Stelle eines Sohnes in der Antike: Die bestimmende, einsetzende Kraft des Vaters steht über ihm (vgl. 2a; ohne das Vater-Prädikat, das wir bei 1,5 kennenlernten). Doch dank des Vaters ist er zugleich über das Haus gesetzt. Ein Dienender – und sei er freiwillig Dienender – reicht nicht an ihn heran (der Hebr beschränkt *therapōn* auf Mose in 5 und nimmt es wie das ganze Neue Testament nicht in die Christologie auf).

Für die Bestimmung »über dem Haus« erwarten wir griechisch *epi* mit Genitiv, evtl. Dativ (vgl. Gen 39,4; 41,40 usw.). Der Hebr variiert die Wendung. Er wählt *epi* mit dem Akkusativ der Richtungsangabe. So macht die zugewandte Verlässlichkeit, die er dem Haus »auf es zu« entgegenbringt, den Sohn fast noch mehr aus als seine Autorität über das Haus.

Das schließt den Kreis. Der Hebr bemisst die Zuverlässigkeit Jesu Christi, des Hohepriesters und vollmächtigen Sohnes, an der mitreißenden Intensität, mit der Gott sich ihm anvertraut und in der Christus daraufhin für das Haus verlässlich wird, über das er gesetzt ist.

2.3 Die Applikation: 6b

Das Haus von LXX 1 Kön (1 Sam) 2,35 hat seine Mitte im Priesterhaus, das Gott sich schaffen wird, das Haus von Num 12,7 in Israel.
Beides geht in den Hebr ein. Doch weil der Erbauer größer ist als
das Haus, von dem sich der Blick zu ihm wendet, weitet sich das
4 Panorama: Alles *(panta)* hat dieser Architekt errichtet, schreibt **4**.
Im Bau haben darum stillschweigend auch die Menschen aus den
Völkern Raum, die sich bei dem einen Gott beheimaten.
Freilich hält sich der Hebr, für ihn typisch, nicht bei einer damit
möglichen Anrede an die Völker auf. Er lenkt den Duktus umge-
6b hend zur Gemeinde. Das Haus Christi »sind wir«, pointiert **6b**.
Das aber bedeutet in Vorbereitung für die nächsten Abschnitte
nicht nur Beheimatung, sondern mehr noch Erwartung. Der Hebr
formuliert sie geradezu als Bedingung: Die »freie Äußerung« und
der »Ruhm der Hoffnung«, die dem Haus zukommen, müssen
festgehalten werden, soll das Haus Haus bleiben.

Einige Ausleger ziehen die Linie weiter zur einzelnen Hausgemeinde, in
der die Adressaten leben (↗ Einleitung § 8.4). Das ist nicht zu verifizieren.
Das »Haus« *(oikos)* an unserer Stelle bildet auch in ekklesiologischer An-
eignung ein übergreifendes Bild. Es meint die Gesamtgemeinde (vgl.
1 Petr 2,5; 4,17).

»Freie Äußerung« *(parrēsia)* und »Ruhm der Hoffnung« *(kauchēma tēs elpidos)* erscheinen erstmals im Hebr. Sie schließen den
Kreis zur *homologia,* dem in den himmlischen Ruf einstimmenden
Reden, aus 1. Denn Parresie *(Marrow; Vorster)* ist in der Antike das
entscheidende Charakteristikum des Freien, der sein Haupt erheben und offen zu Gott und den Menschen reden darf. Das Haus
Gottes, Israel, gewann solche Redefreiheit, als Gott es aus der Versklavung in Ägypten führte (Lev 26,13, der einzige und daher ausschlaggebende Beleg für *parrēsia* in der Tora [LXX]). Das Haus,
das Gott der Mitteilung seines Redens in der Verlässlichkeit des
Sohnes würdigt, ist – wenn wir das verlängern – befreit und gefordert dazu, diese Redefreiheit auszuüben (die bei EÜ und Luther
[revidiert] vorgeschlagene Übertragung in »Zuversicht« verdeckt
die worttheologische Pointe).
In der Tradition griechischer Demokratie wären die Adressaten des
freien Redens die Mitbürger. Der Hebr schließt diesen Klang für
die Gemeinde, die in der Welt lebt, nicht ganz aus. Aber er mindert
ihn. Durch das zweite Glied, den Ruhm der Hoffnung, lenkt er uns

stattdessen auf Gott hin, der Israels »Ruhm« ist (s. *kauchēma* Dtn 10,21 LXX) und sein Volk zum »Ruhm« machte (*kauchēma* Dtn 26,19 LXX). In Gottes himmlischem Raum verankert die Hoffnung *(elpis)* und bietet Orientierung über die vorfindliche Lebenswelt hinaus (breit vorbereitet im dem Hebr bekannten paulinischen Gemeindekreis; vgl. bes. Röm 5,2 und Kol 1,23). Das rundet die Charakterisierung der Gemeinde, des Hauses Gottes, ab:
Ihre Glieder, die Geschwister Jesu, sind in ein Leben als freie Bürger Gottes vor dem Angesicht ihrer Mitbürger eingefordert, indes ohne sich an deren Maßstäben auszurichten. Vielmehr stellt der Ruhm Gottes sie in eine Hoffnung und auf einen Weg, den sie ausschließlich auf Gott hin einzuschlagen und festzuhalten haben. Ihre Parresie (Redefreiheit) aktualisiert einen großen Wert ihrer Umwelt, jedoch nicht in zwischenmenschlicher, sondern in neuer theonomer Fassung.

Ein Teil der Handschriften fügt an, die Parresie sei »fest bis zum Ende«. Wahrscheinlich ist die Ergänzung sekundär (sie fehlt in p[13,46] und B und könnte durch 14 beeinflusst sein). Sie erspürt aber, indem sie die Perspektive nach oben mit der zum eschatologischen Ziel und Ende *(telos)* vereint, eine im Text angelegte Möglichkeit.

3. Ertrag und Ausblick

Der Hebr verdeutlicht die Verlässlichkeit Jesu, des Hohepriesters von 2,17 (nach LXX 1 Kön [1 Sam] 2,35): Gott zeichnet ihn als »zuverlässig« aus, indem er sich ihm wie Mose und gleichzeitig mehr noch als Mose anvertraut. Mose blieb auch in seiner überragenden Würdigung Diener, der im Haus Gottes wirkt. Jesus dagegen ist als Sohn und priesterlich-herrscherlicher Gesalbter über das Haus gesetzt, wendet sich dem Haus zu und eröffnet ihm eine überragende Freiheit der Rede zu Gott und Hoffnung auf die himmlische Welt. Daran muss das Haus unbedingt festhalten (anders als die Väter beim Auszug aus Ägypten, wie der nächste Abschnitt fortfährt).

Exegetisch bestechen die Reflexe der Worttheologie und die diffizile Argumentation mit der Schrift. Allerdings muten sie den Leserinnen und Lesern viel zu. Der Hebr verlangt, dass sie seine Schriftanspielungen erkennen und nachvollziehen; ansonsten erfassen sie nur die Tendenz, nicht die Nuancen der Darlegung.

Eigene Schwierigkeiten wirft die Darstellung Moses auf. Denn obwohl der Hebr Mose nicht mindern will, verschiebt er durch die nochmalige Steigerung Jesu die Betrachtung grundlegend. Philo, der den gleichen LXX-Text von Num 12 benützt, würde durch das Ergebnis den Unterschied eingeebnet sehen, den er in LA III 101-103 zwischen Mose und Bezalel, dem Entwerfer und dem Nachbildner von Gottes Haus, macht. D. h. die Höhe Moses verliert sich für jüdische Augen (vgl. *Runia*). Das Neue Testament fordert Vergleiche mit 2 Kor 3,7-11 und Apg 7,30-47 heraus.

Wichtig ist unser Abschnitt schließlich durch seine Prädikate Jesu. Freilich schliff sich das priesterlich-herrscherliche Verständnis, das er dem Titelnamen Christus (Gesalbter) gibt, in der Wirkungsgeschichte bald ab. Desgleichen entfaltete das ungewöhnliche *apostolos*, »Gesandter«, nur selten größere Wirkung (*Calvin** z. St. umschrieb es als ›Prophet und Lehrer‹). Indes könnte letzteres im interreligiösen Gespräch heute erheblichen Rang gewinnen. Der Koran versteht Jesus nämlich, wahrscheinlich über randkirchliche Strömungen vermittelt, maßgeblich als »Gesandten« Gottes (Sure 4, 171 f.; 3,49 f.). So schärft das Attribut die Profile der monotheistischen Nachbarreligionen. Der Hebr verdeutlicht an ihm den Weltbezug des Hohepriesters Jesus, des überlegenen »Sohnes«, während es im Islam das dort verworfene »Sohn Gottes« ersetzt.

3,7-4,11 Vertiefung und Mahnung: Die Geschichte der Väter und die verheißene Ruhe

7 Darum (vernehmt),[1] wie der heilige Geist spricht:

>*»Heute, wenn ihr seine Stimme hört,*
> 8 *verhärtet eure Herzen nicht wie in der Verbitterung*
> *am Tag der Versuchung in der Wüste!*
> 9 *Dort[2] versuchten[3] eure Väter in prüfender Einschätzung,*
> *und sie sahen meine Werke*   10 *vierzig Jahre.*
> *Darum[4] wurde ich aufgebracht über dieses Geschlecht*
> *und sagte:* ›*Immer irren sie im Herzen;*
> *sie nahmen meine Wege nicht zur Kenntnis.*‹
> 11 *So schwor ich in meinem Zorn:*
> ›*Sie werden gewiss nicht[5] eingehen in meine Ruhe*‹*«.*

12 Schaut, Geschwister, dass niemals in einem von euch ein an Unglauben böses Herz ist, geprägt durch das Wegtreten vom lebendigen Gott!   13 Redet einander vielmehr täglich zu, solange wie und solange bis[6] das »Heute« ausgerufen wird, damit niemand von euch durch die Täuschung der Sünde verhärtet wird –   14 denn Teilhaber des Christus sind wir geworden, falls wir den Anfang, den wir am Dasein haben,[7] bis zum Ende fest bewahren –,   15 (wie es) in seinem ergehenden Wort (heißt):[8]
>*»Heute, wenn ihr seine Stimme hört,*
> *verhärtet eure Herzen nicht wie in der Verbitterung!«*

16 Denn wer waren sie, die, obwohl sie hörten, verbitterten? Waren es nicht alle, die durch Mose aus Ägypten auszogen?   17 Über welche wurde er 40 Jahre aufgebracht? Wurde er es nicht über die, die sündigten, deren Glieder in der Wüste hinsanken?   18 Wem schwor er, nicht in die Ruhe einzugehen, wenn nicht denen, die ungehorsam waren?   19 Und wir sehen, dass sie aus Unglauben nicht (in die Ruhe) eingehen konnten.

4,1 Achten wir also in (Gottes-)Furcht darauf, dass niemals einer von euch den Anschein hat, er sei zurückgeblieben, während Verheißung, in seine (= Gottes) Ruhe einzugehen, übrig ist.   2 Denn auch wir sind gut (mit dem Evangelium) benachrichtigt[9] wie jene. Jenen aber nützte das gehörte und nach Gehör verlangende Wort nicht, da sie sich nicht durch den Glauben mit denen, die es gehört hatten, verbanden.[10]   3 Denn wir, die wir zum Glauben kamen, (und nicht jene)[11] gehen in (die)[12] Ruhe ein, wie es heißt:

>*So schwor ich in meinem Zorn:*
>*›Sie werden gewiss nicht*[13] *eingehen in meine Ruhe‹,*
>so gewiss *die Werke* (von denen das zitierte Wort spricht) seit Grundlegung der Schöpfung wurden.«[14]

4 Es heißt nämlich an einer Stelle über den siebten Tag so:

>*»Und es ruhte Gott am siebten Tag von all seinen Werken«,*

5 und an unserer[15] Stelle wiederum:

>*»Sie werden gewiss nicht eingehen in meine Ruhe«.*[16]

6 Da es nun dabei bleibt, dass einige in sie (= die Ruhe) eingehen, und die, denen früher gut gekündet[9] wurde, aus Ungehorsam nicht eingingen,   7 setzt er – (ist) wiederum (mit der Schrift zu sagen)[17] – einen Tag fest, Heute. Er sagt das in David (= einem Davidspsalm) nach so langer Zeit, wie oben gesagt ist:

>*»Heute, wenn ihr seine Stimme hört,*
>*verhärtet eure Herzen nicht«.*

8 Wenn Josua[18] sie nämlich zur Ruhe geführt hätte, spräche er nicht über einen anderen Tag danach.   9 Folglich bleibt es bei einer Sabbatruhe für das Volk Gottes.   10 Wer nämlich in seine Ruhe einging, kam auch selbst zur Ruhe von seinen Werken,[19] wie Gott von den ihm eigenen.

11 Bemühen wir uns also, in jene Ruhe einzugehen, damit niemand in der Weise dieses Beispiels des Ungehorsams falle.

Die Kursivierungen in der Übersetzung markieren die bei Nestle-Aland[27] als Schriftzitate gekennzeichneten Passagen (die jeweilige Herkunft s. bei der Kommentierung). Soweit sie mit der Rede im Text übereinstimmen, sind sie als solche zusätzlich eingerückt. Für die zusätzlichen Hervorhebungen in 4,3-5.10 s. Anm. 16 und 19.

[1] Der Hebr verzichtet auf ein Verb. Ich ergänze es seiner rezeptionsorientierten Gestaltung gemäß.

[2] Wegen des Sprecherwechsels zwischen 8 und 9 (Übergang zum Ich) erfordert das Deutsche einen Satzeinschnitt, während griechisch ein relativer Satzanschluss genügt.

[3] *peirazein*, »(prüfend) versuchen«, verlangt ein Akkusativobjekt. Nach dem MT wäre es Gott (die Väter versuchten »mich« Ps 95,9a MT). Etliche Handschriften des Hebr wie der LXX (dort Ps 94) ergänzen entsprechend

me, »mich«. Doch ist das erkennbar sekundär. Die LXX-Vorlage des Hebr (und unsere heutigen LXX-Editionen) ließ die Valenz entweder absichtlich offen und geißelte grundsätzlich, dass die Väter sich ein prüfendes Versuchen anmaßten (so übersetzte ich); oder sie verstand »meine Werke« 9b als Objekt zu »sehen« und »versuchen«. Dann wäre zu übertragen »… in der Wüste. Dort versuchten eure Väter meine Werke in prüfender Einschätzung und sahen sie …«. Die beliebte Ergänzung von »obwohl« und/oder »doch« in 9b (vgl. EÜ; *Gräßer** I 174 usw.) schießt über den Text (dort nur *kai*, »und«) auf jeden Fall hinaus.

[4] In unseren LXX-Haupthandschriften nicht enthalten, so dass die Kursivierung umstritten ist.

[5] *Ei* ist hier (und in 4,3.5) scharfe Negation, ein Hebraismus (für '*m*, [Gott tue mir das und das,] »wenn«), der sich bis zum Ende der ntl. Zeit nicht über die Sondersprache des griechischen Judentums (s. noch LXX Ps 7,4 f.; Gen 14,23) und frühen Christentums (s. noch Mk 8,12) hinaus verbreitete. Bis ins sprachliche Indiz bestätigt sich, wie sehr der Hebr auf innergemeindliche Reflexion und wie wenig auf Außenwirkung zielt.

[6] Ich integriere die Aspekte von *achris hou*: s. die Auslegung.

[7] Oder: »die anfängliche Haltung«; s. die Auslegung.

[8] Wie in 12 eine Konstruktion von *en tō* (dort »geprägt durch«) + Infinitiv. Sie verlangt dt. eine Umschreibung.

[9] *euēggelismenoi/euēggelisthentes*, »gut benachrichtigt« u.ä., integriert eine Anspielung aufs Evangelium *(euaggelion)*.

[10] *Sygkekerasmenous* (der übersetzte Text) erklärt den Ursprung der vielen an unserer Stelle vorliegenden Varianten am besten (*Metzger*** 595).

[11] Der Anschluss durch *gar* erzwingt den durch diese Ergänzung ausgedrückten Sinn. Die abbreviaturhafte Rede des Hebr veranlasste viele Handschriften zu Korrekturen (s. für A Anm. 13; Weiteres *Metzger*** 595 f.).

[12] Ob der Artikel zum ursprünglichen Text gehört, ist nicht sicher entscheidbar.

[13] Der Hebr wahrt aus Treue zum Text den vollen Wortlaut von 3,11b. Viele Leser/innen empfanden (und empfinden) den nochmaligen Blick auf die Väter aber als mühsamen Umweg. Einige vereinfachten ihn bereits früh durch Auslassung der Negation *ei* und glätteten teils auch schon 3a. Im Kodex A entstand als Zielpunkt folgender glatter Text (3a.c): »Lasst uns, die wir zum Glauben kamen, nun in die Ruhe eingehen, wie es heißt: […] Sie werden in meine Ruhe eingehen.«

[14] »Es heißt« (wörtl. »hat gesagt«) am Ende von 3a und am Anfang von 4 korrespondieren miteinander. Darum ist 3d noch zur Rede zu schlagen. Zugleich trennt der Hebr 3d durch das Füllwort *kaitoi* (nur hier im Hebr) von den vorangehenden Zeilen, um zu markieren, dass er LXX Ps 94 nun nur noch im Einzelmotiv, nicht mehr wie in 3b.c voll zitiert. Das zitierte Motiv »die Werke« (aus 3,9b/LXX Ps 94,9) kennzeichne ich durch die nachgestellte Klammer.

[15] Wörtl.: dieser.

[16] Zu den Unterstreichungen in 3-5 (indirekten Vorverweisen auf 10) s. die Auslegung und vgl. Anm. 19.

[17] *palin* in der Schriftkatene wie 1,5.6; 2,13 und 4,5. Allerdings folgt diesmal das Zitat erst verzögert, da der Hebr noch auf dessen Wiederholung (nach 3,7 f.) hinweist. Daher ist der Zusammenhang dt. nur mit den in Klammern gesetzten Ergänzungen zu erkennen.

[18] Weniger wahrscheinlich: Jesus; s. die Auslegung.

[19] Die Unterstreichungen markieren die Aufnahmen von LXX Ps 94,11 (»Ruhe«, *katapausis* in der ersten Satzhälfte) und Gen 2,2 (»kam zur Ruhe« = »ruhte«, *katepausen*, in der zweiten Satzhälfte), die den Argumentationskreis zu 3-5 schließen.

Literatur: Attridge, H. W.: Let Us Strive to Enter Rest, HThR 73 (1980) 279-288. – *Backhaus* 2001**, 177 f. u. ö. – *Barrett**. – Braulik, G.:* Gottes Ruhe (1986), in: ders.: Studien zum Deuteronomium und seiner Nachgeschichte, SBAB 33, 2001, 203-211. – *Braun* 1970**. – *deSilva* 1994a**, 452 ff. und 1995**, 246-253. – *Enns, P. E.:* The Interpretation of Psalm 95 in Hebrews 3,1-4,13 in: *Evans, C. A./Sanders, J. A. ed.:* Early Christian Interpretation of the Scriptures of Israel, JSNT.S 148, 1997, 352-363 (nach WThJ 55 [1993] 255-280). – *Hanson, A. T.:* Jesus Christ in the Old Testament, London 1965. – *Helderman, J.:* Die Anapausis im Evangelium Veritatis, NHS 18, 1984. – *Hofius* 1970**, bes. 59-74,116-151. – *Hossfeld, F. L.:* Psalm 95, in: Neue Wege der Psalmenforschung, hg. v. *K. Seybold* u. a. (FS W. Beyerlin), HBS 1, ²1995, 29-44. – *Ders./Zenger, E.:* Psalmen 51-100, HThK.AT, 2000. – *Käsemann** 5-58. – *Laansma** 252-366. – *Laub* 1980**, 246-253. – *Leonhardt:* ↗Einleitung; bes. 60-63. – *Leschert** 123-197. – *Löhr* 1994b**, 18 f.,84-107. – *McKnight**. – *Nardoni, E.:* Partakers in Christ (Hebrews 3.14), NTS 37 (1991) 456-472. – *von Rad, G.:* Es ist noch eine Ruhe vorhanden dem Volke Gottes, in: ders.: Gesammelte Studien zum Alten Testament, ThB 8, ³1965, 101-108. – *Saß, G.:* Leben aus den Verheißungen, FRLANT 164, 1995. – *Scharbert, J.:* Die Landverheißung an die Väter als einfache Zusage, als Eid und als »Bund«, in: *Bartelmus, R.* u. a. Hg., Konsequente Traditionsgeschichte (FS K. Baltzer), OBO 126, 1993, 337-354. – *Schierse** 112-115 u. ö. – *Scholer** 150-184. – *Schröger* 1968b**, 101-115. – *Swetnam, J.:* A Possible Structure of Hebrews 3,7-10,39, MTh 45 (1994) 127-141. – *Sharp** 292 ff. – *Theißen** 124-129. – *Thompson* 1982**, 81-102. – *Vielhauer**. – *Weiss, H.:* Sabbatismos in the Epistle to the Hebrews, CBQ 58 (1996) 674-689. – *Wider** 154-161,167-178. – *Wray, J. H.:* Rest as a Theological Metaphor in the Epistle to the Hebrews and the Gospel of Truth, SBL.DS 166, 1998.

1. Einführung

1.1 Ort im Hebr und Rhetorik

3,1-6 bereitete die Leserinnen und Leser auf unseren Abschnitt vor, und doch überrascht er sie. Er führt nämlich ein neues Leitthema ein: die den Vätern verwehrte, »heute« anstehende »Ruhe«. »Ruhe« *(katapausis)* und »ruhen« *(katapauein)* begegnen je ausschließlich zwischen 3,11 und 4,11 (zusammen elfmal).

Das klärt zuvorderst die Abgrenzung. Der Abschnitt beginnt mit dem Zitat, das im Leitmotiv gipfelt (also 3,7), und endet mit der Mahnung, die das Leitmotiv zum letzten Mal benennt, 4,11 (eine Abgrenzung, die die meisten jüngeren Auslegungen teilen).

Manche Ausleger/innen meinen, unser Abschnitt geleite uns damit in das Mittelstück des Hebr, den Textteil bis 10,39, der an seinem Ausklang 10,26-31 die harte Warnung vor dem Abfall aufgreift und erneuert. Die Gliederungsmodelle, wie wir in der ↗ Einleitung (§ 6.3) und bei ↗ 3,1-6 (§ 1) ansprachen, bereichern sich um das zentraler Einschnitte zwischen 3,6 und 3,7 und nach 10,39 (vgl. bes. *Swetnam*).

Auf den zweiten Blick ergibt sich ein stringenter Anschluss an das Gesagte. 2,5-18 stimmte uns auf die Höhe des Menschen ein, die das Christusgeschehen trotz Leid und Tod verbürgt. 3,1-6 schritt das an der Verlässlichkeit Jesu für sein Haus aus. Darauf steht nun die Klärung an, zu welchem Ziel der Mensch gelangt, wenn er Leid und Tod hinter sich lässt. Unser Abschnitt antwortet: Er »geht ein« in die »Ruhe« wie in ein gelobtes Land (»eingehen« ist ein lokales Verb) und das nicht in ferner Zeit; vielmehr hat er täglich dafür bereit zu sein (vgl. das »Heute« 3,13).

Der Hebr legt das allerdings nicht argumentativ dar, sondern anhand eines Beispiels und in scharfer Mahnung, in der er vor Glaubensmangel warnt (mit *apistia*, »Unglaube«, als Gegenmotiv zu *pistos*, »treu«, in 3,1-6). Das ist rhetorisch für eine Narratio, den Ausgangspunkt unseres Abschnitts (↗ bei 2,5-18; 3,1-6), höchst eigenwillig, aber gerade darin signifikant: Antike Leserinnen und Leser erwarten die aktualisierende Mahnung und die mit einem Beispiel (Para- oder Hypodeigma; Begriff 4,11) arbeitende Amplificatio (Ausweitung) von einem Redeschlussteil (der Peroratio; vgl. *Martin* [bibl. bei 2,1-4] 77, 153-158). So rundet unser Abschnitt die Narratio mit ihrer Einführung ins Thema des Hebr (die Größe des Menschen, wie sie das Christusgeschehen verbürgt) wie eine eigene kleine Rede. 1,1-4,13 formen sich zu einem geschlossenen Ganzen.

7b Unter den rhetorischen Einzelzügen des Abschnitts gilt die Anfangsstellung des »Heute« im Leitsatz »Heute, wenn ihr seine Stimme hört ...« als Musterbeispiel eines Hyperbaton (Wortumstellung um der Betonung willen; s. *Erasmus** 715 z. St. u. v. a.). Entstanden ist es freilich weniger um der griechischen Rhetorik willen (in der das Hyperbaton wenig beliebt war; *Martin* a.a.O. 265) als in Nachahmung der hebräischen Vorlage von Ps 95,7 durch die LXX-Übersetzer (die dort vier statt der zwei Stichen heutiger Textausgaben [BHS] lasen).

1.2 Die Gestaltung als Schriftdarlegung und der Aufbau

Rhetorisch verlangt ein Beispiel Höhe und Substanz. Der Hebr entspricht dem doppelt. Er greift auf das Verhalten und Geschick der in der Antike überall geehrten Väter zurück, und er schildert es auf der hohen Basis der Schrift.

Eine solche Schriftdarlegung ist Proprium Israels. Deshalb verschmilzt der Hebr in unserem Abschnitt seinen rhetorischen Duktus (den Weg vom Imperativ [3,8.12] über rhetorische Fragen [3,16-18] zur Selbstaufforderung [4,1.11]) und jüdische Schriftdarlegung. Er formt aus Impulsen von Pesher und Midrasch ein eindrückliches Gefüge.

Die Literatur spricht teils von einer Anlehnung an den Pesher *(Enns)*, teils an den Midrasch, weil die Begriffe und Formbestimmungen bislang nicht eindeutig geklärt sind. Aufgrund der Qumranfunde zeichnet sich am ehesten folgende Differenzierung ab (*Fabry, H.-J.:* Methoden der Schriftauslegung in den Qumranschriften, in: Stimuli, hg. v. G. *Schöllgen* u.a. [FS E. Dassmann], JAC.E 23, 1996, 18-33 und Lit. seither):
Ein Pesher legt einen Text jenseits der Tora (aus Propheten, Psalmen etc.) Stelle für Stelle verbindlich auf die (endzeitliche) Gegenwart hin aus. Er gehört mithin zur haggadischen Literatur und ist am einfachsten an der Abfolge von Zitat und Deutung, die durch Deutungsformeln (namengebend der Pesher-Formel: *pšr* = »Deutung«) eingeleitet wird, erkennbar (von 4QpNah bis zum Psalmen-Pesher 1Q16).
Der Midrasch ist anders der halachischen Literatur zuzurechnen. Denn er weist Gesetz in die Gegenwart hinein an. Seinen Ausgangspunkt, die Gesetzesworte, führt er gern durch »es steht geschrieben« ein. In der Darle-

gung verfährt er vielfältig. In 4QMidrEschat[a,b] geht er nach dem Ausgangspunkt bei Gesetzesworten sogar in haggadische Exegese über (mit dem bekannten Teil 4QFlor; vgl. *Steudel, A.: Der Midrasch zur Eschatologie aus der Qumrangemeinde*, StTDJ 13, 1994).

Sowohl Pesher als auch Midrasch bestimmen ihre Gegenwart verbindlich aus den Texten und weisen ihr die Applikationen verpflichtend zu, sind kein Beitrag zur freien Meinungsbildung wie heutige Exegese. Deshalb sollten wir besser von Schriftzuweisung oder – da dieses Wort bei uns ungebräuchlich ist – Schriftdarlegung statt von Schriftauslegung reden (für den Midrasch nochmals zugespitzt bei *Maier, J.: Der Lehrer der Gerechtigkeit*, FDV 1995, 1997, bes. 9 ff.).

3,7-4,11 setzt mit einem Psalm ein (LXX Ps 94,7-11 in 3,7-11). Das lässt einen Pesher erwarten. Doch zitieren 3,7-11 das Schriftwort als Äußerung des Geistes; die Zitationsformel mag jung sein (↗ Einleitung § 2.1), ihr Signal lenkt zum Midrasch. Zu diesem passt auch der Verzicht auf Deuteformeln und das Zusammenspiel von Schriftworten verschiedener Herkunft im Fortgang. Der Zielpunkt des Textes, 4,11, gewinnt auf diese Weise den Rang aktuell zugeteilter Weisung. Die Leserinnen und Leser vernehmen »Bemühen wir uns, in jene Ruhe einzugehen ...« wie ein Gebot.

Ein Midrasch müsste freilich – wie gesagt – beim Gesetz beginnen und die Weichenstellung des Gesetzes durch den Psalm vertiefen. Der Hebr bietet sowohl in der großen Linie (dem Gang zu Gen 2,2 LXX in 4,4) als auch in den Teilabschnitten von Kap. 3 über das Versagen der Väter die verkehrte Reihenfolge (Num 14,22 f.29.32.34 stellt wesentliche Momente erst für 3,17 f., also nach dem Psalm zur Verfügung; z.B. ist das ntl. Hapax legomenon *kōla*, »Glieder«, in 17 Num 14,29 LXX entnommen). Markant tritt seine uns inzwischen vertraute Vorordnung des Gottesworts im Psalm vor das Gesetz hervor.

Wahrscheinlich spiegelt ein Detail, wie schwierig diese Aufwertung des Psalms ist: Erst 4,7 gibt, genötigt durch die Überschrift in LXX Ps 94,1a, preis, dass 3,7b-11 qua Psalm eigentlich dem Davidsschrifttum entstammen (nebenbei ein Indiz, wie strikt der Hebr von seiner LXX abhängig ist; im HT fehlt die Davids-Überschrift). Die Leser/innen sollen die Autorität des Wortes nicht durch die Zuweisung an David mindern.

Klar erkennbar ist der Aufbau. 3,7-11 zitieren einen Passus der Schrift, Ps 95,7-11. 3,12-19 legen dessen Warnung in zwei Teilen aus (12-15 und 16-19). 4,1-11 lenken den Blick darauf auf die Verheißung und schreiten sie – weiter an den Text gebunden – aus (geteilt in die Schritte 4,1-5.6-10.11; feinere Strukturen bei *Wills* [Bibl. ↗ Einleitung] 279 f.; *Wray* 52 ff.).

Die Neuzeit erinnerte das an eine Predigt, besonders die »Homi-

lie«, die einen Text Vers für Vers ausschreitet und auslegt (obwohl
unser Abschnitt auswählt, nicht Vers für Vers vorgeht). So bürgerte
sich im 19. Jh. ein, unseren Abschnitt eine Predigt im Hebr zu nennen. Diese Formbestimmung wirkt bis heute nach (z. B. *Gräßer*[*] I
173: Text 3,7-11, Auslegung 3,12-19, Konsequenz 4,1-11). Bedeut-
sam verweist sie das christliche Predigen auf jüdische Gestaltungs-
mittel. Formgeschichtlich streng ist sie allerdings nicht zu sichern.
Jedenfalls aber ist für den Hebr festzuhalten: Welche Kritik immer
sich in unserem Abschnitt an den Vätern ergibt, erwächst sie gestützt auf jüdische Schriftwahrnehmung, nicht von außen (und damit ohne antijudaistischen Affekt).

2. Auslegung

2.1 Die Basis: LXX Ps 94,7-11 in 3,7-11

Durch die Anlage des Abschnitts fallen die zentralen Entscheidungen am zitierten Schrifttext, LXX Ps 94,7-11. Sein Wort ergeht –
7a hält **7a** fest – durch den Geist aus Gottes heiligem Raum (deshalb
steht »heiliger Geist«).

Wer vom hebräischen Ps (MT Ps 95) kommt, ist überrascht. Dort ist dieser Verweis nämlich nicht vorbereitet. Selbst gegenüber der LXX liegt ein
zusätzlicher Reflexionsschritt vor: Diese hatte die Einheit des mehr-
schichtigen Psalms (1-7c Selbstaufforderungen, danach Imperative, die in
Gottesrede übergehen) durch Zuweisung an David gesichert (s. die neue
Überschrift in 1a; dem Hebr laut 4,7 bekannt). Der Hebr kombiniert das
mit der Überlieferung, durch David spreche der Geist, aus 2 Sam (LXX
2 Kön) 23,2. Der Ps ist deshalb nicht nur menschlich zuverlässig (vgl.
pistos, »zuverlässig«, in der Charakteristik Davids LXX 2 Kön 23,1); er
hat seinen Klang von Gott her und geht in 9 direkt zu Gottesrede über.
Der Hebr denkt mithin den LXX-Text weiter. Dieser liegt ihm – wie häufig – in einem Seitenstrang vor. Die Abweichungen gegenüber unserem
LXX-Haupttext (vgl. Anm. 4 zur Übersetzung u. a.) sind dabei minder
gewichtig als die Gemeinsamkeiten gegen das Hebräische (bes. auffällig
das »wenn« in 7b, die nichtlokale Deutung von Massa und Meriba in 8
und die Zufügung von »immer« in 10). Deshalb erlaubt die LXX-Hauptüberlieferung, den größeren Zusammenhang zu erschließen.

Zum Verständnis des Zitats (7b-11) müssen wir vor die zitierten
Verse zurückgehen. Der hebräische Ps (HT) begann mit einem

Lob des Schöpfers, der das Meer machte und das Trockene bildete, und die LXX unterstrich das (V 5).

Ihr David (nach dem Hebr: der Geist durch David) erinnerte das Volk Gottes (6) also vorab an Gottes machtvolle Hand in der Schöpfung. Aus dieser Erinnerung heraus rief er es zur Buße. »Wir wollen weinen« forderte er es in 6b wie in einer Bußliturgie auf (gegen das »wir wollen niederknien« des MT wohl durch Verlesung von *nbrkh* zu *nbkh* entstanden; *Hossfeld* in *ders./Zenger* 664). Das Fehlverhalten der Väter verlangte diesen Kontrapunkt.

Anders als im HT redet David – im Hebr: der Geist durch David – darauf im nunmehr zitierten Text bis 8 Ende. Denn im letzten Stichon von 7 ändert sich durch die (scheinbar wörtliche) Übersetzung von *'m* mit »wenn« die Syntax. **7bβ** (in der LXX 7d) wird **7b** von einer selbständigen Aufforderung zur Einleitung für 8: »Heute, wenn ihr seine Stimme hört, **8** verhärtet eure Herzen nicht ...« **8** Daran schließt der folgenreichste Eingriff an (von der LXX als Sinnerfassung des HT, nicht Korrektur gedacht). Die Übersetzer lesen Massa und Meriba nicht als Ortsnamen (wie Ex 17,7; Num 20,13 u. ö.), sondern als Verweise auf eine Haltung Israels: Dieses verhärtete die Herzen und begab sich in »Verbitterung« und »Versuchung«.

Aus dem einen Akt erwuchs eine dauerhafte Haltung. Die Ergänzung von »immer« in **10c** (»immer irren sie im Herzen«) ist eine notwendige Folge. **10c**

Ab **9** bekräftigt Gottesrede (s. den Übergang zum »Ich«) die Wei- **9** chenstellung: Die Väter maßten sich Gottes alleiniges Privileg an, zu prüfen und auf die Probe zu stellen (zu »versuchen«; vgl. Ex 17,2 und als Gegenüber Ex 20,20; Dtn 8,2.16 usw. bis ↗ Hebr 2,18), und sie taten dies, das Vergehen verschärfend, »in prüfender Einschätzung«.

Der LXX-Haupttext (»sie prüften und sahen ...«) bildet den HT glatter als der Hebr ab. Doch entstand dessen Lesart »in prüfender Einschätzung« *(en dokimasia)*, da ein Hapax legomenon, wohl gleichfalls in der Textüberlieferung (als Schreibfehler? Lit. bei *Schröger* 1968b**, 102 f.). Dem Hebr kommt das Ergebnis gelegen: Die Väter radikalisieren ihren Übergriff auf Gottes Handeln (s. als markantes Gegenüber LXX Ps 80,8 [MT 81,8]). Schlimmer als die Toren, die Gottes Prüfung abwerfen, statt ihre Last zu tragen (so der einzige weitere Beleg von *dokimasia* in biblischem Schrifttum, Sir 6,21), eignen sie sich diese sogar unter Einschätzung des Sachverhalts gegen Gott an (Weiteres in Anm. 3 zur Übersetzung).

Sie, die sich Aufgaben Gottes anmaßten, sahen Gottes Werke vierzig Jahre, fährt der Vers fort. Aus der einen Tat Gottes bei Massa und Meriba, von der der hebräische Ps sprach, sind (wegen der Uminterpretation von Massa und Meriba notwendig) all die Taten Gottes geworden, die die Väter auf ihrem 40jährigen Weg sahen. Es sind die Taten Gottes in der Geschichte (vgl. Ps 77[LXX 76],13; 90[LXX 89],16) und all seine Schöpfungswerke. Als »Werke *(erga)* Gottes« bezeichnet die Schrift sogar besonders letztere (von Gen 2,2.3 bis LXX Hi 37,15, im Psalter ab »ich werde die Werke Gottes sehen« Ps 8,4). In unserem Ps rundet sich der Klang zu V 5: Die Väter sahen in Wüste Gottes Schöpfungswerke und, umgeben von ihnen, Gottes Handeln an ihnen.

Präokkupiert durch den MT, lesen die Auslegungen den Hebr bis in jüngste Zeit, als ob in ihm noch der Singular »mein Werk« *(p'lj)* stünde, er somit trotz der Korrekturen nach wie vor von der einen Tat Gottes bei Massa und Meriba spräche. Das macht nicht nur die Kombination mit Gen 2,2 in 4,3 f. unberechtigt zu einem exegetischen Gewaltstreich. Schon die vom MT abweichende Abgrenzung in **10** wird unbegreiflich:

10   Da der hebräische Text in den uns interessierenden Zeiten unpunktiert vorlag, war es den Übersetzern ins Griechische möglich, die »vierzig Jahre« vom Anfang des Verses noch als Adverbiale zu »sie sahen« zu ziehen. Ein Teil der LXX-Überlieferung tat das; die Väter schauten – schärft er stringent ein – Gottes Werke all die vierzig Jahre der Wüstenwanderung (s. den Apparat in der LXX Gott.). Der vom Hebr aufgegriffene Text gehört in ihre Reihe, verdeutlicht lediglich die Syntax durch den Einsatz mit »darum« in 10b (wie Bo^D u. a.; dass diese Handschriften die Variante aus dem Hebr übernahmen, wie LXX Gott. vorschlägt, ist nicht zwingend).

Gott aber reagiert auf die Anmaßung derer, die seine Werke sehen und sich anmaßen, wie er zu prüfen. Er verabscheut sie gemäß der Fluchansage des Gesetzes (Lev 26,30; dort wie an unserer Stelle *prosochthizō*). Schon all die 40 Jahre, die sie seine Werke sahen, **17**   war er über sie aufgebracht, heißt es in **17** (ein Indiz, dass der Hebr die Zwischenstellung der 40 Jahre zwischen den Aussagen von 9 und 10 bemerkt). Er widerruft darauf, wie Num 14,21-23 vorzeichnet, **11**   net, voll richtenden Zorns die Landzusage (**11**): Die Väter werden, wie müde immer sie durch ihre Wanderung sind, keine Ruhe im Erbland und durch den Frieden mit ihm finden. Sie werden anders als die jetzigen Beter des Psalms nicht zu seiner Ruhestätte, dem Tempel kommen.

Eiserchesthai, das ich mit »eingehen« übersetzte, heißt wörtlich »kommen zu« und begegnet gern für das Kommen zum Tempel (↗4,10); zur Affinität von »Erbland« und »Ruhe« vgl. Dtn 12,9f.; 25,19; Jos 21,43-45, zum Tempel als Ruheort Gottes bes. 1 Chr 23,25; 28,2 und Ps 132 (LXX 131),8.14. Weiteres *Braulik* und *Hossfeld*.

2.2 Die warnende Applikation: 3,12-15.16-19

Die Schriften Israels federn die erschreckende Härte des Schwurs gegen die Väter durch Kontraste (im Psalter das »neue Lied« Ps 96 [LXX 95]) und das Wissen um die größere Treue Gottes ab. Der Bund, den Gott mit Abraham, Isaak und Jakob einging, überdauert seine Abscheu, bekundet so Lev 26,44 gegen die gerade angeführte Stelle 26,30 (griechisch ein weiteres Mal *prosochthizō*). Ein vor der Zeitenwende entstehendes Mose-Apokryphon erzählt, wie Mose dem Volk trotz seines auch in Zukunft zu erwartenden Versagens nach den vierzig Jahren das Gesetz mitteilt (1Q22 I-II) usw. Der Hebr entscheidet sich anders. Nicht diese Linien haben Recht, vielmehr die Schuldfeststellungen der Gerichtsprophetie über das böse, ungläubige Herz des Gottesvolkes, artikuliert **12** (vgl. bes. Jer 16,12; 18,12). Gottes Zorn über die Väter ist in keiner Weise abzumildern, sondern als schärfste Warnung zu verstehen. Ihr Verhalten, das den treuen Herrn durch Untreue missachtete (so *apistia*, »Unglaube«, in gleich möglicher Übersetzung), darf sich nicht wiederholen.

12

Diese Mahnung zielt auf die Gegenwart. Denn ein Problem, das Israel von alters her kennt (vgl. zahlreiche Belege von LXX Num 14,9 und Ez 20,8 bis PsSal 9,1b), wiederholt sich an der Gemeinde Jesu. Einzelne Glieder verlieren den festen Stand (s. den Stamm *sta-* in *aphistanai*, »wegtreten«) und treten zur Seite. Sie verlassen den »lebendigen« Gott. Die Formulierung hat dabei in einer Neuerung für Israel nicht zuletzt Heidenchristen im Auge, die zu ihren nach biblischer Auffassung toten Göttern zurückkehren; der Verweis auf den »lebendigen Gott« erinnert an die Missionsverkündigung des Paulus (s. 1 Thess 1,9) und Israels Abwehr von Fremdgöttern (Philo, decal. 65-67).

Wer aber abfällt, verhärtet, durch die Sünde getäuscht und betrogen (**13**).

13

Das Problem beschäftigt die frühchristlichen Quellen in mancherlei Varianten ab 2 Thess 2,3 und 1 Tim 4,1. Jüngere Forschung erwägt Zusammenhänge mit antiken Sozialverpflichtungen: Gott, der durch seine Wohltaten einen Raum des Patronats schaffe, erwarte korrespondierend ein verlässliches Verhalten seiner Klientel (Lit. bei deSilva 1994, 1995 und ders.* 144 ff.). So richtig das ist, bedarf es der religiösen Vertiefung. Jenseits von Christentum und Judentum beschäftigt nämlich die illoyale (gegen die erwartbare pistis/fides/Loyalität vollzogene) Abstandnahme von Verpflichtungen sozial und politisch (etwa als staatlicher Abfall, apostasia; Plutarch, mor. 253F; vgl. Galba I 5 u. ö.), doch in der Regel nicht kultisch-religiös.

Die Sozialgeschichte muss daher auf das besondere theologische Interesse von Minderheitenreligionen und Sondergruppen verweisen (vgl. für eine solche Gruppe im Judentum neben dem frühen Christentum 1QS [1Q28] VII 18-25). Dem entspricht die Sondermotivation des Abfalls durch Täuschung seitens der Sünde (gegebenenfalls apokalyptisch gesteigert: 2 Thess 2,10) und Verhärtung des Herzens gegen die Orientierung des Lebens am Gott Israels (sklērynein, »verhärten«, ein beliebtes Wort Israels seit der LXX, ist aus dem medizinischen in den sozio-religiösen Bereich übertragen).

Dagegen hilft das aufmerksame, mahnende Reden mit- und zueinander (parakalein). Das ist ein typisches Element frühchristlicher Ethik (und eine wichtige Berührung des Hebr mit dem Paulinismus; vgl. 1 Thess 5,11). Der Hebr versieht es mit dem charakteristischen Ton seiner Worttheologie und gibt ihm ein Pendant im Ruf von Gott, dem Geist und dem Sohn her: Diese rufen das »Heute« aus, in dem sich das Christusgeschehen zum Ende drängend aktualisiert (Bezug auf Gott durchs Passivum divinum, zum Geist durch 3,7a, zum Sohn durch das einzige vorangehende kalein, »rufen«, 2,11). Die Gemeinde stimmt mit ihren Zurufen untereinander Tag für Tag darin ein; ihre Zurede zueinander ist also antwortender und seinerseits einschärfender Ruf (s. kalein, »rufen«, in parakalein).

Die christologische Bewegung seit Kap. 1 und die anthropologische Bewegung seit Kap. 2 begegnen sich damit. Das »Einführen« (eisagein) des Erstgeborenen in die Ökumene 1,6 findet sein Komplement im »Eingehen« (eiserchesthai) der Gemeinde in die Ruhe 4,11. Die Nennungen des »Heute« (sēmeron) in 3,7.13.15; 4,7 und 1,5 korrespondieren einander. Übersetzen wir achris hou wie die meisten Kommentare mit »solange« (»solange wie«), liegt der Fluchtpunkt der Begegnung dabei strikt im Heute; das Heute von Gottes kommender Zeit ereignet sich im Zuruf »Heute, wenn ihr seine Stimme hört, verhärtet eure Herzen nicht …«

15 (3,7.15) ganz und gar. Bevorzugen wir die griechisch etwas naheliegendere Übertragung »solange bis«, richtet der Zuruf »Heute … verhärtet eure Herzen nicht …« dagegen auf Gottes bereitstehende, kommende Welt aus (vgl. ↗2,5), die wir bis zum endgültigen »Heute« Gottes täglich zu erwarten haben. Der Hebr wird ein Zeuge futurisch naherwartender Eschatologie. M. E. ergänzen sich die Akzente. Der Ruf »Heute« macht Gottes Heute gegenwärtig und lenkt gerade dadurch auf Gottes nahe, bereitstehende Zukunft, das kommende »Heute«. Ich integrierte deshalb beide Nuancen in der Übersetzung von 13.

14 rundet die Darlegung in einer rhetorischen Parenthese (15 schließt syntaktisch an 13 an). Die Kraft der Zurede beruht – erfahren wir – auf der Teilhabe an Christus, die den Gliedern seines Hauses gewiss ist (vgl. 6) und sie, wenn wir an das Wechselspiel des Rufens denken, geradezu zu Partnern Christi macht (vgl. *Nardoni* und das Geschwistermotiv in 2,11). Allerdings gilt das nur, sofern sie den Anfang, den sie haben, endgültig und bis zum Ende festhalten. Eine absurde Wiederholung der Väter wäre, würden sie (um die Bilder unseres Kap. zu kombinieren) aus ihrem guten Dasein in dem Haus, das sie beheimatet, hinaus stolpern und über dessen Schwelle stürzen.

Der Hebr formuliert das, wie so oft, fast abbreviaturhaft dicht. In *hypostasis*, das ich mit »Dasein« übersetzte, um alle drei Stellen im Hebr (noch 1,3; 11,1) gleich wiedergeben zu können, sammelt sich – an der Oberfläche kaum mehr erkennbar – das Da-Sein/Da-Stehen Gottes, das sich im Sohn verkörpert (↗ 1,3). Weil sie dort ihren Anfang hat, muss die Gemeinde das unbedingt bewahren.
Eine wichtige Alternative trennt die Bedeutungen von *hypostasis* und bezieht den »festen Stand« unserer Stelle auf die Christen, die »die anfängliche Haltung« bis zum Ende bewahren (*Braun*⃰ 96). Auch dann bestätigt sich das zentrale Anliegen des Hebr: Der Schritt des Anfangs ist irreversibel.

16-19 wendet sich dem Kontrast zu: Die Leserinnen und Leser wissen, was den Vätern geschah, die hörten, aber in ihrer Auflehnung gegen Gott bitter wie ungenießbares Wasser wurden. Dass Mose, der große Diener Gottes (↗ 3,2-6a), sie aus Ägypten führte, half ihnen nicht. Gott verabscheute ihre Sünde und ihren Ungehorsam (wobei *apeithein* 18 auch im Allgemeingriechisch für religiösen Ungehorsam geläufig ist; *apistia*, »Unglaube« [19], ist in Stamm und Aussage verwandt). Er wurde ihr Feind, und ihre Glieder stürzten in der Wüste zu Boden, um dort zu verwesen (vgl. Num 14,22 f.29.32).
So bekannt ist dieser Vorgang den Leserinnen und Lesern, dass dem Hebr sein Antippen durch rhetorische Fragen genügt. Wir stoßen darauf, dass das Geschick der Väter im frühen Christentum wie im umgebenden Judentum (vgl. neben den genannten Stellen

noch z. B. Ps 78,31) schon länger zur ethischen Bekräftigung dient (seit Paulus in 1 Kor 10,1-5 und am gewichtigsten neben dem Hebr in Jud 5). Freilich fällt die Radikalität des Hebr selbst im frühen Christentum auf: Paulus begnügte sich damit, dass Gott »an den meisten« der Väter kein Gefallen hatte (1 Kor 10,5), und Jud 5 lässt offen, ob alle nicht glaubten. Wer Num 14 zur Hand nimmt, entdeckt die Ausnahme Kalebs (14,24; wie die Person Kalebs im Hebr übergangen) und die Unterscheidung der Generationen (14,29-31 nimmt die unter 20jährigen vom Gericht aus). Der Hebr lehnt eine solche Differenzierung ab, weil er von den Vätern nicht zu früheren Kindern, sondern unmittelbar zu den heutigen Hörern und Hörerinnen übergehen will (4,1 ff.).

Die *genea* der Väter in 10 (LXX Ps 94,10) ist darum mit »Geschlecht«, nicht – wie an sich gleichfalls möglich – mit Generation zu übersetzen (gegen EÜ). Bereits Teile der Alten Kirche gewahrten die innerbiblische Spannung (vgl. selbst Hebr 11,29). Viele Handschriften änderten die Interpunktion und lasen statt der rhetorischen Frage in 16 die einschränkende Aussage, »einige« (!) der Hörenden seien verbittert ... (K L P usw.). Die Reformatoren folgten ihrem Text (*Luther*, WA.DB VII 2, 351; *Erasmus** und *Calvin** z. St.), ein wichtiges Bollwerk gegen antijudaistische Lektüren des Hebr.

2.3 Von der Warnung zur Verheißung der Ruhe: 4,1-5.6-10

Die Warnung setzt etwas voraus, was bislang noch gar nicht ausgesprochen ist, vielleicht weil es kein plastisches Schriftzitat dafür gibt: Gott hatte den Seinen vor ihrer Verhärtung kundgetan, dass sie in die Ruhe (scl. des gelobten Landes, ihres künftigen Erbbesitzes) eingehen sollen (vgl. Dtn 12,9 f.). Gottes Kundgabe aber bleibt **4,1** unabdingbar in Kraft. Sie ist Verheißung, *epaggelia* (**4,1**).

Dieser Terminus bürgert sich in Israel erst kurz vor der Zeitenwende ein. Noch in der LXX findet er sich relativ selten und wenig spezifisch (inkl. 1 Esr und 1-4Makk nur sechs Belege). Danach breitet er sich rasch aus und füllt sich, obwohl an die griechische Sprache gebunden (in den Qumranschriften lässt sich kein unmittelbares Äquivalent finden), spezifisch jüdisch-christlich. Denn allgemeingriechisch beschreibt *epaggelia* (wörtl. die Nachricht an andere auf Zukunft hin) vor allem die bindenden Versprechen von Menschen. Die seltene Übertragung auf Versprechen, die Götter machen (bes. SIG 663,25 ff.), bereitet die Applikation auf den einen Gott lediglich vor, setzt sie keiner bestimmenden Konkurrenz aus.

Israel steigert daraufhin das griechische Motiv: Der eine Gott bindet sich im Kundtun seines Versprechens (seiner *epaggelia*) wie in einem Schwur (ohne dass das Schwören Gottes zur Basis des Motivs werden muss; s. *G. Haufe* in ThLZ 121, 1996, 1060 gegen *Saß*). Er steht unverbrüchlich dazu, wie sein Wort überhaupt nie leer bleibt, sondern Wirklichkeit schafft. Unser Wort »Verheißung« befriedigt angesichts dessen nicht ganz; es stellt das zwingende Versprechen hinter die – oft fern, fast unklar werdende – Zukunft zurück. Dennoch ist es schwerlich durch ein anderes Wort ersetzbar.

Im Frühjudentum hat die Verheißung des Landes, das ihm Ruhe (vor Feinden etc.; s. Dtn 12,10) gewährt, besonderes Gewicht (vgl. *Saß* und *Scharbert*). Sie tritt bei Paulus, der das Begriffsfeld im frühen Christentum beheimatet, zurück. Der Hebr dagegen knüpft daran wie an die Nähe von Verheißung und Schwur an. Die *epaggelia* ist – so sein Ton – absolut sicher, als Versprechen wie als Versprochenes (der Terminus bezeichnet bei ihm beides; vgl. *Ellingworth** 238 f.). Gott wird sie baldigst, wenn nicht schon unmittelbar heute (vgl. 3,13) einlösen.

Dadurch, dass Gott den Vätern die Verheißung in einem Gegenschwur entzog, entstand die für die Gegenwart ausschlaggebende Situation: Verheißung (zwingendes Versprechen Gottes) ist übrig. Wer Gott fürchtet, kann und wird sie erfahren. Freilich wird ihn/sie die Furcht nicht loslassen, dass auch jetzt Einzelne auf dem Weg zurückbleiben, wie die Väter es taten. Die Verheißung verstärkt die Mahnung.

Gleichwohl ist die Verheißung, erfahren wir in **2**, als Versprechen **2** Gottes grundsätzlich eine gute Kundgabe und Nachricht. Die Väter erhielten mit ihr gleichsam eine Kündung des Evangeliums (*epaggelia*, »Verheißung«, und *eu-aggelia/eu-aggelion*, »Evangelium«, liegen griechisch unmittelbar nebeneinander). Sie erging im Wort und verlangte Gehör. Allein, weil das den Vätern fehlte und das Hören sie nicht im Glauben mit anderen Hörenden zusammenschloss, liegt sie für die Gegenwart offen.

Die Wendung *logos tēs akoēs* (»gehörtes« und »nach Gehör verlangendes Wort«), schlägt eine neuerliche Brücke zum Paulinismus (1 Thess 2,13), und wieder, ohne dass wir eine Akzentverschiebung übersehen dürften: Der Hebr vermeidet (hier und in seinem ganzen Text) das Nomen Evangelium, das durch Paulus sein Proprium in der jetzt ergehenden Christusbotschaft hat. *Euaggelizesthai*, »das Evangelium (die gute Kündung Gottes) vernehmen«, gewinnt seine Dichte im Hebr (nur hier in 4,2.6) vollständig aus der dank der Schrift seit alters bekannten und festliegenden Verheißung. Es lässt sich direkt als »die Verheißung empfangen« übersetzen (*Weiß** 277).

Die Kette der die Verheißung Empfangenden beginnt darauf lange vor dem irdischen Jesus, ja vor den Vätern in der Wüste. Es gab, impliziert 2 (im vorliegenden Obertext), schon zuvor Hörende und Glaubende (was durch Kap. 11 deutlicher werden wird). Die Väter in der Wüste schufen, indem sie sich nicht unter sie reihten, den Abbruch, den das Hören der Gemeinde jetzt zu füllen hat.

Ein Teil der Textzeugen geht einen Schritt weiter. Er personalisiert das Wort in 2b und lässt es unmittelbar die Verbindung bestimmen, die es eingeht. Ihr Text lautet »da es (= das Wort) sich nicht durch den Glauben mit denen, die es hörten, verband«. Das unterstreicht die Worttheologie des Hebr noch über unseren Obertext hinaus (א u. a., in früheren Textausgaben bevorzugt).

3–5   In kühner Schriftdarlegung wendet sich der Hebr darauf dem Inhalt der Verheißung zu. Er bedient sich des Analogieschlusses (der Gezera schawa), eines Modells jüdisch-frühchristlicher Schriftauslegung, nach dem eine Schriftstelle die andere erläutert, und kombiniert in 3-5 das Psalmwort aus 3,7-11 mit einem Torawort. Die »Werke« und die »Ruhe« aus dem Ps (*erga* LXX Ps 94,9, *katapausis* 94,11) führen ihn zu Gen 2,2 (ich markierte die Ausgangsworte des Schlussverfahrens in der Übersetzung durch Unterstreichung): »und es <u>ruhte</u> *(katepausen)* Gott am siebten Tag von all seinen <u>Werken</u> *(erga)*« (4). Die Ruhe, die Gott den Vätern ihrer Anmaßung wegen versagte, ist deshalb weit mehr als die Ruhe eines verheißenen irdischen Landes um den irdischen Ruheort Gottes (den Tempel in Jerusalem). Es ist seine eigene Ruhe über der Schöpfung und an deren Ziel.

Das Schlussverfahren ist, sobald wir die sprachlichen Pointen des Ps beachten, konsequent. Bereits im Ps bilden Gottes Schöpfungswerke nämlich den Rahmen für sein geschichtliches Handeln (↗3,9). Daher geht es im Analogieschluss, wie 3d expliziert, um Gottes Werke »seit Grundlegung der Schöpfung«. Darauf nennt der Ps den Zielpunkt »meine (= Gottes) Ruhe«. Die Ruhe, die Gott gewährt – die Ruhe des Landes, in das Israel einzieht (bzw. die Väter nicht einziehen dürfen) –, beruht auf der ihm (Gott) eigenen Ruhe.

Der Ps regt also aus sich selber heraus an, die besondere Ruhe Gottes zu meditieren. Der Analogieschluss muss nur noch den entscheidenden Bezugspunkt entdecken, die Ruhe Gottes nach der Schöpfung. Er findet sie dank der LXX in Gen 2,2 (während der HT den Analogieschluss nicht in gleicher Weise erlauben würde; dort steht für Ruhe/ruhen in Gen 2,2 *šbt*, in Ps 95,11 anders der Stamm *nwḥ*).

So plastisch und (im damaligen Sinn) korrekt das Schlussverfahren ist, konstituiert es einen theologischen Einschnitt sondergleichen. Denn die Verheißung verlässt dadurch die geschehene irdische Geschichte. **6b.8** unterstreicht das und formuliert (nach allem Gesagten notwendig) sogar den Einzug nach Kanaan um, den die Schrift berichtet: Gegen Jos 1,13.15; 21,44; 22,4; 23,1 ist ausgeschlossen, dass Josua die, die früher die Verheißung empfingen (»sie« aus 8a bezieht sich 6b zurück), in die Ruhe führte, weil ihnen – so 8b in unausweichlichem Zirkel – die Ruhe versagt wurde und sie einem Tag danach gilt.

6b.8

Der Hebr zitiert nie aus Jos (so dass wir die angegebenen Jos-Stellen jenseits seiner erschließen müssen), und auch aus den anderen Geschichtsbüchern Israels ist ihm die Linie zu einer Ruhe Israels in dem von Gott gegebenen Land bei Gottes Tempel inakzeptabel, die ihren Gipfel in LXX 3 Kön (MT 1 Kön) 8,56 erreicht: »Gepriesen sei der Herr heute« – *sēmeron* wie im Hebr, doch auf das Heute von Salomos Tempelweihe in Jerusalem bezogen –, »der seinem Volk Israel Ruhe *(katapausis)* gemäß allem, was er zusagte, gab«.

Überhaupt zitiert der Hebr aus allen Geschichtsbüchern Israels lediglich die Natansverheißung (1 Chr 17,13/2 Sam 7,14 in 1,5b) und partiell die Ansage von 1 Sam (LXX 1 Kön) 2,35 (in 2,17; 3,2). Daneben referiert er aus ihnen Glaubenszeugen, die nach der nicht innergeschichtlichen Heimat strebten (vgl. Kap. 11, bes. 11,16). Die Geschichte Israels nach der Krise der Wüstenzeit verdient – wenn wir dies zuspitzen – abgesehen von den Zukunftsansagen und der Erinnerung an Zeugen für sein eigenes Verständnis des Glaubens keine Anteilnahme. Der Hebr schränkt letztlich den Schriftrang der Geschichtsbücher ein.

Da Josua griechisch wie Jesus geschrieben wird *(Iēsous), erwägen einzelne Ausleger weitergehend, der Hebr spreche an unserer Stelle statt von Josua gleich von Jesus (Hanson 61). Religionsgeschichtlich ist das nicht unmöglich; auch nach wichtigen Handschriften von Jud 5 wirkte Christus in der Rettung und Vernichtung des Volks auf der Auszugswanderung (zugespitzt p[72]). Aber es ist weit weniger wahrscheinlich (Ellingworth* 252f.), da alle bekannten christologischen Josuatypologien jüngeren Epochen angehören (Barn 12,8-10; Justin, dial. 75,2; 113; 132,1.3; Irenäus, epid. 27). Entscheidet man sich trotz der Bedenken für die These, weil der Hebr die Identifikation Josuas nicht durch einen Zusatz sichert (ab 1 Clem 12,2 begegnet zur Unterscheidung das Patronym »Jesus, der des Nave«), wäre 8a gemäß der griechischen Wortstellung durch »wenn ihnen (den Vätern) gegolten hätte, dass Jesus Ruhe gibt« zu umschreiben.*

Der **6a.7** Tag danach ist – runden **6a.7** die Argumentation – durch das Psalmwort bestimmt. Er ist das »Heute« des Rufs von LXX Ps 94,7. Heute, »nach so langer Zeit« (ein bemerkenswertes Indiz für

6a.7

Geschichtsbewusstein trotz der Geschichtskritik), spricht das »in David« (im Davidspsalm) überkommene, bei den Vätern verhallte Wort seine Mahnung unmittelbar belebend. Die Verheißung ist,
9 wie gesagt, verblieben (**9**). Sie bestimmt für das Volk Gottes die Ruhe des siebten Schöpfungstages, die Sabbatruhe und Sabbatfeier Gottes.

Der Hebr verwendet ein gerade aufkommendes Wort, *sabbatismos* (der zeitlich nächste Beleg, Plutarch, mor. 166A ist etwas jünger und hilft, da abwertende Außensicht, wenig zur Bestimmung). Das griechische Judentum bildete vorab das Verb, von dem es abgeleitet ist, *sabbatizein*, »den Sabbat und seine Ruhe begehen« (s. u. a. die Fluchansage LXX Lev 26,34 f., deren Kontext schon 3,10 anklang). Die Endung *-mos* weist unser Nomen als Bezeichnung der Tätigkeit dazu aus. Es geht also nicht um quietistische, sondern aktive Ruhe, die den Sabbat feiernd begeht (vgl. *Laansma* 276 f.).
Schwierig zu ermessen ist, wieweit das durch Sabbatspekulationen aufzufüllen ist. Im Kontext des Hebr ist der Bezug zum 7. Tag Gottes eindeutig, und dessen Einführung in Gen 2,2 (Hebr 4,4) verwendet hebräisch *šbt*, die Basis für das griechische Lehnwort; kannte der Hebr-Autor also in diesem Fall auch die hebräische Schriftfassung und nützte sie, der griechischen untergeordnet, zu deren Entfaltung? Wichtiger als diese literarische Frage ist die religionsgeschichtliche nach dem Verständnis von Gottes Ruhe am 7. Tag. Philo vertritt unter Anklang des unbewegten Bewegers der Philosophie die Auffassung, sie sei in einem unaufhörliches Ruhen, Fest und Tätigkeit Gottes in unbeschwerter Leichtigkeit (Cher. 87.90 u. ö.; *Leonhardt*). Dächte der Hebr diese Dimension mit, wäre dem Volk der Eintritt in die Leichtigkeit von Gottes ruhendem Schaffen mit verheißen. Wir dürfen solche Möglichkeiten nicht ganz ausschließen, ohne sie (und vollends die Fortführung der Spekulationen in der Gnosis) überzustrapazieren (die Gnosis liebt unseren Terminus nicht; in den NHC-Schriften fehlt er).
Entscheidend ist – wie für jeden neuen Begriff – der Erstimpuls, hier der zu positiven Assoziationen von Fest und Ruhe bei Gott. Auch dann ist ein Nebenaspekt unübersehbar und signifikant: Zeitgenössische jüdische Spekulationen legen größtes Gewicht auf Entsprechungen im irdischen Sabbat (bei Philo einerseits strikte Ruhe, andererseits Studium und Kontemplation; Abr. 28, migr. 91 u. ö.). Der Hebr dagegen verschwendet kein Wort auf die Frage irdischer Abbildung. Wir wissen daher nicht, ob er Sabbate im Leben der Gemeinde kennt, sehen aber um so klarer, wie intensiv er vom irdischen Leben zum Leben in der größeren, qualitativ schlechterdings überlegenen Ruhe Gottes hin lenkt (zur Diskussion *Hofius* 102–115; *ders.* s. v., EWNT III, ²1992, 521–523; *Gräßer** I 216–220; *Weiss*).

Wer auf diesen Ruf hin in die Ruhe (nun wieder *katapausis*) eingeht, den/die bestimmt allein Gottes Ruhe. Er/sie tritt, nein: trat schon in die Ruhe von seinen/ihren Werken ein, weil das bei Gott vorgegeben ist (**10** wählt, konsequent im Analogieschluss, den Aorist »ruhte« von 4/Gen 2,2). Seine/ihre Ruhe entspricht der Ruhe Gottes über seinen Schöpfungswerken und klingt mit dieser Ruhe zusammen.

Weit sind wir mit dieser Formulierung über alle irdische Wirklichkeit und Geschichte hinaus geschritten. Dennoch liegt kein gänzlicher Traditionsbruch vor.

Denn eine bislang zurückgestellte Reflexion Israels nimmt Einfluss: Die geschichtliche Erfahrung widersprach der Vorstellung, Israel habe nach der Krise der Väter doch im Land und um den Tempel Ruhe gefunden (wie sie uns in verschiedenen Voten begegnete), seit langem. Selbst ob der irdische Tempel Ruheort Gottes sein könne, war keineswegs sicher. Jes 66,1 formulierte die Gegenposition, kein irdisches Haus tauge als Ort von Gottes Ruhe (LXX *topos tēs katapauseōs mou*). Gottes Ruheort verlagerte sich deshalb für einen Teil des Judentums ins himmlische Heiligtum. Die hellenistische Diaspora abstrahierte dies (s. das Ziel der himmlischen Ruhe in JosAs 8,9; 22,13; vgl. 15,7) und öffnete den Zugang zur Ruhe zudem für einzelne Personen nichtjüdischer Herkunft (wiederum JosAs a. a. O.).

Welche Kontexte aber erhält die »Ruhe« genauer? Weil *katapausis* ein relativ seltenes Wort für Ruhe ist (jenseits JosAs nie in den Pseudepigraphen, nur einmal und unspezifisch bei Josephus [Ant. 17,43]), bleiben die genannten Belege für alle Deutungen ausschlaggebend (Philo, QG 1,76a ist als rekonstruierter Text kaum beiziehbar). Das weit häufigere *anapausis*, das nach Ausweis von LXX Ps 131(MT 132),8 neben *katapausis* (V 14) für den kultischen Ruheort Gottes verwendbar ist, stellt der Hebr zurück. Halten wir uns darauf an die unmittelbaren Belege, fällt auf, dass die Ruhe Gottes durch Jes 66,1 ihren Ort auf der Erde verliert, jedoch nicht im engeren Sinn eschatologiert wird (vgl. *Preuß, H. D.* s. v., ThWAT V, 1986, 306), und diese Stelle auch keine große Wirkung in der Apokalyptik entfaltet (der *katapausimos*, »Ruhetag«, von Gen 2,2 usw. als Typos auf die 1000jährige Endzeit in Jub 2,24 [griechisches Frg.] gehört lediglich ins weitere Umfeld; die bis *Laansma* 122 f.,128 f.,152 angeführte gelegentliche Rezeption von Ps 95 in Erwägungen des Midrasch über die »kommende Welt«, den ʿwlm hbʾ [»olam habah«; vgl. bei 2,5], ist erheblich jünger). Die frühchristliche Rezeption der Stelle von Apg 7,49 f. bis Barn 16,2 und Justin, Dial. 22,11 beschäftigt sich weniger mit dem Motiv der *katapausis* als der Kritik des Jerusalemer Tempels und bleibt insofern hinter dem Hebr zurück (so dass dessen Eigenart gegenüber Stephanuskreis und Barn deutlicher hervortritt als Gemeinsamkeiten; vgl. Einleitung § 7.4/5).

JosAs beschäftigt sich mit dem Geschick einer Nichtjüdin (Asenats, die Josef nach Gen 41,45 heiratete). Auch sie kann und darf »in die Ruhe eingehen« *(eiserchesthai eis tēn katapausin)*, die Gott seinen Auserwählten bereitet hat, hält 8,9; 15,7; vgl. 22,13 (nach anderer Zählung 8,11; 15,7; 22,9) fest. Ohne dass wir die Unterschiede klein schreiben dürften, stoßen wir auf einen für den Hebr wesentlichen Durchbruch: Die Ruhe Gottes lässt sich für Nichtisraeliten öffnen, die Gott hinzu erwählt. Der Hebr verfährt weit radikaler (er kritisiert zugleich Israels Väter etc.), und doch ist seine Eröffnung der Ruhe Gottes für Leser/innen nichtjüdischer Herkunft nicht ohne einen solchen Durchbruch im Judentum um ihn denkbar (dass er heidenchristliche Leser/innen stark beachtet, sahen wir zuletzt bei 3,12).

Wenden wir uns ergänzend hebräischen Texten um die Zeitenwende zu, fällt vor allem die Reflexion der Ruhe auf, die der Weise aus der Relation zu den Heiligkeitsengeln im Himmel schöpft (vgl. 4Q418 55 7 f.). Doch ist der Befund im Ganzen komplex. Das erweisen paradigmatisch die Sabbatlieder vom Toten Meer. Sie entfalten die Ruhe im Himmel und himmlischen Gottesdienst nicht um *mnwḥḥ*, sondern bevorzugt vom Stamm *šqṭ* aus (4Q405 19 XIX 7 und 20-22 XX 12 f.), und lassen sie zur Stille der Gottesbegegnung übergehen (nach *Newsom* [s. bei 1,1–4] 301 beeinflusst durch 1 Kön 19,12). Selbst der dröhnende Schall und Gang der Engel um Gottes Thron wird zu preisender Stille. Ein Vergleich zum Schweigen (der *sigē*) in Offb 8,1 drängt sich auf, während der Hebr die Ruhe nicht als Schweigen expliziert (*sigē* etc. fehlt in ihm; das ist für den Fortgang wichtig, s. die Einführung zu ↗4,16-10,18/31).

Der Hebr radikalisiert die ihm vorgegebenen Tendenzen und beheimatet die, die den Ruf Gottes durch die Schrift hören, welcher Herkunft immer sie sind, wie Weise in der Ruhe bei Gott, die von aller Unruhe der Welt entfernt. Ihrer Ruhe gänzlicher Gottesgegenwart gibt er zudem einen besonderen, mehr als weisheitlichen Rahmen: Seit 9 blicken wir auf die feiernde himmlische Ruhe (den *sabbatismos*, die Sabbatfeier und Sabbatruhe). Nun bezeichnet das Verb »eingehen« *(eiserchesthai;* Leitverb ab 3,11) das Eintreten in die heilige Stätte und zu kultischem Dienst (grundgelegt seit LXX Ex 24,3.18; 2 Chr 29,16; Ps 117[MT 118],20 u. ö.; erweiternd *Laub* 169-207 und *Scholer* 150-184). D. h. der Hebr stellt seinen Leserinnen und Lesern vor Augen, es sei entscheidend, in den Ruheort des himmlischen Heiligtums einzugehen, wie Priester und Pilger das tun.

Überschauen wir all das, ist Ruhe für den Hebr Beheimatung bei Gott an seinem himmlischen Heiligtum, in Gottes weltüberlegener, feiernder Ruhe und dadurch Befreiung von der Unruhe der Welt. Mit dem Aufblick zum himmlischen Hohepriester Christus wird darauf der nächste Teil des Schreibens beginnen (s. 4,14 ff.). Unser Abschnitt bereitet ihn unmittelbar vor.

Die intensive religionsgeschichtliche Debatte über den Begriff konzentrierte sich auf Zusammenhänge zur Gnosis (bes. *Käsemann* bis *Braun** 90-93) sowie in Abwendung davon zur Apokalyptik (seit *Hofius*) und Philo (neben den genannten Stellen bes. fug. 173 f.; *Thompson* u.a.). Alle drei Male bereitet der Sprachwechsel zu *anapausis* Beschwer. Deshalb versagen sich direkte Ableitungen. Doch bereichern sich die Aspekte: Der Hebr ist – zeigt sich – gesprächsfähig zur eschatologischen Hoffnung des frühen Christentums, die auf das kommende Ende bei Gott setzt (↗ Einleitung § 7.3). Aber er erlaubt auch einen Zugang aus weisheitlich-philosophischen Strömungen, die eine Ruhe des Lebens bei Gott nicht-eschatologisch unter dem Schatten etwa des mittleren Platonismus suchen (die Stilisierung der Ruhe zu einem hohem Gut ist griechisch ab Pindar, N. 7,51 f. nachgewiesen; zu Plato und der jüngeren Philosophie *Helderman* 48 ff.).

Durch beides und seine eigenwillige Schöpfung-Psalm-Argumentation steht der Hebr klar vor der Gnosis (was zur – jüngeren – Datierung der NHC-Schriften koinzidiert; die *anapausis* von EvThom log. 60 ist deshalb der Gnosis näher als der Hebr). Trotzdem ist eine Strukturanalogie zum gnostischen Weg hinaus aus der Welt und hinauf zur Fülle (zum Pleroma) unübersehbar. Der Hebr erhält eine eigentümliche religionsgeschichtliche Zwischenstellung und bezieht nicht zuletzt aus ihr seine Faszination (s. neben der genannten Lit. noch bes. *Gräßer** I 209-211 u.ö.; *Schierse; Sharp; Theißen; Vielhauer* und *Wray* 52-94).

2.4 Die abschließende Mahnung: 4,11

11 braucht nur noch knapp die Konsequenz zu ziehen: »Bemühen **11** wir uns also, in jene Ruhe einzugehen ...« und »eilen wir« dorthin (*spoudazein*, ein häufiger Terminus frühchristlicher Paränese, enthält beide Akzente; vgl. Eph 4,3; 2 Tim 2,15; 4,9.21; 2 Petr 1,10 f.15 usw.). Die Selbstermahnung (der Imperativ) folgt auf die Zusage (den Indikativ) von 10. Manche Ausleger erinnert das an ein Grundschema paulinischer Ethik (*Weiss* 685). Freilich schiebt 11b gleich eine negative Begründung nach: Keiner solle fallen; davor warne das Beispiel der Väter. Wieder hat Paulus ein solches Verfahren zusätzlichen Begründens initiiert (vgl. 1 Kor 10,1-13; dort für »warnendes Beispiel« *typos*, an unserer Stelle *hypodeigma*). Doch die rhetorische Dynamik des Hebr gibt der Warnung das Achtergewicht (gegen die Versfolge in 1 Kor 10,11-13). Ihn kennzeichnet eine besonders drängende Härte.

3. Ertrag und Ausblick

Die Narratio des Hebr rundet sich wie eine eigene Rede: Gott, der seit alters spricht und sich in den Höhen zum Sohn wendet (Kap. 1), um den Menschen Herrlichkeit und Rettung zu gewähren (Kap. 2), hat dem Haus seines Sohnes (3,1-6) verbindlich seine festliche, weltüberlegene Ruhe zugesagt. In ihr kam die Schöpfung und kommt die Größe des Menschen von Kap. 2 zum Ziel. Sie liegt wie ein unbetretenes gelobtes Land heute und gerade heute bereit, da die Väter noch nicht in sie eintraten. Deren Ungehorsam nötigt, jetzt um so dringlicher dorthin zu eilen (und die Narratio wird zur Peroratio).

Auf den ersten Blick macht das den Hebr zum bedeutenden Vertreter einer Schöpfungstheologie. Denn Schöpfungs- wie Geschichtswerke sahen die Väter, und die Ruhe, die sie durch ihre Prüfung Gottes verspielten, hätte sie mit der Sabbatruhe Gottes von Gen 2,2 verbunden. Indes bejaht unser Abschnitt die Schöpfung nicht im Sinn einer positiven Würdigung des Geschaffenen. Er (und der ganze Hebr) zitiert nirgends »schau, (es ist) sehr gut« aus Gen 1,31 (LXX). Stattdessen konzentriert er sich auf ein Ziel, das über das bestehende Geschaffene hinaus führt, und bemisst die Überlegenheit des Menschen über alles (2,8) an der ihm von Gott in Christus eröffneten Chance, die Schöpfung zu ungeschaffener Ruhe zu übersteigen. Das Geschaffene wird in einer merkwürdigen Kehre der Schöpfungstheologie letztlich bis in die tiefsten Gründe erschüttert werden müssen, um das angesichts Gottes Bleibende zur Geltung zu bringen (↗ 12,26-29).

Das bestätigt einmal mehr die Schwelle, die die Theologie des Hebr zur bestehenden Welt errichtet, und seinen eigentümlichen religionsgeschichtlichen Ort. Obwohl seine Schöpfungsargumentation ihn von der Gnosis trennt, erlaubt ihr Effekt, ihn unter deren Vorläufer zu rechnen. Verständlich wird auch die gebremste Wirkung. Die Theologiegeschichte konnte, so faszinierend die Gottes-Ruhe als Ziel christlichen Lebens ist, lediglich begrenzt an den Hebr anknüpfen.

Seine *katapausis* (»Ruhe«) erhielt in den Erörterungen der Kirche (und Gnosis) geringeres Gewicht als die Sprachvariante *anapausis* oder das andere griechische Wort für Ruhe, *hēsychia*. Gewiss dürfen wir eine Fernwirkung (zusammen mit der griechischen Philosophie und Philo) nicht unterschätzen. Allein, Augustins berühmtes Wort *inquietum est cor nostrum, donec requiescat in te* (»unser Herz ist unruhig, bis es in dir ruht«; conf. I 1), der monastische Hesychasmus des Altertums, der Quietismus von *Fenelon* bis zum Pietismus und die Motive der Ruhe im Kirchenlied (z. B. *P. Gerhardt*, EG 371,14) entfernen sich je auf ihre Weise vielschichtig vom Hebr.

Ein weiteres Problem birgt die kritische Darstellung der Väter. Dank der beliebten Verlesung von 3,16 zu »einige verbitterten, nicht alle, die aus Ägypten auszogen« (↗ die Auslegung z. St.) blieb unser Abschnitt von antijudaistischen Lektüren weitgehend verschont, und heute bewahrt uns davor die Verpflichtung des Hebr an die Väter und Schriftauslegung trotz seiner scharfen Kritik (dass alle verbitterten). Aber um so deutlicher wird, dass der Hebr über die Väter die Gegenwart und in ihr ein in allen Religionen virulentes Phänomen anvisiert, das Verlassen des einmal eingeschlagenen und göttlich gewiesenen Weges. Er kündigt für solche Apostasie (ein Ausdruck, den 3,12 f. vorbereitet) keine irdischen Sanktionen an – eine wichtige Grenze, wenn wir spätere Verketzerungen von Apostaten bedenken –, doch wiegt der angedrohte Verlust der Gottesruhe schwer. Theologisch ist das im Hebr konsequent, hermeneutisch dringend zu reflektieren und durch andere biblische Ansätze auszugleichen.

4,12-13 Abschluss: Lebendig ist das Wort Gottes

12 Lebendig nämlich ist das Wort Gottes, wirksam und schnei-
dender als jedes zweischneidige Schlachtmesser. Es dringt bis
in die Mitte[1] von Leben[2] und Geist, von Gelenken und Mark
durch und richtet über Erwägungen und Gedanken des Herzens.
13 Keinerlei Schöpfung ist vor ihm[3] verborgen. Alles liegt nackt
und mit zurückgebogenem Hals vor den Augen dessen offen, an
den sich unsere Rechenschaft[4] richtet.

[1] *merismos* kann durch den Fortgang nicht wie in 2,4 als »Teilgabe« übersetzt werden. Die Kernbedeutung wäre »Teilung«.
[2] Oder »Seele«.
[3] Scl. Gott *(theos)* aus 12a. Ein Bezug auf *logos* (»Wort«) ist philologisch
gleichfalls möglich, wird aber durch den Fortgang unwahrscheinlich (trotz
Löhr 222).
[4] Griechisch *logos* (»Wort«) wie in 12a; Näheres in der Auslegung.

Literatur: Gräßer, E.: Hebräer 4,12-13, in: Jesu Rede von Gott und ihre
Nachgeschichte im frühen Christentum, hg. v. *Koch, D.-A.* u.a. (FS
W. Marxsen), Gütersloh 1989, 332-343. – *Hegermann* 1982** (und *ders.*
16-19). – *Hübner*** 33. – *Löhr* 1994b**, 222 u.ö. – *Runia:* ↗ Einleitung; 76.
– *Swetnam, J.:* Jesus as logos in Hebrews 4,12-13, Bib. 62 (1981) 214-224. –
*Theobald**. – Trompf, G. W.:* The Conception of God in Hebrews 4,12-13,
StTh 25 (1971) 123-132. – *Via**. – Wider*** 72-88. – *Williamson, R.:* The
Incarnation of the Logos in Hebrews, ET 95 (1984) 4-8.

1. Einführung

Unser Abschnitt legt zusammen mit dem »Gott sprach« aus 1,1.2
einen Bogen (eine Inklusion) um 1,1-4,13 und rundet damit den
ersten großen Teil des Hebr. Freilich tut er das in kennzeichnend
offener Weise. Denn die Leserinnen und Leser erwarten nach 2,5-
17 noch die Schlussthese der Narratio. 4,14-16 wird sie gleich im
Anschluss bieten (durch Wiederaufnahme des Hohepriestermo-
tivs). Der Hebr sorgt für einen gleitenden Übergang zum nächsten
Hauptteil. Jede starre Trennung täuscht.

Der Dissens der Kommentare über die Gliederung des Hebr (viele schlagen 4,14-16 noch zum ersten Hauptteil und 4,12f. zu 3,7-4,11) löst sich

damit auf. Jede Gliederung darf lediglich beim fortlaufenden Lesen helfen, keine den Hebr zerschneiden.

Der Stil unserer Verse spiegelt ihren Rang. Griechisch bilden sie eine große Periode, gestalten ihre Teile vorzugsweise durch Partizipien (die Übersetzung musste die finiten Verben von 12 und 13c ergänzen) und rahmen sie durch einen Chiasmus (*logos*, »Wort«, in 12a und 13c). All das sind Kennzeichen gebundener Rede in hoher, vor allem rühmender (epideiktischer) Rhetorik. Die Forschung suchte darauf (analog zu 1,2b-4) eine Zeitlang einen Hymnus im Text, sei er vor dem Hebr-Autor, sei er durch ihn formuliert (*Michel** 197-200 u. a.). Doch ließ sich weder ein Wort-Hymnus isolieren noch die Rhetorik auf ein einzelnes Genus einengen. Nach gegenwärtigem Stand ist von einer festlichen Prosa (*Attridge** 133) zu sprechen, die der Sprachkraft des Hebr-Autors entspringt.

Bemerkenswert ist der syntaktische Fortgang. 12 wählt das Wort zum Subjekt (es ist lebendig …). In 13a tritt die Schöpfung vor das Wort; das Wort wird vom Subjekt zum Horizont. Vor diesen Horizont treten schließlich »wir« mit unserem Wort (13c). Ein Kreis des Sprachgeschehens bildet sich. Das Wort fordert nicht nur vor der Folie des durch die Väter nicht voll gehörten Wortes zum Hören (vgl. 4,2). Es fordert auch das Wort ein, das von uns aus ergeht.

Der Ort im Kontext verwehrt eine Isolierung der Verse. Das »nämlich« 12a stellt einen unmittelbaren Anschluss zu 11 her. So unterstreicht die Lebendigkeit und Kraft des Wortes die Aufforderung, in höchster Anstrengung zur Ruhe Gottes zu eilen. Der Hebr integriert das Lob des Wortes und mahnende (symbuleutische) Rhetorik. Er wagt sogar einen forensischen Ton (vgl. die Rechts-Rhetorik seit 2,1-4). Wie eine Gerichtsrede an ihrem Ende (vgl. *Martin* [bibl. bei 2,1-4] 158 ff.) erregt er die *pathē*, das Erschrecken und die Furcht der Hörer. Denn das Wort richtet (12 Ende), und eine Leserin/ein Leser kann den entblößten Hals eines zur Hinrichtung Verurteilten vor sich sehen, über dem schon das tötende Messer schwebt (13). Hüten wir uns allerdings, letzteres Bild überzustrapazieren. 13b geht ins Neutrum über; ausgeweitet »alles«, nicht personal jede/jeder Einzelne liegt bloß vor Gott und dem richtenden Wort. Das Bild gewinnt mehrere Schichten.

Das zwingt zur Differenzierung der derzeit vordringenden soziorhetorischen Interpretation: Gewiss liegt dem Hebr daran, durch den Ernst von Gottes Gericht jedes menschliche Gericht zu überbieten, das die soziale

Minderheit der frühen Christenheit durch seine Urteile zusätzlich zu den ersten Pogromen verunsichern könnte (vgl. *deSilva** 170-174). Doch ordnet der Hebr das in einen noch größeren Horizont ein. Er entblößt alles Geschaffene, nicht nur feindliche Gesellschaft und Gericht, vor seiner Schwelle des Himmels.

2. Auslegung

12 Obwohl das Lob des Wortes auf den ersten Blick umfassend erscheint, setzt der Hebr einen gezielten Schwerpunkt. Er führt das Wort, in dem der lebendige Gott (↗3,12) sich repräsentiert und das darum »lebendig« heißt (**12**), in seiner entscheidenden Relevanz für die Gegenwart und das kommende Ende ein. Dagegen stellt er zurück, dass Gott durch sein Wort vorab schuf (vgl. Gen 1 usw.) und der Schöpfung Teile gab.

Schon seit 1,1 f. gilt sein Hauptaugenmerk nicht der Schöpfungsrede als solcher (auf die 11,3 zurückkommen wird), sondern dem, wie das Wort die Schöpfung »trägt« (1,3) und in ihr ergeht, um zu Gottes Höhen und in Gottes Ruhe zu rufen. Das Interesse des Hebr unterscheidet sich insofern von Philos viel verglichener Stelle her. 130-132. Gott teilt, erfahren wir dort, durch den Logos (das »Wort«) alle (nach antikem Verständnis) vereinten Wesenheiten in ihre Pole (das Leben in vernünftiges und unvernünftiges, die Sprache in Wahrheit und Lüge usw.), bis das Unteilbare (das »Atom«) hergestellt ist (eine Verständigung zu antiker Physik; vgl. 133-146 ff.). Die Sprache ähnelt der des Hebr, da der *logos* (das Wort) jeweils etwas zerschneidet (s. *tomeus* her. 140 neben *tomōteros* Hebr 3,13). Indes verwendet Philo das Bild für Ethik-Kategorien im Zusammenhang von Kosmologie und Physik, während der Hebr es eschatologisch setzt. Der Unterschied setzt sich bei der Verwendung von *merismos*, »Teilung«, fort; das Wort begegnet bei Philo gegen den Sprachgebrauch von Hebr 4,12 nur post. 90 für die einstige Zerteilung der Völker. Wir dürfen die Nähe der Sprache also, wie so oft, nicht überbewerten (trotz *Gräßer** I 232 f. u. v. a.; vgl. ↗Einleitung §7.1).
Eine analoge Beobachtung ergibt sich im Vergleich mit der Weisheitstradition. Unfraglich bildet Israels Reflexion darüber, wie Gott in Weisheit schuf und wirkt und wie gelebte Weisheit das spiegelt, einen wichtigen Horizont des Hebr (bes. Weish 7,22-30; vgl. *Hegermann** 105-107). Doch stellt er die Weisheit gleichzeitig zugunsten der Konkretheit des Wortes ins Glied und meidet schon den Terminus *sophia* (»Weisheit«).

Die Wirksamkeit Gottes (vgl. *energeia tou theou* Weish 7,26) konzentriert sich darauf über das Wort auf den Menschen. Es dringt durch dessen Ohr (das der Hebr nicht erwähnt, wohl weil es sich selbstverständlich ergibt) in sein Inneres, zerteilt seinen Lebensatem (als »Leben« und »Geist« doppelt umschrieben) und seinen Körper (als »Gelenke« und »Mark« wieder doppelt umschrieben) bis in die tiefste Mitte, zum »Herzen«, hinein. Der gemeinantike Sinn für das Innere des Menschen genügt, um diese Skizze zu verstehen; ihre seltene Begrifflichkeit (»Leben«/»Seele« und »Geist« neben »Gelenken«, »Mark« und »Herz«) verhindert, sie mit einer spezifischen Anthropologie (etwa platonischer Leib-Seele-Geist-Trichotomie) zu kombinieren (weshalb sich auch die Übersetzung von *psychē* mit »Leben« oder »Seele« offenhalten lässt).

Antike Leserinnen und Leser stutzen dafür an einer anderen Stelle, beim »zweischneidigen Schlachtmesser«. Denn zweischneidig konnte damals das Schwert (*xiphos;* vgl. z. B. Euripides, Helena 982), dessen Schärfe Weish 18,15 f. auf das Wort übertrug, und das Breitschwert (die *romphaia* des Wortes Offb 1,16) sein. Das Schlachtmesser *(machaira)* dagegen war gekrümmt, um das Durchschneiden des Halses beim Opfer oder auf der Schlachtbank zu erleichtern, was das beidseitige Schleifen ausschloss, und an das Opfer oder die Schlachtbank gemahnt daraufhin der zurückgebogene Hals Hebr 4,13. Der Hebr kombiniert also zwei Metaphern, das **13** Richt- und Kriegsschwert, das vom Himmel stürzt (vgl. Weish 18,15 f. und Offb 1,16), und das Messer beim Opfer vor dem Angesicht Gottes. Ein befremdendes Doppelbild entsteht: Das Wort, das ins Innere dringt, tötet und bringt gleichzeitig den Menschen, dessen Erwägungen und Gedanken des Herzens es richtet (12), Gott dar. Das richtende Töten und das Reinigen zum Opfer vor Gott bilden einen theologischen, paradoxen Konnex.

Der auffällige Übergang zum Neutrum zwischen 13a und b vertieft die Pointe. Der Mensch ist – erfahren wir – Glied der Schöpfung und seinerseits Schöpfer. Vor dem Wort, das in sein Innerstes stößt, entbirgt sich deshalb mit ihm, dem geschaffenen Wesen (*ktisis* biblisch), zugleich alles, was Gott um ihn und was er – der Mensch – selbst schuf (*ktisis,* »Schöpfung«, begegnet griechisch vor allem für die Schöpfungen des Menschen). Das Wort richtet all das mit ihm und bringt es mit ihm wie ein Opfer vor Gott, so dass der Hebr an unserer Stelle durchaus auf die Schöpfung in all ihren Teilen blickt, aber durch das enthüllende und richtende, nicht primär das schaffende Wort (und damit gegenüber Weish 9,1 verschoben). Vor Augen tritt, dass vor Gott nichts in der irdisch vertrauten, geschaffenen Gestalt besteht; die Nähe der Gottesgegenwart, die sich im Bild des Opfers bekundet, lagert sich an die Folie zerstörenden Gerichtes.

Der Hebr verwandelt damit einen spezifischen Strang aus der Geschichte des Wortes, der ihm in Varianten aus der Schrift und dem frühen Christentum begegnete. Zum einen hieß es Jes 49,2 (LXX), Gott bestimme für den Gottesknecht Israel einen Mund wie ein scharfes Schlachtmesser (*machaira oxeia*, die auffälligste Schriftvorgabe mit *machaira*); dennoch – oder gerade deswegen – solle er bis ans Ende der Erde zur Rettung *(sōtēria)* sein (49,6). Zum anderen betonte Paulus, in der frühchristlichen Versammlung bedürfe es des klaren, richtend-überführenden Wortes, damit die Unkundigen und Ungläubigen, die zur Versammlung stießen, Gottes Gegenwart entdeckten und den einen Gott anbeteten (1 Kor 14,23-25).

Begeben wir uns zum Hebr, könnte von beiden Impulsen aus relevant sein, dass er sich in nicht unwesentlichem Umfang an Adressaten aus den Völkern (vgl. die Enden der Erde bei Jes und die Unkundig-Ungläubigen bei Paulus) wendet (vgl. Einleitung § 8.4): Für die Völker gibt es nach breiter jüdisch-frühchristlicher Überzeugung einen Zugang zu Gott nur durch das Gericht über ihre Herkunft. Die christliche Grundbotschaft (und in solche geht *ho logos tou theou*, »das Wort Gottes«, im Fortgang des Hebr über; s. den zweiten Beleg, 13,7) spricht davon. Der Hebr universalisiert das wie anders schon Paulus (in Röm 1-3), und der Gerichtsernst wird unabdingbarer Hintergrund für jede Rettungsaussage.

Die Besonderheiten des Hebr fallen vor diesem Hintergrund nochmals ins Auge. Sein Blick auf die Schöpfung ist nicht vom Vertrauen auf das Geschaffene der ersten sechs Tage (Gen 1) getragen, sondern richtet sich über sie hinaus auf die andere Ruhe Gottes in den Höhen (s. 4,11).

Die letzte Zeile in 13 erschließt sich von da aus als Übergang: Gottes entblößendes Wort verlangt die einstimmende Wahrnehmung, Rechenschaft und Reflexion, »unser Wort an ihn«.

Vergleichen wir *ho logos [...] pros theon*, »das Wort [...] an Gott«, in IgnMagn 3,2 und blicken auf *logos*, »Wort«, in Hebr 13,17 voraus, tritt die Rechenschaftsablage unter den Nuancen an die erste Stelle (so die meisten Ausleger). Noch enger aber schreitet der Text zum einstimmenden und freien Wort vor dem erbarmenden Gott in 4,14-16 fort (vgl. *Wider* 87). Die Rechenschaft vor Gottes Wort übersteigt forensische Rechenschaft zugunsten der Reflexion auf Gottes Erbarmen (und ihre kultische Formulierung im das Hohepriestertum Jesu).

Um diese »mittlere« Interpretation lagern sich in der Forschung zwei Pole, bei denen wir unsere Übersetzung ändern müssten. Zum einen könnte unser Nachsatz lediglich eine rhetorische Schlussklausel sein (»keinerlei Schöpfung ist vor ihm verborgen [...], vor/von dem wir reden«); der hohe Aussagewillen des Hebr würde sich mindern. Zum anderen lässt er sich durch eine Übertragung mit »bei dem der Logos (Wort-Christus) zu unseren Gunsten gegenwärtig ist« unmittelbar christologisch aufladen (*Williamson* 8; vgl. auch *Swetnam* 1981**, 149 f.); dem widerrät indes der Verzicht des ganzen übrigen Hebr, Logos und Christus zu identifizieren.

3. Ertrag und Ausblick

Unser Abschnitt hat eine dreifache Aufgabe. Er bündelt die Wort-Theologie seit 1,1f.; Gott spricht im Wort, und das hat äußerste Kraft. Er beschließt die Mahnung von 2,7-4,11; die Kraft des Wortes wird zum Gericht, da Menschen versagen. Und er bereitet den Fortgang (4,14ff.) vor; Kultsprache schafft Gottesnähe trotz des Gerichts. Dabei überwiegt der Gerichtston im Dienst der Mahnung von 4,11, eilends jeden Ungehorsam hinter sich zu lassen und in Gottes Ruhe einzugehen.

Beachten wir diesen Kontext, dürfen wir den Passus nicht überschätzen. Der Hebr entwirft ihn als Teil seines Textzusammenhangs, nicht als Summa frühchristlicher Worttheologie. Dennoch ragt er durch seinen Stil unter den ntl. Skizzen des Wortes hervor; nur der Prolog des Joh (Joh 1,1-18) ist rhetorisch noch dichter und theologisch umfassender formuliert.

Eine zweite Querlinie entsteht zum Schwert im Munde des Menschensohns (Offb 1,16; 2,12), den Offb 22,13 – von Ferne dem Joh vergleichbar – mit dem *logos*, dem »Wort Gottes«, identifiziert. Daher wundert nicht, dass die Rezeption die Impulse bald verschmolz. Weite Teile der Alten Kirche vollzogen, was der Hebr vermied, eine Personifizierung des Logos (Wortes) zu Christus. Die schneidende Macht des Wortes beschreibt bei vielen Kirchenvätern Christus in seiner Hoheit (Nachweise von *Origenes* bis *Athanasius* bei *Greer*** 48f.,78f. u.ö. und *Michel** 198).

Die Reformation gewahrte darauf nach sprödem Anfang (*Luther* beschäftigt sich wenig mit dem Text; s. Luther* 400f.) eine wesentliche Stütze ihrer Worttheologie. Das Wort richte um des Evangeliums willen, führt *Calvin* z. St. aus (ed. Parker 65-69, Übersetzung Lauterburg* 45-48). Unter allen Differenzierungen der jüngeren Exegese (die das Schema von richtendem Gesetz und Evangelium vermeidet) wirkt seine Faszination durch den Text nach.

K. Barth verwehrt mit unserem Text, freie und bequeme Gnade zu verwechseln (KD IV 3, 718f.). Viele Kommentare (*Gräßer** I 236 u.a.) verweisen auf die Analogie zu Ps 139,1 (»Herr, du erforschest und kennest mich«), obwohl streng besehen allein Paulus (in Röm 8,27), nicht unser Hebr, diesen Ps benützt. Zuletzt vertieft *Hübner* die Kongenialität zu Paulus: Beiden gehe es um die Aufdeckung des Menschen in seinem innersten Sein und forensisch (in forensischem Existential).

So berechtigt alle diese Verweise sind, stellen sie Propria des Hebr, seinen kultischen Nebenton und seine ambivalente Haltung zur

Schöpfung in ihrer irdischen Geschichte, zurück. Eine Aktualisierung des Hebr braucht anscheinend die Abstraktion von seinen harten Spitzenmotiven.

4. Rückblick: Hebr 1,1-4,13

Der erste große Teil des Hebr liegt hinter uns. Er wirkt in manchem wie eine eigene Rede mit Prooemium, These, Einschärfung und abrundendem Schluss. Das Wort Gottes bildet den Rahmen (1,1 ff.; 4,12 f.) und die Erinnerung an die Größe des Menschen, die Gott durch den Weg Jesu gegen alle Not gewährleistet, die Mitte (2,5-18). Die Einschärfung, zum Ziel Gottes – der Ruhe, in der Gott sein Schaffen endet – zu eilen ([3,7-] 4,11), zieht die Konsequenz. Zugleich gewinnen Christologie, Anthropologie, Ekklesiologie, Ethik und Eschatologie stimmige Konturen. Wir gewahren Jesus als Sohn Gottes in der Höhe (1,2-14), der alle Tiefen durchlitt und darum aus den Tiefen in die Höhe geleitet (2,9-18). Den Menschen sehen wir gegen Sünde, Tod und Teufel zur Höhe Gottes bestimmt (2,5-8.14 f.) und seinen Ort in der Gemeinde, der Geschwisterschaft Jesu (2,11-13). Zur ethischen Aufgabe wird, den Weg zur Höhe und dem Heiligtum Gottes im Hören auf Gott, den Sohn und den Geist zu beschreiten, während die vorfindliche Welt wie hinter einer Schwelle zurückbleibt. Denn das Ende wird die andere Ruhe des Gottes sein (3,7-4,11), der durch sein Wort das Innere des Menschen und alles um ihn richtet (4,12 f.).

Seien wir dabei vorsichtig, die Gestaltung zu sehr zu systematisieren. So ist das Zitieren aus der Schrift, obwohl vorzugsweise an Gott, Sohn und Geist gebunden, noch nicht wirklich triadisch geformt (vgl. etwa 4,7; erweiternd *Theobald*). Vom »trinitarischen Offenbarungsgott« des Hebr zu sprechen (*Hübner* 19, dort hervorgehoben), überschreitet die Exegese.

Trotzdem ist all das lediglich die Einführung in den Hebr. Denn eine größere Struktur überlagert es. Der Autor gestaltet Mitte und Abschluss unserer kleinen Rede rhetorisch als Teile einer Narratio (Themeneinführung), weshalb Leser und Leserin die entscheidende Argumentation erst noch erwarten, und löst gezielt nicht einmal alle Impulse unseres Teils in sich befriedigend auf. So steht die Schlussthese der Narratio aus, entbehren die kultischen Motive, die wiederholt aufscheinen, einer Klärung und endet die Einschärfung 4,12 f. statt mit einer verheißungsvollen Ermutigung mit einer offenen Aufforderung zur Rechenschaft. Leserin und Leser dürfen sich nicht beim geschaffenen theologischen Einstieg beruhigen. Sie sollen sich für die ausstehende, tiefgreifende Vertiefung öffnen – und deshalb weiterlesen.

B 4,14-10,31 Jesus, der erhabene Hohepriester, eröffnet den freien Zugang zu Gott

Literatur: s. bei den Einzelabschnitten und Einleitung § 6.3.

Nahtlos erwächst aus 1,1-4,13 der zweite große Zusammenhang des Hebr. Vergegenwärtigen wir uns kurz seine Basis aus den Anfangskapiteln (bes. Kap. 2): Die Größe, mit der Gott den Menschen auszeichnete, zerbrach – erfuhren wir dort – im sichtbaren Leben durch Tod, Sünden und Teufel. Doch Gott verbürgt sie am Sohn. Er, der eine Sohn, Jesus, heiligt seine Geschwister. Er schafft ihnen durch alle Not und gegen sie Bahn zu den Höhen, dem Herrschaftsraum, Heiligtum und Redeort Gottes.

Kultisch zentriert und in eine kurze These gefasst, besagt das: Jesus, der erhabene Hohepriester, eröffnet seinen menschlichen Geschwistern den freien Zugang zu Gott. Schon 2,16-18 stimmte die Leserinnen und Leser auf diese These ein. 4,14-16 formuliert sie nun als Summa des ersten Teils des Hebr (der Narratio) und Vorgabe für die Folgekapitel aus (rhetorisch als Propositio).

Kap. 5-10,18/31 bilden darauf die Argumentation des Hebr. Gestaltet sind sie unter Nutzung der großen Freiräume, die die Kunst der Rede gestattet (vgl. *Martin,* bibl. bei 2,1-4). Stützende Zeugnisse *(testimonia)* und Widerlegungen *(refutationes),* Vergleiche und Beispiele *(exempla* oder nach im späten 1. Jh. beliebterer Terminologie *similitudines),* reizvolle Ausweitungen *(amplificationes),* Exkurse *(digressiones)* und eingeschobene Mahnungen – die der Hebr weit über das Geläufige hinaus aufwertet – erhalten Raum.

Die Abgrenzung nach hinten ergibt sich wie beim ersten Teil durch eine rahmende Umschließung (Inklusion), die entscheidende Motive bezeichnet. Bei Hebr 1-4 gab eine solche das Thema des Wortes vor, nun markiert sie den Zugang zu Gott durch das Hohepriestertum Jesu. Ich zitiere zur Übersicht die entscheidenden Passagen, 4,14-16 und 10,19-23 nebeneinander (im Ausschnitt; Schlüsselmotive kursiviert):

4,14-16	10,19-23
Da wir nun einen großen *Hohepriester* haben [...], Jesus [...], wollen wir am *Bekenntnis* festhalten. [...] *Lasst uns* mithin *hinzutreten* unter *freier Rede* zum Thron der Gnade [...]	Da wir nun [...] *freie Rede* (Ermächtigung) zum Eingang ins Heiligtum im Blut Jesu [...] und einen *Hohepriester* über das Haus Gottes haben, *lasst uns* [...] *hinzutreten* [...]. Wir wollen das *Bekenntnis* der Hoffnung bewahren [...]

Zwei der Schlüsselmotive, »Bekenntnis« *(homologia)* und »freie Rede« *(parrēsia)*, begegnen zwischen diesen beiden Stellen nicht, formen also den Rahmen im engeren Sinn und sind in etwa chiastisch geordnet.

Sachlich korrelieren einander auch »festhalten« und »bewahren« (des Bekenntnisses). Der Hebr benützt dafür aber unterschiedliche Verben (4,14 *kratein;* 10,23 *katechein*), und dies nicht allein um stilistischer Variation willen. Vielmehr konstituiert er einen zusätzlichen Bogen zu 3,1-6. »Bekenntnis« *(homologia)* finden wir in 3,1, die »freie Äußerung« vor Gott *(parrēsia)* sowie »den Ruhm der Hoffnung *(elpis* wie 10,23) bewahren« *(katechein* wie 10,23) in 3,6.
So sorgt der Autor dafür, dass die Teile seines Schreibens aufeinander aufbauen, und verflicht für die Leserinnen und Leser mit der christologischen Darlegung einen Weg des sie beanspruchenden Wortes: Das Wort Gottes, das sie hören dürfen (Thema seit Kap. 1), gewährt ihnen freie Rede vor Gott und verpflichtet sie in der Hoffnung zugleich dazu (3,6). In der einstimmenden Rede des Bekenntnisses (in *homologia* steckt *logos,* »Wort«) werden sie deshalb dessen gewärtig, was sie fest ergriffen und inne haben *(kratein* 4,14; dasselbe Verb noch einmal 6,18, nun mit *elpis),* und das verlangt Bewahrung, fest verankert in der Hoffnung (10,23).

Zwei weitere Schlüsselmotive, das Hinzutreten *(proserchesthai)* vor Gott (s. noch 7,25; 10,1) und das Hohepriestertum Jesu *(archiereus* noch 5,1-9,25), führen uns mitten in die Kapitel hinein und sind parallel, nicht chiastisch geordnet. Sie umreißen deren inneres Thema. An sie lehne ich darum die Überschrift unseres Hebr-Hauptteils an: Jesus, der Hohepriester, eröffnet das Hinzutreten, den freien Zugang zu Gott.
Der kunstvollen Komposition zufolge endet die Argumentation nach 10,19-23. Allerdings bietet 10,23 syntaktisch keinen Abschluss, sondern frühestens 10,25 (wo *Attridge** 19 den Einschnitt setzt), sachlich besser 10,31. Denn ein Gerichtsausblick schlägt dort den Bogen zur Gerichtsmotivik in 4,12f., so dass der zweite große Teil des Hebr wie der erste vor dem Horizont des Zornes

Gottes schließt (vgl. die Ableitungen vom Stamm *krinein*, »richten«, in 4,12 und 10,27.30).

Wie beim ersten Teil entsteht mithin wiederum ein gezielt beunruhigender Abschluss. Die Leserinnen und Leser sollen die Argumentation nicht als rundes Ganzes für sich betrachten und nach ihr gelassen innehalten, sondern – kennzeichnend für den rhetorischen Willen des Hebr – aufgewühlt weiterlesen.

Die Gliederung eines Kommentars kann das schwer nachvollziehen. Grenzen wirken hier deutlicher als im Text selbst. Sie müssen durch ein fließendes Lesen des Hebr bis 10,17, von dort weiter zu 10,25, zu 10,31, zu 10,39 und zum großen Zusammenhang ab 11,1 aufgebrochen werden. Mancher Dissens der Forschung über die Gliederung des Hebr (↗ Einleitung § 6.3) löst sich dann von selbst.

Wenden wir uns zuletzt dem Anschluss an 3,7-4,11 zu, stoßen wir neben all den skizzierten Verbindungen der Textteile auf eine bemerkenswerte thematische Verschiebung: 3,7-4,11 orientierten die Leserinnen und Leser auf die Ruhe bei Gott *(katapausis)* hin. Nun schwindet dieses Motiv. Es begegnet in der Argumentation nicht mehr. Die Verschiebung bedarf der Erklärung. Eine bei ↗ 4,9 f. gemachte Beobachtung hilft dazu: »Ruhe« (der Stamm *pau*) besagt griechisch (und von da abgeleitet auch im Hebr), dass alles Bisherige klein und gering wird (im Lateinischen blieb das bei *paulus*, »gering«, erhalten, im Deutschen nicht), bis es aufhört und durch ein Neues abgelöst wird. Für das Neue gelten darauf im Hebr die Kriterien der erstrebten Heimat, des himmlischen Raums. Die Argumentation des Hebr setzt voraus, dass die Leserinnen und Leser diesen Sog spüren und sich von ihm tragen lassen. Anders gesagt: der freie Zugang zu Gott realisiert die »Ruhe« der Kap. 3-4.

Verglichen wir die Sabbatlieder von Qumran und Massada, wäre die »Ruhe« um Gott paradox als stilles Getöse zu beschreiben (verursacht durch den Gang und Lobpreis der Engel um Gottes Thron; 4Q405 20-22 XX 8-13). Der Hebr vermeidet überhaupt, sie als Schweigen zu denken (so dass die dt. Assoziation von Ruhe und Schweigen/schläfriger Inaktivität für ihn grundsätzlich fehl greift). Seine Worttheologie zwingt ihn in andere Richtung: Gott spricht im Himmel (s. das Reden zum Sohn von Kap. 1 usw.). Deshalb ermöglicht die »Ruhe«, sein Reden zu hören und in es einzustimmen. Sie bestimmt sich als Raum zum freien, durch nichts Irdisches mehr abgelenkten Reden bei Gott, gerichtet auf seinen himmlischen Thron.

Unversehens gelangen wir abermals zum Rahmen der Argumentation. Seine beiden chiastischen Leitmotive sind, wie wir sahen, Äußerungen des Redens. Das festzuhaltende Bekenntnis stimmt im Wort auf Gottes

Vorgaben ein, und die freie Rede tritt mit dem Wort vor Gottes Thron. Die Gemeinde ist – wenn wir das mit Hebr 3-4 kombinieren – in hörende und redende Ruhe eingewiesen. Die Größe des Menschen, die Kap. 2 als Hoheit skizzierte (↗2,6-8b), füllt sich durch seine Befähigung, im Geleit Christi, des Hohepriesters, in die Ruhe von Gottes Raum einzutreten und in dieser Ruhe frei vor Gott zu reden.

Das zieht eine weitere Folge für das Verständnis der Argumentation nach sich: Die Christologie konstituiert ihr Rückgrat. Doch erhält sich im Hintergrund das anthropologische Interesse. Die Christologie wird nicht abstrakt, sondern um des Menschen, seiner Größe und seiner Rettung willen zum Thema. Zu vorrangig durchzieht die Deutung Jesu unsere Kapitel, um Anthropologie und Christologie einander vereinfacht wie Thema und Rhema zuzuordnen. Trotzdem dürfen wir die Gewichte auch nicht gänzlich umkehren (vgl. § 1.3 zu 2,5-18). Der Hebr redet von Christus auf die Menschen zu und um der Menschen willen, soteriologisch und – weil es um das Leben der Menschen geht – mit ethischen Konsequenzen, wie die vielen Mahnungen bestätigen, die rhetorisch auffallen.

4,14-16 Eingangsthese: Jesus ist Hohepriester für uns zur Redefreiheit vor Gott

14 Da wir nun einen großen Hohepriester haben, der die Himmel durchschritten hat, Jesus, den Sohn Gottes, wollen wir am Bekenntnis festhalten. 15 Denn wir haben keinen Hohepriester, der nicht mit unseren Schwächen leiden könnte, vielmehr einen, der in allem in Gleichgestalt (zu uns)[1] versucht ist, (doch)[2] getrennt von Sünde. 16 Lasst uns mithin unter freier Rede hinzutreten zum Thron der Gnade, damit wir Barmherzigkeit empfangen und Gnade finden zu Hilfe in rechter Zeit.

[1] So müssen wir im Rückblick auf 2,17f. und Vorblick auf 5,2 ergänzen.

[2] Das ergänzte »doch« erlaubt, die betonende griechische Satzendstellung von »ohne Sünde« aufrechtzuerhalten.

Literatur: Friedrich, G.: Das Lied vom Hohenpriester im Zusammenhang von Hebr. 4,14-5,10 (1962), in: *ders.* 1978: ↗ bei 2,5-18; 279-299. – *Gibson:* ↗ bei 2,5-18. – *Isaacs*** 110 ff. u.ö. – *Käsemann*** 52-58 u.ö. – *Ders.:* Hebräer 4,14-16, in: *ders.*, Exegetische Versuche und Besinnungen I, Göttingen ²1960, 303-307. – *Klawans, J.:* Impurity and Sin in Ancient Judaism, Oxford 2000. – *Korn, J. H.:* Peirasmos, BWANT 72, 1937. – *Laub* 1980**, 15,104-112. – *Loader* 1981**, 15f.,206-208,238-242. – *Löhr* 1994b**, 55-61,251-266 u.ö. – *Nissilä*** 55-74. – *Peterson*** 188-190. – *Rissi*** 97-100 u.ö. – *Schäfer***. – *Schenk, W.:* Hebräerbrief 4,14-16, NTS 26 (1979/80) 242-252. – *Scholer*** 103-113 u.ö. – *Schürer, E.:* The History of the Jewish People in the Age of Jesus Christ, rev. by G. *Vermes* e.a., II, Edinburgh 1979. – *Stewart, R. A.:* The Sinless High-Priest, NTS 14 (1967/68) 126-135. – *Vanhoye* 1980**, 131-136 u.ö. – *Williamson, R.:* Hebrews 4,15 and the Sinlessness of Jesus, ET 86 (1974/75) 4-8.

1. Einführung

14-16 nehmen eine Schlüsselposition im Hebr ein. Sie stellen seinem großen mittleren Teil eine bündige Mitteilung des Gegenstandes, die Propositio, voraus, skizzieren also gleichsam die Überschrift zu 4,14-10,31. Entsprechend lehnte ich meine Überschrift zu diesem Teil an unsere Verse an (↗ 4,14-10,31 Einführung).

Die zentralen Motive des Hohepriesters und Sohnes Jesus, der Homologie (des Bekenntnisses) der Gemeinde, des Versuchtseins Jesu und der Redefreiheit (Parresie) der Gemeinde sind dabei schon eingeführt (↗2,17; 1,2; 2,18; 3,1.6 u.ö.). Der Text baut geschickt auf Vertrautes auf und fasst es in hohe Sprache.

Ein rhetorisches Detail hilft den Leser/innen, sich von der Gerichtsansage in 4,12 f. zu lösen: Der Hebr formulierte 12-13b abstrakt, in dritter Person. Erst 13c, der letzte Stichos vor unserem Neueinsatz, leitete zum Wir über und forderte »uns« ins Wort. Daran knüpft der schriftstellerische Plural (das »Wir«) in unseren Versen an, aber so, dass das Wort aus 13c von der entblößenden gerichtlichen Rechenschaft zur aufatmenden freien Rede vor dem erbarmenden Gott changiert (16). Der sachte Wechsel zum Wir (das Autor und Leser/innen verbindet) und über das Wir zum freien Wort rückt die Härte von 4,12 f. in Distanz; ganz vergessen dürfen wir sie nicht.

Zahlreiche weitere Einzelheiten bestätigen die rhetorische Kunst. 14 konstituiert durch den Beginn mit einem Partizip und Asyndeta (Hohepriester, Jesus, Sohn Gottes) eine feierliche Stillage. Die Wiederholung des Verbs *echein* (»haben«) verknüpft 15 damit. 15a bietet ein schönes Beispiel der Litotes (der doppelten Verneinung zur Bekräftigung der Bejahung) usw.

14   Ältere Forschung (seit *Seeberg* [Bibl. ↗Einleitung] 145) vermutete in der Mitte von **14** wegen des hohen Stils und des Stichworts »Bekenntnis« die direkte Wiedergabe einer Formel »Jesus (ist) der Sohn Gottes« (gern mit ursprünglichem Ort bei der Taufe). Das unterschätzte die Sprachkraft des Hebr-Autors. Gewiss schmilzt er Prädikate des traditionellen Bekenntnisses in unseren Text ein (Sohn Gottes und Hohepriester; vgl. ↗1,2.5-13; 2,17; 3,1). Indes ist ein Bekenntnissatz schwer zu erschließen; »Jesus ist …«-Definitionen fehlen im Neuen Testament (selbst die ihnen nächste Formulierung, Mt 16,16, ist Anrede »du bist …«). Berücksichtigen wir zudem, dass der Hebr Bekenntnis als je neu einstimmende Rede versteht, sind all seine Anspielungen auf Bekenntnis-Sätze freier als früher angenommen zu lesen (↗Einleitung §5.4).

2. Auslegung

Der Text lebt von einer groß angelegten Spannung zwischen der Schwäche der Gemeinde und dem Hinzutreten zu Gottes Thron, das Jesus, der Hohepriester und Sohn Gottes, ihr eröffnet. Entschlüsseln wir ihn von dort her.

2.1 Die Schwachheit der Gemeinde

Laut der These des Hebr ist die Gemeinde, ebenso kurz wie umfassend gesagt, durch Schwächen geprägt (15). Sie ist, wenn wir das   **15**
im breiten, soziorhetorischen Sinn des Wortes *astheneiai* (»Schwächen«) interpretieren (wie *deSilva* 1995** und ders.* 180-186
z. St.), klein, sozial unbedeutend, materiell und physisch ge-
schwächt und wegen alledem von ihrer Umwelt gering geachtet.
Keinen der großen Werte der Umwelt – öffentliche Ehre, die Übernahme eines Patronats für Mitbürger (Klienten), das Erbringen von
Wohltaten für die Gesellschaft – erfüllt sie. Nicht einmal die freie
Rede auf dem Marktplatz gegenüber Mitmenschen, der Grundwert
der mittelmeerischen Gesellschaft, ist von ihr, wenn sie »schwach«
ist, voll einlösbar (vgl. 3,6).
Doch was ihr auf Erden fehlt, ist ihr vor Gott zu eigen. Sie, die
anderen gegenüber machtlos ist, besitzt im Einstimmen in Gott
Macht, die sie festhalten kann (»lasst uns festhalten«, *kratōmen*, in
14 leitet sich von *kratos*, Macht ab). Ihre Habe auf Erden mag beschränkt sein, sie hat stattdessen einen Priester, der ihr die Himmel
öffnet (14-15). Den irdischen Marktplatz, der ihrem Reden ver-
schlossen bleiben mag, ersetzt ihr der Zugang zum Platz vor dem
himmlischen Thron, und dort redet sie frei, erfährt sie die Zuwendung und Hilfe, die ihr auf Erden fehlt (16).

Beachten wir für diese Interpretation, welche Rolle Termini der Macht
und Kraft in unseren Versen spielen. Die Stämme *kratein* und *dynasthai*
(»machtvoll sein«, »Macht haben«) geleiten zum Thron *(thronos)* in 16.
Gottes Höhen sind wie in Kap. 1 ein der irdischen Welt überlegener Herrschaftsraum, an dem sich die Gemeinde verankern kann und soll.

Allerdings genügt eine soziorhetorische Interpretation nicht. Eine
wichtige kulttheologische Dimension kommt hinzu und verdient
sogar den Vorrang: Seit Kap. 1 wissen die Leserinnen und Leser,
dass Gottes Thron in seinem himmlischen Heiligtum steht. An unserer Stelle erhält darauf Kultsprache das erste Wort. Um den Zu-
tritt zum Heiligtum, in dem Gott über den Himmeln (oder Him-
melschichten; s. den Plural in 14) herrscht, durch den Priester Jesus
geht es. Daher ist die Schwäche des Menschen mehr als soziale Reflexion. Sie ist Selbstbesinnung vor Gottes Größe und kultisches
Eingeständnis, dass vor Gott in seinem Heiligtum jeder und jede
schwach ist.

Die nächste Parallele bietet (von der Forschung merkwürdig vernachlässigt) Philo, spec. I 293 f.: Jeder, der zum Altar hinzutritt *(prosiōn;* vgl. *proserchesthai* Hebr 4,16), hat die Schwäche *(astheneia)* alles Gewordenen wahrzunehmen, um der Überfülle von Gottes Größe, Macht und Herrschaft eingedenk zu werden. Denn Gott schaut »auf deine Schwäche« *(pros tēn sēn astheneian)* und »gibt dir« dort »an seiner gütigen Macht Teil« *(metadidōsi soi tēs hileō dynameōs autou).*

Vergegenwärtigen wir dazu die griechischen Sentenzen über den Menschen überhaupt als schwaches Wesen (von Plato, leg. 854a und Herodot II 47; VIII 51 bis Clemens Alex., exc. Theod. 73,3), versperrt sich der Hebr einer einseitig-unmittelbar sozialgeschichtlichen Übertragung seiner Angaben: Vor Gott ist jeder Mensch schwach und hilfsbedürftig, auch der sozial und religiös Starke (und solche dürfen wir deshalb im realen Adressatenkreis des Hebr mit bedenken). Die schwache, gefährdete Gemeinde ist primär theologischer Entwurf des Hebr.

2.2 Der Hohepriester und Sohn, der die Himmel durchschritt

Der Text setzt entsprechend, genau gelesen, nicht bei der Schwäche des Menschen ein. Die Höhe Jesu, des Hohepriesters und Sohnes,
14 »der die Himmel durchschritten hat« (14), bildet seinen Ausgangspunkt.
Beide Prädikate, Hohepriester und Sohn, enthalten dabei durch die vom Hebr seit ↗2,17b und ↗1,5-13 ausgewählten Traditionen bereits einen Sog zum Himmel. Für die Hohepriestertradition ist diesbezüglich bes. 1 Clem 36,2 (wir blicken durch den Hohepriester Jesus Christus in die »Höhen«), für die Sohnestradition der religionsgeschichtlich viel diskutierte Verweis auf den, »der abstieg und aufstieg über *(anabas hyperanō)* alle Himmel«, Eph 4,10 (Sohnesprädikat 4,13) zu vergleichen (daneben auch Röm 1,4a).

Den Sog bereiteten jüdische Traditionen vor, nach denen der Hohepriester in seinem kultischen Dienst punktuell aus dem Menschsein heraus trat (↗1,1-4 §3 zu Philo, somn. 189 und her. 84) und seine Betrachter nahezu »außerhalb des Kosmos« versetzte (vgl. Aristeasbrief 99). Die nachösterlich-christliche Vorstellung von Jesu hohem Priestertum brach das zu einem himmlischen Priestertum um (↗2,17). Der Hebr geht einen Schritt weiter:

Die Formulierung unserer Stelle spitzt den Sog zu. Denn das gewählte Verb *dierchesthai,* »durchschreiten«, ist in den Traditionen vom Hohepriester und Sohn vor dem Hebr nicht vorbereitet (so häufig es im Neuen Testament und seiner Umwelt als lokale Beschreibung dient). Seine Wiedergabe im Perfekt signalisiert zudem eine abgeschlossene Handlung, deren Ergebnis auf Dauer gilt: Jesus »hat die Himmel« in strikter, dauerhafter Geltung »durchschritten«. Das lenkt die Augen der Leserinnen und Leser in den höchsten Himmel des antiken Weltbildes oder fast ein Jenseits zu den Himmeln und zwingt sie zum Verweilen dort. Der Himmelsraum erhält für ihre Wahrnehmung Jesu überragende Dominanz. Unser Ausdruck, Jesus sei »erhöht«, gibt das in der Tendenz, wiewohl etwas unscharf, wieder.

Gleichzeitig und mit einer gleichlaufenden Pointe bricht *dielēlythōs* (»er hat durchschritten«) auch das *eis-erchesthai* (»hineinschreiten«) von 3,19 usw. um: Jesus löst ein, woran die Väter (von 3,7-4,11) durch ihren Ungehorsam versagten, nämlich in die unmittelbare Gottesgegenwart mit ihrer Ruhe einzugehen (vgl. *Nissilä* 62 f. u.a.). Sein Schritt von Erden zum Himmel und in die Himmel hinein (die Schattierung des *eis* oder des *ana* aus Eph 4,10) muss dazu nicht einmal mehr erwähnt werden. Er ist schon vollendet. Das *di-erchesthai* blickt gemäß der Vorsilbe *dia* ausschließlich auf den Weg »durch« die Himmel »hindurch«.

Dieses Gefälle schließt nebenbei aus, einer gelegentlich vorgetragenen apokalyptischen Deutung höheres Gewicht zu geben, nach der Jesus auf seinem Weg eine untere, vom Diabolos (Teufel) beherrschte Himmelssphäre durchschritten und den Satan entmachtet habe (*McRay* [Bibl. ↗2,5-18] 4 f.). Die These würde zwar die Isolierung der Äußerung über den Diabolos von Hebr 2,14 aufheben, muss die Vorstellung der vom Satan beherrschten unteren Himmelssphäre aber auf dritte Texte stützen (bes. Eph 2,2 vor 4,8 f. und AscJes 7,9; der Hebr expliziert das nicht) und den Akzent unserer Passage vom Ergebnis (Jesus »hat durchschritten«) zum Weg verschieben (auf dem Jesus den Satan entmachte).

Stringent erhellen sich vor dem Hintergrund von Jesu himmlischer Hoheit zwei weitere Eigentümlichkeiten unserer Verse, der Pleonasmus »großer Hohepriester« (14) und die These, er sei »getrennt von Sünde« (15):
Die LXX übertrug das hebräische »Oberpriester« *(hkhn hgdl)* in der Regel durch »die große für das Heilige zuständige und durch das Heilige geprägte Person«, *ho hiereus ho megas* (*hiereus* gehört zu *hieros*, »heilig«), selten durch »erster/vornehmster Priester« *(archiereus)*, einen beliebten Ausdruck für die Oberpriester der nichtjüdischen Umwelt. Immerhin drang letzteres im Judentum um die Zeitenwende breit vor. Der Hebr kombiniert darauf beides. Sein Pleonasmus »großer Hohepriester« vereint jüdische und

nichtjüdische Begriffstradition und hebt Jesus gleichzeitig von allen irdischen Ober- und Hohepriestern ab, seien es jüdische, seien es – für Leserinnen und Leser aus den Völkern nicht minder wesentlich – nichtjüdische.

Archiereus (zum Allgemeingriechischen vgl. *Schrenk, G.*, ThWNT III 266 s. v.) übersetzt im 1. Jh. auch das lateinische *pontifex* (Priester) und *pontifex maximus* (höchster Priester; *Liddell-Scott* s.v). Letzteres wird bei pleonastischer Übertragung zu *archiereus megistos* (»größter Hohepriester«; SIG 832). Bekanntlich zog der oberste Repräsentant des römischen Staates das an sich; er, der Kaiser, war *pontifex maximus.* Der Hebr konterkariert nicht zuletzt diesen Superlativ Roms durch sein gelassenes »großer Hohepriester« *(archiereus megas).* Jesus, der himmlische Hohepriester, ist allen Ansprüchen irdischer Herrscher überlegen, ein politischer Beiton, der heute kaum mehr auffällt, indes nicht gänzlich vernachlässigt werden sollte.

15 Ende

Jesus, dieser überragende Hohepriester, ist »getrennt von Sünde« (**15 Ende**). Sünde steht hier anders als in 2,17 im Singular. Daher ist seine Scheidung von der Macht der Sünde und nicht nur seine Freiheit von einzelnen Sünden zu hören (was gemäß den bei *Klawans* 15,69 u. ö. beschriebenen Kult- und Reinheitsreflexionen der Zeit bes. eine Ferne zu Blutschuld, Idololatrie und sexuellen Verfehlungen bedeuten würde). Die Präposition »getrennt von« betont zudem räumliche Distanz (*chōris* leitet sich von *chōra*, »Raum/Land«, ab). Die Weiten der Himmel legen sich zwischen Jesus und das auf Erden machtvolle Phänomen der Sünde. Er ist deren Zugriff »himmelweit« entzogen, erweist sich als Hohepriester und Sohn gänzlich in den Höhen Gottes.

Entschärfungen überzeugen nicht. Relativ gering ändert sich der Sinn dabei, wenn der räumliche Ton in *chōris* verblasst wäre; doch hätte der Hebr dann andere Präpositionen (z. B. *apo*, »weg von«, wie PsSal 17,36) oder Umschreibungen (z. B. *amōmos*, »untadelig«; vgl. Philo, somn. II 185) wählen können. Gravierend wird die Änderung dagegen, wo die Auslegung einen Weg Jesu in unseren Text einträgt, auf dem er anfangs Versuchungen und Sünden bzw. zumindest der Möglichkeit zum Sündigen ausgesetzt war, bevor er im Selbstopfer seines Todes den Status der Sündlosigkeit erreichte (so *Williamson;* er liest darauf in 7,27 – vorbereitet durch *Buchanan** 129 – ein Selbstopfer Jesu für seine [!] Sünden und die Sünden aller Menschen). Das kehrt die Blickrichtung gegen den Text um.

Vergegenwärtigen wir das Gegenüber. Sünden galten vielerorts als vermeidbar (vgl. für Israel Sir 15,20), aber in der Realität nicht vermieden (jüdisch wie nichtjüdisch; s. die bekannten Bußinschriften

Kleinasiens und die Lit. bei *Karrer, M.:* Sünde, TRE 32 [2001] 375-389). Selbst dass ein Hoffnungsträger rein von Sünde sei, wagte Israel allein im Ausnahmefall zu sagen (für den Gesalbten Gottes PsSal 17,36).

Bei Priestern ergab sich durch die während der Amtstätigkeit unabdingbare kultische Reinheit eine besondere Komplexität. Im Ideal sollten sie und zuvörderst der Hohepriester grundsätzlich untadelig, nicht nur der bewussten/freiwillig (mit erhobener Hand) begangenen, sondern auch der unbewussten/unfreiwillig begangenen Ungerechtigkeiten unteilhaftig sein (was Philo mit seinem Bild des Logos kombinierte; s. bes. fug. 108 und somn. I 230). Dennoch war ebenso vertraut, dass sie zu Verfehlungen fähig waren und dem gegebenenfalls erlagen. Der Kult sah einschlägige Opfer und Reinigungsriten vor, um sie für ihren Dienst zuzurüsten (bes. Lev 4,1-12; vgl. Hebr 5,3 u. ö.).

Im besten Fall galt der Hohepriester darauf als prinzipiell (Philo, fug. 115; vgl. spec. III 134 f. u. ö.) und qua Amt frei von Sünden und allenfalls durch die Sünden des Volkes – das er vor Gott vertritt und an dessen Straucheln er deswegen Anteil haben kann – befleckt (Philo, spec. I 230; *Leonhardt* [Bibl. ↗ Einleitung] 231,245 f.). Bei kritischerer Betrachtung wurde die Freiheit von Sünden auch in priesterlicher Hoffnung zum Zukunftsgut (TestXII Lev 18,9; Weiteres *Stewart*).

Lesen wir den Hebr angesichts dieser Traditionen, steht für ihn das irdische Ideal und Hoffnungsgut, frei und fern von Sünden und der Macht der Sünde zu sein, in den Himmeln ganz und gar in Geltung. Jesu Trennung von der Sünde radikalisiert die Vorstellung, ein hoher Priester, der sein Volk vor dem heiligen Gott vertrete, müsse völlig rein und ohne Schuld sein. Sie bildet das notwendige Korrelat seiner überragenden himmlischen Gottesgegenwart.

Gnostische Kontexte unserer Passage, die früher immer wieder erwogen wurden, treten in der jüngeren Diskussion zu Recht ins Glied. Denn die Nag Hammadi-Texte (NHC I 5 115,14-17 u. ä.) bieten keine enge Parallele. Bemerkenswert ist immerhin ein Weiterwirken der spannungsvollen Haltung der Umwelt auf die Erlösungsvorstellung der bald nach dem Hebr entstandenen OdSal: Der Erlöser wird dort, da die von ihm versammelten Völker ihn in den Höhen bekennen, nicht durch die Sünden verunreinigt, die er begangen haben könnte (10,5; Lit. bei *Lattke, M.:* Oden Salomos, FC 19, 1995, 121). Der Jesus des Hebr überbietet auch das.

2.3 Der Hohepriester und die schwachen Menschen

15   Allerdings stellt sich sofort ein Folgeproblem (weiterhin **15**). Ethische Makellosigkeit, physische Reinheit und Unversehrtheit konstituierten in der Antike einen großen Konnex, wurden nicht so streng wie heute unterschieden. Kultisch unmittelbarer, priesterlicher Zugang zu Gott hing an Freiheit von allen Schwächungen überhaupt (z. B. Philo, spec. I 80 f. nach Lev 21,16-23; vgl. *Schürer* 243).

Dieser Impuls strahlte, für die Christologie gleichfalls nicht unwichtig, über das Priestertum hinaus. Die PsSal erwarteten, der herrscherliche Gesalbte, der die allgemeine Reinheit von Sünden herstellen sollte, werde »keine Schwäche haben« (*ouk asthenēsei* 17,37; die beliebte Erläuterung der Stelle durch Jes 40,28-31; 42,9 überspielt, dass die LXX dort *astheneō* etc. vermeidet). Die bei Qumran gefundene Gemeinschaftsregel ist um der Präsenz der heiligen Engel in der Gemeinde willen fest, keine Person, die mit irgendeiner Unreinheit oder physischem Gebrechen geschlagen sei, dürfe in ihre Versammlung eintreten (1QSa II 3-9). Selbst in der LXX zu Jes 53 finden wir eine Auswirkung: Der Gottesknecht, der keine Sünde tat (53,9; nach *Michel** 213 ein Ausgangspunkt für die Sündlosigkeit Jesu), trägt durch die Sünden, die ihm aufgeladen wurden, Wunden. Darauf tritt an den Anfang seiner Rehabilitation seine Reinigung; »der Herr will ihn reinigen«, sagt 53,10 (diff. MT).

Verlängerte der Hebr diese Linie nach 14 radikal auf Jesus, würde seine Hoheit und Gottesgegenwart ihn auch von irdischer Schwächung und den Schwachheiten der Gemeinde (↗§2.1) himmelweit trennen. Eine Kluft entstünde rundum zu seinen menschlichen Geschwistern. Jesus ginge in den himmlischen Höhen auf.
Der Hebr lässt das um Jesu rettenden Geleits für seine Geschwister, die ihm zugehörigen Menschen, willen nicht zu (s. die Entscheidungen in ↗2,5-14). Er formuliert eine Lösung konsequent im Anschluss an Kap. 2: Trotz seiner himmlischen Hoheit eignet dem Hohepriester Jesus eine überaus intensive Beziehung zu den Seinen auf Erden. Er ist machtvoll befähigt, mit ihren Schwächen zu leiden (so die Litotes in 15, zur Bejahung aufgelöst). Er fühlte und fühlt mit ihnen wie mit einer Familie. In allem ist er gleich ihnen versuchend geprüft, an seiner irdischen Anfechtung mithin trotz der himmlischen Höhe kein Abstrich erlaubt (vgl. 2,17 f. zum Versuchtsein; Material aus LXX und Umgebung bei *Korn*). Gleichwohl dominiert die Perspektive von und nach oben. Der Hebr stellt zurück, wie Jesus seine Sündlosigkeit in Anfechtung,

Leid und Versuchung irdisch konkret bewährte. Er achtet genau darauf, Jesus nicht selbst als »schwach« zu bezeichnen (hier und im ganzen Fortgang), und bringt infolgedessen auch in die Auffassung von Jesu Leiden eine unübersehbare Eigentümlichkeit ein: Er gibt Jesu »gehorsame(m) Durchhalten« (*Gräßer** I 257) des Leids wie in Kap. 2 besonderes Gewicht (vgl. weiter 5,8), schreibt jedoch *paschein* (»leiden«) durch *sympathein* (statt *sympaschein*, »mit-leiden«) fort. Das ist ein sprachgeschichtlich neues Kompositum, das familiäres »Mitfühlen« nuanciert (vgl. das dt. Lehnwort »Sympathie«, Hebr 10,34 und etwa 4 Makk 14,13-20). Die Passion wird dadurch, passend zum familiären Feld von 2,11-13, zur höchsten Bekundung von Jesu Mitgefühl mit seinen Geschwistern (und schon in 2,9f. wie an unserer Stelle mit eigentümlicher Stärke verbunden). Eine »sympathische«, weiterführende Deutung federt den intensiven Schrecken aus den ältesten ntl. Zeugnissen über die Passion ab.

2.4 Bündelung: Treten wir vor den Thron der Gnade

Zum Ziel gelangen die Linien in 16: Weil Jesu Hohepriestertum **16** himmlisch verankert ist, gilt das ebenso für die Gemeinde, die er priesterlich vertritt und geleitet. Ihre Schwächen trennen sie nicht von Gottes hohem Thron und behaften sie nicht auf Erden. Nein, sie hat den Jesus zum Hohepriester, der die Himmel durchschritt. Deshalb darf und soll sie im Bewusstsein ihrer Schwäche unmittelbar vor Gottes Thron treten. Er ist Ort ihres Kultes und Zentrum ihres Lebens.

Der Hebr beginnt diese Aussage mit der Selbstaufforderung (dem Adhortativ) *proserchōmetha*, »lasst uns hinzutreten«. Seit alters trägt das Verb gern kultischen Ton, spricht vom Kommen der Heiligtumsbesucher, Opfernden und Priester (Lev 9,5.7f. usw.). Der Hebr verwendet es allein noch in solchen Zusammenhängen (nach unserer Stelle 7,25 usw.; vgl. *Löhr* u.a.). Das legt nahe, er verstehe alle Gemeindeglieder als Priester (*Scholer* 204f.207). Doch sollten wir die Tendenz nicht überstrapazieren.

Priester haben in der Antike die zentrale Aufgabe, Opfer darzubringen. Das tun die Gemeindeglieder nicht. Der Hebr achtet strikt auf ihren Unterschied zu Jesus, dem alleinigen hohen und großen Priester, und nennt sie nirgends ihrerseits Priester, so viele priesterliche Motive er in ihr Bild einbringt.

Vor Gottes Thron findet die Gemeinde in ihrem Hinzutreten Platz.
Dort redet sie frei, wie die Mitbürger auf dem Marktplatz frei reden. Der Thron distanziert keinen bedrohlichen Herrscher von ihr
und schränkt ihre Redefreiheit nicht ein, wie die Antike es im Konflikt zwischen Demokratie und Einzelherrschaft irdisch immer
wieder erlebte (das hellenistische Ideal einer *parrēsia* vor dem Herrscher [Isokrates, Or. II 28; Aristeasbrief 125] verblasste in der Kaiserzeit). Vielmehr darf sie, die – wie der Hebr voraussetzt – schuld-
los schwach vor den Thron tritt, alles äußern, was sie bewegt.

Der Hebr entnimmt die »freie Rede« *(parrēsia)* einem gesellschaftlichen,
nicht speziell priesterlichen Ideal (s. o., ↗3,6 sowie 4,14-10,31 Einführung). In priesterlichen Zusammenhängen der jüdischen Literatur tritt
der Begriff nicht hervor (keiner der Belege in LXX und Pseudepigraphen
beschreibt eine priesterliche Handlung), eine Bestätigung dafür, das Ge-
meindeideal des Hebr nicht zu eng priesterlich zu fassen.
Wichtig ist eine feine Nuance. Ein Frevler verliert der Begriffsgeschichte
nach das Recht, frei vor Gott zu reden. Einem gerechten, Gott liebenden
Menschen kommt es umgekehrt bes. zu (Hi 27,10 LXX; Weish 4,20-5,1;
vgl. Philo, her. 5-7). Auf diese Weise bringt der Hebr seine Erwartung ein,
die Gemeinde sei zwar schwach, halte sich aber von Schuld fern.

Jesu Priestertum erweist den Thron als »Thron der Gnade« (eine
vom Hebr geschaffene Redewendung). Jesus thront sogar mit auf
ihm, wie sich aus Hebr 1,8; 8,1 und 12,2 (den weiteren Belegen für
thronos, Thron«, im Hebr) ergibt. Das eröffnet den Menschen Hilfe (*boētheia;* vgl. Ps 60 [LXX 59],13 u. ö.). Sie dürfen der gnädigen
Zuwendung Gottes zu rechter/guter Zeit (der Zeit nach dem Maßstab Gottes; vgl. Ps 104 [LXX 103],27) gewiss sein und froh aufatmen.

Für die religionsgeschichtliche Verortung wesentlich, enthält sich der
Hebr einer Ausmalung des Throns und des Bildes vom bewegten Thron
Gottes, das Ez 1 begründete (in 1,26 steht dabei wie im Hebr das Aus-
gangsnomen *thronos; mrkbh*, »Thronwagen«, begegnet erstmals 1 Chr
28,18). Die Merkabah spielt zwar in den Sabbatliedern vom Toten Meer
eine beträchtliche Rolle (4Q405 20-22 II 2-12 [*mrkbh* II 8] u. ö.; *Newsom*
[bibl. bei 1,1-4] 44 f.) und wird zu einem Leitmotiv spätantik-jüdischer
Mystik. Der Hebr indes gehört durch die Eigenart seiner Terminologie
und zurückhaltende Bildlichkeit lediglich an den Rand dieser Entwicklung (vgl. Einleitung § 7.2).
Charis, »Gnade« (gleich zweimal in 16) überträgt in der LXX meist *ḥn*,
die schöne und wohlwollende Zuwendung eines hohen Herrn, bes. Gottes (Gen 18,3; Ps 84[LXX 83],12 u. ö.; für das bekanntere *ḥsd* steht es seltener), der sich freundlich und barmherzig äußert. Die Zuwendung Gottes unterstreicht demnach seine Hoheit, ebnet sie nicht ein. Das »frohe«

Aufatmen ergibt sich daraus, dass *charis* sich griechisch von *chairein*, »sich freuen«, ableitet.

In summa aktualisiert der himmlische Thron der Gnade die kultische Erwartung, Gott sei in seiner Macht zu den Schwachen gütig (Philo, spec. I 293 f., zitiert oben unter § 2.1), fundiert auf das Hohepriestertum Jesu. Zugleich überbietet er alle Erwartungen an die Throne auf Erden. Der Hebr braucht keine Hoffnung auf einen von Gott »mit Barmherzigkeit« *(eleos)* neu errichteten irdischen Thron »im Zelt Davids« mehr (Jes 16,5 LXX). Die Barmherzigkeit Gottes äußert sich und beheimatet unmittelbar im Himmel.

Ein interessantes Gegenüber bietet wieder die kaiserzeitliche Herrschervorstellung. Dass der Kaiser, der Inhaber des irdischen Thrones schlechthin, »Gunst« *(charis)* erweise, gehört nämlich zu den Stereotypen von Inschriften und Erzählungen des 1. Jh. (SIG³ II 798,8 ff.; 814,17 ff.; Philo, Legat. 325 usw.). Der Hebr wagt durch sein Bild des himmlischen Throns dazu die Konkurrenz. Er formt, wie wir nun schon häufig sahen (seit ↗ § 2.3.2 zu 1,5-14), eine politische Implikation, ohne zum politischen Manifest zu werden (vgl. 15 zu *archiereus/pontifex maximus*).

Auf eine weitere Ausmalung des Throns verzichtet der Hebr. Es genügt ihm, dass deutlich wird: Der Zorn steht in der Barmherzigkeit Gottes hintan (eine Differenzierung gegenüber z. B. ShirShabb 4Q405 23 I 12). Die Leserinnen und Leser hören nichts von einem Einschreiten Gottes gegen seine Feinde (trotz 1,13) und nichts von einer Ausrottung der Sünder (die PsSal 17,36 zur Aufgabe des reinen Gesalbten Gottes macht). Wer in den Höhen vor Gott tritt, für den/die rückt das Gericht von 4,12-13 in große Ferne – jedenfalls solange er/sie nicht aus den Höhen fällt.

3. Ertrag und Ausblick

Der Hebr stellt seiner Argumentation eine eindrückliche These voran: Dank dessen, dass Jesus, der Sohn und Hohepriester, die Himmel durchschritten hat, findet die Gemeinde ihre Heimat vor Gottes Thron, in den Himmeln. Dorthin hat sie zu treten und dort ihr Leben in freier Rede zu artikulieren, getragen von der Barmherzigkeit Gottes.

Eine soziorhetorische Interpretation wird die Überwindung all dessen hervorheben, was der Gemeinde auf Erden fehlt. Das ist richtig, und doch entwickelt der Hebr den Gedanken nochmals kühner. Er setzt von vornherein bei den Höhen ein und reflektiert von ihnen aus das Irdische, nicht umgekehrt. Die Welt bleibt wie hinter einer unsichtbaren Schwelle zurück, obwohl die Gemeinde in ihr lebt und an ihr partizipiert. Die Gesellschaftskritik wird zum Glied einer übergeordneten, eine Schwelle zur Welt aufrichtenden Theologie. Unsere Stelle summiert, was wir die liminale Theologie des Hebr nannten (↗ Einleitung § 4.2).

In der Begründung sticht die Sündlosigkeit Jesu hervor. Sie steht nicht isoliert im frühen Christentum (s. 2 Kor 5,21; 1 Petr 2,22; 3,18; 1 Joh 3,5; vgl. auch Joh 8,46) und bietet eine zentrale Voraussetzung für das rettende Geleit, das Jesus den Seinen zu Gottes Thron gewährt. Das Bekenntnis von Chalcedon lehnte sich an unsere Stelle an (Jesus sei, heißt es dort, »in allem uns gleich [doch] ohne Sünde«, *kata panta homoion hēmin chōris hamartias;* DH 301). Trotzdem ist ihre kulttheologisch-himmlische Intensität seit Abbruch der antiken Kulte schwer vermittelbar.

Die Literatur bemüht sich weithin um eine Verdeutlichung über das irdische Menschsein Jesu, in dem er mit den Menschen gelitten habe und versucht worden sei, ohne einer Versuchung zu erliegen. Das entspricht dem Ort im Chalcedonense, bricht aber ein wenig von der Spitze des Hebr – der himmlischen Trennung Jesu von aller Sündenmacht – ab (andere Aspekte bei *Williamson*, *Peterson* u. a.). Weitere Hinweise zur altkirchlichen Rezeption bietet *Greer*** 62 f.,111 f.,285 f. u. ö.

Eine große Wirkungsgeschichte löste außerdem das Wort vom »Thron der Gnade« aus. Luther übersetzte »Gnadenstuhl« und übertrug diesen Begriff auf das *hilastērion*, den Sühneort, von 9,5 und Röm 3,25 (WA.DB VII 362 f.,38 f.). Der himmlische Thron und der Deckel der Bundeslade im Allerheiligsten (ein klassischer Sühneort Israels; in Lev 16,2.13-15 *hilastērion*) verschmolzen über den Hebr hinaus. Der Thron unserer Stelle wurde unmittelbar zum Sühneort und der kultische Akzent des Hebr maßgeblich auch für den Röm (wo die kultische Auslegung inzwischen umstritten ist). In der kirchlichen Kunst wurde »Gnadenstuhl« darauf, nochmals weiter vom Hebr entfernt, zur Bezeichnung soteriologischer Trinitätsdarstellungen (der Präsentation Christi am Kreuz oder auf dem Deckel der Bundeslade durch den Vater, begleitet von der Taube des Geistes).

5,1-10 Einführung: Von Grundzügen allen Hohepriestertums zum Priestertum Christi nach der Ordnung Melchisedeks

1 Denn jeder Hohepriester, der aus Menschen genommen wird, wird für Menschen zu den auf Gott gerichteten Aufgaben[1] eingesetzt, damit er Geschenkopfer und Schlachtopfer für Sünden darbringe. 2 Er hat die Kraft, maßvoll mit den Unwissenden und Irrenden mitzuleiden, da auch er Schwachheit an sich hat 3 und ihretwegen, wie für das Volk, so auch für sich[2] Sündopfer darbringen muss. 4 Und keiner nimmt sich selbst die Ehrenstellung; er wird vielmehr von Gott gerufen – so wie auch Aaron.

5 Entsprechend verherrlichte auch der Christus nicht sich selbst dazu, Hoherpriester zu werden, sondern der (verlieh ihm die Würde)[3], der zu ihm sprach:

> »Mein Sohn bist du; ich habe dich heute gezeugt«,

6 wie er auch an einer anderen Stelle sagt:

> »Du (bist)[4] Priester in Ewigkeit nach der Ordnung[5] Melchisedeks«.

7 Er[6] brachte in den Tagen seines Fleisches unter starkem Geschrei und mit Tränen Bitten und flehende Rufe vor den dar, der die Kraft hat, ihn aus dem Tod zu retten, und wurde aus Gottesfurcht erhört; 8 obwohl[7] er Sohn war, lernte er aus dem, was er litt, den Gehorsam 9 und wurde nach seiner Vollendung für alle, die ihm gehorchen, Urheber ewiger Rettung, 10 er, der öffentlich[8] von Gott als Hoherpriester nach der Ordnung[5] Melchisedeks angeredet wurde.

Die Kursivierungen in der Übersetzung markieren die bei Nestle-Aland[27] als Schriftzitate gekennzeichneten Passagen (die jeweilige Herkunft s. bei der Kommentierung). Sie stimmen mit der Rede im Text überein und sind als solche zusätzlich eingerückt.

[1] Griechisch steht knapp, an Ex 18,19 LXX angelehnt, *ta pros ton theon* (»das auf Gott Gerichtete«).

[2] Der Spiritus bei *autou* ist unklar (im ältesten Textbestand war die Setzung des Spiritus unüblich). Die Variante *hautou/heautou* klärt das reflexive Verständnis (Lit. bei *Gräßer** I 280).

[3] Griechisch fehlt ein Verb. Die Ergänzung ergibt sich durch den Anschluss an 4.

[4] Der Hebr benützt eine griechische Vorlage, die den hebräischen Nomi-

nalsatz in Ps 110,4b durch Ellipse der Kopula spiegelt. Zahlreiche Handschriften ergänzen das sachlich mitzudenkende *ei*, »(du) bist«.
[5] Oder: nach der Weise (wegen der Parallele zu *kata tēn homoiotēta*, »in gleicher Weise wie«, 7,15); vgl. *Ellingworth*.
[6] Griechisch steht das Relativpronomen und entsteht – wie häufig im Hebr – eine schwierige Satzperiode (bis 10), die dt. nach Auflösung verlangt (an unserer Stelle durch relativen Satzanschluss).
[7] *Kaiper*, »obwohl«, leitet meist einen nachgestellten, nur selten einen vorangestellten Nebensatz ein. Die Auslegungen entschieden gleichwohl früh, an unserer Stelle müsse letzteres gelten (das spiegeln die Verseinteilung und die Übersetzungen ab *Luther*, DB z. St.). *Jeremias* stützte es philologisch. Freilich bleibt syntaktisch ein Unbehagen (*Roloff* 154 f.). Da das Deutsche den gleitenden griechischen Übergang nicht erlaubt, müssen wir zwischen 7 und 8 einen Strichpunkt setzen, in der Auslegung aber einen Rückbezug auf 7 berücksichtigen.
[8] *Prosagoreuein*, ein ntl. Hapaxlegomenon des Hebr, meint die öffentliche Proklamation (*Schneider, G.* s. v., EWNT III, [2]1992, 388).

Literatur: Aschim**. – *Attridge, H. W.:* Heard Because of His Reverence, JBL 98 (1979) 90-93. – *Bachmann, M.:* Hohepriesterliches Leiden, ZNW 78 (1987) 244-266. – *Beard, M./North, J.* ed.: Pagan Priests, London 1990. – *Bendlin, A.* e. a.: Priesthoods in Mediterranean Religions, Numen 40 (1993) 82-94 (Rezension zu *Beard/North*). – *Böttrich, C.:* The Melchizedek Story of 2 (Slavonic) Enoch, JSJ 32 (2001) 445-470. – *Boman, T.:* Der Gebetskampf Jesu (1963/64), in: *ders.:* Die Jesus-Überlieferung im Lichte der neueren Volkskunde, Göttingen 1967, 208-220. – *Brandenburger, E.:* Text und Vorlagen von Hebr. 5,7-10, NT 11 (1969) 190-224. – *Collins, J. J.:* Powers in Heaven, in: *ders./Kugler, R. A.* ed.: Religion in the Dead Sea Scrolls, Cambridge 2000, 9-28. – *Coste, J.:* Notion grecque et notion biblique de la «souffrance éducatrice» (Hébr. 5,8), RSR 43 (1955) 481-523. – *Cox, C.: Eisakouō* and *epakouō* in the Greek Psalter, Bib. 62 (1981) 251-258. – *Dibelius*** 169-172. – *Dunnill***. – *Ellingworth, P.:* Just Like Melchizedek, BiTr 28 (1977) 236-239. – *Feld* 1985**, 71-76. – *Feldmeier, R.:* Die Krisis des Gottessohnes, WUNT II 21, 1987, 50-63. – *Feuillet, A.:* L'évocation de l'agonie de Gethsémani dans l'Épître aux Hébreux (5,7-8), EeV 86 (1976) 49-53. – *Fitzmyer, J. A.:* Genesis Apocryphon, Encyclopedia of the Dead Sea Scrolls I, 2000, 302-304. – *Franzmann, M.:* Jesus in the Nag Hammadi Writings, Edinburgh 1996. – *Friedrich:* ↗ bei 4,14-16. – *Gianotto, C.:* Melchisedek e la sua tipologia, SRivBib 12, 1984. – *Gieschen, Ch. A.:* The Different Functions of a Similar Melchizedek Tradition, in: *Evans/Sanders* (↗ bei 3,7-4,11 Enns), 1997, 364-379. – *Gräßer, E.:* Der historische Jesus im Hebräerbrief (1965), in: *ders.* 1992**, 100-128. – *Hannah, D. L.:, Michael and Christ, WUNT II 109, 1999, bes. 42-45, 100-102. – v. Harnack:* ↗ bei 2,5-18; bes. 248. – *Hayward, R.:* Shem, Melchizedek, and Concern with Christianity in the Pentateuchal Targumim, in: Targumic and Cognate Studies, ed. by K. J. Cathcart e. a. (FS M. McNamara), JSOT.SS 230, 1996, 67-80. – *Horton***. – *Hurst***. –

Isaacs**. – *Jeremias, J.*: Hebräer 5,7-10 (1952/53), in: *ders.*: Abba, Göttingen 1966, 319-323. – *Jürgens, B.*: Heiligkeit und Versöhnung, HBS 28, 2000. – *Karrer, M.*: Der Gesalbte, FRLANT 151, 1991, 353-356. – *Ders.*: Sünde IV, TRE 32 (2000) 375-389. – *Klauck, H.-J.*: Die religiöse Umwelt des Urchristentums I/II, KStTh 9,1/2, 1995/1996 (bes. I 40-43, II 65 f.). – *Klawans:* ? bei 4,14-16. – *Kobelski, P. J.*: Melchizedek and Melchireša, CBQ.MS 10, 1981. – *Konkel, M.*: Architektonik des Heiligen, BBB 129, 2001. – *Laub* 1980**, 113-143. – *Leschert*** 199-241. – *Lescow, Th.*: Jesus in Gethsemane bei Lukas und im Hebräerbrief, ZNW 58 (1967) 215-239. – *Loader* 1981**, 97-111. – *März* 1998b**. – *Manzi, F.*: Melchisedek e l'angelologia nell' Epistola agli Ebrei e a Qumran, AnBib 136, 1997. – *Maurer, C.*: »Erhört wegen der Gottesfurcht« Hebr. 5,7, in: Neues Testament und Geschichte, hg. v. H. Baltensweiler (FS O. Cullmann), Zürich 1972, 275-284. – *Milik, J. T.*: Milkî-ṣedeq et Milkî-reš a' dans les anciens écrits juifs et chrétiens, JJS 23 (1972) 95-144. – *Muth, R.*: Einführung in die griechische und römische Religion, Darmstadt 1988. – *Nel, P. J.*: Psalm 110 and the Melchizedek Tradition, JNWSL 22 (1996) 1-14. – *Nelson***. – *Nissilä*** 79-112. – *Oberforcher, R.*: Das alttestamentliche Priestertum und die tragenden Priestergestalten, in: *Öhler, M.* Hg.: Alttestamentliche Gestalten im Neuen Testament, Darmstadt 1999, 141-160. – *Orlov, A.*: Melchizedek Legend of 2 (Slavonic) Enoch, JSJ 31 (2000) 23-38. – *Pearson, B. A.*: The Figure of Melchizedek in Gnostic Literature, in: *ders.*: Gnosticism, Judaism, and Egyptian Christianity, Minneapolis 1990, 108-123. – *Ders.*: Gnosticism, Encyclopedia of the Dead Sea Scrolls I, 2000, 313-317. – *Peterson*** 74-103. – *Petuchowski, J. J.*: The Controversial Figure of Melchizedek, HUCA 28 (1957) 127-136. – *Rainbow, P.*: Melchizedek as a Messiah at Qumran, BBR 7 (1997) 179-194. – *Rösel, C.*: Die messianische Redaktion des Psalters, CThM 19, 1999. – *Rösel, M.*: Die Septuaginta und der Kult, in: La double transmission du texte biblique, éd. par Y. Goldman e.a. (FS A. Schenker), OBO 179, 2001, 25-40. – *Roloff* 1975**, bes. 149-159. – Scheidweiler, F.: KAIPER nebst einem Exkurs zum Hebräerbrief, Hermes 83 (1955) 220-230. – *Schille*** 97 ff. – *Schniedewind, W. M.*: Melchizedek, Dictionary of New Testament Background, 2002, 693-695. – *Scholer*** 86-88.195-197. – *Schröger* 1986**, 115-127. – *Stallmann, R. C.*: Levi and the Levites in the Dead Sea Scrolls, in: *Charlesworth, J. H.* ed.: Qumran Questions, Sheffield 1995, 164-190. – *Steudel, A.*: Melchizedek, Encyclopedia of the Dead Sea Scrolls I, 2000, 535-537. – *Strobel, A.*: Die Psalmengrundlage der Gethsemane-Parallele Hbr. 5,7 ff., ZNW 45 (1954) 252-266. – *Swetnam* 1981**, 178-184. – *Trummer, P.* 1987** und *ders.*: »Erhört aus Gottesfurcht« Hebr 5,7, BiKi 48 (1993) 188-196. – *Vanhoye, A.*: Situation et signification de Hébr. 5,1-10, NTS 23 (1977) 445-456. – *Walter*** 151-168. – *Willi, Th./ Balz, H.*: Melchisedek, TRE 22, 1992, 414-423. – *Wrege, H. T.*: Jesusgeschichte und Jüngergeschick nach Joh 12,20-33 und Hebr 5,7-10, in: Der Ruf Jesu und die Antwort der Gemeinde, hg. v. E. Lohse (FS J. Jeremias), Göttingen 1970, 259-288. – *Zanker, P.*: Augustus und die Macht der Bilder, München ²1990, 124-140. – *Zesati Estrada, C.*: Hebreos 5,7-8, AnBib 113, 1990. – *Zimmermann* 1964** und *ders.* 1977**, 60-79.

1. Einführung

1.1 Ort im Hebr, Aufbau und Rhetorik

Die These ist artikuliert. Mit unserem Abschnitt beginnt die Begründung (und ein begründendes »denn«, *gar*, steht am Anfang von 1). Der Hebr begibt sich dazu von der himmlischen Höhe der These (4,14.16) auf die Ebene der Gemeinde zurück und weitet gleichzeitig die These aus. Die entscheidenden Stichworte aus 4,14 f., das besondere Hohepriestertum Jesu und seine gleichwohl enge Verbindung zu seinen menschlichen Geschwistern, erfahren in 5,1-10 eine Erweiterung (Amplificatio).

Der Hebr holt seine Leserinnen und Leser, die laut 4,14-16 von Erden aus vor den himmlischen Thron treten, dazu bei ihren allgemeinen, irdischen Vorkenntnissen ab, und fasst ihr Wissen über irdisches hohes Priestertum zusammen (1-4). Von dort aus führt er Propria der Christologie in einer Bewegung nach oben (bis 9 f.), aber mit irdischem Gegenhalt (7) ein (5-10). Am Ende (10) wiederholt er das in unserem Abschnitt erstmals genannte Motiv, Christus sei Priester »nach der Ordnung bzw. Weise (↗ Anm. 5 zur Übersetzung) Melchisedeks«. Er signalisiert uns, dass wir uns im Fortgang auf eine umfassende Argumentation mit Zentrum bei der Vorstellung Melchisedeks einzustellen haben.

Rhetorisch stoßen wir somit auf eine Ausweitung (Amplificatio) der These von 4,14 ff. zur Vorbereitung und Eröffnung der Argumentation (Argumentatio). Im Einzelnen sind die Überblicksskizze über Bekanntes (1-4), der Vergleich (in 5 durch die Konvention der Vergleichspartikel eröffnet) und die Hervorhebung des Entscheidenden durch Wiederholung (6.10) klassische argumentative Verfahren. Doch inhaltlich wird das Beweisverfahren (die *probatio*) und sein Leitmotiv (die Melchisedek-Christologie) nur angedeutet. In der Andeutung bricht zudem der Stil: 5-10 integrieren den Vergleich in den Ruhm von Jesu überlegener Höhe. Rhetorisch dominieren Stilmittel der Epideixis (der überlegenen, lobenden Hervorhebung Christi), nämlich Gottesworte der Schrift (5-6) und gehobene, rhythmische Prosa (in 7-10). Mehr noch, die Gottesworte stammen aus Psalmen (LXX Ps 2 und 109), die den Leserinnen und Lesern schon als Äußerungen aus den Höhen Gottes vertraut sind (↗ 1,5.13). Christologische Argumentation muss, erfahren sie, aus den Höhen Gottes und durch Gottes Wort geprägt werden.

Schließlich rahmt der Hebr beide Teilabschnitte (1-4 und 5-10) in

sich, 1-4 durch die Einsetzung/Berufung des Hohepriesters (1.4),
5-10 durch das Melchisedek-Motiv (6.10). Er bestätigt seine Vorliebe für Inklusionen (Umschließungen). Zudem ordnet er 1-4 und 5-
10 einander locker chiastisch zu. Es ist schwer, die Korrespondenzen detailliert zu zählen; die Forschung fand je nach Ansatz drei
(*Attridge** 142 ff.) bis sieben *(Dibelius)* Vergleichspunkte. Die gro-
be Übersicht ist indes überaus aufschlussreich, um die Besonderheit der christologischen Pointen zu erkennen (Jesu Darbringung
von Bitten etc. in 7 korrespondiert der Darbringung von Sündopfern in 3 usw.):

		Jeder Hohepriester	Christus	
A	1a	wird eingesetzt	wird öffentlich ausgewiesen – nach der Ordnung Melchisedeks (Inklusion zu 5 f.)	10
B	1b	konzentriert seine Aufgaben auf Opfer	wirkt ewige Rettung	9
C	2	leidet maßvoll mit den Unwissenden und Irrenden	lernt Gehorsam im Leiden	8
D	3	muss Sündopfer darbringen	bringt Bitten etc. dar	7
A'	4	wird berufen – wie Aaron (Inklusion zu 1a)	wird durch Benennung berufen	5 f.

Im übrigen enthält unser Abschnitt keinen Imperativ und Adhortativ
mehr. Der Hebr stellt das Ermahnen vorläufig zurück. Unter rhetorischen
Einzelfiguren sei das Wortspiel (die Parechese) *emathen – epathen*, »er
lernte – er litt«, in 8 hervorgehoben.

1.2 »Alle Hohepriester« und die impliziten Adressaten (1-4)

Der erste Teil (**1-4**) bietet ein für die Vorstellung des Hebr von sei-   **1–4**
nen Leserinnen und Lesern signifikantes Gefälle: Er beginnt nicht
bei Aaron, endet vielmehr bei ihm. Wie es sich bei »jedem Hohepriester« (1) verhalte, so bei diesem, heißt es; Aaron wird in 4 erstmals im Hebr erwähnt. Das aaronitische Priestertum ist demnach
Ziel (für den Gesamttext Zwischenziel), nicht Ausgangspunkt in
der Hohepriester-Charakteristik unserer Verse.
»Jeder Hohepriester«, die Formulierung von 1, enthält – dies zu-
spitzend – keine Einschränkung auf Israel. Die Leserinnen und Le-

ser hören einen Verweis nicht lediglich auf das Hohepriestertum
Israels, sondern auf alles antike Hohepriestertum, die hohen oder
– wie wir auch übersetzen können – Ober-Priester der vielen Kulte
des Mittelmeerraums (zur weiten Verbreitung des Begriff *archiereus*, »hoher« oder »Oberpriester«, vgl. 4,14).

In Anbetracht der strikten Orientierung des Hebr an Israel ist das
nicht anders denn als Rücksichtnahme auf eine Leserschaft aus den
Völkern zu erklären. Der Hebr stellt sich heidenchristliche Leserinnen und Leser vor (↗ Einleitung § 8.4), denen Strukturverwandt-
schaften der Religionen helfen, um ihren Anweg über Israel (Aaron) zu Christus zu finden.

Allerdings dürfen wir das Zugeständnis an die allgemeine Religionsgeschichte nicht überbewerten. 1-4 stellen Spezifika der nichtjüdischen Oberpriestertümer zurück, die keine Korrelate in Israel
haben.

Kein Wort spielt auf die Konkurrenz und Vielfalt der Priestertümer im
Polytheismus an (die für Rom Augustus produktiv neu ordnete; vgl. *Zanker*). Kein Wort gilt unterschiedlichen regionalen Bedeutungen (vom
Pontifex maximus/*archiereus megistos* Roms [↗ 4,14] bis zum »*archiereus*
der Asia« [Kleinasiens], den uns viele Inschriften im 1./2. Jh. bezeugen;
Kearsley, R. A.: NDIEC 4 [1987] 53-55), kein Wort schließlich den Pries-
tertümern von Frauen (ein Tabu für Israel, während wir von einer Ober-
priesterin sogar im Kaiserkult des 1. Jh. wissen; *Klauck* 66).

Als Filter zur Christologie dient das Hohepriestertum Aarons.
Unser Autor beschreibt es als grundsätzlich in Geltung (s. das Präsens in 1-4). Da das Präsens sich aus der Allgemeinbeschreibung
ergibt, erlaubt das jedoch keinen Rückschluss darauf, ob das Ho-
hepriester-Institut in Jerusalem zur Abfassungszeit des Hebr noch
besteht. Die Idee und gesetzliche Regelung des Priestertums über-
dauern den Einschnitt der Tempelzerstörung (vgl. Einleitung § 8.3).

Unter den vergleichbaren Strukturen aller Priestertümer des Mittelmeerraums übergeht der Hebr auch bei Aaron die Rolle der priesterlichen Bekleidung, obwohl die Einkleidung neben der Salbung ein zentrales Moment der Priesterinvestitur in Israel bildet (s. Ex 28-29; Lev 8 bis mJoma
III, VII). Außerdem stellt er die in allen Kulten aus Reinheitsinteressen
vorhandenen Regelungen sexuellen Lebens zurück (s. für Israel Lev
21,7.13-15 usw.). Wir dürfen also seine Abstraktionskraft weiterhin nicht
übersehen.

Ein Detail sei im Vorgriff vermerkt, da es für die Geschichtslage nicht
uninteressant ist: 7,5.9.11 identifizieren aaronitisches und levitisches
Priestertum ungeachtet dessen, dass die doppelte Herleitung des Priester-

tums aus dem Stamm Levi und von Aaron (und Zadok) lange zu Differenzierungen, in der Regel zugunsten der Aaroniden (und Zadokiden), führte (s. etwa LXX Num 3,9f.; 8,19 [*M. Rösel* 32ff.] und Ez 44,6-16 [*Konkel* 311ff. u.ö.]). Die Linien einer genealogischen Verknüpfung (*Oberforcher* 149) und Aufwertung der Leviten erstarkten erst kurz vor dem Untergang des Tempels soweit, dass den Leviten die volle priesterliche Bekleidung zugestanden wurde (Josephus, Ant. XX 216ff.). Das Ineinander aaronitischer und levitischer Formulierung im Hebr setzt diesen rechtlichen Endstatus voraus.

Ebenso wichtig wird ein dritter, wiederum leserorientierter Aspekt: Das Gefälle von 1-4 rückt Aaron in eine irdische Perspektive. Von solcher Perspektive aber weiß jede Leserin und jeder Leser aufgrund der Kap. 1-4, dass sie nur einen begrenzten Zugang zu den Höhen Gottes eröffnet. Der Hebr zwingt sie daher zu einer paradoxen Lesehaltung. Einerseits sollen sie von Bekanntem aus christologische Entsprechungen (in 5-10) finden. Andererseits werden sie das Bekannte von diesen Entsprechungen aus korrigieren und relativieren müssen.

1.3 Der Hohepriester Christus und die Frage aufgenommenen Gutes (5-10)

Wenden wir uns dem zweiten, christologischen Teil zu, finden wir in **7-10** gehobene, rhythmisierte Sprache. Wie an den anderen Stellen gehobener Prosa im Hebr forschte das 20. Jh. nach hymnischen Vorlagen (*Schille*, *Lescow* u.v.a.). Die eindrücklichsten Vorschläge lösten gleichzeitig das Problem des harten Anschlusses zwischen 7 und 8 (↗Anm. 7 zur Übersetzung).

7–10

Friedrich 293 postulierte ein »Lied vom Hohenpriester« mit Teilen aus 7 und 9f., d.h. ohne den Abschluss von 10 (Melchisedek) und vor allem ohne 8. Das »vollendet wurde er Urheber ewigen Heils« aus 9 schloss sich als Gebetserhörung an 7 an (vgl. nach ihm *Zimmermann* 1977).
Brandenburger erhob anders zwei hymnische Fragmente, 7* und 8-10*. Beim ersten Fragment dürften wir ihm zufolge eine Erhörung im Sinne der Versetzung zu himmlischem Leben ergänzen, im zweiten (nun mit 10 Ende) fänden wir eine zentrale alte Melchisedektradition. Das schwierige »obwohl« wäre in die Verbindung der Traditionen zu verweisen.

Alle Vorschläge unterschätzten die Souveränität, mit der der Autor des Hebr aufgenommenes Gut in seinen Text einschmilzt. Sie hielten darum den Nachprüfungen seit *Nissilä* (81-84) und *Loader* nicht stand.

Dennoch faszinieren sie, weil sie unsere Kenntnisse über die hohepriesterliche Christologie vor dem Hebr (vgl. ↗2,17b) erheblich erweitern würden. Bes. 8b-10a* ergäben einen eindrücklichen Ausgangspunkt. Ihre Zeilen verwiesen, angelehnt an das frühchristlich-frühjüdische Schema von Erniedrigung und Erhöhung, auf Jesu uneingeschränktes, umfassendes und gehorsames Leiden (8, die Erniedrigung) und anschließend seine Erhöhung, verstanden als Vollendung, in der er als Hohepriester ewige Rettung wirkt (9-10a).

Die Erniedrigung wäre damit verwandt zum berühmten Lied in Phil 2,6-11 artikuliert (s. »gehorsam« in Phil 2,8). Die Skizze der Erhöhung böte das neue Proprium. Während nämlich Phil 2,9-11 die universale Anerkennung des Herrn hervorhebt, akzentuiert der Hebr in 9 die Verursachung der Rettung durch den vollendeten Christus.

Läsen wir das Verb *teleioun*, »vollenden«, dann noch in seiner Nebenlinie priesterlicher Einsetzung (vgl. Ex 29,9 LXX, angesprochen bei ↗2,10), rundete sich der Kreis. Christus würde als Erhöhter zum Hohepriester eingesetzt, um als solcher zu »ewiger Rettung« zu wirken. Hohepriesterchristologie erwiese sich als Teil alter soteriologischer Erhöhungschristologie.

Der Hebr würde in seiner Fortschreibung die Erniedrigung vertiefen (durch 7-8a; nach manchen wiederum unter Rückgriff auf Tradition) und die Erhöhung als Rahmen um das Ganze legen (erweitert zu 5f.9f.). Christus wäre von Anfang an Hohepriester, würde es nicht erst. Der Duktus Erniedrigung – Erhöhung zum Hohepriester wiche den drei Gliedern (präexistenter) Hohepriester – Erniedrigung – Vollendung, somit einer Art Drei-Stufen-Christologie (vgl. *Roloff* 153-159).

So spannende theologische Möglichkeiten aus der Traditionsthese resultieren, dürfen wir die Auslegung nicht von ihnen abhängig machen. Zu groß sind die Unsicherheiten der Rekonstruktion (bei 7 wie bei 8-10).

6.10 Auf keinen Fall dürfen wir die Nennung Melchisedeks (**6.10**) einer Tradition zuschreiben. Denn der Autor hält sie anders als das Hohepriesterprädikat (das er schon in ↗2,17 als bekannt voraussetzt) einer langen Vorbereitung für bedürftig. Er bringt Melchisedek nie vor unserer Passage in sein Schreiben ein. Im ganzen ersten Textteil (1,1-4,13) übergeht er ihn, und selbst in der überschriftartigen These für unseren großen Mittelteil begnügt er sich mit der Vorbereitung durch die Mitteilung, Jesus sei »großer Hohepriester« (4,14). Obwohl seine Leserinnen und Leser bereits seit ↗1,13 auf Ps 109 LXX (MT 110) eingestimmt sind, wagt er auch in unserem Abschnitt erst in 5,6, vom ersten zum vierten Vers des Ps mit der Nennung Melchisedeks weiterzulesen (nach »Hohepriester« 5,5).

Nicht allein diese, dito die zweite Erwähnung Melchisedeks (5,10) schreitet zudem rhetorisch von Bekanntem (im Text Eingeführtem) zu Neuem fort. 5,5 f. stellt zusätzlich zum Gesagten das Sohnesprädikat aus 1,5 voran (nach Ps 2,7). 5,10 wiederholt eingangs das Hohepriesterprädikat aus 2,17; 3,1; 4,14; 5,5.

Der Autor signalisiert also gleich mehrfach, dass er mit Melchisedek etwas Neues einführt. Gleichzeitig gibt er diesem Neuen höchsten Rang. Er formt die Inklusion durch die Ordnung Melchisedeks (6.10) und kombiniert auf ihn zu die Prädikate des Sohns und Hohepriesters. So macht er Melchisedek in religionsgeschichtlich-theologischer Neuerschließung zu einem zentralen Paradigma seiner Christologie.

2. Auslegung

2.1 Strukturen allen Hohepriestertums, besonders desjenigen Aarons: 1-4

In ihrer religionsgeschichtlichen Eigenart bieten 1-4 einen wichtigen Einblick in das trotz unerlässlicher Differenzierungen (*Beard/North; Bendlin* u. a.) übergreifende Gefüge antiken, jüdischen und nichtjüdischen, Priestertums:

Alle Priester sind menschlicher Herkunft (1). Als Menschen vertreten sie die Gottheit gegenüber ihren Mitmenschen und die Mitmenschen gegenüber der Gottheit (durchwaltet vom göttlichen Numen; vgl. zu Rom *Muth* 208). **1**

Sie werden rituell – in von Kult zu Kult unterschiedenen Akten – eingesetzt (*kathistanai*, »einsetzen«, für den jüdischen Hohepriester 1 Makk 10,20; Philo, Mos. II 109 u. ö., für die griechische Religionsgeschichte z. B. Plato, leg. 759B oder Diogenes L. 9,64).

Unter ihren Aufgaben ragen die Opferhandlungen hervor, und der Hebr deutet das Vorhandensein weiterer Tätigkeiten (vom Gebet und der Feststellung des Festkalenders bis zu Los- oder Orakelentscheidungen und rechtlichen wie finanziellen sowie politischen Obliegenheiten) durch das summarische »auf Gott gerichtete Aufgaben« (1a) lediglich an. Zugleich zwingt ihn die Vielheit der Opfer zur Kategorienbildung. Er greift eine der einfachsten (von vielen in der Antike geläufigen), die Unterscheidung von Gabe- und Sündopfern auf (1b).

Gabeopfer werden der Gottheit von den Menschen geschenkt, sei es als Erstlingsgaben, sei es in Antwort auf von der Gottheit erfahrene Geschenke. Volkstümlich – aber von antiken Autoren stets kritisiert (s. etwa Plato, resp. 390D) und für den Hebr belanglos – dienen sie bei den Völkern außerdem dazu, die Götter für eigene Interessen zu erweichen. Der Ausdruck *dōron*, »Geschenk(opfer)«, den der Hebr verwendet, begegnet seit Homer (breite Nachweise bei *Liddell-Scott* s. v.), jüdisch (in der LXX) ab Gen 4,4, dem Erstlingsopfer Abels.

Sündopfer sind eine göttliche Gewährung gegen die Schuld der Menschen. Alle Kulte widmen ihnen besondere Aufmerksamkeit, weil ungesühnte Schuld die Gottesbeziehung zerstört, und umkreisen die Trennung von der Schuld mit einer Vielfalt von Namen und Einzelriten. Der Hebr nennt allein das übergreifendste Kennzeichen, die Schlachtung von Opfertieren, nicht die Opfertiere selbst, die in den Kulten erheblich differieren (pagan war gegen das Judentum das Schwein als Sühnopfer beliebt: Cicero, div. I 101; Macrobius, sat. I 12,20).

Die Konkretisierung »für Sünden« ist erforderlich, da auch Gabeopfer (wenn es nicht Fruchtopfer sind) geschlachtet werden (so die Erstlingsopfer von Tieren). *Hyper*, die gewählte Präposition, markiert das »Für« für allgemeingriechische Ohren (die LXX benützt *hyper* in den Mosebüchern nicht als spezifische Präposition für Sündopfer; vgl. jedoch immerhin Ez 40,39). Ebenso ist *hamartia*, »Sünde«, allgemeingriechisch vertraut (wiewohl nicht häufig; als Bezeichnung schwerer Schuld Plato, leg. 660C). Der Hebr wahrt mithin den allgemeinen Rahmen und begibt sich von ihm aus zu spezifisch jüdischer Formulierung (3 geht zum *peri*, »für«, über, das die jüdische Sündopfertradition bevorzugt; vgl. z. B. Lev 16,16, *Fischer* in *ders./Backhaus*** 51 ff.).

Der Hebr schafft seiner Zeit gemäß ein Übergewicht der Sündopfer. Er stellt sie ans Ende (hier und an den weiteren Stellen seiner Formel 8,3.4; 9,9) und parallelisiert ihr *hyper* (Opfer »für«) zum eröffnenden »für *(hyper)* Menschen« von 1a.

In 11,4 nimmt er mit *dōron* auf das Tieropfer des schuldlosen Abel Bezug. Das bestätigt unsere Abhebung des Gabeopfers und verbietet die gelegentlich begegnende Aufteilung von Gabe- und Schlachtopfern in nichtblutige (Frucht-) und blutige (Tier-)Opfer (vgl. Aristeasbrief 234). Außerdem schließt es den Bezug von »für Sünden« auch auf die *dōra* (Gabeopfer) aus.

Die Opferdarbringungen und anderen Aufgaben zwingen die Priester in eine Balance zwischen Nähe und Ferne zu den Mitmenschen.

2 2 bringt das auf den Begriff, sie müssten – aber dürften auch nur – »maßvoll mitleiden« *(metriopathein)*. Das Wort, ein Kompositum der griechischen Philosophie (aus *metron*, »Maß«, und *pathein*,

»leiden«; Diogenes L. 5,31 usw.), fehlt in der LXX noch, ist also im Judentum relativ neu (Adjektiv ab Aristeasbrief 256), dito im frühen Christentum (unsere Stelle ist ntl. Hapaxlegomenon). Doch in seiner Besonderheit, die es von Gefühllosigkeit (philosophisch positiv *apatheia*) wie menschlicher Überschwemmung durch die Begierden unterscheidet (der *ametria*, »Maßlosigkeit«; Nachweise *Spicq*** 486; vgl. auch *Wettstein*** 1095 f.), eignet es sich vorzüglich zur Beschreibung der Priester in ihrer Mittelsituation. Philo überträgt es folgerecht auf Aaron (LA III 132), unser Hebr auf alle Hohepriester.

Interessant ist die Wahl der philosophischen Sprache. Der Hebr verrät sein hohes Bildungsniveau und seinen Bildungsanspruch. Ein feiner Unterschied entsteht zu *sympathein*, »mitleiden«, in 4,15 (gegen *Spicq* a. a. O. 487 u. a., die Synonymität annehmen). Denn das in der Gotteszugehörigkeit gesetzte »Maß« lenkt das Augenmerk nicht auf familiäre Nähe (wie die Vorsilbe *syn*, »mit«), sondern auf den bemessenen Abstand der kultischen Handlungen von der Gemeinde.

Die Menschen, mit denen jeder und namentlich der hohe Priester so gemessen mitleidet, sind »unwissend und irrend«. Das aktualisiert die grundsätzliche antike Unterscheidung unabsichtlich begangener Vergehen von bewusst und freiwillig (»mit erhobener Hand«) begangenen Freveltaten. Streng kultischem Denken gemäß sind die absichtlich begangenen Verbrechen unsühnbar (Num 15,30 f. u. ö.), allenfalls mit der leichten Öffnung, Gott werde die, die sündigen, nicht völlig ausrotten (Nachweise *Karrer* 2000, 377). Der Hebr hält sich daran: Das von Gott gewährte Opfer sühnt die Taten, die aus Unwissenheit und Irrtum entstanden, allenfalls mit einer leichten Öffnung zum Verführtwerden. Kultisch strikt unsühnbare Taten berücksichtigt seine Formulierung nicht.

Die Unterscheidung freiwilliger und unfreiwilliger Vergehen begegnet wiederum allgemeinantik. Eine wichtige griechische Überlegung finden wir bei Aristoteles, e.N. 1135a-b (*hamartēma* ist dort 1135b das nicht vorhersehbare Fehlverhalten). So setzt der Hebr seine Berührungen mit philosophischer Sprache fort.
Agnoein, »nicht wissen«, ist darauf ein Schlüsselbegriff noetischer (an der Erkenntnisfähigkeit des Menschen orientierter) Ethik: Wer das Gute weiß, wird es tun; Schuld beruht wesentlich auf Unwissenheit (Belege von Plato, Men. 77b–78a bis Epict., diss. I 26,6 f. und Diogenes L. 7, 93). Die LXX überträgt das Verb in die Kultvorgaben von Lev 4-5 (*agnoein* 4,13; 5,18); unwissentliche Taten sind unwillentlich und sühnbar (*akou-*

siōs, »unwillentlich«, Lev 4,2 u. ö.; Fortsetzung der Kategorie in TestXII Seb 1,5 und TestXII Lev 3,5).

»Irren« markiert die Grenze noetischer Ethik. Menschen sind dem Irrtum unterworfen. Auch das ist – so die philosophische Reflexion – ihnen nicht als auswegloser Tadel vorzuhalten, wo es ohne Schuld geschieht (vgl. Epict., diss. I 18,3.6; 28,9 f.; *Braun, H.:* ThWNT VI 233 s. v.). Freilich zeigt sich religiös eine Grenze: Das Irren darf nicht zur Entlastung von Schuld missbraucht werden. Einer Irreführung (Verführung) zu erliegen, macht schuldig (so der dominierende Sinn in der LXX: Dtn 4,19 usw.). Der Hebr knüpfte in 4,10 daran an. Seine Strenge ist an unserer Stelle – durch die Spannungen in Israels Schrift geprägt – höher als die der Umwelt zu erachten.

Notierenswert ist der Umgang des Ez-Buches mit dem Problem. Verführung ist dort sowohl Schuld als auch Leid (vgl. 33,12 mit 34,16 LXX). Verführte sind in keinem Fall mehr kultisch unversehrt (der Grund für die in § 1.2 angesprochene Minderung der Leviten in 44,10.13.15). Andererseits redet 40,39 (LXX) von Schlachtungen »für Sünde und für Unwissenheit«. Das Schuldopfer öffnet sich ein wenig.

Die Priester vermögen die Unwissenheit und den Irrtum des Volkes um sie nicht ganz auf Distanz zu halten. Jeder Hohepriester legt die Schwachheit der Menschen, mit denen er maßvoll leidet, gleichsam wie ein enges Kleid um sich (so ein mögliches Bild hinter
3 *perikeitai* 2b; zur Konstruktion BDR § 159,4). Das hat Folgen (**3**): Er, der für seinen Dienst gänzlich rein und frei von Schuld (auch unbewusster Schuld) zu sein hat, kann sich solcher Schuldfreiheit nie gewiss sein. Als Mensch unter Menschen unterliegt er der realen Gefahr, zu sündigen oder zumindest von der Sünde des Volkes mit erfasst zu werden. Er muss, wie für das Volk, gleichfalls für sich Sündopfer darbringen (Lev 4,1-12; die LXX präzisiert in V 3). Die großen Opfer Israels umfassen deshalb neben (und vor) den Opfern für das Volk ein reinigend-sühnendes Opfer für den Priester (Lev 9,7; 16,6-17; Philo, spec. I 226-230; mJoma IV 2-V 7; vgl. *Jürgens* 246-263, 303-342 u. ö.).

Nicht nur in Israel, überall in der Antike müssen die Priester und bes. die hohen Priester von rechtmäßiger Abkunft sowie frei von körperlichen Schädigungen sein und dürfen keine Schuld auf sich geladen haben (vgl. für den griechischen Raum etwa Plato, leg. 759C). Schon die Verunreinigung durch Tote wird sanktioniert (vgl. z. B. *Muth* 294 und für Israel das Sündopfer in Ez 44,25-27). Mehr noch bekümmert, wenn Vergehen auftauchen, die eine rechtliche Ahndung verlangen. Probleme im sexuellen Bereich begegnen landläufig (z. B. Plutarch, mor. 404A). Livius berichtet sogar von einer Bestrafung des *rex sacrorum/basileus tōn hiereōn*

(»Königs der Priester«), des formell höchsten Priesters in Rom (Liv. XL 42,9).

Die Vergehen nichtjüdischer Priester bilden darauf einen beliebten Gegenstand jüdischer Polemik (Bar 6,9f. usw.), und nicht geringer ist das Bewusstsein für Schuld in Israel. Nach der Erinnerung verging selbst Aaron sich (unwissentlich, wie LXX präzisiert: Num 12,11; vgl. Hebr 3,1-6 § 2.2.2). Die Priester, die mit der Verantwortung für das Heiligtum und ihr Priestertum die Last der gegen es begangenen Sünden tragen (Num 18,1 MT), beteiligen sich an den Sünden, deutet die LXX an (Num 18,1 in ihrer Übertragung; Ez 44,10.12 lehnt sich daran an, und auf 4Q395 [4QMMT] 1 7 u.ö. strahlt es aus; *Kugler* 96f.). Einige Qumrantexte machen Priestern in Jerusalem härteste Vorwürfe, namentlich einem ihrer Ansicht nach frevelnden hohen Priester (1QpHab VIII 8-13; XII 6-9; vgl. 4Q396 [4QMMT] 2 II 9-11 u.ö.; *Klawans* 69-75 u.ö.). Nichts von solch ethisch-polemischer Härte finden wir im Hebr.

Der Hebr verzichtet auf alle billige Polemik und gängigen Vorwürfe im Einzelnen. Das grundsätzliche Problem, dass jeder Priester in seinem Volk von Sünde eingeholt wird, tritt dadurch um so konsensfähiger zutage – und mit ihm der feine Unterschied zur christologischen Aussage von 4,15: Dort leidet Jesus mit den menschlichen Schwächen, hat sie indes nicht unmittelbar an sich (*perikeitai* ist vermieden). Sein Mitleid macht ihn den Menschen näher, als das streng geregelte Amt es den Priestern aus den Kulten der Welt erlauben würde. Trotzdem besitzt er eine größere Souveränität: Keine Teilhabe an Schuld belastet ihn kultisch. Deshalb wird er, wenn wir die noch unausgesprochene Konsequenz ziehen, keiner Sündopfer für sich bedürfen. Er erfüllt das Ideal des Priestertums, den Seinen Zugang zu Gott zu gewähren, besser, als es alle irdischen hohen Priester können, mit denen er zu vergleichen ist (vgl. 7,26-28).

4 rundet die Skizze des Priestertums durch einen weiteren Akzent **4** ab: Die priesterliche Einsetzung, von der 1 sprach, sei eine Berufung ins Amt. Heute klingt das unauffällig, im 1. Jh. war es das nicht. In ihm erfolgten Amtsinvestituren durch besondere Einkleidungen und Riten (↗ § 1.2), weshalb wir bis heute antike Priester auf Abbildungen anhand ihrer Bekleidung identifizieren können (bis hin zu den Flamines etc. der Ara Pacis; *Zanker* 126ff.). Das Verb *kalein*, »berufen«, dagegen war unüblich (es ist jüdisch und – soweit ich feststellen kann – außerjüdisch bislang nicht für hochpriesterliche Amtseinsetzungen belegt). Der Hebr lässt also sein eigenes theologisches Anliegen einfließen. Er gibt dem im Ruf laut ausgesprochenen, überall hörbaren Wort den Ausschlag für die

Amtsübernahme, weil Gott sich entscheidend im Wort äußert. Seine Worttheologie (↗ Einleitung § 5.1 u. ö.) schlägt in der Vorstellung des Hohepriestertums durch.

Der rhetorische Kontrapunkt in 4a, kein Hohepriester nehme sich die Ehrenstellung seines Amtes (*timē;* Vergleichsbelege *Wettstein*** 1096-1099) selbst, artikuliert wieder einen idealen Anspruch (in Israel entfaltet bis BemR 18,9; Diskussion zur Spannung zwischen legitimem und illegitimem Zugriff in *lambanein*, »nehmen«, bei *Braun** 134). Der Hebr ignoriert, wie oft dieser Anspruch durch die fragliche Gratwanderung herrscherlicher Ernennungen von Hauptpriestern durchbrochen wurde (vgl. für Israel 2 Makk 4,23 f.; Josephus, Ant. XV 2,4; XX 9 u. ö.), und bestätigt damit seinen Verzicht darauf, sich die Argumentation durch polemische Verzerrungen zu erleichtern.

2.2 Das Hohepriestertum Christi: 5-10

2.2.1 Der Zuspruch der Würde an Christus: 5-6.10

5 5-6 verraten noch deutlicher, warum 4 mit einer Wort- statt Bekleidungsinvestitur schließt: Christus, der herrscherliche Hohepriester von 3,6, ist von Gott durchs Wort zur Herrlichkeit seines hohen Amtes ernannt. Im Wort – ohne Seitenblicke auf begleitende Riten (Salbung und Bekleidung) – sprach Gott ihm die überragende Würde zu.

Ob eine Salbung und Bekleidung Christi in unseren Versen deswegen keine Rolle spielt, weil die beiden zitierten Schlüsselpsalmen (Ps 2 und 109 LXX [110 MT]) die Riten übergehen und allein vom Sohn, Gesalbten (Ps 2,2; im Hebr nicht zitiert und doch für den herrscherlichen Klang seiner Christologie von Bedeutung) und Hohepriester reden, mag man überlegen; zum Gespür des Hebr für die Kontexte seiner benützten Schriftworte würde es passen.
Christus steht als prädikativer, aussagekräftiger Namen mit Artikel (*ho Christos*). Die Vorklärung in ↗ 3,1-6 (§ 2.2.1) und der Verzicht auf ein Zitat aus Ps 2,2 sichern, dass der Ton des herrscherlichen Gesalbten den des priesterlichen nicht verdrängt, herrscherliche und priesterliche Hoheit sich vielmehr vereinen, also Christos »priesterlich-herrscherlicher Gesalbter« meint.
Doxazein (»verherrlichen«; vgl. 2 Hen 69,5) in 5 evoziert die in Israel geläufige Bestimmung des Hohepriestertums als *doxa* (herrliche Würde; vgl. Sir 45,23; 2 Makk 14,7). Sie resultiert, weil der Hohepriester wie keine andere Person der Herrlichkeit *(doxa)* Gottes naht. Der Hebr behält den

Begriff der Skizze von Jesu Hohepriestertum vor; Aaron rückt trotz seiner Ehrenstellung stillschweigend an die Seite aller irdischen Hohepriestertümer der Welt (*timē* 4), weit unter die Herrlichkeit Christi.

Die Leserinnen und Leser dürfen die einsetzenden Worte, obwohl sie zeitlich längst ergingen (5a steht im Aorist), aktuell hören (6a geht zum Präsens *legei*, »[Gott] sagt«, über). Das erste (5b) ist ihnen aus ↗1,5 vertraut. Es entstammt Ps 2,7 (LXX) und bestimmt Christus zum herrscherlich-hoheitlichen Sohn. Das zweite (6b) **6** führt das Zitat aus Ps 109,1 LXX (MT 110,1) in ↗1,13 fort, der Sohn throne zur Rechten Gottes (ein Zitat, das nicht wiederholt wird). Der thronende, hohe Sohn ist – ergibt der vierte Vers des Ps – »Priester in Ewigkeit nach der Ordnung Melchisedeks« (zur benützten Vorlage ↗Anm. 4 zur Übersetzung).
Bereits der Ort unserer Zitate im Text entscheidet: Christi Priestertum ist aller Welt überlegen. Denn die Ernennung gilt dem Sohn des Kap. 1 und wird der Welt aus den Höhen Gottes – somit ohne die Grenzen jeder irdischen Einsetzung – bekannt gemacht. Die Herrlichkeit des priesterlichen Sohnes übersteigt die Welt. Gleichwohl ist sie öffentlich wahrnehmbar. Nicht für ein internes Forum, sondern deutlich, wie eine Proklamation, sprach Gott die Ernennung aus (10; ↗Anm. 8 zur Übersetzung).   **10**

Die pointierte Worttheologie löst nebenbei das viel erörterte Problem, wie sich die hohepriesterliche Ernennung unserer Verse zum irdischen Weg, Tod und Erhöhung Jesu verhalte. Ein Teil der Ausleger verband die Ernennung erst mit der Erhöhung (Nachweise *Attridge** 146). Dazu passt der Aorist in 5a (und korrespondierend 1,5a) nicht. Er entschlüsselt sich, wenn der Hebr wie in Kap. 1 ein komplexes Wortgeschehen denkt:
Gott sprach die Ernennung in den Höhen einmalig und grundlegend, unserer Zeit überlegen aus (wir könnten in unseren Kategorien sagen: präexistent). Doch sein ernennendes Wort wird in der Zeit und bis zum Ende der Äonen je neu hörbar. Es gilt deshalb ebenso für den Weg Jesu (mit Zentrum bei der Erhöhung aus seinem Leiden) und für das aktuelle Hören der Gemeinde wie aller Welt. Jesu Ernennung ist in keiner Zeitkategorie recht aussagbar (vgl. *Attridge** 147) und wirkt gerade darum in alle Zeit bis zum Ende.

2.2.2   Die Würde nach der Ordnung Melchisedeks: 6.10

Der Hebr nennt in 6 und 10 zum ersten Mal Melchisedek. Er führt   **6.10**
ein neues Motiv in die Christologie ein (↗§1.3; auch die Kombina-

tion von Ps 2,7 und 110,4 ist nie zuvor belegt). Zugleich zitiert er
weder an unserer Stelle noch später eine Quelle zu Melchisedek
über die Schrift hinaus. Er vermeidet merklich, seine Leserinnen
und Leser auf zusätzliche Spekulationen über die Gestalt Melchisedeks anzusprechen.
Demnach verlangt er zum Verständnis kein Sonderwissen. Er hält
sich seiner Ansicht nach im Radius der Schriftstellen über Melchisedek samt ihrer Geschichte und ihrer Ausstrahlung auf und setzt
aus diesem Radius heraus seine Akzente. Der Radius allerdings
lässt sich weit fassen. Wir müssen ihn vergegenwärtigen.

Die Quellen über Melchisedek sind ungeachtet der Funde aus der jüdischen Wüste nicht sehr umfangreich. Neben der Schrift handelt es sich
bis zum Ende des 1. Jh. n. Chr. um Hinweise in Qumrantexten (sicher
1Q20 und 11QMelch, sonst umstritten), bei Philo (Abr. 235; congr. 99;
LA III 79-82), Josephus (Bell. VI 438; Ant. I 179-181) und im 2 Hen
(wenn dessen Datierung durch *C. Böttrich*, Das slavische Henochbuch,
JSHRZ V 7, 1995, 812 f. vor 70 n. Chr. stimmt; die Mehrheit der älteren
Forschung bevorzugte eine spätere Entstehung). Die gnostische Rezeption ist nachweislich jünger und darum hier nicht zu berücksichtigen (zur
bes. wichtigen Melchisedekschrift NHC IX 1 s. *Franzmann* 148 f. und
Pearson 2000, 316). Aus der umfangreichen religionsgeschichtlich-theo-
logischen Debatte nenne ich *Aschim; Böttrich; Hayward; Horton; Isaacs*
158 ff.; *Kobelski; Karrer; Leschert; Manzi; März; Nel; Orlov; Rainbow*
und *Willi* (vgl. auch Einleitung § 7.4).

Die Schrift bietet lediglich zwei Belege, Gen 14,18-20 und Ps 110,4.
Der Hebr benützt beide (Gen 14,18-20 in 7,1-10). Bekannter war
bis zu seiner Zeit die Szene von Gen 14,18-20. Das Genesisapokryphon 1Q20 XXII 14-17 überliefert sie zusätzlich zum Schrifttext
(zu Eigenheiten *Fitzmyer*). Philo interpretiert sie (Abr. 235; congr.
99; LA III 79-82), und Josephus referiert sie (Ant. I 179-181; Bell.
VI 438). Hingegen fehlt uns für Ps 110 (LXX 109) bislang jede
Drittüberlieferung (Philo, Josephus und 2 Hen zitieren den Ps in
ihren Melchisedek-Passagen nicht; die Psalmrollen von Qumran
sind an den Stellen, wo wir Ps 110 erwarten dürften, beschädigt).
Eine Kombination beider Schriftstellen würde nach geläufiger jüdischer Exegese Gen 14,18-20 den Vorrang geben, weil es der Tora
entstammt. Der Hebr kehrt, für ihn kennzeichnend, die Gewichte
um. Er zitiert den Psalm vor der Tora und letztere erst in ↗7,1-10
(vgl. Einleitung § 5.3 zur Prävalenz der Psalmen).
Setzen wir darum beim Psalm ein. Er enthält hebräisch zwei Zusagen Gottes für den König in Jerusalem (am Zion; V 2): Er solle,

durch Gott erhöht, herrschen (1), und er erhalte eine priesterliche
Würde, angelehnt an das uralt mit Jerusalem verbundene Priestertum Melchisedeks (V 4; vgl. Gen 14,18 ff.).

Wie alt immer die Erstformulierung ist, im vorexilischen Königtum blieb
ihr eine Inthronisationsrelevanz versagt. Unsere Quellen wissen nichts
von einem Anspruch der Könige Judas, Priester nach der Ordnung Melchisedeks zu heißen (schon für priesterliche Züge allg. gibt es nur wenige
Belege: 2 Sam 6,14.18; 8,18; 1 Kön 8,14). In der Fortschreibung bis zur
Aufnahme in den hebräischen Psalter und zur griechischen Übersetzung
wurde der Ps daraufhin David zugewiesen (1a). Eine von David angesprochene Person erhielt nun die Zusagen des Ps, und der Schwerpunkt verlagerte sich ein wenig vom Herrscher zum Priester (denn der eigentlich
Handelnde ist in 1.2.5 Gott, nicht der Herrscher; *C. Rösel* 186 f.).
Möglicherweise nützten die Hasmonäer das neue Gefälle des Ps. Laut
1 Makk 14,41 ließ Simon Makkabäus erstmals in einer expliziten
Kombination der Ämter zum Herrscher und »Hohepriester in Ewigkeit
(archiereus eis ton aiōna)« wählen (vgl. *hiereus eis ton aiōna*, »Priester in
Ewigkeit« in V 4 des Ps; *Petuchowski* 133-136). Indes dürfen wir auch
hier den Einfluss des Ps nicht überschätzen. Seine Benützung ist nicht
eindeutig nachzuweisen, und jede direkte Referenz auf Melchisedek un-
terblieb. Der Ps behielt daher das Potential eines kritischen Gegenbildes
(Weiteres ↗ 1,13b).

Das Hebräische birgt in 4 eine Unklarheit. *ʿl-dbrtj* lässt die Übersetzung als status constructus, »nach der Weise« Melchisedeks, zu.
Für sie entscheidet sich die LXX, der unser Hebr folgt (ebenso fast
alle Kommentatoren zum hebräischen Text, EÜ und Lutherüber-
setzung).

Es entsteht der Wortlaut »nach der Ordnung«, der prinzipiell auch an eine
Priesterordnung, also weitere Melchisedek zugeordnete Priester, zu denken erlauben würde (vgl. *taxis*, »Ordnung«, für das Jerusalemer Priestertum Philo, Legat. 296 u. ö.). Doch aktualisiert dies kein Melchisedek-Text.
Wir müssen »nach der Ordnung« überall im freieren Sinn, »in der Weise/
wie bei« Melchisedek verstehen, im Hebr (wo dieses Verständnis über
7,15 gesichert ist; ↗ Anm. 5 zur Übersetzung) mithin als singuläre Bezeichnung Christi (nicht Verweis auf den Rahmen einer größeren Priesterschaft).

ʿl-dbrtj gestattet – und das wird indirekt nicht minder wichtig –
gleichfalls eine Lektüre mit Suffix-*j*, somit das Verständnis »(du
bist Priester in Ewigkeit) nach meiner (= Gottes) Ordnung (, Melchisedek)«. Ein Rezeptionstext, der dieses Verständnis unmittelbar

belegte, fehlt. Dennoch spielt es in der Forschung (von *Milik* 125,138 [mit etwas anderer Übersetzung] und *Kobelski* 137 bis *Aschim* 136 f.) eine erhebliche Rolle, da es nicht nur die Implikation des Hebr, Jesus sei als Hohepriester in der Ordnung Melchisedeks durch die Herrlichkeit und Nähe Gottes geprägt, erklären könnte. Fast besser noch würde es die spekulative Entwicklung in 11QMelch (11Q13; 1. Jh. v. Chr.), der einzigen Schrift aus Qumran, die Melchisedek neben dem Genesisapokryphon sicher erwähnt, erhellen: Melchisedek ist dort keine irdische Gestalt, sondern Träger einer Hoheit, deretwegen er sogar die Bezeichnung *elohim* (Gott) verdient (II 9-14 über Ps 82,1).

Mit einiger Wahrscheinlichkeit (die Rekonstruktion ist schwierig; kritisch z. B. *Laub* 1980**, 39) übt der Melchisedek dieses Textes eschatologisch neben dem Gericht gegen Belial (II 12-14; III 5-7) eine priesterlich rettende Tätigkeit aus (II 6-8). Die Diskussion ist wegen des schlechten Erhaltungszustandes von 11QMelch unabschließbar (s. nur die jüngste Kontroverse zwischen *Aschim*, *Manzi* und *Rainbow*).

Eine unmittelbare Korrelation von 11QMelch zum Hebr ist uns verwehrt, da 11QMelch Melchisedek strikt von einem gesalbten Verkünder nach Jes 52,7; 61,1 ff. (II 15-18) unterscheidet und Ps 110,4 nicht zitiert, während der Hebr umgekehrt seinen Gesalbten (Christus) mit Hilfe Melchisedeks von Ps 110,4 aus erläutert und Jes 52,7; 61,1 ff. nicht berücksichtigt (in seinem ganzen Text fehlen Zitate wie Anspielungen auf die Jes-Stellen). Trotzdem gewinnen wir ein wichtiges Signal. Denn wie 11QMelch nachweist, erhielt Melchisedek bereits lange vor dem Hebr eine Überhöhung zu Gott hin (sei es wegen des eigentümlichen hebräischen Textes von Ps 110,4, sei es, in der Sache gleichlaufend, unabhängig davon). Wenn die Dynamik dieser Auslegungslinie ausstrahlte, durfte eine Rezeption der griechischen Psalmübersetzung darin gipfeln, eine Gestalt »nach der Ordnung Melchisedeks« sei nicht als irdische Person, sondern »in der Art (= als eine besondere Gestalt des Daseins und Wirkens) Gottes« zu denken. Der Hebr nutzt diese Dynamik christologisch: Der Sohn Christus erfährt mit seiner priesterlichen Verherrlichung die Herrlichkeit Gottes; das *doxazein*, »verherrlichen«, aus 5 vertieft sich.

Eine Reihe von Forscher/innen (bis *Collins* 18 f.) vermuten, Melchisedek sei in weiteren Qumranschriften relevant. Namentlich postulieren sie ihn, einen König (*mlk*/»melech«) »von Gerechtigkeit« (*ṣdq*/»sedek«), als Gegenüber zu Melchireša, dem König des Bösen und der Dunkelheit, in 4QAmr (4Q 544 1 10-14; 2; 3; erwähnt ist Melchisedek im erhaltenen Bestand dieser Schrift nicht) und als höchste priesterliche Engelgestalt in ShirShabb. *Newsom* (bibl. bei 1,1-4) rekonstruierte dort in 4Q401 11,3 »Melchisedek, Priester in der Versammlung Gottes« und stellte durch die »Versammlung Gottes« einen Bezug zu Ps 82,1 wie in 11QMelch her (37 f.,133; vgl. auch ihre Rekonstruktion von 4Q401 22,3 ebd., 143 f.). Andere fügten 11Q17 II 7 hinzu.

Allerdings versagt der schlechte Erhaltungszustand den Nachweis der Thesen. Als Gegner Melchirešas in 4QAmr kommen auch ein Fürst des Lichts oder der Erzengel Michael in Frage. In ShirShabb sichert selbst die best erhaltene und wichtigste Stelle, 4Q401 11,3, lediglich *...]zdk khn b'd[...*, »...]zedek [gerecht/er] Priester in Versamm[...]«. 11Q17 II 7 bietet daneben *mlk[...*, [mein?] »König« oder den Beginn eines Namens mit »Melch[...«. Da gleichzeitig, wie Skeptiker festhalten, keine himmlische Gestalt in ShirShabb einen Namen bekommt, würde Melchisedek zur (dadurch noch überragenderen) Ausnahme (*Davidson*, bibl. bei 1,1-4, 253 f.).

Auf doppelt unsicheren Boden (da Michael in ShirShabb und 11QMelch nicht erwähnt ist) baut angesichts der Befunde die gelegentliche Kombination Melchisedeks mit dem Michael aus 1QM, die die weite Lücke zu den Melchisedek-Michael-Identifikationen füllen würde, die wir aus jüngeren Quellen (bes. der Kabbala; *Lueken, W.:* Michael, Göttingen 1898, 30 f.) kennen (zum frühen Michaelbild *Hannah*).

Wäre der Forschungslinie gleichwohl zu folgen, vereinte die Melchisedek-Spekulation höchste Angelologie (Michael und den Priester-Engel in Gottes Gegenwart nach ShirShabb), faszinierende Endzeiterwartung (eine Gestalt, die Gott rettend und priesterlich vor dem Gericht repräsentiert; 11QMelch) und einen dualistischen Kampf gegen das Böse (den gerechten Gegenkönig gegen Melchireša nach 4QAmr[a-f]; auch 11QMelch II 4-15 verweist auf eine eschatologische Schlacht Melchisedeks). Der Kreis schlösse sich vollends, wenn LXX Ps 109 durch die V 3.5 f. ein messianisch-engelgleiches Wesen in der Präexistenz und beim Gericht hervorhöbe (ein Vorschlag, den *Bousset, W.:* Die Religion des Judentums im späthellenistischen Zeitalter, HNT 21, [3]1926, 265 in die Diskussion einführte; vgl. *Schaper* [bibl. bei 1,5-14] 103).

All diese Spekulation könnte dann in die Christusvorstellung des Hebr eingehen, freilich mit einer wichtigen Richtigstellung: Der Christus »nach der Ordnung Melchisedeks«, des priesterlich-endzeitlich-machtvollen Engels in Gottes Gegenwart und beim Gericht aus der rekonstruierten Tradition, ist im Hebr keinesfalls ein Engel. Vielmehr zwingt Gott alle Engel, sich ihm zu unterwerfen (1,5-14; 2,5). Die Überbietung der Engel in Hebr 1-2 gewönne – von da her gelesen – um der Christologie willen (und nicht aus dritten Gründen) den kritischen Skopus, den wir beobachteten (vgl. 1,5-14, §2.2 und 2,5-18, §2.1.2).

So reizvoll und geschlossen sich die Interpretation darstellt, widerrät ihr die unsichere Quellenlage. Die engelnah-messianische Deutung von LXX Ps 109 ist nicht zwingend, die Deutung von 11QMelch durch die fragmentarische Erhaltung belastet, und jeder über 11QMelch hinausgehende Befund auf gewagte Konstruktionen angewiesen. Zugleich müssten wir den Wink des Hebr, er halte sich an den Radius der Schriftstellen, ignorieren und sein sprödes, knappes Zitat unserer Stelle aufs äußerste strapazieren. Noch Michael und der Konflikt mit Melchireša, dem König der Bosheit, gerieten in den Radius von Ps 110,4. Der Hebr bietet dafür kein Indiz. Stellen wir deswegen diesen Kreis für die Deutung des Hebr zurück (und vollends weitere gelegentlich herangezogene Qumranstellen wie 4Q246).

Die Interpretation von 5 f. lässt sich damit abschließen. Der Hebr expliziert seine Psalmzitate nicht und teilt seinen Leserinnen und Lesern dennoch unüberhörbar durch ihre Kombination und die Einführung, Gott habe Christus verherrlicht, mit: Christus ist in seinem Priestertum über alles irdische Priestertum weit erhaben und ihm qualitativ schlechthin überlegen, weil Gott ihn verherrlichte und er deshalb die himmlische Hoheit des herrscherlichen Sohnes mit der überlegenen Gottesgegenwart des Priesters »in der Weise Melchisedeks« vereint.
Das ist, was die überlegene Höhe Christi angeht, viel (auch wenn wir auf eine angelologische bzw. anti-angelologische Pointe verzichten). Andererseits bleibt es karg. Die Leserinnen und Leser erfahren in 6 nichts über die Inhalte der Ordnung Melchisedeks und des hohen Handelns Christi. Sie erwarten die Entfaltung, wie sich das Modell Melchisedeks am Tun Christi, des Hohepriesters nie-

7–9   derschlägt, darum unmittelbar nach dem Zitat, in **7-9**.
Diese Verse überraschen sie darauf. Sie entfalten Christi priesterliches Handeln in den Höhen nicht, sondern schreiten von den Höhen Gottes (LXX Ps 109 [MT 110]) zu irdischem Geschehen (7). Mehr noch, sie tun das, ohne die zweite, dank ihres Orts in der Tora überaus prominente Schriftstelle, die Erläuterung des irdischen Melchisedek in Gen 14,18-20, zu Hilfe zu nehmen. Der Hebr löst die Erwartungen, die er bei seinen Leserinnen und Lesern erweckt, mithin zunächst nicht ein. Er wagt einen harten Kontrast, blickt eigenständig auf den irdischen Jesus und verschiebt Gen 14,18-20 auf ↗ Kap. 7. Vergegenwärtigen wir, um den Kontrast zu ermessen, nochmals jüdische Reflexionen über Melchisedek, die den Leserinnen und Lesern bekannt sein können, nun wegen der irdischen Referenz solche um den Melchisedek der Gen:
Gen 14 entfaltete (wie Ps 110) das priesterliche Handeln Melchisedeks wenig. Es nannte Segen, Brot und Wein (18 f.), schwieg jedoch von Opfern und allen weiteren Tätigkeiten.

Brot und Wein aus 14,18 mochten einen kultischen Beiklang (Brot vom priesterlichen Tisch) enthalten. Zwingend war er nicht. Der Sinn festlicher Bewirtung überwog in der Rezeption bis zum Ende des 1. Jh. (bes. Josephus, Ant. I 181; vgl. 1Q20 XXII 14 f.). Philo deutete den Wein ergänzend allegorisch auf eine göttliche, nüchterne Berauschung (LA III 82; weitere Rezeptions-Quellen bei *Braun*[*] 138).

Die uns überkommene jüdische Rezeptionsliteratur bis zur Zeit des Hebr folgerte, vor allem der Name und der Ort in der Schrift seien wichtig. Der Name verweise uns auf einen König (1Q20 XXII 14) oder besser noch gerechten König (Philo, Josephus) in Salem (dem Vorgänger Jerusalems), der Ort in der Schrift auf den ersten Priester Gottes in der Geschichte.

Die Interpretation des Namens als »gerechter König« (*basileus dikaios;* Josephus, Bell. VI 438; Ant. I 180; Philo, LA III 79) schliff den Ursprungssinn signifikant ab. Das Hebräische besagte »(mein) König ist Gerechtigkeit« oder wahrscheinlicher »(mein) König ist (die westsemitische Gottheit) Zedek« (zu Zedek *Batto, B. F.* s. v., DDD 929–934). Mit der Abschleifung ging diese pagane Herkunft verloren. Zum Rahmen der Interpretation wurden statt der archaischen Priesterkönigtümer des Mittelmeerraums, deren Relikte sich an zentralen Orten lange hielten (in Rom beim *rex sacrorum* [↗3], in Ephesus beim Essēn, vgl. Pausanias VIII 13.1), die Maßgaben des einen Gottes Israels (über Salem gegebenenfalls zusätzlich die Assoziation von »schalom«, Frieden: Philo, LA III 81). Quellen, die dem nicht trauten, reagierten wohl mit höflichem Schweigen (das Schweigen fällt bes. in Jub 13,27 auf; *Streudel* 535,537).
Dadurch, dass das Bewusstsein für die nichtjüdische Herkunft Melchisedeks zurücktrat, wurde er erst für die Theologie des Hebr frei, der keinen Rang einer maßgeblich paganen Gestalt geduldet hätte (vgl. Einleitung §7.4).

Dem Hebr liegt am König Salems (↗7,1 f.). Doch beginnt er, wie gesagt, nicht mit dem Zitat aus Gen 14. So bietet der frühe geschichtliche Ort Melchisedeks nicht den entscheidenden Anlass für seine Rezeption. Laut unserer Passage will er seinen Leserinnen und Lesern vielmehr originär die Hoheit Melchisedeks nach LXX Ps 109 vermitteln. Um ihrer Weiterführung willen schöpft er in 7,1-3 die Chance aus, Melchisedek von Gen 14 aus als genealogieloses Wesen zu beschreiben, nicht umgekehrt.

Wahrscheinlich markiert seine genealogische Freiheit das Ende einer Epoche. Bis zu Philo und ihm bemühen sich die Quellen nicht, eine Genealogie Melchisedeks zu finden. Josephus erlaubt (zeitgenössisch zum Hebr)

keinen Aufschluss (a. a. O.; Lit. bei *Leschert* 204). Jüngere Quellen dagegen identifizieren ihn über eine eigenwillige Lektüre von Gen 9,27 mit
Sem, dem Sohn Noachs, und steigern seine Einbettung ins Judentum (indem sie ihn zum Toragelehrten machen; s. TPsJ/TFrag Gen 14,18; 24,62;
25,22, dazu *Hayward*). Die Wurzeln dessen reichen wohl zum frühen
2. Jh. zurück. Hätte sich die Sem-Genealogie bereits zur Zeit des Hebr
durchgesetzt, wäre ihm seine Spekulation nicht mehr möglich gewesen.

Als erster Priester vermag Melchisedek – berichten uns frühjüdische Quellen weiter – seine Tätigkeiten von niemandem zu lernen.
Seine Priesterschaft ist selbsterlernt (bei Philo, congr. 99 durch *au-
tomathēs* und *autodidaktos* umschrieben). Da er Gerechtigkeit repräsentiert, taugt er zugleich als Maßstab gegen ungerechte Herrschaft (die Tyrannis; bei Philo, LA III 79-82 allegorisiert).
2 Hen geht einen Schritt weiter: Ein Gerechter hat von Gott gemäß
dem Tun-Ergehens-Zusammenhang keine Strafe und kein Leid zu
gewärtigen. Deshalb verschont Gott Melchisedek sogar im Angesicht seines schlimmsten Strafens vor allem Leid.

Wir haben das 2 Hen wegen der umstrittenen Datierung bisher zurück-
gestellt. Bildete seinen Grundbestand eine alte, christlich wenig inter-
polierte jüdische Erzählung (nach *Böttrich* vor 70 n. Chr.; interpoliert wären in den Melchisedek-Kap. 71-72 lediglich 71,32-37; 72,6 f.), böte es den
(neben 11QMelch zweiten) Höhepunkt von Melchisedek-Spekulation
vor dem Hebr. Denn es löst das Problem, dass der Melchisedek von Gen
14 erst zur Zeit Abrahams, lang nach den ersten Kulthandlungen der
Schrift (Gen 4,4) auftritt, auf höchst eigenwillige Weise:
Bereits vor der Sintflut gab es ein Priestertum mit Opfern, Gaben und
weiteren Diensten (70,2; eine zu Hebr 5,1 verwandte, knappe Skizze der
priesterlichen Aufgaben). Darauf überbrückte ein erster, modellgebender
Melchisedek den Einschnitt der Flut. Er wurde von der Frau Nirs, des
Bruders Noachs (den wir sonst nicht kennen), vor der Flut wunderbar,
nämlich ohne irdischen Vater, geboren. Nach 40 Tagen irdischen Aufent-
haltes (in die priesterliche Einkleidung und Gabe kultischen Brotes [vgl.
Lev 24,5-9] fallen) wurde er von Michael in den Garten Eden entrückt,
damit die bösen Menschen vor der Flut ihn nicht finden und Gottes Zorn
ihn nicht trifft (Kap. 71 f., bes. 72,1.4; Grundtext).
Dieser Melchisedek erweist demnach, dass es zu allen Zeiten ein gültiges
Priestertum gab und Gott dieses Priestertum durch alle Fährnis bewahrte.
Er versammelt die Mythen der Antike über die wunderbare Geburt einer
göttlich erwählten Gestalt, die Entrückung eines Offenbarungsträgers
und den Schutz eines Gerechten in paradiesischer Höhe auf sich (ob unter
Einfluss der Spekulation über Ps 110 [LXX 109], ist nicht feststellbar; der
Ps wird nicht zitiert). Dadurch wird er zum überzeitlichen Prototyp des
Priestertums. Auf ihn beziehen sich – folgern die Leser/innen – die beiden

Melchisedek-Gestalten nach der Flut, der Melchisedek von Gen 14 und Christus (71,32-37; 72,6 f.; weitgehend interpoliert).
Auch bei früher Datierung dürfen wir die Bedeutung des 2 Hen nicht überschätzen. Die zentrale Geburts- und Kindheitslegende, die 40 Tage des einstigen Melchisedek auf Erden, interessieren den Hebr nicht. Er ignoriert die Chance, eine wunderbare Geburt an den Übergang zu 5,7 zu stellen (weshalb *Böttrich* 446, Anm. 4 [Lit.] Berührungen allein zu den Geburtsgeschichten der Evangelien anspricht).
Für uns relevant wird primär ein Kontrast zur Leidenschristologie. Laut 2 Hen würde Gott seinen Melchisedek vor allem Bösen und Leid schützen. Leser/innen könnten das zu Ps 110(LXX 109), 5 korrelieren: Alle Feinde Melchisedeks zerschmettert Gott. Der Melchisedek der größten Traditionen leidet mithin nicht. Er wird von Gott bewahrt (2 Hen) und Träger von Macht (Ps 110; vgl. o. zu 11QMelch etc.). Der Hebr kann diesen Weg so nicht einschlagen (Weiteres bei *Gieschen*).

Summa summarum würden Leserinnen und Leser gemäß den Melchisedek-Traditionen in 7-9 ein Bild Jesu erwarten, das sich an einen Heiligtums-König anlehnt, der maßgebliche kultische Handlungen in ältester, wunderbar selbst (nicht von anderen) gelernter Weise vollzieht und den Gott vor allem Leiden bewahrt, das er wegen der menschlichen Schuld über die Menschen verhängt. Der Hebr setzt dem seinen christologischen Akzent entgegen:

2.2.3 Christi Würde und sein irdisches Wirken: 7-9

Gott verherrlicht Christus, den überlegenen Hohepriester von 5 f., nicht fern seines Zorns und menschlichen Leids. Nein, Christus begab sich uneingeschränkt in die Not seiner Geschwister. Er wirkte bei ihnen in den Tagen seines Fleisches, wie 7 unter Anspielung auf 2,14 für sein irdisches Leben sagt. Unter den Bedingungen menschlichen Elends vollzog er priesterliche Darbringungen (in 7 steht wie in 1 und 3 *prospherein*, »kultisch darbringen«). **7**

Viele Auslegungen lockern den kultischen Zusammenhang entgegen dem priesterlichen Rahmenthema des ganzen Abschnitts (1-10) und lesen 7 als eine unkultische Umschreibung für »Jesus betete ...« (z. B. *Attridge** 149). Der Sprachgebrauch des Hebr und der umgebenden Literatur widerrät dem: Dem Hebr dient *prospherein* (mit 20 der 47 ntl. Belege) als kultisches Vorzugswort. Jüdische Quellen seiner Zeit umschreiben das einfache »er betete ...«, wenn überhaupt, dann mit dem Nomen *euchē* (»er brachte ein Gebet dar«; Josephus, bell. III 353). Bei der plerophoren Wendung »Bitten und flehende Rufe« aus unserem Vers würde auch pa-

gane Literatur das Verb *poiein* bevorzugen (vgl. »sie machten flehende
Rufe und Bitten« Isokrates, Or. VIII 138); die (seltene) Kombination mit
prospherein beschränkt sich in ihr auf *deēseis* (»sie brachten Bitten dar«
Longus II 33,1).
Entscheiden wir uns also für eine andeutungsweise kultische Lektüre und
damit (ähnlich zur Beurteilung von 2,17a.b; ↗ § 2.4.2 zu 2,5-18) dafür, dass
der Hebr Christi Hohepriestertum bereits irdisch verankert. Alle anderen
Lösungen für die schwierige Formulierung (z. B. *Gräßer*[*] I 295 f.) geraten
komplizierter.

Näherhin brachte Christus Bitten *(deēseis)* und flehende Rufe, eigentlich die Ölzweige von Hilfesuchenden (so *hiketēriai* wörtlich),
dar. Unter Geschrei und mit Tränen *(dakrya)* und dennoch wie in
einer Kulthandlung trug er sie vor Gott. Er tat das für andere – wie
der Plural »Bitten und Rufe« dezent mitteilt – und für sich; die Pointe auf dem *auton*, »ihn (Christus, aus dem Tode zu retten)«, korrespondiert zu *peri autou*, dem »für sich« der Hohepriester aus 3.

Gemäß antikem Brauch trug jeder Bittsteller als Zeichen seines Bittens
einen Ölzweig. Die Quellen unterscheiden daher (auch bei Übertragungen) in der Regel den Singular des einzelnen Bittstellers (Philo, Legat.
277) vom Plural – wie der Hebr ihn bietet – für die Bitten von Gruppen
(a. a. O. 228; Josephus, Bell. II 637; IV 553 usw.). Die umfangreichere
Wendung »Bitten und flehende Rufe« kennen wir in vielerlei Varianten
(von Philo, Legat. 277 bis Polyb. II 6.1 und zur angeführten Stelle des
Isokrates; eigenwillig LXX Hi 40,27), gegebenenfalls neben Gebeten und
Schlachtopfern (Polyb. III 112.8).
Die weiteren Motive des Verses geleiten uns (ohne das biblisch ungewöhnliche *hiketēria*) bes. zu den Klagepsalmen und angrenzender Literatur Israels (vgl. z. B. das Schreien und Seufzen in 1QH V 12 oder das
tränenreiche Flehen des Volkes um Rettung in 2 Makk 11,6). Am eindrücklichsten fällt ein Vergleich zu LXX Ps 114 (MT 116) aus (*Strobel*
u. a.). Dort finden wir die »Stimme der Bitte« *(deēsis,* 114), den Ruf »er-
rette mein Leben« (4) und das Abwischen von Tränen *(dakrya)* ähnlich zu
unserem Vers.

Die Darbringung der Klage vertritt aufgrund der Korrespondenz
zu V 1.3 die irdischen Opfer, die »jeder Hohepriester« für andere
und für sich darbringt (vgl. *Zesati Estrada*). Zugleich verschiebt sie
den Akzent. Denn unser Vers erspart seinen Leserinnen und Lesern nicht nur, sich Christus beim irdischen Opfern vorzustellen
(eine Vorbereitung darauf, dass in den nächsten Kap. nur von seinem Selbstopfer zu sprechen ist). Vor allem sind ihm Sündopfer, die
Christus für sich darbrächte, fern (gegen die Hohepriester von 3).

Ein Nebenakzent unterstreicht das Gefälle. Allein, wer von Schuld frei ist, darf nach kontemporärer Auffassung so schreiend wie Christus vor Gott dringen. Philo beschreibt das in her. 1-30 eindringlich (vgl. *Attridge*): Eigentlich gebühre sich vor Gott sprachloses Schweigen. Lediglich dann eröffne sich Redefreiheit (*parrēsia* 5) zum lauten Ruf, wenn ein Diener Gottes von Sünden rein und sich seiner Gottesliebe bewusst sei (7). Für Mose galt das (bes. 14) oder für Abraham, der Kühnheit mit Gottesfurcht (*eulabeia;* vgl. Hebr 5,7 Ende) verband (22). In unserem Text gilt es überlegen für Christus.

Christus ist, impliziert der Text damit, nicht wie die irdischen Hohepriester in die Schuld um ihn hineingezogen (das »getrennt von Sünde« aus 4,15 wirkt sich aus). Er bekundet tiefste Gottesfurcht (die gelegentliche Übersetzung »Angst« trifft das griechische Wort *eulabeia* nicht; *Trummer* 1993, 189 f. u. v. a.). Deshalb erreicht, was er darbringt, Gott unverbrüchlich. Er wird erhört.
Der Zusammenhang verdichtet, soweit gelesen, die Hinweise auf Jesu Menschwerdung aus ↗2,14-17. Jesus, der eine Sohn, begab sich ins todüberschattete Leben seiner menschlichen Geschwister, hörten wir dort, damit er sie als zuverlässiger, sühnender Hohepriester aus dem Zugriff des Todes löse. Nun fährt unser Text fort: Er brachte bereits in seinem irdischen Leben ihre und seine Todesnot im Schrei des Gebets vor den Gott, der aus dem Tod rettet. Sein Gebet und seine Erhörung sind in sein priesterliches Bild einzufügen.
Das konzessive »obwohl er Sohn war« am Anfang von **8** passt besser zu diesem Gedankengang, als heutigen Lesern scheint. Für den Hebr verlangt 7 nämlich ein wirkliches Zugeständnis in der Christologie, wie ein kurzer Blick in den Kontext zeigt: Christus, der Sohn, ist laut Kap. 1-3 in seiner himmlischen Höhe (↗1,5-14, aufgenommen in 5,5) selbst dem großen Mose, dem zuverlässigen Diener in Gottes Haus, weit überlegen (↗3,2-5). Gott aber gewährte – gilt zeitgenössisch – schon Mose die Zuwendung ohnegleichen, ihn ohne (!) Flehen und Bitten (*chōris hiketeias kai deēseōs*) zu erhören (Philo, Cher. 47; eine Variante des antiken Motivs der göttlichen Zuwendung zu besonderen Menschen). Wieviel mehr müsste das dann beim Sohn gelten! Umgekehrt gesagt: Christus beugt sich, obwohl er Sohn ist, tiefer als Mose in die conditio humana.

8

»Obwohl er Sohn ist« bezieht sich also, rückbezüglich gelesen (vgl. Anm. 7 zur Übersetzung), auf das Gefälle von 7 insgesamt. Wir könnten den Satz vervollständigen zu »(7) er brachte … flehende Rufe … dar und wurde aus Gottesfurcht erhört, (8) obwohl er Sohn war und deshalb des Flehens in Gottesfurcht nicht bedurft hätte«. Viele Auslegungen vertiefen das zur paradoxen Erniedrigung des präexistenten Sohnes (*Roloff* 155).

Der Fortgang von 8 intensiviert diesen Sinn: Obwohl er Sohn ist, akzeptiert Christus die menschliche Erfahrung, aus Leiden lernen zu müssen (ein antikes Wortspiel und verbreiteter literarischer Topos; vgl. § 1.1; *Coste; Dörrie, H.: Leid und Erfahrung*, AAWLM.G 1956/5, 304-343; *Wettstein* 1101-1105). Er fügt sich dem Leiden hautnäher, als die landläufige Hohepriester- und Sohnesvorstellung erlauben würde.

Wäre er wie »jeder Hohepriester«, würde er »maßvoll« leiden (↗2; die dortige Vorsilbe *metrio* entfällt bei *pathein*, »leiden«, in 8). Träte er ins Bild der hohen Melchisedektradition ein, müsste Gott ihn vom Leiden abschirmen (↗§ 2.2.2). Verbände sich das dann noch mit Herrscheridologie, weil der Sohn nach Ps 2 (zitiert in 5) Herrscher ist, müsste er selber Unversehrtheit beanspruchen (vgl. die *incolumitas*, »Unversehrtheit«, in der Herrscheridologie Roms; *K.-H. Schwarte:* Salus Augusta Publica, in: Bonner Festgabe für S. Straub, hg. v. *A. Lippold* u. a., Bonn 1977, 225-246, hier 225 ff.).

Wie allerdings ist die eminente Betonung seines Leidens und Todes zu begreifen, wenn seine Hoheit und seine Erhörung doch gewiss sind? Hätte der Gott, der laut 7 die Kraft hatte, »ihn aus dem Tod zu retten«, ihn nicht vor dem Tod bewahren müssen? Die Antwort

7-8 auf diese Frage ist dadurch belastet, dass unsere Szene (**7f.**) die Ausleger bereits früh an Getsemani erinnerte.

Klassisch verband *Calvin** die Szenen und interpretierte die *eulabeia* in 7 (wir übersetzten »Gottesfurcht«) um: Sie meine an unserer Stelle ungewöhnlicherweise Angst, genauer die Angst Jesu vor Gottes Gericht. In dieser Hinsicht sei Jesus erhört worden. Er habe aus den Schmerzen des Todes über den Satan triumphiert (z. St.; Übersetzung *Lautenschlager* 56 f.).
Als diese und ähnliche Synthesen zusammenbrachen, schlug *Harnack* vor, in 7 ein »nicht« *(ouk)* vor »er wurde erhört« einzufügen. Der Hebr gewönne eine zur Getsemani-Perikope der Evangelien kongruente Auffassung: Jesus wurde nicht (!) erhört, obwohl er Sohn war. Die Konjektur widersprach jedoch allen Handschriften und überzeugte nicht (trotz *Scheidweiler* u. a.).
Es blieben die Möglichkeiten, dass Jesus um Rettung »aus dem Tod« durch die Erhöhung *(Jeremias)* oder um Vollendung durchs Leiden bitte (vgl. die Vollendung in 9; *Feld*), wenn der Autor des Hebr die Getsemani-Szene nicht aus minimalen Kenntnissen heraus überhaupt kühn umformte *(Gräßer)*. *Boman* erweiterte das Spektrum um einen zweiten »Gebetskampf« Jesu in Jerusalem; Jesus habe darin für seine gefährdeten Jünger gebetet (vgl. bes. Lk 22,31 f.) und sei erhört worden.
· Die umfangreiche Debatte (noch z. B. *Brandenburger, Feldmeier, Feuillet,*

Lescow, Strobel, Zimmermann) neigte sich allmählich gegen den Zusammenhang mit Getsemani, da keiner der zentralen Begriffe aus 7f. in Mk 14,32-43 par. sachlich übereinstimmend vorkommt und umgekehrt das dortige Schlüsselmotiv, der Vater möge den Kelch an Jesus vorübergehen lassen, im Hebr fehlt. Jüngste Quellenfunde sorgten nicht für eine neue Nähe (Pap. Berol. 22220; vgl. *Frey, J.:* Leidenskampf und Himmelsreise, BZ 46 [2002] 71-96).

Suchen wir die Klärung wieder durch den Zusammenhang mit Kap. 2. In der Welt herrscht Versklavung durch Todesfurcht, hielt ↗2,15 fest, und diese Todesfurcht kann nicht durch die Bewahrung eines Einzelnen vor dem Tod gebrochen werden. Nein, der Tod selber und der, der die Macht über ihn hat, müssen zunichte werden (↗2,14). Das aber geht nur, wenn der Sohn durch den Tod hindurch zur Vollendung schreitet (↗2,9f.). Falls der Hebr auf Getsemani anspielt, wird es deshalb zur Chiffre für seinen gesamten Weg durch Leid und Tod.

Überaus auffällig berichtet der Hebr über den irdischen Jesus jenseits der Herkunft (die er als Gegenüber zu Aaron benötigt; 7,14) lediglich seine schmerzlichen Prüfungen (2,18; 4,15), unsere Szene und seinen Tod außerhalb des Tores (13,12). Demnach sieht er Jesu irdisches Leben und Wirken entscheidend durch die Begegnung mit Leiden und Tod geprägt. Weniger die Frage, wie eng sie sich auf Getsemani beziehen, wird zum Dilemma unserer Verse, als dass der Hebr sie auf Jesu irdisches Wirken überhaupt ausweitet (7a schränkt »die Tage seines Fleisches« nicht auf die Passion ein) und keinen Gegenakzent freundlicher Weltzugewandtheit wagt.

Jesus bittet – überschauen wir den Duktus – um die Überwindung des Leidens, der Prüfungen und des Todes, die das irdische Leben ausmachen. Darauf wird er in einer zu Kap. 2 analogen Spannung erhört. Der Tod bleibt ihm nicht erspart. Gehorsam integriert er das Todesleiden in seinen Weg. Gerade dadurch indes erlangt er die himmlische Vollendung. Vollendet, wird er in der Hoheit Melchisedeks für die, die ihm gehorchen, zum Urheber ewiger Rettung (9).   **9**

Der »Gehorsam« in 8 gemahnt an das »gehorsam bis zum Tode« von Phil 2,8, also die tiefste Erniedrigung Jesu. Zugleich sollten wir nicht vergessen, dass das Nomen (anders als Verb und Adjektiv) zur Zeit des Hebr noch sehr jung ist. Abgeleitet von *hypo*, »unter«, und *akouein*, »hören«, erlaubt es eine Schwebe vom Hören auf Gott zur Gewissheit der »Er-hörung« (so der einzige Beleg in der LXX, 2 Kön [MT 2 Sam] 22,36; allgemeingriechisch fehlt der Begriff bis nach dem Hebr). Paulus setzte die Nuance »Gehorsam« durch (vgl. daneben TestXII Jud 17,3, den einzigen zwischentestamentlichen Beleg, und 1 Petr 1,2.14.22). Der Hebr aktiviert wegen des Erhörens *(eis-akouein)* in 7 zusätzlich die ältere Dynamik des Begriffs: Christus wird in seinem gehorsamen Hören von Gott erhört. Die Vollendung bekundet das.

Alle Motive in 9 haben intensiven Klang: Mit der Vollendung erreicht Christus die himmlischen Höhen, in denen Gott ihn zum Priester ausrief, und vollendet er sein Priestertum (ohne dass die Einsetzung in es, die 5 markierte, auf unseren Vers zu verschieben wäre; zu *teleioun* ↗ 2,10). Sakralem Recht gemäß ist ihm zu gehorchen (vgl. Dtn 17,12). Machtvoll wird er zum »Urheber« oder »Verursacher« *(aitios)* ewiger Rettung, er, der schon nach 2,10 zur Rettung führt.

Die Wendung »Urheber der Rettung« begegnet antik verbreitet (*Wettstein* 1105 f., dazu Philo, agr. 96). So ist schwer zu ermessen, ob sie 2,10 überbietet oder komplementär ergänzt (vgl. *Weiß** 318; *Nissilä* 101 f.). Die Verdichtung »ewige Rettung« entstammt LXX Jes 45,17. Interessanterweise hob die LXX dort die Rettung Israels hervor und forderte vorab die Völker (»Inseln«) auf, sich auf den Gott Israels hin zu erneuern (45,16b, diff. MT). Wäre dem Hebr das bewusst, würde sich die Haltung zu den Völkern in unserem Abschnitt abrunden: Der Hebr beginnt bei ihrem Wissen und endet in Christus mit einem Kreis der Rettung um Israel (jenseits dessen nach LXX Jes 45,16a nur Schmach zu erwarten ist).

Der Text erreicht hier sein Ziel. Anschließen könnte sich, was wir durch den Textumbruch in 7 bislang vermissen: die Entfaltung von Christi Hohepriestertum in der Höhe nach der Ordnung Melchisedeks, die Entfaltung der Sühne für die Seinen aus 2,17 (V 5-9 thematisieren ja Sühne nicht) und die Auswirkung seines Durchschreitens der Himmel (nach 4,14). An dieser Stelle bricht der Hebr, typisch für seine Lesehaltung, zunächst ab. Zentrale Motive unseres Abschnitts werden kommende Kap. bestimmen (vgl. *Ellingworth** 293): die Ausrufung Christi nach der Ordnung Melchisedeks Kap. 7, das vollendete Priestertum die Kap. 8 bis 10 (nach 7,28). Doch die Leserinnen und Leser werden das erst nach einem Zwischenhalt (5,11-Kap. 6) entdecken müssen.

3. Ertrag und Ausblick

Der Hebr holt weit aus, um seine Leserinnen und Leser auf seine Argumentation vorzubereiten. Er begibt sich von der These, Jesus habe als Hohepriester die Himmel durchschritten (4,14), zurück zu den Erfahrungen der Menschen mit irdischen Hohenpriestern. Diese Erfahrungen helfen, sich Christi Hohepriestertum zu nähern, reichen jedoch nicht, es zu verstehen. Denn es erzwingt eine doppelte Steigerung: Zum einen ist Christus höher als alle irdischen Hohepriester; deshalb eignet sich allein der mythische, hohe Melchisedek als Modell. Zum anderen begab er sich in den Tagen seines Fleisches derart in die menschliche Not, dass die Hoheit Melchisedeks den Sachverhalt verzerren könnte. Christi irdische Darbringung des menschlichen Leids vor Gott bedarf das erste Wort; dann erst ist von seiner Vollendung zu sprechen.

Beide Pole unseres Abschnitts geben ihm besonderen Rang. Seine Skizze des irdischen Jesus steht einzigartig neben den Evangelien (*Gräßer, Roloff, Walter* u.a.), die Melchisedeks im Neuen Testament gänzlich allein. Zugleich erschwerte die hochkomplexe Formulierung in beiden Fällen die Rezeption. Jesu Schreien im Fleisch beheimatete sich in den Gemeinden nur zusammen mit der Passionsnot der Evangelien (bes. Getsemani), nicht als Gesamtbild seines Lebens. Melchisedek beschäftigte Spekulationen über Jahrhunderte hin (wobei wir den Einfluss des Hebr oft nicht genau gegenüber anderen Linien abheben können); indes fand er auf die Dauer im Kirchenlied und der Frömmigkeit, wenn überhaupt, dann mehr über Gen 14,18-20 und vor allem Ps 110 als über den Hebr Raum (s. Ps 110 im reformierten Psalter, nicht im Stammteil des EG). Das Nebeneinander des Königspsalms Ps 2 und des Priesterworts Ps 110,4 in 5f. schließlich half in der Reformation, das priesterliche und königliche Amt Christi zu formulieren (*Calvin*[*] z.St.); doch wiederum verblasste die Ausstrahlung dessen in der Neuzeit.

Melchisedek-Spekulation verbreitete sich unter zusätzlichen jüdischen Einflüssen namentlich in gnostischen und melchisedekianischen Systemen. Melchisedek wuchs dort zur großen Macht an, vergegenwärtigte den Geist, die Vaterschaft Christi und gar Gott (Hipp., haer. 7,36; 10,24; Epiph., haer. 55,5,2 und 55,9,11). Die Reflexion schritt bis zum Melchisedek-Traktat aus Nag Hammadi (NHC IX 1) und der Pistis Sophia fort (*Gianotto* 187-235, *Horton* 131-151, *Pearson* 1990 und 2000).
Die Großkirche benützte lange bes.Gen 14. Denn dort konnte sie etwas ersehen (und hervorheben), was der Hebr geflissentlich überging: die Unbeschnittenheit Melchisedeks (ab Justin, dial. 19,4; 33,2, der ersten kirchlichen Erwähnung nach dem Hebr). Sie bedurfte dessen in ihrer heidenchristlichen Verselbständigung (vgl. Tert., adv. Jud. 2).
Daneben lässt sich Melchisedek auch bei den Samaritanern nachweisen

(Euseb, praep.ev. IX 17,6) etc. Aber das braucht uns hier wie die weitere Geschichte im spätantiken Judentum und Christentum (ab Orig., comm. in Joh. I 2,11; XIII 24,146) nicht mehr zu beschäftigen (Quellen bei *Braun** 137f., *Hayward, Schniedewind* 694, *Steudel* 536f.).

5,7 erhielt besonderes Gewicht für die Nestorianer (und die Auseinandersetzung mit ihnen; *Greer*** 331f.333-343; DH 420), 3,5f.9f., verstanden als Begrenzung des Hohepriestertums Christi auf seine himmlische Hoheit, bei den Sozinianern (Lit. bei *Attridge** 146).